セネカ 哲学する政治家

ネロ帝宮廷の日々

DYING EVERY DAY
Seneca at the Court of Nero

James Romm

ジェイムズ・ロム
志内一興 訳

白水社

セネカ　哲学する政治家——ネロ帝宮廷の日々

Japanese translation published by arrangement with
James Romm c/o Writer's Representatives, LLC
through The English Agency（Japan）Ltd.

装丁　柳川貴代

ターニャに
愛しい　君の魅力

Amici vitia si feras　facias tua.
友の過ちに目を瞑れば　その過ちは己のものとならん
――ローマのことわざ

ルネサンス時代の円形浮き彫り（メダイヨン）：「セネカの死を見つめるネロ」

セネカ　哲学する政治家——ネロ帝宮廷の日々　目次

凡例

一、引用文中の［　］は著者による補足を、本文中の（1）は原注を、〔　〕および＊1は訳者による注を表す。

一、ラテン語とギリシア語のカナ表記については、原則として、母音の音引きは省略した。また、固有名詞で人口に膾炙したものは、そちらの表記を優先したものもある。

序章　二人のセネカ

セネカ（前四年頃～後六五年）。著述家にして思想家、詩人、道徳家。そして長年にわたり、皇帝ネロの一番の助言者であり親密な仲間でもあった人物。その生涯はさしあたり、こんなふうに描き出すことができる。

節度と理性、倫理的な徳をこよなく愛した男が、運命の不思議なもつれにより、気がつくとローマ政界の中心にいた。迷える暴君の気まぐれをおさえようと、彼は全力を尽くす。そのさなかにあっても、天職である道徳問題についての論考を発表し続けていた。その後、もはや皇帝の宮廷で影響力を発揮できなくなると隠退し、孤独のうちに、徳、自然、それから死について、その人生で最も活発な思索が展開されてゆく。だがかつて補佐した皇帝は離反に激怒し、口実を見つけて彼に死を強いる。愛する妻も、夫の節度ある勇敢な死を分かち合おうとこころみるが、皇帝の兵の一団が邪魔をし、妻の自殺は止められたのだった。

一方で、同じ人物の生涯はこうも描き出せる。

平凡な家系に生まれたこざかしい策謀家が、ローマ権力の中枢へもぐり込む。言葉巧みに彼は自分を賢人に見せかけていた。また、獲得した巨大な影響力を利用して大金持ちとなり、ブリテン島の住民に高利で金を貸したことで暴動を誘発してしまう。それから宮廷内での最悪の犯罪に加担、ないしは罪をおかすよう煽動《せんどう》さえしたあげく、入念に作り上げた文学作品で自分のイメージを飾り、評判を挽回しようとこころみる。皇帝からの敵意が脅威になりつつあると明らかになるや、哲学という聖所へと逃げ込むが、そうしたなかにあっても、彼は皇帝暗殺計画を主導していたのだ。そして、名声を得るための最後のくわだてが、芝居じみた自殺だった。いやがる妻をも、彼は脅して道連れにしようとしたのだった。

これら相反する二つの見方で、一世紀末のローマ人は、セネカという比類なく雄弁で、謎に満ち、政治に深く関わった人物を眺めていた。前者は、おおむね『オクタウィア』という悲劇作品から引き出されている。この歴史ドラマが書かれたのは一世紀最後の数十年のことで、作者はわかっていない。一方、後者の見方を伝えているのが、カッシウス・ディオだ。ローマの年代記を書いたこの歴史家が生きたのは、セネカの死後百年以上もあとのことだが、それ以前の作家たちの記述をもとに歴史書を執筆した。(1)そしてその作家たちは、明らかにセネカの真意を深く疑っていた。私生活では自堕落にして貪欲で、権謀術数の限りを尽くして政治にたずさわり、六五年のネロ帝暗殺をねらった陰謀では、中心的役割を果たした人物。セネカにつきまとうそうした噂を、彼らは信じていたのだ。

これら両極端な見方の中間の立場をとるのが、ローマ最高の歴史家にして、ネロ帝時代についての最良の情報源、タキトゥスだ。彼は、するどい観察眼で人間の本性を見きわめようとした歴史家だった。富や権力を手に入れながら、同時に簡素で勤勉な生き方をほめたたえるこのセネカという賢人に、タキトゥスは魅了されていた。しかしタキトゥスでも、セネカという人間の提示する謎を解くことは、ついにできなかった。

タキトゥスの著書『年代記』のなか、セネカは伝存するうちの最終三巻に主人公として登場する。描写はとても豊富かつ複雑だが、その論調を判断するのが難しい。セネカについて書くタキトゥスの筆はためらいを見せ、判断は保留され、皮肉っぽくなったりわかりにくくなったりもする。奇妙なのが、タキトゥスはセネカの哲学的著作をおそらく知っていたにもかかわらず、まるでセネカの人生の意味づけには無用であるかのように、そうした著作について一言も触れていないことだ。さらにタキトゥスは、他の人物についてはしきりと評価をくだすのに、セネカの人格となると一転、明確な評価をまったくしていない。(2)結局、私たちの手にある、セネカについての最もくわしい記録はどっちつかずで、ときに曖昧なのである。

さらにもうひとり、ある古代の彫像製作者が、その人物の考えるセネカの姿を伝えてくれている。一八一三年、ローマ市での発掘調査で、両面に顔のある、三世紀に製作された胸像が出土した。片面にはソクラテス、もう片面にはセネカが彫られていた。二人の賢人は、まるでひとつの頭を共有するシャム双生児のように、後頭部でつながっている。はっきり胸の部分にセネカと彫られたこの像は、近代の人々が初めてかいま見る本当のセネカだった。そこに表現されていたのは、たっぷりと肉がつき、髭も髪の毛もなく、おだやかそうな自足した様子の男だった。その顔は、商人ないし資産家の顔。(3)財産を持ち、豪勢に皿の並ぶ食卓で食事する男を思わせる顔だったのだ。

この胸像が一八一三年に発見されるまで、いまでは偽セネカ像として知られる別の胸像が、セネカの顔を表現していると考えられていた。顔はやせてやつれ、苦悩にさいなまれ、両の目はまるで永遠を見据えているかのような男の姿。ルカ・ジョルダーノ、ルーベンス、ダヴィッドなどの画家がセネカの死の場面を描く際に、この胸像をモデルにした。(4)

ここにも二人のセネカがいる。偽セネカの胸像は、この古代のストア派哲学者について、西洋の人々がこうあってほしいと思い描くセネカに一致していた。やせたその顔は、真実に飢え、富や物質的快楽を拒絶しているかのようだ。しかし一八一三年、そうした幻想は、真のセネカが発見されたことで一掃される。世界は、ぜい肉のたっぷりついた顔をまじまじと見つめ、ようやく理解したのだ。セネカが、それまで考えられていたような人間ではなかったことを。

ネロ帝時代のローマでセネカが果たした役割を学ぼうとする多くの人が、一八一三年にこの胸像が再発見された時と似た体験をする。というのも、もしセネカという人物を、彼自身が書いた倫理的論考や書簡、あるいは悲劇作品を読んで知ったとしても、歴史家タキトゥスの文章中に、ましてや歴史家ディオの文章中に登場するその男はまた別人なのだ。その男は、とりわけ富との関係において、自身が書いた文章とうまく整合しない(5)。並んで立つ二人のセネカには、こちらが本当の顔、こちらは幻想という、はっきりした名札は付けられていない。

本書は、これら二人のセネカをひとつの人格へとまとめ上げるこころみである。長らく私は、そんなことは不可能だと考えていたし、おそらく私の考えは正しかった。セネカは数多くの著作を残したが、そのなかで自分の政治的な活動にはっきり言及している箇所はごくわずかしかない。そしてセネカが現実の政治で果たした役割の多くは、自著で示した原則を無視しているのである。著述家としてのセネカと皇帝の廷臣としてのセネカはたがいに否認しあうものの、その両者を私は、常に視界におさめたいと考えた。

こうして、伝記であり、物語的な歴史書でもあり、セネカの書いた散文および韻文作品の検討もおこなっている本書ができあがった。ただし、セネカの全著作について、およびネロ帝時代の歴史全般について、網羅的な説明をおこなっているわけではない。私の目標はあくまで、セネカをひとつの人格に統合することだから、どの著作を取り上げ、どの歴史的事件を扱うかについて、どうしても取捨選択する

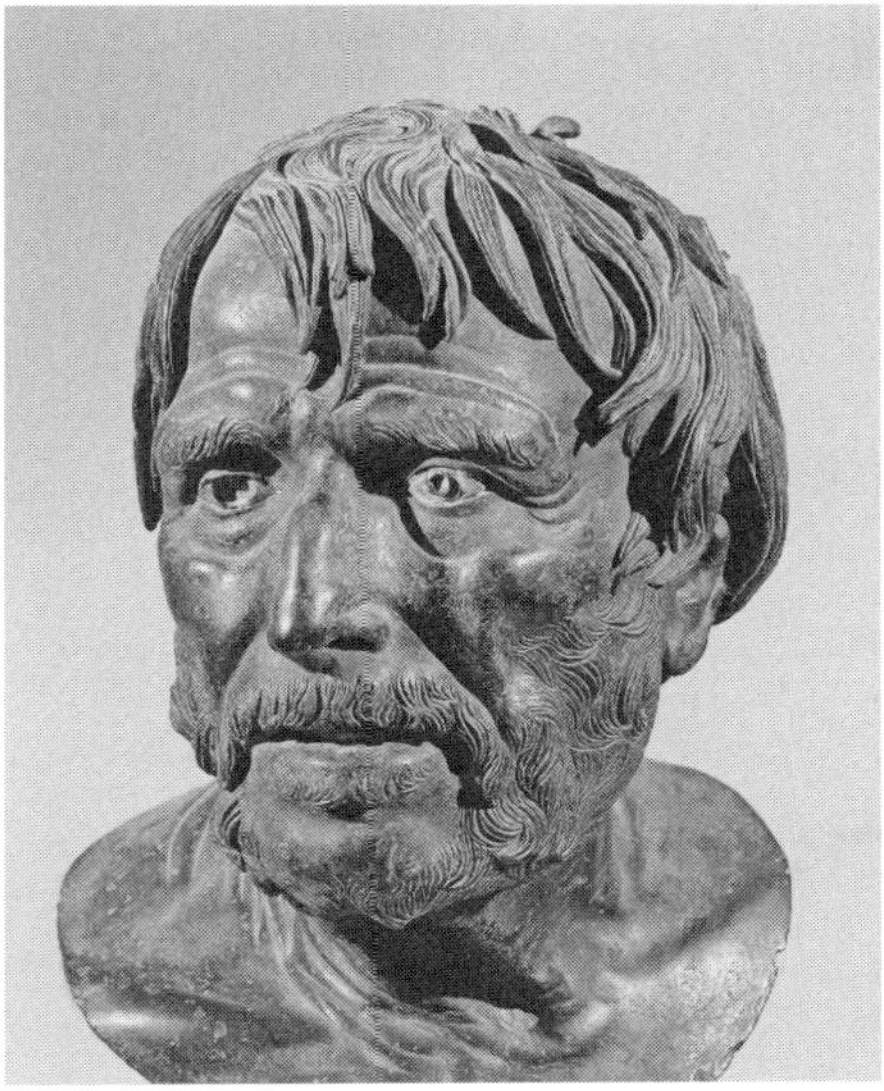

偽セネカ……

……そして真のセネカ。それぞれローマで前１世紀と後３世紀に制作された胸像。

必要があったのである。

本書はその焦点を、セネカの書いたうちでも、皇帝の宮廷で過ごした日々と特にはっきり結びつく作品に合わせている。結果として、哲学を学ぶ人が求める作品の多くについては、本書では触れていない。また内容についてのこの条件から、執筆時期に関し、ネロ帝即位の前ないしは後と特定できない作品に関しても、すべて省略せざるをえなかった。だから本書では、セネカの重要な論考四篇に触れていない。つまりこの条件に該当する『閑暇について』、『神慮について』、『賢者の恒心について』、および『心の平静について』である。

同じ理由から、セネカが関わったネロ帝の生涯や治世に関しても、扱ったのはその一部となった。ネロの生涯をたどったのは六六年初頭までで、治世最後の二年半は省略されている。ただし、偶然の幸運なめぐり合わせで（『年代記』の最終部分が失われていることが、そもそも幸運と呼べるなら）、伝存するタキトゥスの『年代記』の記述が断絶するのは、ちょうどその時点である。さらには、ネロ帝時代の外交についても、あるいは内政での業績についても、扱われている内容はごくわずかだ。代わって、セネカとネロの個人的関係、ならびにこの二人とネロの母、アグリッピナとの相互作用が前面に現れる。したがって、本書の記述の多くは、この三人が風変わりな形の核家族を形成していたあいだに関しては、おおむね家族ドラマとして展開されてゆく。

家族ドラマという形式はいつでも魅力的だ。しかしネロの宮廷内で起こる波乱は、そのまま歴史に巨大な影響力を及ぼしてもいたのだ。母親が息子と仲良くやってゆけるか、夫が妻との婚姻関係を続けられるか、家庭教師が教え子に自分を尊重して忠告に耳を傾けさせられるかどうかに、皇朝の、いやローマ帝国の将来さえもが左右されていたのだ。またネロは、皇帝即位時にはまだ非常に若く、即位後に徐々に錯乱していったことで、ネロをコントロールできるかどうかが、帝国の、ひいては世界の命運にとって決定的な重要性を持つことになった。というのも、ネロ帝時代のローマ帝国は、当のローマ人が好んでそう信じたように、ほとんど世界の果てにまで到達していたからだ。

タキトゥスの『年代記』、作者不明の悲劇作品『オクタウィア』、およびカッシウス・ディオの『ローマ史』(ネロ帝時代についての記述は、断片と要約版のみが伝わっている)。これら三作品が、本書の主要な史料であることはすでに述べたとおりだ。その他にも、スエトニウスの『ローマ皇帝伝』、プルタルコスの書いたさまざまな著作、ヨセフス、大プリニウス、不明の作家の手になる詩人ルカヌスの伝記にも依拠した。そのうえで、最も重要かつ豊かな情報源はもちろん、セネカ自身の著作である。ただし、彼の著作が突きつける問題は巨大で、あらゆる古代史家はそれに悩まされてきた。

皇帝ネロの治世を通じ、セネカは大量の文章を書いている。にもかかわらず、ネロの治世自体について決して議論しなかった。またクラウディウス帝、ネロ、アグリッピナ、ブッルス、およびティゲッリヌスなど、長年セネカがともに働いた人物への言及も稀だ。セネカの沈黙の理由は、名誉に関する社会規範で説明がつくかもしれない。あるいは、宮廷内でのことを暴露したりすれば、身の安全に関わると考えていたのかもしれない。いずれにせよ、セネカが書き上げた一連の著作のあちこちに沈黙の深淵が口を開けている。実際、ローマ市の大半を破壊し大混乱を引き起こした六四年のローマ市の大火についてすら、どこにも言及がないのである。

とはいえ、自分を取り囲む世界での出来事に、あれほど活発に反応する著作家の場合、その人生が著作に何の影響も与えなかったとは考えがたい。だから研究者たちは長らく、その影響を「感じ取ろう」とこころみてきた[6]。この問いに多大な労力をかたむけた研究者もいた。一方、推測にもとづく問いを一つか二つだけ立てようと考えた研究者もいた。本書にもそうした考察の成果を援用し、願わくは、私の考察も貢献になればと考えている。私はべつに、セネカの著作を、暗号化された歴史文書として読もうと主張しているわけではない。ただ、神話や隠喩、類比というゆがんだ鏡のなかにも、確かに歴史が映し出されると信じているのだ。

セネカとは誰なのだろうか。彼は称賛されるべき人物なのだろうか。この問題についての論争は、古代にすでに始まり、いまだ決着を見ていない。本書が執筆された年、ローマの一般民衆についてのある書籍に痛烈な一節が現れている。著者である美術史家ロバート・ヒューズは、セネカの同時代人が彼を、明らかな詐欺師として軽蔑していたと考えている。ヒューズは述べている。「セネカは、古代世界にほとんど並ぶ者のない偽善者であった。その死を悲しもうという人はほとんどいなかった[7]」。他方、同じ年に世に出た記事がある[8]。東欧からアメリカに移民してきた、五十代の男性についての記事だ。その人は、コロンビア大学で用務員の職につき、校内を掃除するかたわら、同大学で学位を取ろうと努力を重ねたのだった。この困難な道を追い求めるよう自分を力づけてくれたのはセネカの書簡だったと、彼はインタビュー記事のなかで語っている。この人にとって、セネカは決してほら吹きではなかったのだ。

本書の中心的人物に対し、どのような判断をくだすべきなのか、あるいは、そもそも判断をくだすべきなのか。この問題が、本書の執筆を進める私の前に大きく立ちはだかっていた。対立する評価のあいだで、ときには一日のうちでさえ、私は何度となく迷った。本書を書き上げてさえ、中心的な問いへの自分の判断が固まったと感じることはなかった。それでも、セネカの人格という問題を、ある程度掘り下げて提示できたのではないか。そして、公正にふるまえたのではないか。私がいま望むことはただそれだけだ。

セネカ自身、いろいろな言い方をしながら、自分が理想どおりに生きてはこなかったことを認めている。すすんで甘んじた境遇よりも、もっとすばらしい理想の自分を夢見ていただけだと、セネカを非難することもできる。だとしても、彼の語る理想は美しく、説得力を持ち、かつ崇高だ。それは時代を越え、偉大な作家や思想家、さらには用務員さえも魅了してきた。

結局のところ、セネカは人間なのだ。人間に付きものの欠点や欠陥をそなえた、人間すぎるほどの人間なのである。彼の手になるいくつかの弁解《アポロギア》の一点で述べるとおり、彼は最善の人間と同等ではないが、悪人よりは優れていた。セネカの著作を読む多くの人にとっては、それで十分ではなかろうか。

第1章　自殺（1）――四九年以前

世界の支配という仕事に向け、十歳あまりの少年を準備させるには、どうすればよいだろう。一世紀半ばのローマ帝国はこの問題に直面していた。ときの皇帝クラウディウスの健康は、徐々に衰えを見せていた。帝国史上初めて、まだ十分大人になっていない後継者の手に最高権力がわたる公算が高まっていたのである。最も可能性の高い候補は当時十二歳、(1) クラウディウス帝の継子ドミティウスだ。養子に入ったのは最近で、その時あらたにネロという名前をもらっていた。もうひとり、クラウディウス帝の実子、ブリタンニクスも候補として控えてはいたが、ネロより三歳年下だった。

ブリテン島南部からユーフラテス川まで広がる、途方もない権力と複雑さを持つ世界帝国ローマ。そのすべてをどちらにせよ少年が担うとなれば、三歳という年の差が大きな違いとなるかもしれない。少なくとも、ネロの母はそうなるよう願っていた。母の名はアグリッピナ、当時最も権力のあった女性で、つい最近、クラウディウス帝の妻の座におさまっていた。

けれどもローマには、皇帝となるべく少年を準備させるための教則本も養成課程もなかった。この国政の最高位は、八十年ほど前、アウグストゥスによって設けられたばかりで、まだ定義があやふやだったのだ。これまで四代の「第一人者」[*1]たちが、この職務にそれぞれの足跡《そくせき》を残してきたものの、成功の

少年のネロ

度合いはまちまちだった。そこに若きネロが、五人目の皇帝として連なろうとしている。彼には先例から学ぶ必要があるだろうが、その教育には並はずれた教師が必要だ。

後継者候補となったネロを溺愛する母アグリッピナは、いまの状況が何を求め、またそれがどんな好機なのかよくわかっていた。一粒種である息子は最高の教育を受ける必要があるが、ネロがそれを受けているとローマ中に知らしめなければ意味がない。また、ネロの家庭教師となる人物の質が、皇帝家でのあらゆる人事異動と同様、皇帝の跡継ぎレースの勝ち目に関わる。というのも、クラウディウス帝の実子ブリタンニクスが父を継いで皇帝となるのを、いまだに多くのローマ人が願っているからだ。だから、そうした期待をくじこうと、ブリタンニクスの家庭教師陣はすでにアグリッピナによって解雇され、後任には取るに足りない人間があてがわれている(2)。

本能的にイメージ作りが巧みだったアグリッピナには、頼るべき人物がわかっていた。弁論家としても著述家としても優れ、道徳的な生き方で名声を博す人物。そういう人物なら、自分の息子に輝きを与えてくれる。その男はいまコルシカ島への流刑に処せられており、ローマへの帰還を待ちわびている。赦免と帰還とを取りはからえば、その男は終生、自分に恩義を感じ続け——というより、彼女はそうあてにしていた(3)——、ネロの向上のために彼女が望むことを何でもしてくれる。八年前、その男をローマ市からの追放刑に処したのは、他ならぬクラウディウス帝だ。けれどもその姦通という罪に赦免を与えてやることはできる。アグリッピナが働きかけて説得すれば、クラウディウスの気持ちを変えられる。

こうして、ルキウス・アンナエウス・セネカを呼び戻す手はずがととのえられた。単にセネカと、あるいは小セネカとしても知られる人物だ(同名の父もいくらかの名声を博した文人で、そちらは大セネカと呼ばれている)。セネカは彗星や星々、惑星を観察して過ごした岩だらけのコルシカ島の住まいを離れ、皇帝の宮廷があるローマ市へ向かった。人の心にある暗い奥底の観測所、ローマへと。

ねたみの生む害悪から遠く離れ　ひっそり隠れていたほうがよかった(4)
すべてを逃れ　コルシカの海に面した断崖絶壁の上で……
なんて幸せだったんだろう——大空　太陽の聖なる通い路
世界の運動　夜と昼の交替
丸い月　つなぎ止められることなく取り囲む星々
強く輝きを放つ　偉大な天上の光輝——
母なる自然のこの上ない傑作を　私は眺めていたのだ

こう語りながら、ローマ悲劇『オクタウィア』でのセネカは舞台へと登場する。セネカの支持者である素性の不明な作者が物語るのは、神話的でありながらも、なんとも魅力的なネロ帝宮廷の内幕だ。閉鎖的なグループ内のねじれた人間関係や心理的な葛藤は、当時からすでに伝説的な物語と化していた。たとえ史実をねじ曲げようと、彼らを理解するには悲劇という形式こそがふさわしいと、この作者は感じていた。そしてラシーヌ、モンテヴェルディ、ヘンデルといった、同じ題材を扱った近代の劇作家やオペラの作曲家たちも、やはり同じ考えだったのである。

コルシカ島を出るという人生最大の転機。非常に重大な結果をもたらすことになるこの出来事を、セネカは悔いていたのだろうか。伝存する著作中、セネカは一言も触れていない。後世の人々のうちには、セネカが行きたかったのは実はローマではなくアテナイだったと主張する人もいた[5]。かつてその地に生きた、偉大なギリシアの思想家たちの業績を学びたかったのだと。しかしそうした主張は、イメージ修復のこころみととらえるべきかもしれない。というのも、『オクタウィア』の作者を含め、セネカには大勢の支持者がいて、みずからの作品に登場するセネカを、セネカ自身がなろうと努めていた姿、すなわち道徳的なストア主義者として描き出したからだ。そして彼らは、セネカへ向けられた、政治家、貪欲なビジネスマン、哲学を真意の隠れ蓑として利用した腐敗した権力屋という非難に対抗しようとしたのである。このように毀誉《きよ》褒貶《ほうへん》の定まらない状況は、いまに至ってもなお変わらない。

セネカは自著のなか、すでに少年時代からストア哲学に心ひかれていたと述べている。紀元前後の変わり目頃にローマ市で哲学を教えていた、アッタロスという人物の影響だという[6]。

故郷のコルドゥバ（現スペインのコルドバ）市をあとにして、セネカは父や兄弟とともにローマ市へと移ってきた。当時、このあらたな世界帝国の中心地をめざして、ギリシアの賢人たちが押し寄せてきていた。そこで若きセネカの心をとらえたのが、アッタロスの節度ある生活様式だった。禁欲を貫けば人は王にだってなれるとアッタロスは語っていた。富も、地位も、美しい衣服も食べ物も、とにかく何も欲しないことによって、人はどんな王侯貴族にも比肩する力と自由を手にできる。「私にとって、アッタロスは王より偉大にすら見えた。王たちに判断をくだす立場にあると思われたのだ」。数十年後のセネカはこう述懐している。すでに実際にその特権を味わった身で。

まるで市場のようにさまざまな思想が並べられてにぎわうローマで、若きセネカが接したのは、なにもアッタロスの思想ばかりではなかった。いっそう厳格な禁欲を説いていた犬儒《キュニコス》派の人々は、ぼろぼろの衣服をまとい、パンのかけらをかじりながら、富と権力に対してわめき散らしていた。またピュタゴラス派の人たちは魂の転生という神秘的教義を教え、人肉食にあたるとして肉食を忌避していた。一時期セネカも彼らの習慣を取り入れていたが、父に止められている(7)。それは一九年のことで、その年、排外感情の高まりからユダヤの慣習がローマ市で禁じられたが、菜食主義もまた、ユダヤ教の食事戒律に不快なほど似ていると考えられたのである。

若きセネカが耳を傾けた哲学者の大半はギリシアからの移住者だったが、ローマ人自身の学派も生まれており、セネカも強く心をひかれていた。ローマ学派の創始者、クイントゥス・セクスティウス(8)は、ユリウス・カエサルから提供された最高の栄誉、すなわち元老院議員への任命を辞退したことで有名だった。持てる時間のすべてを哲学に捧げたいと考えていたからだが、そんな彼でも、初めは哲学という営為のあまりの困難さに絶望し、窓から身投げしそうになったほどであったという(9)。

セネカは、セクスティウスが著作中でギリシアの倫理思想について述べる際にもちいていた、強靱で力強いローマ的な表現が好きだった。ギリシアの思想は、原語のギリシア語で表現される時、柔弱で繊細すぎると感じられることがよくあったのだ。セクスティウスの文章のセネカが称賛した一節には、軍事的な比喩が使われていた。悪にあらがう有徳な人間の様子が、歩兵隊による中空方形陣(同時に四方向に向けて槍先を向ける防御的な陣形）にたとえられているのである。セネカにとってこうした雄々しいイメージは、自分が成しえなかったことの放つ魅力にあふれていた。彼は呼吸器系の疾患に苦しめられ、一日として軍務に服することがなかったのだ。道徳的な努力、ないし人間の生そのものを戦闘になぞらえる表現は、のちの著作中に現れる無数の比喩のうちでも、とりわけ頻繁に使われるお気に入りの表現となる。

著作においてセネカは、政治を捨て哲学を実践する道を選択したとして、セクスティウスを称賛している。だが実際の生涯では、セネカはセクスティウスの選択にならわなかった。どうやら彼は三十代の頃、読者たちには明かすことのなかった思考の末に、二つの道を追求すると決めていたようだ。いつも硬い枕で眠り、ローマ人の大好物だったキノコと牡蠣を避ける[10]。アッタロスから学んだ禁欲的な生き方をこれまでどおりに実践し、また自然現象を探究しつつ、高位の公職へ梯子のようにのぼる顕職の階梯《クルスス・ホノルム》にも、同時に足をかけたのだ。三十代の末に、有力な叔父とエジプトに滞在したあとで、セネカは兄のノウァトゥスとともに元老院議員の仲間入りを果たす[11]。それはまさに、セクスティウスが軽蔑していた行動そのものだ。

家柄からすれば、実はセネカには元老院議員の議席を得る資格がない。彼の属したアンナエウス氏族は、暮らし向きは良かったものの、特別に富裕でも高貴でもない「騎士身分《エクイテス》」家系だった[12]。ローマの身分制度では、騎士身分は高位の公職就任からは閉め出されていたのだ。セネカの父は固い意思を持つ頑固な文人で、八十代後半になってもなおするどい思考を保っていた。そんな父はかつて、自分に特別選任《アドレクティオ》という手続きが適用されることを期待していた。これは騎士身分の人間を、皇帝の一存で魔法のように元老院入りさせる手続きのことだ。もっとも、それが実現していたとしても、彼が理想とした

ローマ元老院議事堂のデジタル復元。両側に議員たちの腰掛けるベンチが見える。

キケロからの糾弾を、心で聞くことになるだけだったかもしれない。息子のうち年長の二人は、ついに父には手の届かなかった元老院議員の地位を獲得するのだ。

長い生涯の最後、父の大セネカは故郷コルドゥバの家族のもとへと戻る。その頃書かれた文章のなかで父は、元老院入りした息子二人の前途にひかえめな祝福を与える一方、愛する末息子、セネカの弟である物静かで勤勉な若きメラには、兄たちが選んだ道を避けたことを称賛しているのだ[13]。「私が思うに、お前の魂は公職を嫌い、またあらゆる野心に背を向けて、ただひとつのことを、すなわち何も望まないことを望んでいる」。気むずかしい老文人はこうつづりながら、末息子のメラに、自分自身が専門とした修辞学を学ぶよう勧めている。「お前はいつでも、二人の兄より聡明だった……その一方で二人は、どちらもすっかり野心に心奪われ、ローマ市の中央広場《フォルム》での活躍と政治的経歴に乗り出す気持ちでいる」。そして父は警告するかのようにこう述べる。「それらを追求しようとする時、望んでいるものは、同時に恐れねばならぬことでもあるのだ」。

父がこの文章を書いたのは、セネカが元老院議員としてのキャリアを開始した直後のことだ。そしてほぼ同時期、小アグリッピナ（母の名も同じアグリッピナであるため、そう呼ばれている）が息子を出産している。これは政治的に重要な出来事だった。彼女は、かの偉大なアウグストゥスの曾孫にして、ときの皇帝カリグラの妹である。そしてカリグラにはまだ実子がなかったのだ。この前途ある跡継ぎの登場は、全ローマ注目の的となった。アウグストゥスの血を引く男性はみな後継者となる見込みがあったが、なかでもアグリッピナの息子ドミティウスは、他の誰よりその血を濃厚に受け継いでいたのである。

この時セネカが、慣例どおり同僚議員と連れ立って誕生のお祝いを伝えにおもむいたにしても、自分の運命が、この子の未来にあれほどまで左右されることになるとは、彼には思いもよらなかったろう。このの ち二人の人生は、ほぼ二十年にわたる数奇で紆余曲折に富んだ関係のもと絡みあい、ローマ帝国の運命を大きく左右することになる。とはいえ、まだこの時点では、そのような気配はまったくなかった。また息子の誕生時、陽の光が赤ん坊の顔いっぱいに降り注ぐというきざしを目にしたアグリッピナにしても、(14)そこから予知などできはしなかっただろう。いつの日かこの子が、自分の殺害を望んでセネカの助けを求めることになろうとは。

息子を出産した時、気力のみなぎる美しいアグリッピナは二十二歳。(15)それでも彼女はすでに、皇帝家での危険な政治的陰謀の経験を十分に積んでいた。父、ゲルマニクスは歴戦の英雄として敬愛され、将来は皇帝にとの期待を集めていた。だがゲルマニクスは、アグリッピナがまだ幼い頃、不可解な状況下に命を落とす。父の遺灰がアグリッピナの母の手でローマ市に持ち帰られると、ローマ中に深い悲しみが広がった。そしてその母が、さらに三人の兄弟のうち二人までもが、それから十五年のうちに政治的に謀殺される。ときの皇帝ティベリウスは、人々がゲルマニクスに捧げる、ほとんど宗教の域にまで達した敬愛の念にいきどおりを覚え、その感情を分け与えられた遺児たちにも、同じように疑いの目を向けていたのである。それでもティベリウス帝は、アグリッピナと二人の姉妹、およびゲルマニクスの息子でカリグラというあだ名で知られる、生き残ったガイウスの命は奪わなかった。そして最終的に、ティベリウスはカリグラを自分の養子としたのだ。

その後ティベリウスが死去し、ようやくゲルマニクスの四人の子供たちも人心地がつく。アグリッピナが息子を産んだのはその頃のことである。帝位を継いだカリグラは、公式にはティベリウスの孫との共同統治者とされていたが、ただちに相手を片づけ、単独の統治権を確保する。二十五歳の颯爽《さっそう》とした、体も、そして当面は心も健康な皇帝カリグラ。彼の皇帝就任は、新しい黄金の時代の到来ともてはやされ、魅力的な三人の姉妹がそこに輝きを添えていた。カリグラは彼女たちにも権力を少し分け与え、毎年誓われる皇帝への忠誠宣誓の文言に、三姉妹の名前が書き加えられる。こうしてゲルマニクスの大切な遺児、アグリッピナの名声は、ローマの女性としては前例のないほどの高みに達した。さらには十三歳の時、富裕な貴族ドミティウス・アエノバルブスと結婚したことで、彼女は財力をも手に入れていたのだ。この人物が、ネロの実父である。

アグリッピナには、元老院への出席は許されていなかった（ただし彼女は、いつの日かそれを変えようとこころみることになる）。それでも、議論白熱の元老院議事堂での出来事について、多くを聞き知っていた。その頃注目を集めていたのが、つい最近に元老院入りした弁論家、ルキウス・アンナエウス・セネカだった。彼は心に強く響く短い句と、簡明な警句をちりばめた魅惑的な散文体をもちい、[16]独特な語りのスタイルで議論を展開していた。ほどなく、アグリッピナとセネカとの交友関係が始まる。

セネカはアグリッピナより二十歳ほども年長だが、騎士身分家系の出身者だったので、彼女よりも（また他の同僚議員たちよりも）身分としてはずっと格下だった。アグリッピナの妹リウィッラも姉にならった。ただしこちらの関係については、友情以上のものに進展したと噂する人々がいた。

アグリッピナの兄であるカリグラは、セネカのことも、警句めいた彼の演説スタイルのことも、あまり好まなかった。カリグラはセネカの語る言葉を、建築になぞらえて「石灰の混ざらない砂」と表現している。[17] 当時、砂と石灰を混ぜることでモルタルが作られていた。セネカの演説は、カリグラの耳には耳あたりがよいだけのフレーズが、固めるための接合剤なしにつなぎ合わされ、堅牢さを欠いているように聞こえたのである。（こうした批判は形を変えながら、それ以降にも何度となく繰り返される。一八三〇年代に書かれた次のマコーレー卿の文章にも、その残響を感じ取ることができよう。「［セネカの］作品中には、引用されないような文章はほとんどない。ところが彼の文章をそのまま読むのは、アンチョビ・ソースだけを食べているようなものだ」。[18]）またカリグラはセネカの演説について、「ただのコミッシオにすぎない」とも評している。コミッシオとは、たとえば公共祭儀の冒頭に開催される弁論競技会などで披露された、これ見よがしの演説のことである。

カリグラ帝治世の当初、セネカを含む元老院議員たちは、皇帝の宮廷で上客として歓迎されていた。というのも、元老院は新皇帝カリグラの誕生を歓迎し、時をおかずカリグラへの統治権付与を決議していたからだ。だがローマの歴史は、皇帝と元老院との友好関係が長続きしないと教えていた。共和政の時代、みずからが国政の中心的役割を果たしていたことは、元老院にとって大切な記憶だった。ユリウス・カエサル暗殺によって君主政体の成立を阻止しようとする努力は失敗に終わったが、元老院がたやすく妥協することはなかったのだ。結局は血みどろの内戦が事態に結着をつけ、権力はアウグストゥスひとりの手におさまる。それでもアウグストゥスも後継者のティベリウスも、頑固な元老院議員たちとの妥協点を見いだそうと苦闘を重ねたのである。そしてその努力が水泡に帰した時には、元老院議員の命が幾度も奪われた。

この七十年のあいだ、元老院はかつて手にしていた過去の特権を主張し続けてきた。けれども最終的な決定権は、いつでも皇帝が持っていた。その背景にあったのが、専従の武装部隊である皇帝親衛隊だ。ローマ市の北東のはずれに駐屯するこの精鋭部隊の兵士のみに、ローマ市内での武器の携行が許されていたのである。この部隊、とりわけその隊長ないし指揮官が腹を満たし、たっぷり俸給を受け、確実に自分に忠実であることに、歴代の皇帝たちは心を砕いた。皇帝が親衛隊を元老院へ差し向けることはありうるのかと問うのは、悪趣味だと考えられてはいたが、もしそう命じられれば、部隊がしたがうことを誰も疑ってはいなかった。

親衛隊とはつまり、皇帝の最終兵器。その忠誠心の限界を、徐々に精神状態を悪化させ元老院への敵意をつのらせたカリグラ帝がためすことになる。そしてついには限界を超えることになるだろう。

カリグラの変調がどのように始まったのか、はっきりと知る人はいない。しかしセネカは直接の目撃者として、カリグラがどれほど恐ろしい深みに落ちたかを証言してくれている。彼はのちのセネカの著作中を、繰り返し見る悪夢のなかの怪物のように、大手をふって歩き回る。元老院議員をつぎつぎに逮捕し、拷問にかけ、殺害し、あるいはその妻たちをなぐさみにレイプし、その行為をみだらな表現で人に語って聞かせて彼女らをあざける。「最悪の悪徳と最高の権力が結びつくと何がなされうるのか。まるで自然がそれを示そうと、実験として彼を作り出したかのようだ」。セネカはカリグラの狂気を評してそう述べている。(19)

精神に変調をきたしたカリグラが最初に犠牲とした人々のなかに、妹のアグリッピナとリウィッラが

皇帝親衛隊。1 世紀に制作。

いた。その時点までの二人は、もうひとりの妹であるドルシッラとともに、カリグラに最も近しい人間で、なかでもドルシッラはカリグラの愛人と噂されていた。そのドルシッラが三八年に病気で他界し、カリグラを深い悲しみへと突き落とす。痛手から立ち直った彼は別人になっていた。妹二人と豪勢な庭園で時をすごしていたカリグラは何の前触れもなく、いきなり二人を非難し始めたのだ。彼らの義理の兄弟で、妻を亡くしていたレピドゥスと二人が、しかも二人同時に不倫関係を結び、さらにはレピドゥスを帝位につける陰謀をたくらんでいると。

判決を求められた元老院は、カリグラの意向にしたがった。こうしてアグリッピナとリウィッラには国家の敵との烙印が押され、ティレニア海に浮かぶちっぽけな火山島の集まり、ポンティーネ諸島へ追放と決まる。おそらくカリグラには、二人をローマに帰還させるつもりはなかった。

この時アグリッピナは二十三歳。まだ小さい息子を夫とその姉妹に託し、彼女は流刑地へと向かった。出発前にはカリグラから、流刑宣告へのさらなる辱めが（まるで判決への署名のように）加えられる。カリグラはアグリッピナに、彼女の恋人であるとしてすでに処刑されていたレピドゥスの遺灰を、公式の葬儀行列で運ぶよう命じたのである。二十年ほど前、母親が二人の父であるゲルマニクスの遺灰を手に歩いた英雄的な行進の、これは残酷なパロディだった。カリグラは天才的なサディストで、アグリッピナを、処刑された義理の兄弟レピドゥスを、さらには両親の記憶を、ひとつの見世物で全部まとめておとしめる、巧妙なやり方を見つけ出したのである。それからカリグラはアグリッピナの財産を競売にかけ、髭だらけのゲルマン人がそれを買い取る。こうして彼女は無一文となった。

それまで、アウグストゥスの血を引く子孫がポンティーネ諸島へと追放されれば、ほぼ間違いなく死を意味してきた。今回もやはり、追放は死への序曲にすぎないと思われていた。「私は島だけでなく剣も持っている」二人の妹を流刑地へと送り出すカリグラは、そんな軽口をたたいたという。[*2] だがどうしたわけか、重苦しい月日が過ぎても、皇帝親衛隊の兵士がアグリッピナとリウィッラの囚われの地にやって来る気配はなかった。食料の支給も続いていた。理由はともかくカリグラは、しばらく妹たちを生かしておいたのである。

このレピドゥス陰謀事件の結果、多数のローマ人が命を落とした。犠牲者のなかには、前政権時代の親衛隊長セイヤヌスによる別のクーデターを支援した貴族たちが含まれていた。先帝のティベリウスがそのたくらみを制圧した頃、カリグラはまだ子供だった。しかしカリグラは、なぜかいまになって、セイヤヌス支持者の生き残りが自分に弓を引くのではとの疑念にとらわれる。十年ほどの歳月が隔てるこれら二つの事件が、どうやらカリグラの乱れた心で結びついてしまったらしい。そしてその疑念はセネカへも襲いかかる。というのも、セネカの家族とセイヤヌス支持者とのあいだには、見過ごすことのできない関係があったのである。[20]

十年をへてなお自分にまとわりつく、セイヤヌスの陰謀の残り香をカリグラが嗅ぎつけることを、セネカはおそらく恐れていた。この時期に執筆された、現存するセネカの哲学的著作のうち最初の作品からは、少なくともそう推察されている。

その著作、『マルキアへの慰め』が書かれたのは四〇年頃のことだ。[21]息子を失ったことを嘆く母親に宛てた書簡の形をとってはいるものの、より幅広い読者が想定されている。親しい人とのやりとりに見えるものを読者に漏れ聞かせるこの手法は、セネカが終生活用し続けることになる修辞的技巧だ。手紙の宛先は、たいていがセネカの家族の一員か——何篇かは兄のノウァトゥスに宛てられている——親しい友人宛てだった。『マルキアへの慰め』の場合はマルキアという、元老院身分家系に属する中年女性だが、セネカとの関係ははっきりしない。ただし彼女は、親衛隊長セイヤヌスによって処刑された人物、クレムティウス・コルドゥスの娘だったのである。

　元老院議員のコルドゥスには歴史書を書く趣味があった。その彼が二五年、セイヤヌスから国家への反逆容疑をかけられてしまう。ユリウス・カエサルの暗殺者であるブルートゥスとカッシウスを、著作のなかで英雄的な人物として描いたことが理由だった。言論の自由がこれほどまでに抑圧された時代はないと訴えながら、コルドゥスは元老院で身の潔白を主張する。しかし元老院議事堂の雰囲気、また臨席していたティベリウス帝の不機嫌そうな顔が、裁判のゆくえを暗示していた。コルドゥスは帰宅すると、すぐ自室に閉じこもり、命を絶とうと絶食を始める。

　その後日談をセネカは『マルキアへの慰め』のなかで語っている。それから四日後に父の部屋へ入ったマルキアが見たものは、餓死寸前の父の姿だった。邪魔をしないようにと父は娘に言い聞かせる。一方その頃元老院では、コルドゥスへの非難の声が上がっていた。獲物を手に入れる機会を、コルドゥスがセイヤヌスから奪おうとしているというのだ。セイヤヌスの支持者たちは、公判中の被告がこうした形で判決を逃れることは許されないと主張して、逮捕と処刑を強く求めていた。議論が元老院で続いているうちに、コルドゥスはどうにか望みの死を迎えることに成功する。怒った公職者たちは、コルドゥスの書いた歴史書を焼くよう命じるものの、一冊の写しを見逃してしまう。それから十二年後、すでにティベリウス帝もセイヤヌスも世を去ったあとに、父の著作はマルキアの尽力でふたたび日の目を見たのだった。

　それにしてもセネカのやり方は妙だ。マルキアを慰めようと送ったはずの手紙で、父の逮捕と自殺という痛ましい記憶を、彼女に事細かに思い出させるとは。おそらくセネカは単に不器用な人間だったのだろう。だがもしかすると、ある現代の研究者が推測するように、セネカはあからさまに自分を政治的に正しい側に置こうとしたのかもしれない。セイヤヌスの友人と友人であることは危険だった。ならばセイヤヌスの敵と友人であれば——そしてその友情を世間に示すことができれば身の安全につながる。作品をこのように読むと、セネカは私利追求のためにマルキアを慰める機会を選んだことになる。

証明はできない。しかしこの仮説は、セネカの作品の大半に見られるご都合主義のパターンとうまく合致する。(22) セネカは書き言葉を器用にあやつれたし、また修辞技術を巧妙にもちいることもできた。そんな彼にかかれば、他人に助力を与えつつ自分も救うなど朝飯前だ。だから、いまセネカの作品を読む読者に求められているのは、どちらが主要な動機かを見きわめることなのである。もっとも、もしかすると、セネカ自身にもわからないことが多かったのかもしれない。

『マルキアへの慰め』にはもっと大きな目標がある。人間の悲しみのうちで最大のもの、つまり子供を失う悲しみに、ストア派の思想や手法によって対処することだ。セネカは自分を、患者の傷口を清める医者に見立てている。マルキアの傷口はすでに膿み始めていた。息子メティスティウスの死からまる二年以上、彼女は嘆き続けていたのである。ストア派の考え方ではマルキアは、人を完全たらしめる要素である「理性」から、危険なほど乖離《かいり》してしまっていた。この要素は神意により、人間の魂の上部に据えられている。きっとそれは、思考するための脳が、神意により人体の一番上にあるのと同じことだ。「理性」がしかるべき位置に戻らなければ、マルキアは人間的資質を失う。幸福を望むことも叶わなくなる。

ただしセネカは、マルキアが嘆く権利までは否定しない。それでは冷たすぎる。ストア派に対し、冷酷との非難がしきりに向けられていたことを、彼もよく承知していたのだ。セネカのストア派思想はより柔軟で、人間の弱さへの対応力に富んでいた。子供を失った親が嘆くのは当たり前のことだと、セネカは認める。だがマルキアの嘆きは「自然」の定めた限度を超えてしまっている。セネカを含めあらゆるストア主義者にとって、「自然」とは主なる導き手であり行動の規範でもあった。「自然」は「理性」および「神」と緊密に結びついていた。実際これら三つの語は、ストア主義者にはほぼ同義語ともいえる言葉である。

セネカにとってマルキアの嘆きは、普遍的に見られる人間の盲目状態の典型だ。我々は家族、富、地位といった事物を所有していると考える。けれども本当は「運命」から借用しているだけなのだ。我々は、それらがずっと手元にあるのを当たり前と考えているから、失われると嘆き悲しむ。しかし、むしろ失うことのほうが自然なのだ。それこそ我々が常に予期すべきことなのである。もし物事を正しく見きわめられるなら、我々の置かれている状況とは、がっちり防御された町に攻撃をしかける軍隊のようなものだとわかる。次の瞬間にも、とがった鏃《やじり》の餌食となるやもしれない。セネカはそこで比喩を変えて、我々の運命を有罪宣告された罪人のそれになぞらえる。「亡くした息子をもし君が嘆くなら、責められるべきはその子の生まれた〝時〟なのです。その瞬間、生まれた子には死が宣告されたのですから[*3]」。

戦場で常に命の危険にさらされているような生、あるいは死刑囚のような生は、生きるに値するのだろうか。セネカには二つの考えがあったようだ。ある箇所で彼は、世界の美しさを、またあらゆる苦しみをしのぐ生の喜びをほめたたえる。一方別の箇所では、死を運命づけられた人生の苦しさを数え上げ、人間の生が、押し込められるのでなく贈り物として差し出されたなら、我々は拒んでいただろうと述べる。いずれにせよ、正しい見方をするなら、生とはただ死に向かう旅路であるにすぎない。我々は老人や病人のことを「死につつある」と表現する。だがそれは間違いだ。確実に死に向かうという点では、幼児や若者もまったく同じなのだから。我々は日々死んでゆく。例外はない。マルキアの息子のようにこの仕事を早くに済ませるのは、うらやむべき運命なのである。

セネカの語る慰めのうちには、うつろに響くものも、効果のほどが疑わしいものもある。ある箇所で彼は、息子を育てる喜びを味わえたことに感謝するようにとマルキアに語りかける。ちょうど飼育業者が仔犬を育てる喜びを味わいながらも、成長したら別れねばならないように。しかしこれは、比喩としては極端すぎるように聞こえる。そして生涯を通じ、セネカは筆の達者な人にかけられた呪いと格闘し続けることになる。つまり、筆を置くタイミングがわからないのだ。それでも全体として『マルキアへの慰め』は、感動的な調子で崇高な目的をもった、心揺さぶられる作品である。セネカの狙いは、我々にとっての最大の危機、すなわち死についての人類社会の考え方をあらためることだった。ここからの四半世紀にわたり、彼はこの目標を追求し続けることになる。

『マルキアへの慰め』という作品は、奇怪なまでに華麗な終わり方をする。ストア思想が下敷きとされているものの、ここではすっかりセネカ独自の思想へと作り変えられている。ギリシアのストア思想では、世界はいつの日か炎により焼き払われるが、あらたに創造されることを繰り返すと考えられていた。この信条は、ローマ時代にはおおむね時代遅れとなっていたものの、セネカがこの作品ならびに他の作品で、そこにあらたな息吹を吹き込む[23]。彼はマルキアに、父である英雄的な自殺者コルドゥスが、キリスト教の天国のような場所にいるところを思い描くように言う（キリスト教は、ちょうどこの時代に誕生しているが、世界の半分ほど向こうにあるイェルサレムでのことであり、ローマ人の耳にはまだほとんど届いていなかった）。すべてを見はるかす場所に座るコルドゥスが、未来をこんなふうに予言する――

いまある場所に、とどまるものは何もない。世界は年老いた末に、あらゆるものをなぎ倒し、すべてを道連れにするだろう。人類のみならず、土地も地方も陸地も――とにかくすべてが餌食となろう。山々は押しつぶされ、あらたな頂きが空へと突き出す。海は吸い上げられ、川は流れる向きを変え、諸族間の交易は絶たれ、人類の社会や交わりは崩壊する。町々は深淵へと引きずり込まれ、地震で粉々になり、地の深みから送られた悪疫を運ぶ風にさらされよう。人の住む場所はどこも、洪水に呑み込まれ、水面下となった地の生物はことごとくついえよう。死すべき命は炎により舐め尽くされ、燃え上がって滅び去ろう。そしてついに地そのものの終わりの時が来ると、ふたたび生まれ変わるべく、すべてが自壊する。星は星に衝突し、いま整然と並んで輝きを放っているものはひとつの大きな炎となり、すべてはそこへと呑み込まれることだろう。

この一節をすべて、セネカはマルキアへの慰めとして書いている。彼女の息子メティスティウスの死をはじめ、ひとりひとりにとっての喪失など、じきに取るに足らないものになるとセネカは説く。だがこの箇所の激しい恍惚感は、慰めという目標をはるかに超えている。カリグラ帝の恐怖政治を耐えていたこの時のセネカは、世界の破局が近づくなか、どうやら何かに深く心を乱されていたようだ。

セネカが『マルキアへの慰め』を公表したあと、まもなくおとずれたのは世界の破局ではなく、罪のあがないだった。

四一年初頭のある日、統治四年目にあったカリグラは奇妙な夢から目を覚ます。[24] 夢のなかで彼は、神々の集うオリュンポス山で、ユピテル大神の足元に座っていたところ、神がその大きなつま先でカリグラを押して勢いよく突き落としたのだ。予知夢だったのだろうか。翌日が終わるのを待たずして、カリグラはこの世を去ったのである。

彼の狂気の行動は、ついに皇帝親衛隊をそむかせるまでに至ってしまった。このままカリグラに権力をふるわせ続ければ、きっと帝政そのものまで破壊してしまう。この政体こそ親衛隊のおいしい飯の種であり、みずからの存在理由でもあるのだ。こうして親衛隊も、カリグラの一番の標的だった元老院と、目標は同じになった。そして兵士の一団が、劇場の内と外とをつなぐ通路にカリグラを孤立させ、刺し殺す。遺体は特別な葬儀もなく火葬され、遺灰は質素な塚に埋葬された。

親衛隊によるカリグラへの最後の一撃は、ローマ帝政という政体についての不文律を永久に変えてしまった。つまり、カリグラを絶対権力の地位に置くという実験の結果、皇帝権力に最終的には抑止力が存在すると証明されたのだ。そしてその抑止力を課したのが親衛隊だった。暗殺に続く数時間のうちに、親衛隊は帝位継承をめぐる中心的役割をも獲得する。元老院で共和政体への復帰の希望があてどもなく話し合われていた頃、兵士たちはカリグラの父方の叔父である病弱な人物、クラウディウスの確保に向かっていたのである。伝承によるとクラウディウスは、カーテンの裏で震えているのを発見されたことになっているが、何が起こるか前もって説明されていた可能性のほうが高い(25)。そして親衛隊はクラウディウスを駐屯地へと連れ帰ると、彼を「最高司令官《インペラトル》！」と歓呼したのだ。

クラウディウスのほうは、親衛隊に感謝のしるしとして兵ひとりにつき俸給の五年分という巨額の贈与をおこなった。こうして親衛隊は、皇帝を殺して後釜を据え、その結果金持ちになるという先例を作り、これは以後数世紀にわたって繰り返されることになる(26)。親衛隊はもう、単なる儀仗兵や治安維持部隊ではない。彼らはついに、舞台裏にうごめくキングメーカーへと変貌したのである。ただし、皇帝クラウディウスは王ではなく、もっと曖昧で実質が不明瞭な存在だった。ローマはもう何世紀も前に、世襲的な君主政体を捨て去っていた。ローマ人は王《レクス》という語をもちいることさえ有害と見なし、王を名乗る指導者がふたたび国家のトップに座ることは、決して許されなかったのである。

ここまでの三代にわたり、皇帝の就任を宣言してきた元老院は、今回の皇帝交替ではなんの役割も果たせなかった。カリグラ政権が一瞬で崩壊したため、新しい支配者の裏で連携するだけの時間がなかったのだ。クラウディウスのほうでも、元老院の自分への不信を承知しており、まる一か月ものあいだ元老院議事堂に足を踏み入れず、その後も必ず護衛兵と一緒だった。皇帝親衛隊により選ばれた、皇帝親衛隊による創造物。それがクラウディウス帝だった。クラウディウスはその事実を、発行させた貨幣の意匠で隠すことなく認めている。ある貨幣には、親衛隊の兵舎へと開かれた門が描かれ、別の貨幣には、クラウディウスの手を取る兵士の姿が描かれているのである。

カリグラの血にまみれた殺害現場を、セネカは間近で目撃はしたが、どうやら関与はしていなかったようだ。少なくとも著作中のセネカは、皇帝殺害の陰謀と冷静に距離を保っている。(27) 皇帝は例外なく暗殺の脅威にさらされていたから、王殺しを論じるには注意を要したし、賛美は決して許されない。セネカは仮説としての議論のなか、(28) 救いがたいほどに精神を病んだ元首に対して最終手段をとることに賛意を示しつつも、国家に仕える身として賢明にもこう続ける。その種の自然の悪ふざけは、固い大地に口を開けた裂け目や海底火山と同じほどに、ごく稀なものだ。ゆえに、この厳格な指針に沿って判断すれば、カリグラ帝の場合でさえ、おそらくそれには該当しないであろうと。

カリグラ殺害についてありのままを書くことはできなかったものの、少なくともセネカには、ローマの統治層に降りかかった被害を見渡すことはできた。拷問やレイプの被害者の姿は、彼に同情心を沸きたたせたが、おそらくそれ以上に哀れみを覚えたのは、抗議もできず、カリグラの罪を許容するよう強いられた傍観者、つまりカリグラ政権による精神的被害者の姿だ。痛ましい『怒りについて』の物語は、おそらくカリグラ暗殺からまもなくの時期に書かれている。この作品で描き出されるのは、圧政に

クラウディウス帝治世初期の貨幣。片面には皇帝の姿、もう片面には皇帝親衛隊の陣営。門の上部にはImper(atore)Recept(o)とある。意味は「最高司令官が受け入れられた」。クラウディウスが帝位継承した瞬間を想起させる。

よる精神的な犠牲、つまり圧政に黙従したことで受けた心の傷を列挙する、若き元老院議員セネカの姿である。これこそまさに、セネカが生きた時代を特徴づける問題だった。(29) セネカは著作と実人生の両方で、誰にもましてこの問題と向き合おうとしていた。

セネカの作品には、論じる倫理的テーマをそのまま題名とした一連の論考があり、『怒りについて』はその最初の作品にあたる（他に『寛容について』、『人生の短さについて』等がある）。この作品では、怒りという主題に導かれ、関連する話題がつぎつぎと提示されてゆく。というのも怒りこそが、「理性」にとっての実に巨大な脅威だからだ。まずセネカは、なぜ怒りを避けねばならないのかを、続いてその実践方法を示す。たとえば、潜水夫は海綿を採取するのに、少しでも長く息を止める技術を学ぼうとする。そういった比喩をもちいながら彼は、真剣な努力によって怒りをおさえ、我々は魂が怒りで汚染されるのを防ぐことができると論じる。*4 さらにセネカは、心をかき乱すような事例をいくつか取り上げながら、議論を進めてゆく。

『怒りについて』には、一例として、騎士身分に属したパストルという富裕な人物が登場する[30]。パストルの息子はカリグラ帝から敵と見なされたが、その理由はなんと、髪がきれいなことだった（当のカリグラは、徐々に髪の毛を失いつつあったのだ）。パストルは息子の命を助けてくれるよう懇願するが、かえってカリグラはかんしゃくを起こし、少年をただちに処刑させてしまう。しかるのちパストルを宮廷へと招いたカリグラは、彼に酒を飲み祝いの花冠を頭にかぶるよう命じた。そばには兵士が控え、不服のそぶりが示されるのを待っている。だがパストルは心を鬼にして、息子の殺害者の健康を祈って陽気に乾杯したのだ。では、どうしてそうしたふるまいができたのか。自問したセネカはこんな答えを出す。パストルにはもうひとり息子がいたからだ（またカリグラもそれを知っていたのである）。

ローマに限らず、どこでもどの時代でも、善人は暴君に屈従してきた。セネカは『怒りについて』の他の箇所で、ギリシアの古い伝承に登場する、あるアジアの高官がたどった悲惨な運命を思い起こしている[*5]。かつてペルシア王のもとに、主席大臣として仕えたハルパゴスという人物がいた。このハルパゴスは身のほどをわきまえなかったとして、王の不興を買ってしまう。そこで王はむごたらしい報復を実行する。ハルパゴスの息子たちの肉でシチューを作って彼にふるまったのだ。それから切り落とした首を持参させ、いま何を食べたのかを明かしたのである。食事はどうだったかと、カリグラのような残忍さで王が尋ねる。息を詰まらせながらもハルパゴスは答える。「王の食卓では、あらゆる食事が美味しゅうございます」。このようにへつらうことで、ハルパゴスは少なくとも何を得たのだろう。セネカは冷然とこう言い放つ。「食事の残りは食べずに済んだのだった」。

『怒りについて』という作品では、被害を気にかけず怒りを回避するよう読者に説かれている。だが、ハルパゴスとパストルの事例では、この教えの限界がためされている。確かにストア派の偉大な哲学者は、公共浴場でぶつかってきた人や、さらには自分の顔につばを吐きかけた人だろうと無視するのだろう（『怒りについて』にその二つのエピソードがある）。それはそれとして、自分の子供の殺害を許容することは、怒りをコントロールするという問題の範囲を超えて、もはや精神的な自殺の領域へと入り込んでしまっている。それでもセネカは、それこそが自分の教えが求めることだと示唆する。「王の食卓にあって人は、そのように食べ、飲み、またそのように答えるのです」。そしてハルパゴスの物語について、セネカはこう論評するのだ。「近親者の死にも微笑みかけねばならない」。

だがその直後に突然、まるで議論が自分をどこに連れてきたのかに気づいて衝撃を受けたかのように、セネカは議論の行き先を変える。

とはいえ人生には、どれほどの価値があるというのか。いつか考えよう。それはまた別の問いだ。こんな悲しい牢獄のような場所へと、慰めを届けようとは思わない。こんな残忍な殺戮者の横暴を耐えよと、誰かを元気づけようとも思わない。その代わりに私は、どのような隷属状態にあっても、そこには自由への道が開けていることを示そうと思う。親しい者の胸に矢を射かける王とめぐり会ってしまった人に、あるいは宴席で主人から、自分の息子の臓物で腹を満たすよう強いられた人に、私はこう声をかけたい。「愚かしい者よ、何を嘆き苦しんでいるのか。……どこを見回しても、そこに君の苦難の終わりがある。見えるだろう、あの断崖絶壁が。そこから自由へと降りてゆける。見えるだろう、あの海が、あの川が、あの井戸が。その底に自由が鎮座している。見えるだろう、あの低くしなびた不毛の木が。そこに自由が吊りさがっている。……自由への道とは何かとお尋ねか。君の体内のあらゆる血管がそれだ」

この狂詩的な自殺賛歌は、同じほどに狂おしい、『マルキアへの慰め』の最終章で描かれた世界の破局の場面に次ぐ、セネカの思考における第二の特徴だ。ストア派の思想家たちは自殺を、恐ろしい暴君による虐待を含む、逃れようのない害悪からの救済策のうちのひとつと考えていた。ただし、ギリシアでのストア派にとってはささいなテーマだった自殺が、ローマの帝政時代に入るとすっかり中心的なテーマとなったのである。確かに、セネカにとって自殺は、ある種の病的な執着の対象だった[31]。生涯を通じ、彼は著作中で何度となく、どのように、なぜ、いつ命を絶つべきか、そもそもみずから命を絶つべきなのかどうかという苦渋に満ちた問いを繰り返している。こうして後世の人たちは、セネカの名は彼にふさわしいと考えるようになる。「自(セ *se*)殺(ネカレ *necare*)」というラテン語表現のなかに、「セネカ *Seneca*」という名前を見いだしたのだ[32]。

前一世紀、ローマにおける政治的自殺の型を示した人物がいた。マルクス・ポルキウス・カトー(小カトー)だ。彼は長い歴史を誇る有名なカトー家の最後を飾った人物で、飢えや寒さに耐える訓練を積んだ禁欲主義者であった。前四〇年代、ローマで起こった内戦では、カトーは自然にユリウス・カエサルに対抗する側に立って戦っていた。カトーの支配したウティカという北アフリカの町は、反カエサル派の最後の牙城のひとつだった。しかしこの町も陥落し、もはや希望の火は消える。カトーおよび少数の彼の支持者たちは、避難所を求めて友人の邸宅へと逃げ込む。カトーはかつて、ソクラテスの死についての落ち着いた記録である、プラトンの『パイドロス』を読んでいた。そしてひとりで部屋に引きこもると、剣の上にみずから倒れ込んだ。もがき苦しむ彼の声を耳にした仲間たちが、助けようと部屋に飛び込んでくる。仲間の医者が内蔵をもう一度腹に戻し、傷口を縫い合わせようとする。しかし、一瞬意識を取り戻したカトーは、自分の手で縫い目と臓器を引き裂いて絶命したのだった。

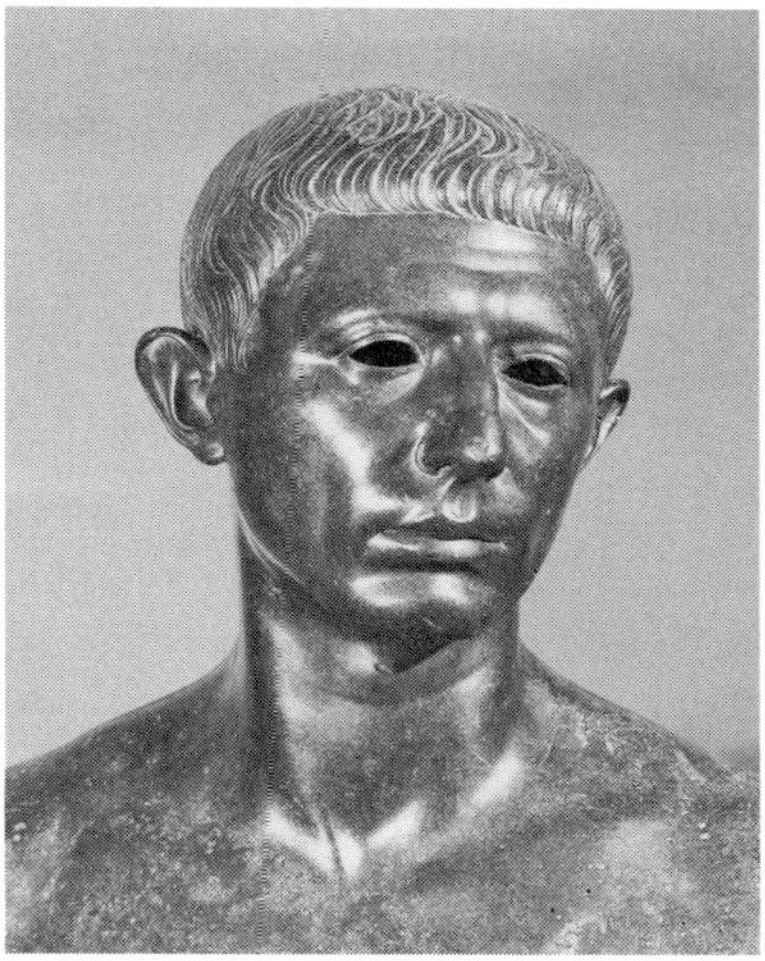

ストア派にとっての理想的な自殺を遂げた伝説的人物、マルクス・カトーの青銅製胸像。

みずからの手で自分の内臓を引きちぎるという身の毛もよだつこの行動が、のちに哲学的実践の模範的行為と見なされるようになる[33]。カトーの行動は自律への、つまりカエサルの勝利でおびやかされた個人の自由への英雄的献身、また痛みや恐怖への超人的な抵抗を示していた。その後カエサルのめざした体制が確立されてゆくにつれ、カトーの自殺は、自由の喪失を嘆く人々にとってのあらたな意味づけがなされ、道義的な模範としていっそう明るく輝くようになる。セネカの作品のなかでカトーの自殺は、さらにはカトーの言動のほぼすべてが、まばゆく光り輝いている[34]。

しかしセネカの生きた時代、政治的自殺はカトーの時代とは異なる意味を持っていた。往々にして、専制への抵抗ではなく黙従のしるしとなっていたのである。その当時、貴族と支配者とのあいだにはひとつの奇怪な取り決めがあった[35]。皇帝に親衛隊を動かす面倒をかけることなく、自分から進んでその身を始末した場合には、犠牲者の財産は皇帝による没収をまぬがれ、相続人の手に渡すことを許されるのだ。みずから命を絶ちさえすれば、貴族たちは体面を保ち、斬首の恐怖をまぬがれられる。また遺体にはそれ相応の葬儀も許される。一方で皇帝は、その死を有罪の証拠として、少なくとも屈服の証拠として世間に示すことができる。

カリグラ帝の時代、このシステムはかなり制度化されたものとなっていて、皇帝のもとには敵対者の名前の書かれた、『剣』と『短剣』と題された二種類の記録簿があったという。(36)『剣』に記されていたのは、兵により首をはねられる人々の名前、『短剣』には、みずから血管を切り開いて自殺する(こちらは、刀身のずっと短い剣でできる作業だった)ことになる人々の名前が記されていた。この二種類をきっちり区別するのは、国家にとって非常に大事なことだった。ある人物が自殺を図り、死にかけた状態で発見されて捕えられ、急ぎ処刑場へと運ばれたことが、少なくとも一度あった。(37)それでも彼は、なんとか途中で死ぬことに成功し、まんまと皇帝から自分の地所を守り通したのだ。

とはいえ、生気が失われつつあるあいだにも、政治的自殺者は皇帝が自分の妻子に危害を加える力を持っていることを、ひしひしと感じていた。だから彼らは、最期の言葉やふるまいまでも入念に抑制するよう心がけていた。全没収の口実を皇帝に与えないように、遺言の文言には変更が加えられ、財産のかなりの部分は皇帝に遺贈された。用心深い人ならさらに、自殺時の遺書に皇帝へのお世辞を書き加えたことだろう。

つまりセネカの自殺賛歌は、まさに彼の生きた時代の産物だったのだ。この時代になると、皇帝の犠牲となった貴族にとって、自殺は反抗できないことを表現する手段となってしまっていた。(38)だから望みうる最高のことは、とても目立つやり方で人生から退場し、皇帝をわずらわすことだった。こうして『怒りについて』でのセネカは、自殺を退出路として描き出す。王の権力からの解放を勝ち取る手段としての自殺。けれどもセネカが認識していない、もしくは気づいていないことがある。自殺は同時に、反抗の手段ともなりうる。そうした実例は、彼のすぐ目の前に用意されていたのだ。

先ほどのハルパゴスとは別に、ペルシア王の右腕にプレクサスペスという廷臣がいた。彼が仕えた王カンビュセスは大酒飲みとして悪評高かった。ある時カンビュセス王は、酒が自分になんら影響を与えないことを廷臣に証明しようと思い立つ。そしてプレクサスペスの息子を標的とした矢場を用意させ、宣言どおり少年の心臓を射抜く。『怒りについて』でこの挿話は、先に引用した自殺賛歌の直前に物語られている（その賛歌でプレクサスペスは、「親しい者の胸に矢を射かける王とめぐり会ってしまった人」として想起されている）。しかし奇妙にもセネカは、この物語に続く次のような後日談を語っていない(39)。

その数年後、プレクサスペスは危険な情報を握った。陰謀団がカンビュセス王の世継ぎを殺害し、偽者を王座に据えたというのだ。主謀者たちは、ペルシア人のあいだで声望高いプレクサスペスと共謀していた。そして人々が王の正統性に不審をいだくようになると、陰謀団は彼に、人々を静めるよう要請したのだ。

都の中心にある高い城楼へとのぼったプレクサスペス。彼は最上部の窓から、眼下の人々に語りかける。ただし要請されたとおりの言葉ではなかった。前王カンビュセスの命令で本当の王位継承者を殺害したのが自分であったことを告白し、偽の王を非難して陰謀を暴露したのである。そして彼は城楼から身を投げて死んだ。ペルシア人たちはプレクサスペスの行為に勇気づけられ、陰謀団に対抗すべく結集し、ほどなく共謀者たちと偽の王を打倒したのだった。

いろいろな形の自殺について考察するなかで、セネカは一度も、プレクサスペス的な自殺を取り上げなかった。『怒りについて』でのセネカは自殺を、何か個人的で受動的、非政治的な行為だと想定している。たとえ善人たちが進んで命を投げ出そうと、ローマでは政治体制は変わらないことを、セネカは暗黙の前提としているのだ。

まもなくセネカの人生と政治的経歴は、プレクサスペスととても似たコースをたどることになる。そしてこの暗黙の前提が、彼の選択を左右することになる。

カリグラ帝が倒されたことは、流刑に処せられていたその妹、アグリッピナとリウィッラの二人が、ローマ市に帰還できることを意味していた。二人とも年齢は二十代、ゲルマニクスの娘として人々に慕われ、しかも憎まれた兄カリグラの犠牲となったことで、二人の評判はそれまでにないほどの高まりを見せていた。だがその人気を、高すぎると感じる人々もいた。

姉妹は美しく、しかもアグリッピナは子供を産める体であることがわかっていた。だから二人には、女性の性を使って権力を得るのでは、という疑いの目が向けられたのである。カリグラに追放された際二人は、帝位を狙ったレピドゥスを支援しただけでなくレピドゥスと寝ていたとして非難された。ローマ人男性にしみついていた恐怖心に、この非難は効果があった。何十年にもわたって皇帝家の女性たちは彼らを魅了しつつ[40]、彼らの目に男をたぶらかすセイレーンのような性の魔女、男を自在にあやつる女、近親相姦の魔物、あるいはそんな恐るべき存在が組み合わさった何か[41]に映っていたのだ。

そしてこの姉妹二人の性を、特別な思いで見ていた女性がいた。あらたに帝位についたクラウディウスの妻、ウァレリア・メッサリナである（じきに彼女自身が、男性が共通していだく不安の元凶となる）。ゲルマニクスの娘たる姉妹が流刑地から戻った瞬間から、メッサリナは二人をライバルと見なしていた。姉妹がクラウディウスの姪であることは関係なかった。夫とのあいだに、すでに息子のブリタンニクスを含む二人の子供が生まれていたにもかかわらず、彼女は魅力的な姉妹の血筋を恐れた。なぜなら、姉妹のいずれもが、クラウディウス政権の直面する重大な問題を解決できたからだ。それはロー

息子ブリタンニクスを抱くメッサリナ。

マ帝政の創始者、アウグストゥスへと何十年もさかのぼる問題だった。

ローマの初代皇帝アウグストゥスは、不運にも息子に恵まれなかった。アウグストゥスの血は、姉のオクタウィアと、唯一の実子である娘のユリアを通じて継承された。皇帝家の人々は血族内での近親婚を繰り返し、クラウディウス帝と妻のメッサリナは、実は遠縁にあたっている。ただし二人とも、最初の子の名オクタウィアが示すとおり、アウグストゥスの姉オクタウィアの血筋だった。一方でアグリッピナとリウィッラの姉妹は、アウグストゥスの実の娘ユリアの血を引く。この直系子孫の血筋には、あらゆる傍系親族は太刀打ちできなかったのだ。

帝政は世襲の王政とは違う。ローマが王政を拒否してから五百年以上がたっていたが、王という称号はいまだに公式に糾弾の対象だった。だから王位継承の基本原則は存在しなかったが、そうしたなか生まれついての正統性を与えていたのが、アウグストゥスという神聖な存在との血のつながりだ。養子のティベリウスがアウグストゥスの後継者となったことで、帝位はアウグストゥスの血筋から離れ、それを戻したのがアウグストゥスの曾孫にあたるカリグラだった。クラウディウスが帝位を継承すると、ふたたび帝位とアウグストゥスの直系の血筋が分かれてしまう。しかも養子となったティベリウスと違い、クラウディウスは前任皇帝カリグラの養子にさえなっていなかったのである。この状況にローマ全体が動揺していた。

クラウディウスがメッサリナと結婚したのは帝位継承以前のことで、当時クラウディウスが皇帝となる可能性はないと思われていた。メッサリナにも、皇帝家の一員としての威信は認められていたが、意味ありげにもクラウディウスはメッサリナに、「アウグスタ」の称号を名乗るのを許していなかったのである。(42) ローマ国家で最高の女性であることを示すし「アウグスタ」の称号を欠いているということとは、メッサリナが交換可能であることを意味した。皇帝一族においては、あらたな関係を結べるように不都合な結婚はたやすく解消される。メッサリナにはそれがよくわかっていた。そして結婚関係が解消されると、その結婚から生まれた子供は、とりわけ男児の場合若くして死ぬのが常だった。

宮廷での自分の地位を守るのに、メッサリナには武器が二つあった。ひとつ目が自分の若さ、美しさ、温かさだ。これらの資質は、夫のクラウディウスに強い力を及ぼしていた（ただし史料に伝えられるように、とりこにするほどではなかった）。そして二つ目が、クラウディウスの私設秘書の役割をしていた、抜け目のないギリシア人解放奴隷ナルキッススとの協力関係だ。この高位の皇帝家人は政治的策略を知りつくしていた。メッサリナが寝室で、ナルキッススが執務室で、同じ目標に向けてクラウディウスへの働きかけをおこなえば、ほとんどすべての目標を達成できる。メッサリナとナルキッススはすでにそれに気づいていた。そして四一年における二人の第一の目標は、リウィッラとアグリッピナの姉妹を舞台から退場させることだった。

リウィッラは既婚者であり、姦通という重罪を着せるのはたやすいことだった。具体的な証拠は必要なく、夫以外の男性との親密な交友関係が明らかになるだけで十分だった。そのうえ、うってつけの友人もリウィッラにはいた。セネカである。こうしてリウィッラは告発され、裁判にかけられ、有罪となり、ふたたびポンティーネ諸島へと送り返される。そこを出てからまだ一年もたっていなかった。カリグラ治世の大半を、リウィッラはこのへんぴな岩山で生き延びてきたが、今回、彼女を告発した人々はずっと執念深かった。数か月のうちに、彼女はこの世を去ったのである。

共犯の容疑者として、セネカの裁判も元老院でおこなわれた。[43] その時のセネカの発言内容を記した記録を読めるものなら、大枚をはたこうと思う人もいるだろう。「無用の用」の信奉者、偉大なる歴史家タキトゥスは、おそらく著書『年代記』にそれを記していたはずだが、該当箇所は失われて現存しない。タキトゥスは他にも、最後には有罪を宣告せざるをえない同僚議員たちを前に、自分を弁護させられた元老院議員の演説を、数多く記録している。そのなかでも、セネカの裁判の希望のなさは特別だった。元老院による判決は有罪、しかも死刑が宣告される。この厳しい処置は、誰か、おそらくはメッサリナが、セネカを脅威と考えていたことを示している。しかし最終段階にきて、処罰の重すぎを心配したクラウディウス帝が介入し、コルシカ島への追放刑に減刑されたのだった。

アグリッピナのほうは、どうにか皇妃メッサリナの怒りを逃れた。彼女を救ったのはおそらくメッサリナとの縁戚関係だった。アグリッピナの夫の妹ドミティアは、メッサリナの母親なのである。だがその方面からの助けは四一年には途絶える。ドミティアの富裕な夫、パッシエヌス・クリスプスがドミティアと離縁し、アグリッピナと結婚したからだ。

アグリッピナが命を落とさずにすんだ理由は、おそらく妹のリウィッラが先に死んだことにもあった。アグリッピナはいまや、敬愛を集めたあのゲルマニクスの血を引く最後の生き残りであり、そのうえ息子がいた。五歳になっていた息子のドミティウスは、ゲルマニクスとアウグストゥスの血の両方を引く、唯一の男性の生き残りとして、皇帝家の貴重な財産となっていた。クラウディウスとメッサリナは傍系の出自のうえ、クラウディウスを皇帝位へと押し上げたのは、元老院やローマ市民からの支持ではない。クラウディウスは皇帝親衛隊とギリシア人解放奴隷ら皇帝家人たち頼みで、彼らにすっかり依存することでその忠誠心を確保していた。つまりアグリッピナとその息子を殺害するには、クラウディウスとメッサリナの立場は弱すぎたのだ。メッサリナがそれをどんなに望んでいたとしても。

こうしてセネカは財産の半分を奪い取られ、元老院から叩き出された。しかも、妻とのあいだにもうけた唯一の子である息子を幼くして失い、葬ったばかりの身で、コルシカ島へとセネカは物憂い道のりをたどった。

だがセネカがたどり着いた島は、ポンティーネ諸島の不毛な岩山とはずいぶん違っていた。コルシカ島にはローマ風の都市二つに加え、小規模な集落がたくさんあった。(44) リグリア人やスペイン人、ギリシア人など、島に暮らすいろいろな住民のうちに、セネカは教養ある地方人を見つけることもできた。ところがセネカは、この地で書いた最初の小論である、母ヘルウィアに宛てた慰めの手紙(45)のなかで、このコルシカ島をロビンソン・クルーソーでも住んでいそうな島へと変身させてしまう。ものが満足に与えられずとも、「自然」の与えてくれるものだけで幸せに生きる男という役柄を、セネカは賛美しているのである。

「心こそが、私たちを富者にしてくれるのです」[*6]。母が自分の運命を嘆かぬようセネカは語りかける。「たいそう厳しい荒野においてさえ、体を維持するのに十分なものがある限りは、心はおのずとその富を享受するのです」。これらの言葉は、ウォールデン湖畔で書いたソローのものとしても申し分ない。[*7] ただしコルシカ島への追放にあたり、セネカには資産の半分を保持することが許されていたから、当面は金に困ることはなかったのである。

セネカは『ヘルウィアへの慰め』のなか、ストア派の主要な信条の証明に理想的な場所としてコルシカ島を描き出す。その信条とは、真の幸福は、「自然」および「神」と手を結んだ力としての「理性」から生じる、というものだ。セネカは元老院議員の地位、財産の半分、さらには彼が恩寵《グラティア》と呼ぶ、著述家として、思想家として、また慎み深く公正な人間として得てきた世評をあとに残してきた。けれどもそのすべては、ストア派の考えでは善でも悪でもない「無記」、すなわち良き生の追求には何ら意味を持たない物事だ。はるかに重要なのは、彼をいま取り囲んでいる美、とりわけ頭上にひらけた澄んだ空だ。ストア派の思想家にとって、空は理性的な精神のわき出る聖なる源泉だった。

セネカは母へのこの公開書簡で、自分の目に映る空、なかでも夜の空を、歓喜に堪えないかのような表現で描写する。また月の満ち欠けや、星や惑星の動きを丹念に追いかける。「これらとともに過ごし、また人間にできる範囲で天なる存在と混じり合える限りは、私がいまどこに立っていようと何の問題がありましょうか」*8。夜空に近づくことは、「神」とのある種の合一だった。

一方で、壁や天井が空の眺望をさえぎるローマはこの書簡のなかで、傲慢さの化け物として現れる。自身の貪欲を満足させようと世界を荒らし回る怪物だ。「彼らは吐くために食べ、食べるために吐くのです」。続いてセネカはローマ最高の美食家であったアピキウスを取り上げる(46)。アピキウスは珍奇な貝や野鳥、その他の美味のために財産を惜しみなく使った人だった。そしてついに財産が心もとなくなり始めると、毒をあおって自殺する。「最後に飲んだものが、生涯で最も健康的なものだったのです」。ここでそう語るセネカは、お気に入りだった二つのテーマを組み合わせている。つまり過剰な消費と自殺だ。

ストア派にその身を捧げた思想家が、コルシカ島の恵み深い天空のもと、ついに「理性」の楽園を見つけたというのに、どうしてローマという名の汚水槽へ戻ろうと思うのだろうか。

この問いは、セネカの人生にまつわる謎の核心部分へとつながっている。この問題がいかに重要であるか、セネカの友人や支持者たちも認識していた。なにしろ悲劇『オクタウィア』などの作品は、ローマ市を離れて八年後のコルシカ島からの帰還は、セネカの本意ではなかったとしているのである(47)。けれどもセネカは、自著で支持者たちを裏切っている。『ヘルウィアへの慰め』を書いてからおそらく一年ないし二年後、追放先のコルシカからの第二の書簡が公開されている(48)。セネカはこの書簡で、クラウディウス帝に呼び戻されたくて仕方がないという思いを、遠回しに、しかし切実に吐露するのだ。

クラウディウス帝はその頃、政権の強化に成功していた。特に大きかったのが、ブリテン島南部の征服という、重要な軍事的勝利だった。抵抗の中心地であったカムロドゥヌムへの最終攻撃は、勝利の象徴として、皇帝自身が指揮をとった。クラウディウス帝がドーヴァー海峡の北側に滞在したのは、わずか十六日間だったが、それで十分だった。元老院は四四年、クラウディウス帝のためにローマ市での凱旋式を決議し、「ブリタンニクス（ブリテン島の勝利者）」の添え名を贈る。するとクラウディウスはこの名を、うやうやしく自分の息子に与えたのだった。凱旋式の日が近づくにつれ自信を深めたクラウディウスは、敵を何人か許してもよいと考えるようになっていた。当然セネカは、そういった事態の推移をコルシカ島から見守っており、そのうちのひとりになりたいと願ったのだ。

数十年前、詩人のオウィディウスもローマからの追放刑に処せられ、なんとかローマ帰還を勝ち取ろうと、自分を追放したアウグストゥス帝に向けてへつらいやお世辞に満ちた詩の集中砲火を浴びせた。(49) しかしセネカが選んだのは、少し違うやり方だった。皇帝その人ではなく、高位にある皇帝家人、ポリュビウスという名の解放奴隷に向けて訴えかけたのである。ポリュビウスが兄弟を亡くして間もなく、セネカはその機会をとらえて、先にマルキアに宛てたのと同様に、ポリュビウスに慰めの言葉を送ったのだ。この『ポリュビウスへの慰め』という公開書簡は、ほぼ完全な形で伝わっている。けれどもセネカはそうならないことを望んでいたかもしれない。

追放先から母に宛てた最初の手紙では、セネカはコルシカ島を、魂にとっての輝ける理想郷として描き出していた。しかしこの第二の手紙では、崩れ果てたちりの山と化している。そこはもはや、「自然」からの健康的な贈り物ではなく、風の吹きすさぶ貧相な岩山だ。洗練された魂を持つ人が、このような場所で腐るにまかされるべきではないと、セネカはやんわりほのめかす。書簡の末尾、オウィディウスの使った表現を借りて、野蛮な連中の粗野な大声ばかり聞いているせいで自分のラテン語感覚はそこなわれてしまったと訴えながら、セネカは自分のぎこちない書きぶりを詫びているのである。[50]

セネカはこの書簡でも、以前マルキアに教え聞かせた、悲しみへのストア派的処方箋を繰り返す。ただしポリュビウスという廷臣の事情に合うように、あらたな治療法が付け加えられている。「すべてを忘れたいのなら、皇帝のことをお考えなさい[51]」。セネカはクラウディウス帝を念頭にこうつづっている。「あのお方が無事である限り、あなたの親しき者たちは無事であり、あなたは何も失ってはいないのです……あのお方が、あなたのすべてなのです」。廷臣の喜びの源泉は、その人が仕えている皇帝であり、皇帝こそが喜びを無上なものにしてくれるのだ、とセネカは続ける。「涙があふれてくるたびに、目を皇帝のほうへお向けなさい。いとも偉大にして、いとも光輝あふれるその神性を目にすれば、涙も乾くことでしょう。その輝きはあなたの視野をせばめて他の何をも見えなくし、目をただあのお方だけに釘付けにすることでしょう」。

このおもねりは不快に思われかねないとしても、その構成は感動的なまでに巧みだ。オウィディウスのように、ただへつらうだけでもよかった。しかしそうはせず、自分の訴えを高尚な哲学的議論のなかに巧みに織り込む。セネカは専門家の目で、へつらいの分量を調節したのである。へつらいが適量なら、万一クラウディウスに無視されても、自分のイメージや自尊心をそこなうことなく、慰めという目標を達成できるかもしれない。文学的技法というこのうえなくしなやかな道具の、このうえない繊細な使い手であったセネカなら、政治家と道徳的な思想家の二兎を追うことも可能だった。

だが今回、セネカはその両方で失敗する。『ポリュビウスへの慰め』での心情の発露が気恥ずかしいあまりに、歴史家カッシウス・ディオによるとセネカは、のちにこの作品をもみ消そうとしたという。[52]この作品は、宮廷で好意を勝ち取る役にも立たなかった。ポリュビウスがこの作品をどう扱ったにせよ、クラウディウス帝はセネカを無視して他の追放者たちを、ブリテン島での戦勝を記念する凱旋式に参列させるためローマに呼び戻したのだった。クラウディウス帝はそれからの五年間、コルシカ島にいる憂いのストア主義者に関心を示すことはなかった。セネカのほうでも、知られる限り、クラウディウスへの嘆願を二度とこころみることはなかった。

状況はずっとこのままかと思われた時、あらがうことのできない力である運命――『オクタウィア』の一節を借りれば、「奔放な運命の女神《インポテンス・フォルトゥナ》」がその力をふるう。四八年、アグリッピナは、異様な事件の連続の末に、メッサリナがいた皇妃の座におさまる。そして、長年の友人にして協力者であったセネカを、ローマに帰還させるための手段を手にしたのである。

皇帝となったクラウディウスの妻として、すでに七年。いまだにメッサリナは、皇帝家での立場を確かなものにしてくれる、アウグスタの称号を得ていなかった。この七年のあいだ、より良い血筋に恵まれた魅力的なアグリッピナは、宮廷をたびたびおとずれていた。またその間のどこかの時点で、アグリッピナは二度目の未亡人となり、二回目の財産遺贈を受けていた。おそらくアグリッピナが結婚可能となったからか、あるいはみずからの精神的不安定さからか、メッサリナは、自分の地位があやうくなっていることを感じていた(53)。そして四八年、彼女はあらたな冒険に賭けてみるという選択をする。

本当の夫であるクラウディウスがローマを留守にしていた時のこと、なんとメッサリナは、奇妙なほどまったく隠しもせずに儀式をとりおこない、容姿端麗な愛人、貴族のガイウス・シリウスと「結婚」したのである。さらにシリウスは、クラウディウス帝の実子にして相続人であるブリタンニクスを、自分の養子にすると誓う。言うなれば、結婚クーデターだった。ただし強力な軍事的後ろ盾はなく、どうやらメッサリナは軍の支持確保には動かなかったらしい。つまりは最初から、このたくらみは失敗する運命にあった。こうしてメッサリナは、彼女の個人邸宅のあったルクッルス庭園(現在のボルゲーゼ公園）に兵士たちの手で閉じ込められ、宮廷からの命令により自害させられた[54]。

ローマ帝政が開始されて八十年、ここに初めて、小さな子供たちをかかえる男やもめの皇帝が登場した。再婚に向けては問題が山積していたものの、それでもクラウディウスは新しい妻を必要としていた。では彼には、新しい相続人も必要だったのだろうか。実子ブリタンニクスは、市民からも軍からも次期皇帝と認められていた一方で、誰もがブリタンニクスにユリウス家の血が足りないことを意識し、おそらく、てんかんをわずらっていることを知る人たちもいた。アウグストゥスの姉にしかさかのぼれない傍系の血筋では、ブリタンニクスの正統性は完璧とは言いがたかったのだ。アウグストゥスその人の血を引くと主張できるライバルたちを相手に、クラウディウスがしてきたように競い続けることはできないのではないか。

ある時点で、クラウディウスはついに決断をくだす。皇帝家についてのこれまでの考え方をすべて放棄し、家族をふたたび作り直そう。ゲルマニクスの娘にしてアウグストゥスの曾孫、アグリッピナと結婚しよう。そしてさらに重要だが、娘のオクタウィアを、アグリッピナの息子ドミティウスに嫁がせよう。結果として、息子のブリタンニクスが帝位を継承するチャンスは失われるかもしれない。だが自分が権力の座に居続けられる可能性も、未来の孫が帝権をさずかる可能性も大いに高まる。男性の側で正統性に不足があれば女性の側でおぎなうのは、皇帝家ではこれまでも幾度かあったことだ[55]。

しかしこの計画にはいくつかの障害がある。まずアグリッピナは確かに未亡人で、結婚可能で、おまけに富裕でもあったが、残念ながらクラウディウスの姪だ。まずは近親婚が許されるという決議を、元老院で可決してもらわねばならない[56]。また、この時おそらく八歳ほどだった[57]、クラウディウスの娘オクタウィアにしても、そのままではドミティウスと結婚できない。というのもオクタウィアには何年も前から、ルキウス・ユニウス・シラヌスという婚約者がいたのだ。そのうえこのシラヌスは、ドミティウスと同じく、あの偉大なアウグストゥスの直系子孫だったのである。

それまでクラウディウスは、シラヌスの将来に大きな期待をいだいてきた[58]。何度かシラヌスをたたえる剣闘試合を催したこともあったし、また金の小冠や、皇帝家に属することを示す、トガ・ピクタと呼ばれる紫染めの衣服を身にまとうことも許可していた。これほどの敬意を集めた人間を、皇帝家から排除するのはたやすいことではない。そこでクラウディウスとアグリッピナが頼りにしたのが、ウィテッリウスという人物だった。この最も信のおけるおべっか使い元老院議員の助けを借りて、シラヌスに汚名を着せようと考えたのだ。ウィテッリウスはシラヌスの姉妹の義父でもあり、シラヌスについての内部情報に通じていた。あるいはともかく、通じているとうそぶく資格があったのである。

ウィテッリウスは元老院で、シラヌスがみずからの姉妹ユニアと性的に親密な関係にあると訴えた[59]。ただし、当時の政権のトップは自分の姪と結婚しようとしている叔父だったから、多くの元老院議員はきっと、近親相姦との告発を皮肉と理解したに違いない。それでも、非難の内容は不面目でおぞましいことではあった。シラヌスは元老院から放り出され、彼の姉妹も追放刑に処せられた。シラヌスとオクタウィアとの婚約も、まったくの白紙に戻される。

ローマの人々の見ている前で、こうしてひとつの婚姻が解かれ、また別の関係が作り上げられた。皇帝家が乗り出すあらたな方向も印象づけられた。皇帝家の新しい門出をさらに印象深いものにしようと、クラウディウスは自分の結婚の日取りを、現代では紀元四九年と数えられている年の元日に設定する。ローマ人の一月一日は、高位公職者の任期が始まる日だったのである。一方のアグリッピナには、ローマ人女性にとっての最高の地位、すなわちアウグスタの称号がころがり込もうとしていた。メッサリナにはずっと許さなかったこの称号を、クラウディウスはアグリッピナには、結婚後すぐに授与しようとしていたのだ[60]。

十二月二十九日、元老院決議によって、ルキウス・ユニウス・シラヌスは法務官職から解任された。任期をまっとうするまで残りわずか二日というタイミングだった。近親相姦でけがされた人間は、国家を汚染したりしないよう、やむをえない期間より一瞬であれ長く公職にとどまることはできない。クラウディウスは、あくまでこだわった。

こうしてルキウス・ユニウス・シラヌスは、呪われたユニウス・シラヌス家の犠牲者たちの長いリストに仲間入りを果たす。すでに同家にはアッピウス帝によって、アッピウス・ユニウス・シラヌスという犠牲者がいた。アッピウスも、その人気を恐れたクラウディウス帝によって、妻のメッサリナと自分の解放奴隷から悪い夢についての報告を受けたという口実だけで処刑されていた。眠っているあいだにも二人はたゆまず国家を見守っていてくれたのだと、クラウディウスは元老院で自分の行動を説明したという。どうやら皮肉ではなく本気で言っていたようだ。

これほどまでに恣意的な権力のもとでの生は、生きるに値するのだろうか。セネカはこの問いを、『怒りについて』のなかで、また別の形で『マルキアへの慰め』のなかで提起していた。ルキウス・ユニウス・シラヌスにとって、否、との答えはあまりに歴然としていた。法務官職を解かれてから三日後、つまりクラウディウスがアグリッピナと結婚したその同じ日に、シラヌスはみずから命を絶つ(61)。

アグリッピナによってコルシカ島からのセネカの帰還が実現されたのは、ちょうどその頃のことだ。このストア派の賢人が戻ってきた時、またしても高位の政治的犠牲者による自殺がローマの町を動揺させていた。セネカが不在のあいだに、状況に少しは変化があった。特に、政権の彼への態度には。しかし皇帝に抑圧された人々の無力さ、しかも逃げ道がひとつしかないという状況には変わりがなかった。

第2章　王殺し――四九年〜五四年

世界は火のなかに滅ぶと言う人がいる。世界は水のなかに滅ぶと言う人もいる。

ストア思想の教師たちはセネカに、いまの時代の世界は火によって滅ぶと説いていた。外宇宙から激しく立ちのぼる炎が、生きとし生けるものすべてを、さらには人類の痕跡すべてを舐めるようにして燃やし尽くす。すると、みずからの灰から生まれ出る不死鳥のように、生命と文明の歩みがふたたび始まる。この世界の循環の枠組みに、『マルキアへの慰め』でのセネカは少し脚色を加え、破壊の役割を火ではなく水に割り振っている[1]。こうすることで世界の破局は、より切迫したものとなる。なぜならいまこの瞬間にも、破滅をもたらす水が足元からわき出てくるかもしれないからだ[2]。

ストア派の考える世界の滅びと再生は、純粋に自然の営みとして起こる。決して神の怒りや神罰の引き起こす現象ではない。ただ、世界が滅ぶたびに人類の発展はいつでも出発点へと戻ることから、暗黙の問いが生まれる――人類の文明はどこまでたどり着けるのか。たとえば旧約聖書でのバベルの塔の逸話で語られているとおり、どうやら滅びの原因は、文明の複雑さそのもののなかに潜んでいるようだ。あるいは少なくとも、数千年ごとの定期的に到達する終点は定められているようにも思える。

複雑さが想像を絶するレベルに達した都市に暮らすセネカには、終着点がはるか彼方とはとても思えなかった。富裕なローマ人は、山の頂きから雪や氷を運ばせ飲み物や浴槽を冷やしてセネカを嘆かせただけでなく、[3]珍しい鳥や貝に舌鼓を打ち、世界中から運ばれた野獣の戦いを観戦したりもする。一世紀半ばのローマ帝国の広がりと範囲、さらには英仏海峡すら渡って先の土地を奪うことのできる力。セネカにとってそれは、力と技術の勝利であるだけでなく、破局が近いしるしとも感じられていたのだ。

『メデア』を通じ、とにかくセネカはこうしたことを伝えたかったようだ。おそらくこの悲劇が書かれたのは、四三年のクラウディウス帝によるブリテン島征服からさほどたたない時期のことである。

エウリピデスの有名なギリシア悲劇作品を翻案した『メデア』を、セネカは進歩のもたらす危険についての寓話として語っている。かつてイアソンがコルキス（現アルメニア）へと向かう以前、船は存在せず、航海もおこなわれていなかった。人々は、自分の生まれた土地にそのまま留まっていた。そしてついに、自然をしのぐ力を持った「アルゴー船」が建造される。船に乗り込んだイアソンは、黄金の毛皮を求めて黒海横断の旅をした末に、望みの宝とともにメデアという女性をコリントス市に連れ帰る。こうしてギリシアの町に、気性の激しい異国の王女が降り立ち、数年後にイアソンが心変わりすると、残酷な殺戮騒動により王家がひとつ消滅することになる。

イアソンが初航海で開いた新境地が、それ以降何千倍もの規模に増幅されていく様子を、セネカは、『メデア』の最も有名な箇所で語っている。自然の秩序を、かつて一隻の船がかき乱したが、いまではローマが諸民族を混交させ、また世界の境界を不明瞭にしながら海を交易船で満たしている。ユーフラテス川のほとりに住んだペルシア人は、ローマのせいで、いまでは代わりにライン川の水を飲んでいる。肌を太陽に焼かれていたインド人は、いまはシベリアの凍りついた水をすすっている。[*1]「大地はことごとく踏破され、かつてのまま留まるものは何もありません」。『メデア』に登場するコリントス人の合唱隊はそう嘆いている。けれども、この嘆きが明らかに時代錯誤なことからもわかるとおり、表現されているのはセネカ自身の声だ。

物語が大混乱へ向かって盛り上がるこの場面に、セネカはローマによるブリテン島侵攻という出来事を、伝説のトゥーレ島の名をあげることで暗示している。トゥーレ島は、ブリテン島の西に広がる氷の海域にあるとされ、アイルランドやヘブリディーズ諸島、ないしはアイスランドと同定されてきた。そしてこの島は、人間が旅できる限界地点と考えられていた。ある著述家の記述によると、ローマの艦隊も何度かたどり着こうとしたが、北の海のぬかるみに阻まれたという。詩人のウェルギリウスは、前一九年に書き上げた叙事詩『アエネイス』で、名高い「最果ての《ウルティマ》」という形容詞をトゥーレ島に付すことで、島から先へは決して進めないことをほのめかした。

だが『メデア』のなか、セネカはこんな未来を夢想する――

遠い未来に　こうした時代がやってくる
オケアヌスが　諸事へのしばりをゆるめ
巨大な大地の広がりが　あきらかとなる
女神テテュスが　新世界への幕をひらき
トゥーレ島はもう　最果ての地ではない

セネカはこの詩句で、船旅の発展を物語のように歌い上げる歌唱《オダエ》を締めくくっている。世界を取り囲む大洋を表す、オケアヌスとその妻テテュスの二人の神々が、歴史の一時代に幕を引いて船旅の発展に終止符が打たれる。セネカの予言によれば、その後いつかトゥーレ島の形作るバリアが粉々に打ち砕かれ、「新世界」が姿を現す。この「新世界《ノウィ・オルベス》」という言葉は、一四九二年以降、本来の意図とは異なる意味を響かせることになる（ルネサンス時代の学者たちが、この詩句をアメリカ大陸発見の予言として引用するのだ。(4) コロンブスの息子が、家の蔵書にあったセネカ作の悲劇作品の書に、こうした主旨の注記を走り書きしている）。

しかし人間の進歩の物語はこれで終わりではない。(5) 次の歌唱の場面で、合唱隊はふたたび航海に思いをはせる。ただし今回の響きはずっと陰鬱だ。この歌唱に続く場面、メデアが自分の子供たちを殺害し、夫をも亡き者とし、コリントス市の政治秩序を崩壊させることになるのが、すでに明らかとなっているからだ。そしてこの凶行は、アルゴー船の航海がおかした最初の罪へさかのぼられる。合唱隊はまたこうも明かす。海神ネプチューンの怒りにより、すでにアルゴー船に乗り込んだ者の大半が亡き者とされた。まもなく、生き残ったわずかの者も破滅する。大洋は、その秘部へと侵入した者たちに恐ろしい復讐をおこなうだろうと。

実のところ、『メデア』にせよ他の悲劇作品にせよ、セネカがいつ書いたかについては何も知られていない。(6) それでも、『メデア』を書くセネカの心の大きな部分を、クラウディウス帝のブリテン島侵攻が占めていたと推測しても的外れではないだろう。ローマ人は侵攻の偉業を大いに祝い、クラウディウスはブリトン人捕虜を引き連れ、首都ローマの大通りを凱旋行進した。けれども、セネカの見方は違っていた。おそらく現代の環境保護主義者の思考を先取りするその考えによれば、このまま帝国が絶え間なく前進すれば、宇宙そのものが敵に回る。(7) 誰もがどこへも行けるようになることは、また手つかずの境界線が存在しなくなることは、世界の崩壊が差しせまることを意味するのではないか。

こうした暗い考えを表明したりすれば、流刑地のコルシカ島からだとしても、間違いなくセネカには危険が及んだことだろう。悲劇という形式の物語は、傲慢で常軌を逸した独裁者を中心に展開される傾向にあるから、ローマの帝政時代にはいつでも危険と隣り合わせだった。実際ティベリウス帝は、王たちの持つ盲目的な愚かさについての一文を書いたとして、劇作家の処刑を命じたことがある。セネカが自分の演劇作品を一度でも上演させたか、あるいは自宅外への持ち出しを許すことがあったかすら、実は定かではない。セネカの生きた時代に、彼の悲劇作品が世に知られた形跡はなく、セネカ自身も、著作中ではまったく言及していない。おそらく信頼できる数人のみで回覧する私的な文章で、ときの皇帝には歓迎されないような、憂さを発散するはけ口だったのかもしれない。

四九年以降、『メデア』は別な意味でも危険な作品となったことだろう。描き出されているのが、王家に大惨事をもたらす強力な妻の姿であるからだ。セネカの友人にして後援者でもあるアグリッピナが、クラウディウス帝との結婚後、そうした筋書きを好ましく思えたはずがない。『パエドラ』という作品はそれ以上に彼女の気を害するおそれがあった。(8) その作品でセネカが巧みに描写するのは、やはり破滅的な王妃の姿なのである。

悲劇『パエドラ』も『メデア』と同様、エウリピデス作のさらに有名な作品の翻案で、神話上のアテナイ王テセウスの二番目の妻、パエドラの物語である。テセウスには、すでに成長した息子ヒッポリュトゥスがいて、この青年に継母のパエドラがおさえきれない想いをいだいてしまう。彼女はヒッポリュトゥスを誘惑するものの、はねつけられる。拒絶され、復讐の鬼と化したパエドラ。彼女はみずから命を絶つが、ヒッポリュトゥスが自分をはずかしめたと告げる遺書を残す。もちろん彼女は知っていたのだ。その告発を読んだテセウスがすぐさまヒッポリュトゥスを亡き者とすることを。意地悪な継母という民間説話でおなじみの人物像が、ここでは近親相姦の欲望によってさらに怪物化された姿で登場している。

もし四九年を生きたローマ人が『パエドラ』を読んだなら、居心地悪い連想をしたことだろう。[9] 気性が激しくて支配欲が強く、非常に性的な女性という、セネカの描くパエドラと同じ印象を、アグリッピナは持たれていたからだ。アグリッピナにはすでに、カリグラとも義理の兄弟であるレピドゥスとも、近親相関関係を結んだとの非難が向けられていた。そこに今度は、叔父であるクラウディウスとの近親婚だ。これで彼女は継母にもなった。アグリッピナには守るべき実子がいることを考えると、意地悪な継母となる可能性は高そうに思われた。こうした状況下で『パエドラ』が公表されでもすれば、必ずや作者に危害が及んだことだろう。

セネカの作品をなぞるように宮廷での出来事が進行していったのか。あるいは逆に、作品が現実の宮廷生活を模しているのか。『メデア』と『パエドラ』の執筆時期が特定できさえすれば、その答えも明らかになることだろう。だが年代についての情報がないため、我々にできるのはただ、この思わせぶりな状況について考えてみることだけだ。いま、ローマ最高の悲劇作家が、まるで悲劇作品から抜け出たような皇妃の宮廷に降り立った。そして舞台の幕が上がる。アグリッピナ支配時代の開演だ。

アグリッピナが、クラウディウス帝の実子ブリタンニクスとオクタウィアをどう扱うかという懸念は、早くも結婚前から取り沙汰されていた。そこでクラウディウス政権の主席広報官、世論操作に長けたウィテッリウスが、元老院での対応をこころみる。[10]「彼女［アグリッピナのこと］になら、クラウディウスは胸のうちの相談事を、そのうえ自分の小さな子供たちをも託すことができるのでありま す」。ウィテッリウスはわざとらしく自信たっぷりにこう断言した。だがアグリッピナの来し方にはその根拠が見つからない。彼女はクラウディウスの前妻メッサリナと不倶戴天の敵同士だったから、母親のせいでメッサリナの二人の子を憎んでいるか、逆に二人が彼女を憎んでいると予想されても仕方がなかった。それ以上に問題だったのは、息子ドミティウスへのあからさまな入れ込みようだ。後継者争いにおけるドミティウス勝利の確率は、この時点では確実に、五分五分より上だったのである。

自分の新しい結婚がどんな危険をともなうのか、クラウディウスが気づかなかったはずはない。なのに彼は、実子を守る行動をほとんど何もしない。アグリッピナが策動を開始し、ドミティウスの立場をブリタンニクスより強めようとした時にも、クラウディウスはただ傍観していた。史料に描き出されるクラウディウスは、受動的で誰かの言いなり、一方のアグリッピナは、残忍で狡猾。だが帝位継承の問題に関しては、どうやら二人は歩調を合わせて行動していた可能性のほうが高い[11]。二人はともに、皇帝家の血統をひとつに統合する必要性を感じていたのである。この方向へと向かう第一段階が二人の結婚で、第二段階がそれぞれの実子、ドミティウスとオクタウィアの婚約だった。論理的に考えうる第三段階はじきにやってくる。クラウディウスは、アウグストゥスの玄孫であるドミティウスを養子とする準備を始めたのだ。

息子が存命なのに別に養子を取るのは、ローマ法に反する行為だった[12]。その法手続きによって実子の自然な権利がおびやかされるのが明らかだからだ。しかし「自然」は、クラウディウスが姪と結婚できると決議した時点で、「法」によって乗り越えられてしまっていた[13]。そして紀元五〇年二月二十五日、皇帝じきじきの要請になる養子縁組に関する特別令が、元老院で可決される。こうしてクラウディウスには新しい息子ができ、その息子に新しい名を与える。ネロ・クラウディウス・カエサル・ドルスス・ゲルマニクス。彼はこの先、ネロという名前で知られることになる。

こうして帝位継承競争の号砲が鳴った。ほどなくローマ中が不安にかられるようになる。伝説時代のロムルスとレムス兄弟の争いからこのかた、少なくとも法律上は兄弟である二人の少年が、これほどま

両面にそれぞれブリタンニクスとネロが表現される、ペルガモン発行の硬貨。

でに反目しあったことはなかった。どちらが帝位継承予定者なのか、皇帝一家が人前に姿を現すたび、人々は手がかりを求めて詮索を重ねた。また、普段は現皇帝をたたえる道具として機能している、国家によって鋳造された貨幣も、この時ばかりは帝位継承者の指標となる。ローマ市で鋳造された貨幣では、しだいにネロがデザインの主役となってゆく一方、属州の貨幣ではブリタンニクスびいき、もしくは複像形式《ジュゲイト》と呼ばれる、横顔が二つ重ね合わされるやり方で、二人の少年が一緒に配置された。またギリシアのペルガモン市発行の貨幣では、二人は両天秤にかけられている。片面の意匠がネロの胸像で、もう片面がブリタンニクスの胸像なのだ。まるで競争の結果がコイントスで決まるかのように。

　ネロには、血統の純粋さに加えて、年長であるという強みがあった。どんな政治的権利でも、ネロは必ずブリタンニクスよりも三年以上早く、それを手にできる年齢に到達する。[14] まずは十四歳で成人服《トガ・ウイリリス》を着用する。この服は大人であること、ならびに責任の証として着る羊毛製の衣服だ。ついで二十歳になると公職就任が可能となる。それから二十五歳で元老院出席の権利を手にする。これらの節目をいくつ通過すれば皇帝候補者としてふさわしいかについては、いまだ明確となってはいなかった。それでもクラウディウスの存命中、ネロが義弟より多くの節目をクリアするのはまず間違いなかった。

ネロの支持者たちが、この差をさらに広げようと躍起になっていたのは明らかだ。ネロは最初の節目を、予定より一年も早く通過したのである。五一年初頭、ネロは十三歳にして成人服を身にまとい、供回りに付き添われながら、公的活動の舞台である中央広場へと姿を現す。もちろん公職に就くにはまだ若すぎた。にもかかわらず元老院は、ネロが二十歳になる年の執政官《コンスル》(国家で最高の権威を誇る一年任期の公職)を、彼のために予約しておく決定をしたのだ。アウグストゥス帝の時代にも、若き後継者たちが帝位に早くつけるよう、同様の措置が講じられたことがある。支配者の地位に向けてネロの準備が整えられているのは、火を見るより明らかだった。

こうして、執政官就任予定者として、ネロには執政官代理《プロコンスル》の権限を行使することが許される。いまで言えば、仮免許で運転する若者とでも言えようか。また特別な衣服と標章を身に着ける権利も得た。ネロがまとったあらたな威信は、ローマの町角でさえ誰の目にも明らかだった。ある競技祭において、彼の栄進を記念する特別試合の席に、ネロは高位公職を示す新しいしるしを身に着けて観客たちの前に姿を現す。一方で、かたわらに控えるブリタンニクスの衣服は少年用の簡素なもの。ブリタンニクスにとってこの対照は屈辱的だったが、同時にそれは、あらたな序列を明白に表す光景でもあった。

「あの方は、自分の息子よりも、別の血からの種を優先できたお方なのです」*2。『オクタウィア』のなかである登場人物が、五〇年および五一年にクラウディウスがネロを引き立てたことをふり返って苦々しく語っている。ブリタンニクスが蚊帳の外に置かれたことに多くの同時代人が衝撃を覚え、いぶかしく感じていた。父親たるもの、血を分けた実の息子にこれほど冷酷になれるものなのか(15)。ネロの昇進はタイミングの問題にすぎないと考える人もいた。つまり、クラウディウスは三年後に、同じようにブリタンニクスの地位を高めて、二人の若者を共同の後継者にすると推測したのだ。確かにこれは、前任皇帝たちも使った手だった。またこうも考えられた。アグリッピナが噂のあの性的な手管を使って、クラウディウスの頭を腐らせてしまったのだと。

宮廷の舞台裏でも、各党派が影響力を強めようと鞭《むち》を入れ合っていた。一方はブリタンニクスの継承権を支持し、他方はネロの側に立つ。割れているのは、クラウディウス帝のもとで最も影響力のあった二人のギリシア人解放奴隷も同じだった。この二人は事務方をたばねる元奴隷で、クラウディウスはますます彼らに依存するようになっていた。二人のうちナルキッススは、当初よりアグリッピナを恐れ(16)、元妻であるアエリア・パエティナともう一度結婚するようにと、クラウディウスを説得し続けていた。他方ナルキッススの好敵手が、勝ち馬を見抜く目を持っていたパッラスだ。パッラスは、クラウディウスの再婚相手としては一貫してアグリッピナを支持し、いまはネロを後継者に推していた。

セネカには、ネロの側に立つ以外の選択肢はなかった。ただしかつて流刑地のコルシカ島から送った『ポリュビウスへの慰め』では、若きブリタンニクスへの思いが吐露されている(17)。「クラウディウス帝がそのご子息を、末永い信頼とともに、ローマ帝国の指揮者として認め給わんことを」。もちろんこれは、もうひとりの息子が舞台に登場し、その母がセネカの後援者となる以前のことだ。だがローマではいま、将来について明快に決定することが求められている。

伝存するセネカの著作には、宮廷でのつばぜり合いに触れている箇所はない。しかしセネカが引用するウェルギリウスの作品からの次の一節は、どうもこの問題への遠回しな言及に思える。五四年にネロが帝位についた時には、ブリタンニクスの継承権を支持する人たちもいまだに多くいた。その頃の著作のなかでセネカは、運命をつかさどる女神のひとりにこう語らせている[*3]――

弱い者に死を　優れた者に　主《あるじ》のない王の間で統治させてやれ

ウェルギリウスの『農耕詩』からのこの一節では、「王」蜂が二匹いる蜂の巣を、どのように扱うべきかが話題となっている（ローマ人は蜂の巣のリーダーを、女王でなく雄の王と考えていた）。セネカはこの一節を帝位継承の話題中に引用しているわけではない。それでも継承問題をめぐる緊張感を考えれば、この詩句の持つ冷酷な意味に気づかなかったはずがない。

こうしてブリタンニクスの運勢が下降し続ける一方、おそらく一ないし二歳年上であった姉オクタウィアの運勢は上昇気運にあった。クラウディウスはこの娘をネロに嫁がせて、皇妃に、さらには皇太后になる可能性を高めようとしていた。だがそのためには、クラウディウスが父親のままでいるわけにはいかない。いまネロは、法律上クラウディウスの息子なので、オクタウィアは誰か他人の娘でなければならない。叔父と姪の結合の上に成り立つ政権であろうと、兄弟姉妹の結合は容認できなかったのだ。こうして、オクタウィアはある貴族家系の養女となり、「接ぎ木されたネロ」との結婚が可能となる。このあざ笑うかのような表現は、『オクタウィア』の登場人物である彼女が自分の夫につけた名だ[*4]。

五三年が始まるまでに、皇帝一家の再構築作業は完了した。クラウディウスには新しい妻と新しい息子、ネロには新しい名前と新しい父親、オクタウィアには新しい父親と新しい婚約者。ブリタンニクスだけが何も変わらなかった。あらゆる勝負に大負けした形の彼は、やり場のない怒りにふつふつと煮えたぎっていた[18]。ある日ついに、おそらく何気なしに、ブリタンニクスはいらだちを表に出してしまう。

それは「兄」のネロと宮殿の広間ですれ違った時のことだった。ネロはもう何か月も前に養子となっていたのに、ブリタンニクスは「ドミティウス」と呼んで彼に挨拶したのである。この名は、ネロが皇帝家に加わる以前のものだ。

ブリタンニクスの悪意の証拠、さらには政権を転覆させる陰謀の証拠だとして、アグリッピナはこの挨拶に飛びついた。そしてクラウディウスに、当時おそらく九歳だったブリタンニクスの非を訴え、なんらかの行動に出るよう求めたのだった。

蚊帳の外に置かれていた息子に対してどんな思いをいだいていたにせよ、クラウディウスは妻の求めに応じたのだ。ブリタンニクスの周りからは、ここまで彼の成長を手助けしてきた家庭教師たちが取り除かれる。彼らはブリタンニクスの最も親しい友であり、支持者でもあった。さらにそのうちのひとり、ソシビウスという人物は、反抗をそそのかしたとして処刑される。そうして空いた地位に、新しい世話係が迎え入れられる。ただし選ばれたのは、新秩序への強い忠誠心を持ち、ブリタンニクスを孤立させる役割を安心してまかせられる人物だった。

このようにしてブリタンニクスは、自分にとって大切なあらゆるものから、おそらく父親からも引き離された。彼のたどり着いた先は、支持者たちが恐れていたまさにその場所だった。つまり、継母の掌中である。

アグリッピナは求めるものすべてを手に入れた。ネロを帝位継承予定者の地位へのぼらせ、ブリタンニクスの影をすっかり薄くさせた。息子が栄達するにつれて彼女自身の威信も高められる。息子の名がドミティウスからネロへと変更されてまもなくのこと、アグリッピナも新しい名前を自分のものとしたのだ。「アウグスタ」という名誉称号である。それまでこの称号を名乗ったのは、皇帝家で特に敬愛を集めた女性ばかりで、しかも必ず皇帝の未亡人もしくは母であった[19]。だから皇帝の妻としてこの称号を手に入れた女性は、アグリッピナが最初であり、この変化は「アウグスタ」の定義が変わったことを示していた。いまや「アウグスタ」は、皇帝と対《つい》になる女性が帯びる称号となったのだ。あるいは、アグリッピナがそう望んでいたと言うべきかもしれない。こうして、国家の重要な決定の場で皇帝のかたわらに座を占め、枢密諮問会議にも出席する資格が彼女には与えられる。皇帝の顔が刻印された貨幣の裏面には彼女の顔が現れ、さらには表の面も、皇帝と二人の複像形式で共有しさえした[20]。

だがアグリッピナの自己主張はそれで終わらない。皇妃となっての二年目、彼女は大胆にも、男性の力のいとも神聖な聖域、軍事の領域へと足を踏み入れたのだ。

クラウディウス帝代の彫像。皇帝の娘オクタウィアと考えられる。

49年にクラウディウス帝の妻となったアグリッピナ

その年ローマ市へ、ブリテン島での反ローマ戦争の指導者が鎖につながれて連行されてきた。キュノベリヌス（シェイクスピアの戯曲ではシンベリン）の息子、カラタクスである。彼の降伏を受け入れるため、クラウディウスは豪勢な式典を用意させる。親衛隊全隊が完全武装して沿道を固めるなか、ブリテン島からの戦利品に続いてカラタクスと彼の家族が、行列の最後尾を皇帝のいる演壇へと進んでゆく。演壇の上で、軍団指揮権を象徴する軍旗に囲まれたクラウディウスのかたわらに座るアグリッピナの姿は、ゲルマニクスの娘たる自分にはこの場所にいる権利がある、と主張していた。続いてカラタクスが慈悲を乞うたが、その言葉は皇帝夫妻双方に向けられていた。そしてカラタクスには慈悲が示されたが、それもやはり二人からだった。「女がローマの軍旗の前に座るというのは、往古の遺風にそぐわない新奇な光景であった」。そう論評するのは、権力を持つ女性にまるで好意を示さなかったタキトゥスだ[21]。

アグリッピナに流れる父ゲルマニクスの血は、軍の絶大な信望をもたらした。そしてもうひとつ、彼女の名前そのものも同じ働きをしていた。アグリッピナという名は、祖父マルクス・アグリッパの名の女性形であり、アグリッパといえばアウグストゥスの偉大な勝利の原動力となった将軍である。この無形財産の価値を見抜いていたアグリッピナは、それを世界に向けて宣伝する巧妙なやり方を見つけ出す。

かつてアグリッパは、みずからの手でローマ支配に服させたウビイ族を周辺部族から守るため、ゲルマニアに都市をひとつ築いていた。のちに作戦基地としてその町を活用したのが、アグリッパの義理の息子、ゲルマニクスである。父の輝かしい軍事遠征のさなか、アグリッピナはその地で生まれたのだった。当時は「ウビイ族の聖所《アラ・ウビオルム》」と呼ばれる、単なる辺境の前哨基地にすぎなかったその地こそが、彼女の家系にまつわる英雄的な伝説の中心であると、アグリッピナは理解していた。彼女はクラウディウスに説いて、町を完全な法的地位を持つ高いランクのローマ都市、植民市《コロニア》へと昇格させ、しかも自分の名前にちなんだ名をつけさせたのだ。ローマが建設した都市に、女性を記念した名前がつくなど前代未聞のことだった。「コロニア・アグリッピネンシス」、つまり「アグリッピナの植民市」という意味である。もっとも、この名前はローマ人の多くにとって発音しづらい名前だったようで、省略形の「コロニア」から、長い時間をかけ現在の「コロン（ないしケルン）」という町の名が生み出されることになる。

こうしてアグリッピナは、女性として過去に類を見ない権力を手にした。[22] その力はクラウディウスの前妻メッサリナの権力をも凌駕し、使い方はメッサリナよりずっと巧みだったが、見られたのはおなじみの流れである。皇妃から敵と見られた人物、とりわけ結婚可能で魅力的な女性が、いつのまにか自分に「国家の敵」の烙印が押されたことを知るのだ。そうした女性のひとりが、ロッリア・パウリナだった。ロッリアは莫大な富を所有する未亡人で、アグリッピナとの結婚を決意する以前のクラウディウスが花嫁候補と見ていた女性だった。アグリッピナは彼女を、クラウディウスの妻の座を射止めようと占星術師に相談したことを理由に、謀反の罪で告発する。そしてロッリアは財産を奪われ、ローマ市から追放される。行き先はおそらくポンティーネ諸島だ。首尾よく人目から遠ざけられた彼女は、差し向けられた皇帝親衛隊の兵士によって殺害される。切断されたその首を兵士たちが持ち帰ったことを、カッシウス・ディオが伝えている[23]。

アグリッピナを悩ませていたのは女性の競争相手ばかりでなく、宮廷での影響力を競う男性のライバルたちもいた。そのひとりナルキッススは、長きにわたってクラウディウスの腹心だった、宮廷勤務のギリシア人解放奴隷である。この切れ者の策略家も、メッサリナが皇妃であった時代には自身数多くの政敵を打ち倒してきていた。もし手を結んでいればアグリッピナにとって有用な手下となっていたことだろう。だが結局そうはならず、二人は反目しあう。帝位継承をめぐる争いにおいて、ナルキッススは徐々にブリタンニクスの側に傾いてゆく。

アグリッピナは、ナルキッススの顔に泥を塗る機会をうかがっていた。そんな矢先、ナルキッススが先頭に立って進めていた巨大公共事業計画がぶざまな結末に終わる。絶好の機会だった。

現場はローマ市の東七五キロメートルほどにあるフキヌス湖で、ナルキッススを責任者として、三万人の作業員が十一年間にわたって排水溝の掘削作業を続けていた。工事を命じたクラウディウスは、湖の一部を干拓して可耕地を作ることをめざしていた。それは実に巨大な事業だった[24]。ほとんどが硬い石灰岩からなる岩盤を四・五キロあまり掘り進む。そうして作ったトンネルから湖水を近くのリリス川に流す計画だった。また掘削で出た土砂を縦穴を通じトンネル外へと運び出す必要があり、巻き上げ機を使ったその作業は、大変骨の折れる作業となった。その時に積み上がった土砂の山は現在、サルヴィアーノ山と呼ばれている。この工事のための資金は莫大な金額にのぼっていたから、ナルキッススの信用は工事の成功いかんにかかっていた。そしてアグリッピナは、目ざとくそこに目をつけたのだ。

トンネルの開通祝いに、クラウディウスは非常に手の込んだ式典を準備させていた。ローマ市や周辺の町々からは、催しを見ようと観客が大挙してやってくる。主催する皇帝は正式な軍装をまとい、かたわらのアグリッピナも、金糸の刺繍にいろどられたギリシア風外套《クラミュス》と呼ばれる戦闘服を着ていた[25]。というのも、かき集められた数千人の死刑囚が軍船に乗って死ぬまで戦う見世物を、クラウディウスは式典に先立って催していたのである。それから湖の中央で機械仕掛けの像が自動的に起き上がり、その吹き鳴らすトランペットの音が式典の開幕を告げる。

ところが決定的瞬間にトンネルの出口から流れ出たのは、ほんのしずくだけだった。ナルキッススの技術者たちは失敗をおかしたのだ。式典を見にきた人々はローマ市に帰り、作業員は工事へと戻って行った。しばらくして二度目の開通式典が開催される。ふたたび手の込んだ見世物が用意され、トンネルの出口のところでは要人たちの宴会が開かれていた。そしてトンネルはと言えば、今回はうまくゆきすぎた。水がうなりを上げて出口から勢いよく噴出したのだ。宴席の台座はごっそり押し流され、パニックにおちいった列席者を右往左往させた。

これをナルキッススを引きずり下ろすチャンスと見たアグリッピナが襲いかかる。ナルキッススが工事資金を横領したとの告発がなされる。当時世界で最も富裕と噂されたナルキッススの巨富のおかげで、この告発はかなりの信憑性をもって受け取られた。もちろん不正のせいにできるのは一回目の失敗だけで、二回目はその限りではない。そこで巧妙な噂が広められる[26]。実はナルキッススは不正経理から目をそらそうと、宴席の大洪水をわざと仕組んだのだと。

ナルキッススは、どうにかフキヌス湖での大惨事の政治的痛手を切り抜けたものの、影響力は大きく低下してしまう。そうこうするうちに、アグリッピナは自分の支持者である解放奴隷のパッラスを、宮廷位階の最高位へ昇進させる。さらにパッラスは、後ろ盾であり世間では愛人だとと信じられていたアグリッピナ[27]からの肩入れによって、ローマで外国人や元奴隷が到達したことのないほどの高みへのぼったのである。

五二年、アグリッピナからのたっての要請で、元老院はパッラスに法務官《プラエトル》の標章ならびに権限を付与したのだ。これは財務官《クワエストル》の標章と権限しか得ていないナルキッススを一段階上回る名誉だった。パッラスにはさらに、国庫から一五〇〇万セステルティウスもの巨費の提供が申し出られる。だがすでに法外な大金持ちであったパッラスは、丁重に受け取りを辞退する。それをうけて元老院が命じたのは、お世辞たっぷりの称賛を真鍮の板に刻ませ[28]、ローマで最も崇高な場所、すなわち中央広場にあるユリウス・カエサル像に添えて公開することだった。

解放奴隷にこうした名誉を積み重ねてゆくさまは、元老院の奴隷根性を示す情けない光景だった。そこでコルネリウス・スキピオという元老院議員が、元老院の面目を保てるやり方を考え出す。はるか神話の時代、ローマ付近にアルカディア人の王子で、同じく名をパッラスという人物が住んでいた。ウェルギリウスの叙事詩『アエネイス』によると、神話中のこのパッラスは、ローマ人の始祖アエネアスに味方した戦闘中に戦死したのだという。そこでコルネリウスは元老院議員を前に、解放奴隷のパッラスに対して「アルカディア人の王の末裔よ」と呼びかけた。名前が同じだから血がつながっているとほのめかすことで、いま元老院が祭り上げた男をただの解放奴隷ではなく、太古の英雄の子孫ということにしたのである。

生まれの卑しい人間や落ちぶれた人物を引き立てて自分に忠実な子飼いとする。あらゆる専制君主に採用されたこの由緒正しい戦略を、ローマの支配者も活用する。すでにアグリッピナはこのやり方でセネカを取り立てて、大いに効果を上げていた。そしてセネカも、パッラスと同様に法務官に任命される。道徳的哲学者であるローマ人セネカと、宮廷での従僕であるギリシア人解放奴隷パッラスは、ともにアグリッピナをよりどころとしたことで、共通する思いをいだいていた。さらにアグリッピナは、自分を支持する人間をより強く自分に縛りつける別の戦術も用意していた。セネカとパッラスは、それぞれの兄弟が切望していた地位へと昇進していくのを見ていた。高位の公職につく兄弟を持ってしまうと、皇妃の機嫌にかかっているのは自分の命だけではなくなるのだ。

ところで二人の兄弟、つまりセネカの兄ノウァトゥスと、パッラスの兄弟アントニウス・フェリクスの経歴は、意外な糸で結ばれている——使徒パウロの旅だ。

パウロは、ローマ人がクリストゥスないしクレストゥスという名で知っていた人物を信奉する集団の一員だった。もっとも、その人物の名を耳にしたことのある人が、ローマ市にどれほどいたかはわからない。その人物の始めた運動は、五〇年代にはまだ遠い異国でのささいな騒ぎだった。帝国の東部、とりわけローマ人がユダヤと呼んだ地（イスラエル、パレスチナおよび周辺地域）およびアカイア（ギリシア）での、ユダヤ人内部の単なる教義論争にすぎなかったのだ。セネカの兄ノウァトゥスは、養父となった富裕な貴族の名前をもらい受けてガッリオと呼ばれていたが、五〇年代初頭、偶然にも属州アカイアの総督《プロコンスル》を務めていて、ちょうどそこにパウロがやってきたのである。(29)

一方パッラスの兄弟であるフェリクスは、同じ時期のユダヤで、アカイアの属州総督に相当する地位についていた。当時のユダヤは、名目上は独自王朝の支配する独立王国を形成していたが、フェリクスのような属州管理官《プロクラトル》と呼ばれるローマ人代官が、その地の治安維持を助けるため送られていたのである。

ギリシア中をめぐるパウロの旅は、新約聖書のなかの「コリントの信徒への手紙」に結実している。そこでのパウロは、みずからのあらたな教義を、疑い深いユダヤ人たちに説明している。パウロがおとずれたコリントスの町には、内心ではパウロに共感するユダヤ教祭司《ラビ》の長、ソステネス[30]がいて、パウロに町のユダヤ教会堂《シナゴーグ》での説教を許可する。だが説教に集まった人々は、自分たちが異端と見なす考えを聞いて怒り、セネカの兄である総督ガッリオのもとにパウロを連れて行き、処罰を要求したのだ。

ガッリオには、ひたすらに一神教を信じる連中の教義論争に干渉する気などさらさらなかった。そこで、何も罪をおかしていない以上、ローマ帝国の属州総督はパウロの運命の決定には関与しないと宣言する。数十年前のイェルサレムで、ポンティウス・ピラトゥスがイエスに関し同じ状況に直面した時のように、ガッリオもまた事件から手を引いたのだ。その後ユダヤ人告発者たちはソステネスに鬱憤をぶつけ、彼をガッリオの部屋の外で死ぬほど殴りつけるが、ガッリオはそれを止めさえしなかった。

このガッリオについての逸話は、新約聖書の「使徒言行録」一八章の、目立たない場所に短く記されている。一方で同じ時期のユダヤでは、パッラスの兄弟フェリクスもユダヤ人とのあいだにトラブルをかかえていた。こちらもやはり「使徒言行録」[31]に記録されたが、及ぼした影響の巨大さから、ガッリオの事件よりずっと多くの字数が費やされている。

フェリクスは暴力的で自己中心的な男だった。属州管理官となったフェリクスが、ユダヤの行政的中心地であるカエサレアという町に入った瞬間から、ユダヤ人の感情は逆なでのされ続けだった。ついにはユダヤ教の大祭司ヨナテスまでもが彼の行動を非難し始めると、フェリクスが対抗して雇った刺客たちが、上着の下にひそませた短刀でヨナテスを暗殺する。この冷酷な暗殺団は、容赦のない効果的な手を使った[32]。まずは気づかれぬよう接近してターゲットを襲撃、ついで凶器の短刀を隠し、急いで逃げるのではなく、犠牲者を取り囲んだ人込みに紛れ込む。このフェリクスおかかえの仕事人集団、「短刀団《シカリオイ》」

はユダヤの地を恐怖におとしいれていた。

ユダヤの緊張状態は緊急レベルにまで達した。「エジプト人」[33]と呼ばれたひとりの扇動家が支持者数千人を動員し、イェルサレムに配置されたローマ軍陣営への攻撃をくわだてたのだ。フェリクスは集まった人々に軍を差し向けて反撃、聖都イェルサレムの市壁は血に染まった。本来は責任ある地位とは縁遠かったが、高位の友人を持つ兄弟がいたがゆえに、責任ある地位に据えられた男。彼はいま、容赦なく武力を行使することで権力にしがみつこうとしていた。


暴力が荒れ狂うさなか、ギリシアを発った使徒パウロの乗る船はユダヤへと向かっていた。パウロは引き続き、地中海東部でユダヤ人に対する宣教を続けていた。イェルサレムに行けば大変なことになると数多くの予言が告げていたにもかかわらず、パウロは聖都イェルサレムをめざして進む。ちょうど騒動を扇動した「エジプト人」と呼ばれる男を、ローマ軍が血まなこになって探していた時のことだ。

ユダヤ人の最も神聖な大神殿で騒ぎを起こしている者がいるという話を、イェルサレムである日、ひとりのローマ将校が耳にした。そいつこそ探索中の「エジプト人」に違いないと将校は考え、逮捕を指示して拷問にかけさせる[34]。しかし聞くとその男は、洗練されたギリシア語をしゃべっているという。ローマ将校が逮捕させたのはパウロだった。大神殿で騒ぎを起こしていたのは、コリントスの時と同じく、パウロの説教に腹を立てたユダヤ人たちだったのだ。収監されたパウロをどう扱うべきなのか、当局側には皆目見当がつかなかった。これはパウロの人生で、これから何度となく繰り返される構図だ。

結局カエサレアに移送されたパウロは、総督のフェリクスと、その妻でユダヤ王族の娘であるドルシッラの前に連れ出された。そしてフェリクスは、パウロの説く普遍的な愛と信仰を通じた救いの話から強い印象を受ける。それからの二年、フェリクスは何度かパウロを監房から連れ出し、妻のドルシッラと一緒に、その説教に聞き入った。ユダヤの王女ドルシッラ、キリストの使徒パウロ、それにローマ皇帝クラウディウスのもとで最も影響力のある解放奴隷パッラスの兄弟フェリクス。この三人が同じ部屋に集うというのはなんとも奇妙な取り合わせだが、それはまさに、紀元一世紀のローマ世界の複雑さを象徴する光景だった。さらに奇妙なのが、自由も富も力も持たないパウロが、その部屋で唯一の生粋のローマ市民であったという事実だろう。

紀元六〇年、結局フェリクスは属州管理官の職を解かれる。ユダヤでのフェリクスは、処罰を受けて当然の圧制を敷いたが、兄弟のパッラスがいたおかげで法の枠外に立つことができた。パウロはと言えば、カエサレアの監房に置き去りにされて衰弱するにまかされていた。そこで彼はローマ市民としての法的権利を主張し、皇帝に直接訴え出ることにした。こうしてパウロは囚人としての立場のまま船に乗せられ、ローマ市へと送られる。ただしローマ市に到着したパウロには、広範な移動の自由が許されていた。[35]だから彼はローマの小路を、おそらく使徒仲間のペトロと一緒に歩き回りながら、人々を改宗させてゆくことができたのである。

ローマ市でパウロがどんな暮らしをしていたのかはほとんど知られていない。[36]だが奇妙な伝説が残されている。ローマにいたパウロが、セネカと厚い親交を結んでいたというのだ。

セネカとパウロとのあいだに交わされたとされる往復書簡集が残っており、そのなかで二人は、互いに相手の教えをほめ、より詳しい話を聞くために会合を持つ約束さえしている。これらの手紙は、まず間違いなく偽作だ。それでも当時最高の道徳的思想家であった二人が、どんな形であれ対話をしていたという想像には抗しがたい魅力がある。ストア思想とキリスト教。二人がそれぞれに信じた倫理体系には多くの共通点があったから、初期のキリスト教教父たちは、いつからかセネカをキリスト教徒の先駆と考えるようになっていたのかもしれない。[37]その根拠の一部となったのが、セネカとパウロとのあいだの往復書簡という物証だったのだろう。

フェリクスが去っても、ユダヤの地での混乱が収束へ向かうことはなかった。後任の属州管理官たちも、「短刀団」を引き続き刺客として活用し、重税を課して属州ユダヤを干上がるまでしぼり取った。そしてネロ帝治世の終わり頃、ふたたび反乱が発生する。「エジプト人」が扇動したものよりもはるかに深刻な反乱だった。紀元七〇年、ローマはついにイェルサレム市を粉砕し、大神殿も壁面を一面のみ残して破壊された。現在もその壁面は、「西の壁（嘆きの壁）」として、当時と同じ場所に立っている。

だが七〇年には、もうパウロはこの世にいない。セネカも、パッラスも、ガッリオも、さらには皇帝家の全員も。この危険に満ちた時代に名をはせた人々のうち、ひとりフェリクスのみが荒波を乗り切り、次の時代を生きることになる。

フェリクスがユダヤでパウロから教えを受けていた頃、セネカはローマの別の教室で指導をしていた。生徒は次期皇帝の第一候補であり、セネカの教えを切に必要としていたのだ（どれだけ必要だったかは、じきに明らかになる）。しかしながら、何を教えるか、あるいはどう教えるかに関し、セネカには決定権がまるでなかった。

アグリッピナはあまり哲学を重要視しておらず、息子を哲学に触れさせることを望んでもいなかった[38]。哲学は知的な遊びであり、未来の皇帝には無用のものだと感じていたのである。息子への教育として彼女が望んだのは、皇帝になったら必要となるはずのより実用的な技術、とりわけ修辞と弁論の技法だった。タキトゥスは自著のうち、これらの技術の重要性を強調した一節で、ネロが自分の雄弁はセネカのおかげだと思っていたと推測している。「あなたは私に、あらかじめ準備してからだけでなく、即興でも自分の考えを述べられるよう教えてくれました[39]」。皇帝ネロのこの言葉自体はタキトゥスの創作で間違いないが、一次情報がもとになっているはずだ。
ローマ国家はいまや、ひとりの人間に支配される体制をとっていた。だが雄弁はそんなローマにおいても、権力者に不可欠の資質であり続けていた。元老院議員、兵士、それに市民を前にして、皇帝はギリシア語とラテン語の両言語で演説することを求められていたのだ。そうした場面で、自信と落ち着きを示しつつどれほどうまく対処できるかに、皇帝の地位の安泰はかかっているとも言えた。また言葉の選び方も同じように大切だった。優雅な言葉づかいによって演説は説得力を増し、人の心に強く訴えかけるものとなる。

ある時点、おそらく十三歳となったネロが人前での弁論を初めて披露した時からだろうか、セネカはネロの演説の仕方を指導しただけでなく、演説の原稿を代筆するようになっていた。これは帝政ローマ始まって以来の出来事だった[40]。前任皇帝たちはみな、それぞれが個性豊かに、人前での演説の草稿を自力で用意していたのである。ところがネロの文学的興味は詩にあり、なかでもお気に入りだったのが、ギリシア風竪琴《リュラ》による音楽に合わせて朗唱するもの悲しい抒情詩だった。ラテン語の散文という現実的な表現手段のほうには、ほとんど気持ちが傾かなかった。そのうえネロは戦車競走の熱烈なファンでもあった[41]。修辞をこらした弁論と比べ、戦車競走ははるかに強い興奮を覚える気晴らしだったのだ。

弁論家として大成することが、世に出た当初のセネカの夢だった。実際にその冴えた弁論術はカリグラ帝からも嫉妬されるほどだった。だが慢性的な呼吸器疾患のせいで、大勢の前で話すのが困難となってしまう。のちにセネカは、若い頃のことを思い出しながら書き記している。自分は人前で話す望みを捨てたうえ望めもしなくなってしまったのだと[42]。おそらく呼吸器の弱さが原因だったのだろう。そんなセネカがいま、自分の言葉を広い世界に響きわたらせるチャンスを手に入れた。この点に限って言えば、セネカとネロは互いに補い合っていた。

さらにもうひとつ、ネロとセネカが補い合える部分があった。十代の少年ネロには父がなく、五十歳前後のセネカには子がなかったのだ。かつてセネカが流刑でコルシカ島へと向かう直前に病気で亡くした息子は、生きていればネロよりほんの数歳年下だった。ほかにセネカには子がなく、この先も子供に恵まれることはないだろう。その一方、三歳の時に父を失ったネロは、強い女性たちに囲まれた幼少時代を過ごしている。父方の叔母であるドミティア・レピダと、恐るべきアグリッピナだ。ようやく大人への階段をのぼり始めた少年にとって、大人の男性が教師としてそばにいることは、たとえ気質がまるで異なるとしても、安心の源となっていたのは間違いない。

タキトゥスは、二人の関係に関して私たちよりずっと多くの情報を持っており、二人のあいだには愛情にもとづく絆のあったことを証言してくれている。著作『年代記』のなかでタキトゥスは、ネロによる過去の回想を想像によって描いている。その場面でのネロは、セネカに向けてこう語りかける――「あなたは私の少年時代を、それから青年時代を、知恵、助言、そして教訓とともにはぐくんでくれました。あなたからの贈り物は、私の命が続く限りずっとその価値を失うことはないでしょう」[43]。さらに続く箇所、ネロがセネカを指して呼ぶ言葉が「いとしく思う人々のうちで最上の人《プラエキプウス・カリタテ》」。なんとも皮肉めいた語である。この場面の時点までに、二人は憎み合うようになっていたというのに。だがタキトゥスは二人の関係を、ネロが語ったとしても不思議ではないこれらの言葉どおりに理解していたのだ。

宮殿でのネロへの教育がどのようなものだったのか、セネカ自身が書き残すことはなかった。親代わりの立場から自分が果たした役割についても論じられていない。ただし一度だけ、あくまで一般論として書かれた箇所で、「魂ではなく才能を向上させるために」教師を求める生徒への軽蔑を、セネカは表明している[44]。もしかすると彼の脳裏には、若きネロの姿があったのかもしれない。

セネカ自身が受けてきた教育はまるで違ったものだった。ネロと同年代の頃には、朝早くから夕方遅くまで、ストア派思想の偉大なお手本、師であるアッタロスのかたわらで時を過ごし、師の教室を「包囲攻撃」していたのである。[45] いまのセネカには、実利的な事柄を教えることしか許されていない。けれどもそれはチャンスでもあった。自分がいることで、未来の皇帝をより良い方向へ変化させられるかもしれない。[46] 皇帝を導くことで、セネカは世界を変えられるかもしれない。

紀元五三年、ネロがクラウディウス帝の娘オクタウィアと結婚したその日、空は血のように赤く、見物人には火事のように見えた。[47] ネロは十六歳。オクタウィアはそれより何歳か若かった。二人の結婚は、きっとローマ市で盛大に祝われたことだろうが、詳しい様子は記録が残っていない。二人がこうして結ばれることで、皇帝家の二つの系統がひとつに統合され、半世紀にわたる問題が解決されることになる。皇帝支配体制の未来は、ずっとしっかりした土台の上に据えられる。二人のあいだに子供が産まれさえすれば。

だがネロには、新妻とのあいだに子をなす意欲がまったくわかなかった。彼にとって、オクタウィアとの結婚はうれしくない展開だったのだ。義理の妹であるオクタウィアと知り合って数年、まったく自分好みのタイプではないとネロが悟るのにそれほどかからなかった。ひかえめで礼をわきまえ、気高くて堅苦しい雰囲気。ネロがのちに選んだ女性たちから判断すると、オクタウィアは、彼が伴侶として最も選びそうにない女性だったのである。

二世紀初頭の著述家スエトニウスによると、ネロに、もう少し妻に愛情を示したほうがよいのではと、おそらくやんわり忠告した人が宮廷にも何人かいたようだ。[48] だが答えは横柄なものだった。「彼女は妻の標章だけで満足せねばならない」。ネロは「執政官標章」になぞらえ、そう述べたという。実際に執政官に就任していない人物でも、執政官の地位を示すしるしや標章を身に着けるのを、ときに特別に許されることがあったのだ。もちろん、ただの虚飾として。

一方でオクタウィアのほうも、あまりネロに好意をいだくことができなかった。『オクタウィア』の作者は、二人の結婚の破綻はオクタウィアがネロを嫌っていたせいであって、その逆ではないと考えていた。「我が妻と心で結ばれたことは、一度としてありませんでした」[49]。結婚から八年あまり、劇中のネロは、ほとんどすねたような口ぶりでセネカに不満をぶつけている。

とはいえ、若い二人が互いをどれほど想っているかなどたいした問題ではなかった。皇帝家の成員の結婚は、しょせん恋愛結婚とは違うのだ。その目的は継承者を生み出すこと、さらには貞淑な女性の模範を示し、ローマ人の心をがっちり摑むことだった。後者の点では、オクタウィアは理想的な皇妃になれそうだった。ローマの人々は、それまで彼女が示してきた節度や自制心を愛していた。時がたつにつれ、オクタウィアの人気はさらに高まり、彼女に対するネロのひどい扱いが、のちに見るように、ローマ市内で暴動を引き起こすことになる。

さてセネカの結婚はと言えば、様子がまったく違っていた。伝存する著作中には、ごくわずかしか自分の結婚について触れている箇所がないが、そこから判断するなら、妻とのあいだに真のパートナーシップが築かれていたことがうかがわれる。著作のある箇所でセネカは、病身にもかかわらず旅行すると言い張った自分を前に、妻が優しく気をもむ様子を見せたことを書き記している。「彼女の生命は、私の生命次第」[50]。セネカはルキリウスという友人に宛てて書いている。「彼女に、いまよりもっと強く私を愛せと言うのは無理だから、彼女が私に、もっとしっかりご自愛くださいと言うんだ」。この一節は非常に数少ない、セネカの家庭生活のありのままを垣間見せてくれる箇所のひとつだ。もっとも、書かれているのが本当のことであればの話だが。

セネカの無事をこれほどまでに案じる女性は名をポンペイア・パウリナといい、ガリア出身の騎士身分家系の娘だった。彼女との結婚は遅くとも四九年、あるいはもっとずっと早かった可能性もある。[51]四一年に短命の息子をセネカとのあいだにもうけたのがパウリナだったのか、あるいは名前の知られていない前妻だったのか、実のところわかっていない。また四〇年代初頭の『怒りについて』という作品に描き出される、自分のおかした道徳的失敗を夜ごとに数え上げていたセネカのかたわらに座っていたのが誰だったのか、それもやはりわからない。[*5] そうした時間を共有した伴侶の名を、セネカは明らかにしていない。もしそれがパウリナなら、結婚当時の彼女は二十歳以下だったに違いない。友人のルキリウスに宛てた手紙で、セネカは妻のパウリナが自分よりずっと若いと明言しているからだ。

宮廷内の人物との結婚は、パウリナとその家族にすみやかな政治的昇進をもたらした。セネカの義父となったポンペイウス・パウリヌスは、ローマ市への穀物供給を監督する、食糧長官《プラエフェクトゥス・アンノナエ》という高位の役職を手に入れている。おおむね、セネカがネロの家庭教師となった頃のことだ。[52] セネカの隆盛は、彼に連なる全員の運勢を向上させたが、セネカの運勢が下降すれば逆の影響が起りうる。事実、どうやらパウリヌスは、五五年にまさしくそうした逆境を経験させられたようだ。その出来事は、セネカの残した倫理的論考の一篇に痕跡を残している。

五五年、セネカは宮廷でアグリッピナによって敗北をこうむっていた。二人はその時点では、すでに完全なライバルとなっていたのだ。アグリッピナは食糧長官の地位に、自分の支持者ファエニウス・ルフスを据えることで勝利を誇示したのだった。こうしてセネカの義父パウリヌスは辞任させられたが、セネカとパウリヌスの二人には、この更迭はこたえたことだろう。だからこの退任を自発的でいさぎよいもの、つまりは哲学者的行動たる隠退として描き出す必要があった。どうやらこれが、『人生の短さについて』という作品の執筆意図のひとつであったようだ。パウリヌスに宛てて書かれたこの論考で、セネカは彼に、まさにそういった隠退を勧めている。

「あなたはあの、より平穏で、より安全で、そしてより偉大なことのほうへとしりぞくべきなのです」。セネカは妻の父に語りかける。「穀物は運搬人による不正や怠慢なしに、きっちり倉庫におさめられただろうか、あるいは湿気にやられたり、熱にさらされたりしなかっただろうか、かさや重さはぴったりだろうか。そんな事々に気をつかうことが、かの神聖で崇高な仕事と比較できると、あなたはお考えなのでしょうか。その仕事とはつまり、神はいかなる形質を持つのか……あなたの魂をいかなる出来事が待ち受けているのか……また、いかなるものが宇宙の真ん中で、地上にあるあらゆる重い物を支え、より軽い物をその上に持ち上げ、燃えさかる星々をさらに最上部へと運ぶのか。そういったことを知ろうと努めることです」。

『人生の短さについて』という作品の全体には、ひとりの人間に向けた隠退生活の勧め以上の内容が含まれている。取り上げられる話題の幅は広く、また幅広い層へと訴えかけられもしている。セネカはこの作品のなかで、時間、死という運命、良き生への探求等について、みずからの思想の主要部分を詳しく論じている。哲学的に思索することによってのみ、探求は成就するとセネカは説く。哲学を学ぶ者のみが真の生を生きている。そして時間という牢獄の外へ出て、永遠の領域へと足を踏み入れることができる。それ以外の誰もが、日々の営みにあくせくと追われ、時間を無為に費やしている。絶えず時を刻む時計の針を、ただ死という運命に向けて進ませているだけだ。

『人生の短さについて』の末尾に置かれた、義父パウリヌスへのこの語りは、この著作の他の部分からも、さらにはセネカの他の作品からも、そのするどさと詳細さの点で突出している。セネカは他の作品では、作品の宛てられた人物固有の状況について、決して話題にしていないのだ。この異例さは多くの読者を驚かせてきた。セネカ研究の第一人者、ミリアム・グリフィンもそのひとりである。(53) 執筆年代を特定する証拠が他にない『人生の短さについて』を、パウリヌスが食糧長官職を辞した直後に書かれたものと、最初に推定したのがグリフィンだった。この説にしたがえば、『人生の短さについて』の最後の部分は、体面を保つための巧妙な仕掛けだったことになる。最近よく使われる「より多くの時間を家族と一緒に過ごしたい」との言い回しを、もっと高尚な言葉で表現したようなものだ。

吟味された人生を生きることへの勧めを美しい言葉でつづった『人生の短さについて』をこう解説すると、作品の価値をいささか損なってしまう。それでもこの図式は、セネカの初期の著作、とりわけマルキアやポリュビウスに向けた『慰め』に見られるパターンとぴったり一致する。言葉と議論を巧みにあやつるセネカには、一度に二つのことができた(54)。すなわち、自分の考えるストア派的理想を詳しく論じ、同時に自分の政治的イメージを改善するのだ。両面を見据えたこの駆け引きを、セネカはどうやら宮廷入りした当初も続けていたようだ。そしておそらく、あとに見るように、人生最期の瞬間まで続けていたのだった。

ネロとオクタウィアの結婚は、アグリッピナの勝利を意味する出来事だった。五三年になる頃には、彼女はネロの帝位継承をかなり確実とすることに成功していた。だがまだ決定的ではない。今後の展開をより意のままにできるよう、アグリッピナはさらに手をうっておいた。王朝・皇朝での権謀術数ゲームにおける稀代の策士のひとりであることを、彼女はみずから証明し続けていた。

クラウディウス帝と結婚してから四年。アグリッピナはその頃までに、皇帝支配を支える集団の序列を、自分好みに再編していた。まず彼女は、宮廷の人員に手をつける。自分を忠実に支持するギリシア人解放奴隷パッラスを引き立て、支持しようとしないナルキッススを脇に追いやったのだ。ナルキッススは、注意深く監視する必要のある危険な敵だった。長年の不正で彼女に害を与えられるほど巨額の富を手にしていたうえ、[55]皇帝クラウディウスの私的な文書や書簡も管轄していたからだ。

アグリッピナは、皇帝親衛隊にも強力に働きかける。時がくればこの親衛隊が新皇帝就任を宣言することになる。そこでアグリッピナは、何年もかけ信用できない人間をふるい落とし、代わりに自分の子飼いを昇進させた。また、親衛隊の指揮系統にも重要な変更を加えた。前妻メッサリナの時代から親衛隊長の地位にあった二人をしりぞけ、自分の眼鏡にかなう人間を据えたのだ。こうして、親衛隊には単独の隊長が置かれることになった。指名されたのは、アフラニウス・ブッルスという名の人物である。

ブッルスは、特に飛び抜けたところのない平凡な将校だった。セネカと同じく属州（ブッルスの場合はガリア）に出自を持つ、ローマ社会中層の出身者だ。彼の家系は最上層の元老院身分ではなく、その下の騎士身分に属していた。またおそらくは戦傷のせいで片腕が不自由だったため、兵士としては先が見えなかった。[56]親衛隊のトップに任命されたことで、彼の社会的地位は上がり、財産も増える。セネカ同様ブッルスも感謝の念を感じて、自分を引き立ててくれた人の望むことを何でもしたいと思うことだろう。おそらくアグリッピナはそう望んでいたはずだ。

アグリッピナの権力と、ネロの帝位継承の土台は、月を追うごとに確固たるものとなってゆく。だが一方で、ブリタンニクスも成長していた。

五三年の初め頃、ブリタンニクスは十二歳の誕生日を迎えた。もうあと一年すれば、ネロが成人服をまとい、つぎつぎと称号や栄誉を与えられた時の年齢に達する。ネロと同様ブリタンニクスにも、子供から大人へ「飛び級」させよとの合図が出るのではと、ナルキッススをはじめとするブリタンニクス支持者たちは気をもみつつ待ちわびていた。この党派の考えではおそらく、クラウディウス帝がネロを昇進させたのは単に、自分の実子が成年に達するまでの三年半を埋めておくための方便にすぎない。皇帝の意図はいまもなお、帝国に二人の後継者を用意する、もしくはまず年長のほうが統治するが年少のほうへと権力が譲られ、二人が順々に皇帝となることにあるのだろう。ただし先任の皇帝たちもこうした手はずを整えたことはあったが、そうした遺志が実現されたためしはなかった。

年齢を重ねているのはクラウディウスも同じで、問題の緊急度は日増しに高まっていた。すでに六十代に入り、神経性の震えと消化不良に苦しむ彼が、七十歳を迎えることはなさそうに見えた。皇帝に就任して以来、占星術師たちはほとんど毎月のように彼の死を予告していたという。というより、セネカ作の風刺短編に出てくる皮肉っぽい登場人物が、そう語っているというべきか。[57] 誰が後継者となるにせよ、おそらくその時はかなり早くにおとずれる。

そしてこの頃、クラウディウスが重病に倒れた。ローマはさながら、全員でいまわの際を見守る状態となった。アグリッピナはこの機会を利用して、自分の息子にさらに注目が集まるようにする。クラウディウスの全快を願う競技が、ネロの主催で開催されたのだ。またネロは孝行息子であることを世間に示そうと、私財を投じて戦車競走の見世物を提供する。もっとも、本心は正反対であったに違いない。自分はすでに成年に達し、弟はまだといういまのうちにクラウディウスに死んでもらうのが、彼から見て最も好都合なのは明らかだったのだから。

万一自分が死んだ場合はネロが全権をふるう資格を有する、と宣言する書簡を、クラウディウスは病床から元老院に送った。だがこの時は誰もが驚いたことに、彼は病から快復したのである。元々それほどの健康体ではなかったが、それでもクラウディウスが少しずつ元気を取り戻すにつれて、ブリタンニクス支持者の希望もまた元気を取り戻す。

ここでナルキッススがアグリッピナへの攻勢に出た。「継母のたくらみにより、皇帝家全体が引き裂かれてしまった」[58] と彼女を公然と非難したのである。だが彼は、どちらが後継者となろうと、自分は必ず破滅する運命にあるとも述べている。どうやらナルキッススは、皇帝後継者候補を二人とも敵に回したと考えていたようだ。前の皇妃メッサリナを裏切ったことでその息子ブリタンニクスを、アグリッピナとの反目によってもうひとりの後継候補ネロをも。それでもナルキッススには少なくとも、自分の主人であるクラウディウスを守りたいと願うことはできた。もしネロが後継者として指名されれば、アグリッピナが、またナルキッススによれば皇妃の愛人になったというパッラスもが、ただちにクラウディウスを亡き者とすることだろう。ナルキッススはどうやらそう言いたかったようだ。

ローマ政界には、戦術としてとても有効な攻撃法があった。下品な性行動、姦通、近親相姦について非難することである。皇帝家の女性は既婚未婚を問わず、みなこうした罪状で訴えられてきた。それまでの人生のほとんどを、アグリッピナはそう非難されて過ごしてきたし、非難はさらに死ぬまで続くことになる。それらが的を射ていたのかどうか、いまとなっては判断はほぼ不可能である（タブロイド紙に掲載された現代のセレブの性生活を扱う記事について、二千年後に真偽が問われているところを想像してほしい）。いずれにせよ確かなのは、その種の非難は確実に、いやな油のようにまとわりつくとい

疲れた表情のクラウディウス。おそらく本人を参考に制作された青銅像。

うことだ。

さらにもうひとつ、この頃の宮廷内での動きに関する裏話についても、その真偽の判断が難しい。複数の史料が、皇帝の気持ちがネロから実子に移り始めていたことを伝えているのである。スエトニウスによると、クラウディウスはブリタンニクスを抱きしめ、早く大きくなれと声をかけることがあったという。思わせぶりに、こんなギリシアの古いことわざを口にしながら。「お前を傷つけた者［クラウディウス自身を意味している］が癒やしてくれることだろう」。ただしタキトゥスは、それをクラウディウスではなく、ただのナルキッススによる行動として記録している。一方で、クラウディウスが徐々にアグリッピナの行動、それも性的なふるまいに疑念をいだくようになっていったという、他の史料で有力な見方には、タキトゥスでさえ一定の支持を与えているのである（姦通罪に問われた女性についての裁きを称賛された時、クラウディウスは軽口をたたき、自分の妻たちもまた「ふしだらであるが、処罰されないままではいられない」[*6]と述べたと伝えられる）。

この頃にクラウディウスは遺言書を書き上げ、公式に封印させている。実際には、こんなふうに帝国の統治権を、まるで相続家産のように誰かに譲り渡す権利は彼にはない。しかし、帝国政府を動かす人物の力の主たる源泉がその個人財産である以上、資産を遺贈することは統治権を譲渡するのと同じことを意味する。

遺言書には、あるいはクラウディウスの心中で、息子たちの問題はどうなっていたのだろう。結局、この遺言書は握りつぶされ、古代においても、また現代においても、歴史家たちはその内容をめぐり議論を繰り返すこととなる。タキトゥス、および幾人かの現代の研究者は、遺言書はおそらくネロという選択を確認していたと信じている。では遺言書をネロが握りつぶしたのは、どうしたわけなのか。遺言には実子より養子を優先すると書かれており、それが人々を動揺させるのを懸念したのだとタキトゥスは説明するものの、ただのつじつま合わせのように聞こえる。遺言を抹殺したりすれば、人々をさらに激怒させるおそれがあるからだ。

クラウディウスの評伝を書いた、現代における研究の第一人者バーバラ・レヴィックは、もう何年もネロびいきが続いた以上、論理的な人であれば、最終段階でいきなりその序列をひっくり返そうとは思わないだろうと推論している。けれども年老いた皇帝たちの行動は、常に論理的であったわけでない。年齢および血統の純粋さを考えて、弟の孫を自分の孫より優先すべきかに悩んでいたのだ。ティベリウスはできうる限り判断を避けた末、二人ともを後継者に指名する。そして死の床にあってなお、ティベリウスは決断できない、あるいは決断したくなさそうに見えたという。セネカの伝えるところでは、ティベリウスは最期の瞬間、指から印章付き指輪をはずし、後継者に渡すようなそぶりを見せた。[59]だが結局それを手放すことはなく、息を引き取る直前、ふたたび自分の指に戻したのだという。

では五四年十月、クラウディウスもまた似た板ばさみになっていたのだろうか。[60]あるいはこの四年間そうであったように、まだネロこそが最善の選択と確信していたのだろうか。一方でアグリッピナは、クラウディウスが徐々に心変わりするのを感じていたのだろうか。だからさらに変わってしまう前に、史料がほぼ一致して伝えるとおり、心の動きを止めるための措置を講じたのだろうか。

皇帝毒殺の物語は、スキャンダラスな性的噂話以上に、現代の研究者の悩みの種となっている。検死解剖がおこなわれていないからだ。ご多分にもれず、ローマ人も謀略説や陰謀説が大好きだった。そう説明したほうが、老いた男がゆっくりと死に向かうという話よりはるかに面白い。クラウディウスは本当に暗殺されたのか。真相がわかることは決してない。そして何人かの研究者は、彼は暗殺されたのではないと考えている[61]。

だとしても、クラウディウスの死のタイミングは非常にあやしい。ブリタンニクスが成年に達する三か月ほど前、ネロが先行する三年間の最後の数か月にあたっている。ネロが継承者となることへの疑念を、クラウディウスが誰かに口頭ないしは遺言に記してはっきり表明していたとすれば、クラウディウスを攻撃するのにこれほどぴったりのタイミングはない[62]。

タキトゥスの伝えるところでは、アグリッピナはクラウディウス殺害の計画を入念に練ったという。まずは皇帝の最も鼻のきく支持者であるナルキッススを、シヌエッサという温泉町へ痛風の治療のために送り出す。ついでアグリッピナは、ロクスタ（「ザリガニ」の意）という名のガリア人女性を雇い入れる。別件で毒を盛ったと訴えられていたこの女は、宮廷のために働くという条件で放免されていた。アグリッピナがロクスタに求めたのは、クラウディウスが即死したりしないように、効き目が微妙に調整された毒薬を調合することだった。突然の、激しく苦しみながらの死ではあまりに目立ちすぎる。クラウディウスが自衛したり、ブリタンニクスの昇進を決めたりもできなくなるような、精神を錯乱させる毒薬が求められていたのだ。

こうして特別に調合された薬が、ハロトゥスという名の宦官に手渡される。皇帝の毒味係だったこの人物が、キノコの載った皿に毒を盛る。キノコはクラウディウスの好物のひとつだった。三世紀の歴史家ディオは、一世紀後半のタキトゥスとほぼ同様の状況を伝えているが、そこにはひとつ、注目すべき要素が付け加えられている。アグリッピナは、一株のキノコだけに毒を仕込ませたのだという。皿のなかで、ひときわ大きくつやつやしたキノコだ。そして彼女はクラウディウスを油断させるため、同じ皿に手を伸ばす。しかしそこで、愛情いっぱいの妻よろしく、その最上のキノコを手に取るよう彼にうながしたのだ。

クラウディウスはただちに昏倒し、宴席から運び出されていった。ふたたびタキトゥスの伝えに戻るが、そこから計画は予想外の事態におちいってしまった。胃腸を洗浄して毒入りの食べ物が体外に出された結果、クラウディウスが快方へと向かったのである。夫は間違いなく自分の思惑を疑い、ただちに反撃に出るとわかっていたアグリッピナは、激しく動揺した。

宮廷の取り巻きのなかに、運よくもうひとり、彼女の望みを進んで実行してくれる人間がいた。皇帝家の侍医だった、ギリシア人医師のクセノポンである。クセノポンはクラウディウスのもとに呼ばれると、医学的治療として吐瀉を指示する。彼は鳥の羽を喉に突っ込み、胃の中身をもどすのを手伝う。そしてその羽に、ただちに効き目を現す毒が塗られていたのだ。この第二弾の毒がクラウディウスにとどめを刺す。十月十二日の夜のことだった。

以上が、タキトゥスの伝えるクラウディウスの死の一部始終だ。細かい部分では、古代の他の歴史家の伝えと食い違う箇所があり[63]、現代の研究者にもその記述を信用しない人が何人もいる。もっとも、クラウディウスは暗殺されたのではないと考える研究者の多くでさえ、死因がキノコ料理である点では意見が一致している[64]。もしそのとおりなら、死をもたらしたキノコは単なる毒キノコではなく、やはり故意に毒を盛られていたのだ――皇帝のテーブルに供されたタイミングを考えれば、そう考えるほうが真実に近いように思える。

ついに、ネロによる帝位継承の瞬間が目前となった。ずっと待ち焦がれてきたその時に、アグリッピナは極上の演出をほどこす。まずクラウディウス死去の知らせが外へ漏れてしまう前に、皇帝親衛隊を使って宮殿を封鎖する。この部隊の兵士たちを、彼女はこれまで何年もかけて飼い馴らしてきたのだ。

これでしかるべき時点まで、クラウディウスの死が知られることはなくなった。そのあいだにアグリッピナは、ブリタンニクスを彼の部屋に閉じ込め、姉のオクタウィアを自分のそばに引き留めておく。

翌朝、皇帝を元気づけようと、喜劇役者の一座が宮殿をおとずれた。(65) 兵士たちが彼らを招き入れる。大切なのは、そこを通る人たちに普段どおりという印象を与えることだ。そして十月十三日の正午頃、その日の占いで吉兆とされた時刻に、ついにアグリッピナが行動を開始する。

ぱっと宮殿の扉が開き、堂々とネロが進み出たのだ。かたわらには皇帝親衛隊長のブッルス。宮殿の外で任務についている兵士たちは、クラウディウス帝の死を手短に伝えられると、ブッルスの掛け声にならい、ネロを自分たちの指導者として歓呼した。あるいは、とにかく大半の兵士たちが歓呼をおこなった。タキトゥスによれば、不安げに周囲を見回し、なぜブリタンニクスがいないのかと質問しあう兵士が数名いたという。けれども決定的な時間が刻々と経過していっても、ブリタンニクスが姿を現すことはなかったのである。


ローマにはまだ、新皇帝就任を宣言するための定まった儀式は存在しなかった。権力が整然と継承されたことは、これまで二回しかなかった。さほど伝統がなかったため、兵士たちは前回クラウディウスのためにもちいた手続きをふたたび採用することにする。こうしてネロは覆いのかけられた屋根付きの輿《こし》に乗せられ、市壁外にある皇帝親衛隊の陣営へと運ばれる。そこでネロは、集まった兵士たちに向け演説をおこなう。ディオは、その時の演説を書いたのがセネカだったと明言している。(66) そしてネロはその堂々たる言葉に堂々たる贈り物を添える。一人あたり二万セステルティウス、つまり百人隊長の年俸の二十年分もを兵士たちに約束したのである。兵士たちはクラウディウスの場合と同じく、ネロを「最高司令官《インペラトル》」と歓呼した。

ついでネロは元老院議事堂へ向かい、そこで数時間を過ごす。元老院議員たちもネロ帝の誕生を熱狂的に歓迎していた。議員たちはただちに、新しい地位に見合う権利や権限をネロに認める決議をおこなう。これはクラウディウスや、さらにはカリグラをも上回るような扱いであった。両帝はこうした栄誉を受けるまで、数週間待たされたのである。

十月十三日が終わる頃、ネロが宮殿へ戻って来ると、アグリッピナは自分が成し遂げたことにあふれるような満足感を感じていた。皇帝となったのはネロで、ブリタンニクスからは相続権が奪われた。親衛隊は忠実に役目を果たしてくれた。彼女が配置しておいた舞台装置は、みごとに機能したのだ。

南伊のカンパニア地方にいたナルキッススは、クラウディウス死去の知らせを受けて急ぎローマへと帰還した。まだブリタンニクス支持の気運を盛り上げられると考えていたのだろうが、もう遅かった。ローマ市に入るや、ナルキッススは逮捕されて獄につながれる。誕生してからたった一日か二日で、新政権は早くも、法的手続きの最初の濫用を実行したのである。

その頃ローマ市の上空では、神々の一員に連なるためにクラウディウスの魂がよたよたと天に向かっていた。まもなく元老院で決議されるように、クラウディウスは死の瞬間に神になった。神君クラウディウスになったのである。

クラウディウスの魂が天へと昇る様子は、それからまもなく、最もふさわしくない目撃者の手で文章にされる。それは、かつて元老院入りし、いまは新政権の側近にして演説原稿の代筆者、さらには政権の道徳的良心を担う人物、すなわち哲学者セネカだった。

第3章　兄弟殺し――五四年～五五年

初年度の十月十三日、最も幸福な時代の始まりの日に、いったい天上界で何が起きていたのか、私は記録に残しておきたいと思う。

『神君クラウディウスのアポコロキュントシス』[1]、つまり、神となったクラウディウス帝を「カボチャ化」する、という奇妙なタイトルを持ったこの作品は、こんな一文で始まる。物語を皮肉っぽい語り口で進行させてゆく匿名の語り手は、いきなり詩を差しはさむ癖があり、政治的な裏事情に通じている。その人物は十月十三日、すなわちクラウディウスの死去した翌日の出来事を物語ると約束している。まったく不謹慎なことだが、この著者はセネカである。

ほぼ何もかもが謎であるこの著作、タイトルの意味からして謎に満ちている[2]。現存するテキストのどこにもカボチャが出てこないのである。「アポテオシス（神格化）」というギリシア語をもとにした「アポコロキュントシス」という造語は、とにかくばかばかしそうな雰囲気を伝えようとしているだけなのかもしれない。というのも、五四年の暮れにかけて、ローマの人々は現実にばかばかしい出来事を目にしていたのだ。ネロとアグリッピナの二人が、亡きクラウディウスを公式に神格化したのだった。

それまでの約二十年、皇帝に「神格化」という栄誉が差し出されたことはなかった。また実際にこの栄誉を受けた皇帝も、クラウディウスでようやく二人目だ。言うまでもなく、一人目はアウグストゥスである。クラウディウスが、このうえなく神聖なあのアウグストゥスと同列に並ぶという考えは、明らかにばかげていた。クラウディウスはフックに引っかけられ、天へ引っ張り上げられたのだ[3]——かつてノウァトゥスと名乗っていたセネカの兄ガッリオは、親友たちを前にそんな冗談を口にしていたと伝えられる。処刑された犯罪者の死体を、ローマ人は中央広場を引きずって運び、テヴェレ川に投げ捨てていた。その際、死体を引きずるためにフックが使われていたのである。

とはいえ、笑えるかどうかはともかく、クラウディウスの神格化はネロの利益になる。ネロはいまや、「神の息子《ディウィ・フィリウス》」と呼べる存在となったのである。さっそくネロは、貨幣や碑文でそう名乗る。しかし皮肉なことにもうひとり、この威信の上昇にあずかった人物がいた。新帝ネロの主たる競争相手にして最大の脅威、クラウディウスの実子ブリタンニクスだ。

一方、アグリッピナもクラウディウスの神格化から得られたものは大きかった。いまや、神君アウグストゥスの妻リウィアの先例にならって、神の未亡人としての権力を望めるまでになったのである。かつてリウィアは、死後に神とされたアウグストゥスへの礼拝をつかさどる祭司となり、先導警吏《リクトル》をひとりつけてもらっていた。要人の先導役である先導警吏は、秩序維持のために武力を行使する権利を象徴する、束ねた木の枝を携行していた。アグリッピナは、実際にリウィアをしのごうと画策し、リウィアへの先導警吏がひとりだったのに対し、神君となったクラウディウスはアグリッピナには二人さずけたのだと、元老院は決議したのだった。さらに、ローマ市の中央にあらたに巨大な神殿を建設するための基金も用意した[4]。その神殿を管理するのはもちろん、女性祭司《フラメン》長となるアグリッピナであった。

セネカが『アポコロキュントシス』という作品のなかで茶化したのは、神格化というおごそかな行為、すなわちネロおよびアグリッピナの権威の支えについてだった。道徳的問題をつづった論考での、抑制のきいた高尚な口調をかなぐり捨てて、セネカは彼らしくもないおどけた調子で不敬な内容を語っている。もしカッシウス・ディオがたまたまコメントしてくれていなければ、誰もこの作品をセネカ作とは考えもしなかっただろう[5]。

『アポコロキュントシス』で語られる一日は、クラウディウス帝が死去するところから始まる。運命の女神が彼の運命の糸をぷつりと断ち切るや、クラウディウスは大きなおならをして、最期の言葉を口にする――「ああ、情けない、どうも私はうんこで汚れたようだ」（そこに語り手はこう付け加える。「本当にそうしたかは知らない。けれども確かに、彼はあらゆるものを糞まみれにしたのである」）。体を震わせ、足を引きずりながら天上界の門前に現れた皇帝は、まるで異形の怪物であるかのように出迎えられる。ただちに神々の会議が招集されるが、これはローマ元老院のパロディだ。会議では、天上界に加わりたいとのクラウディウスの願いが話し合われるが、反対を唱える厳しい声が上がる。発言のために立ち上がった神君アウグストゥスは、激怒しながら、皇帝一族をすっかり目減りさせた殺害の数々を数え上げ、クラウディウスの暴虐を非難する。

こうして天上界から追い返され、冥界送りとなったクラウディウス。出迎えたのは、彼が処刑させた人々だった。元老院議員が三五名、騎士身分の人は三二一名、加えて無数の一般市民。クラウディウスによる犠牲者の数について、死者の魂の審判人であるアイアコスに提出された訴状にはそう書かれていた。そして『アポコロキュントシス』の最終段で、クラウディウスに判決がくだる。彼はこれから永久に、カリグラの配下で下っ端の地位につくことになる。気のふれた皇帝カリグラに仕える解放奴隷を補佐して、クラウディウスはこの先ずっと、裁判関係書類をめくり続けることになる。

この作品を書いたセネカの狙いを推測するのはとても難しい(6)。近年出版された翻訳の編者たちは、復讐が目的と考えている(7)。というのもクラウディウスは十三年前、当時の皇妃メッサリナの意を受け、セネカをコルシカ島へと追放していたからだ。またこの作品が書かれたのは、「サトゥルナリア祭」の期間中だったと考える研究者たちもいる。冬至を祝うサトゥルナリア祭のあいだだけは、使用人に主人をからかう自由が認められていたのである。だがそうだとしても、セネカはその自由を使ってかなり危険な領域にまで足を踏み入れている。なぜなら彼がここであざ笑っているのは、ネロ政権による最初にして最も真剣な政策のひとつなのだから。

実際のところ、『アポコロキュントシス』という作品には、風刺や祭日の気晴らし以上の意味が込められている。本章冒頭に引用したその最初の一文からして、真剣と冗談の語調が複雑にからみ合っている。日付表記には、あたかもネロの帝位継承で世界があらたまり、「最も幸福な時代」の到来が告げられるかのように、「初年度（アンノ・ノウォ）」という言葉が現れる。ここでのセネカは、どうやら真面目に言っているらしい。つまり、つい先頃亡くなった皇帝を風刺するかたわら、現皇帝には惜しみない称賛を与えているのである。うまくバランスをとるための手の込んだ芸当だ。そして称賛が念入りになるにしたがい、手の込み加減はいっそう増してゆく。

クラウディウスの寿命を示す運命の糸が断ち切られる場面を、セネカは悲劇のように韻文をもちい、滑稽《こっけい》なくらいに崇高な表現で描き出している。しかし作者の注意がネロのほうに向いた瞬間、語調は歓喜の表情を見せるのだ。運命の女神が限りなく続く黄金の糸を使って新しい生命をつむいでいる。すると突然アポロ神が登場し、あらたな黄金の時代が、この黄金の糸でつむがれた生命によってもたらされると宣言し、その人物を長い夜の末にのぼる太陽になぞらえる。「そのように、いま皇帝は現れ、そのように現れたネロを、ローマはじきに仰ぎ見ることになろう」。

この詩句は、喜劇的題材を扱ったオペラ・ブッファ作品の中ほどで唄われる、勇ましい戦争祝歌のような響きを持っている。(8) セネカはお世辞を、滑稽で風刺的な内容のあいだにはさみ込んだのである。ちょうど彼が、『ポリュビウスへの慰め』という哲学的作品でクラウディウスへの賛辞を包み込んだように。しかし十年ほど前に書かれた『ポリュビウスへの慰め』での賛辞は、明らかにもう適切ではない。いまやクラウディウスはすっかりおとしめられ、ネロが持ち上げられているのだ。カッシウス・ディオによれば、セネカは『ポリュビウスへの慰め』という作品をもみ消そうとしたという。(9) そしてこれから十年のうちに、彼は『アポコロキュントシス』の詩句をも後悔させられることになる。

小馬鹿にするかのような軽薄さと荘厳なファンファーレという奇抜な組み合わせで、セネカは世間に向けて皇帝との親密な関係を上演してみせた。生み出されたのは、さしずめクラウディウスの死体に足で土をかけるかのような物笑いの種だろうか。この作品には、宮廷最奥部の排他的な雰囲気のなかで共有された、内輪うけの冗談の匂いがする。ある仮説にしたがうと、この作品が書かれたのは、サトゥルナリア祭の時期にある宴席で読み上げるためだったのだという。(10) 宴席のネロは、ファレルヌム産最高級ワインのつがれた杯を傾けながら、話の面白さとお世辞に気分を良くしていたのだろうか。

いまローマに誕生したのは、西洋世界史上最も若い指導者だった。早熟の天才の鑑《かがみ》であるアレクサンドロス大王でさえ、マケドニア王位を継いで東方世界への征服に乗り出した時には、二十代に入っていた。対するネロは十六歳にして、アレクサンドロス大王の帝国よりも巨大な帝国を統治する。にもかかわらず彼の指導者としての才能、および指揮や支配への意欲は、アレクサンドロス大王には及びもつかなかったのである。確かな自信を欠き、空想や気まぐれにたやすく身をゆだねるネロは、脅しや他人の意見の影響を受けやすくなる。少なくとも母のアグリッピナは、そう願っていたのかもしれない。というのも、自分がネロをあやつるつもりでいたからだ。

当時製作された生き生きとした彫像によって、ネロが若々しく理想化された姿で人々に公開されたことで、年老いたクラウディウスとはうまいぐあいに対照的になった[11]。新しい時代の始まりに、ローマ人は強い期待感をいだいていた。このあらたな「黄金の時代」の幕開けは、セネカの『アポコロキュントシス』をはじめ、当時の詩やビラなどのなかで声高に述べ立てられていた。新帝の即位にあたってそうした気運が生まれること自体は、この頃にはもう単なる儀礼のひとつにすぎなくなってはいた。それでも、こざっぱりとして生気に満ち、ほどよく美男な十代の若者に向けられる期待は、なにやら実現の可能性が高そうに思われたのである。

だが一方で、こうした祝祭的雰囲気の陰には、最近の若き皇帝、カリグラの苦い記憶が隠れていた。カリグラが二十五歳の若さで帝位についた時には、同じように輝かしい期待で包まれていた。けれどもそれから二年もしないうちに、若々しいエネルギーは、気まぐれなサディスティックさへと変貌を遂げる。狂気をうかがわせる予兆はカリグラにはなかった。それと同じように、ネロの帝位継承の時点では、この少年の本性にどんな弱さがひそんでいるのか知るすべはなかった。皇帝という地位は、心的な弱さを大いに強化する働きをする。帝位についたことで、やがてネロの弱さが表に現れることだろう。しかしその早さを予測できた人は、ほとんどいなかったのである。

アグリッピナを除くと、ネロに最も近しい人間だったのがセネカだ。ネロが統治者としてふさわしいか見定めるのに、彼以上の適任者はなかった。セネカがネロの未来に不安を感じていたとしても、この賢人はそれを決して外には表さなかった。少なくとも、世界におとずれる破局を狂おしく描写したようには、あからさまにしなかった。きっとセネカは、疑いをいだいていたに違いない。若さゆえの傲慢と絶対的な権力の結びつきは爆発しやすい組み合わせであることを、カリグラという例で知っていたのだから。スエトニウスの伝えるところが信用できるなら、ネロの家庭教師に就任した夜、セネカは夢を見たという。[12] 自分が教えているのが実はカリグラだったという夢だ。この逸話自体はおそらく作り話だろうが、ネロの心をちらりとのぞき込んだだけで、セネカは彼の前途をひどく恐れるようになっていたのかもしれない。そう推測させる唯一の手がかりを、この逸話は与えてくれている。

ローマのエリートたちが逃れようとしていた悪夢はカリグラだけではなかった。クラウディウス帝もまた、エリート層を大勢殺害したのである（あるいはもっと穏当な言い方をするなら、自殺するよう強いたのだ）。クラウディウスは国家反逆罪《マイエスタス》という曖昧な罪状を使って政敵を逮捕し、宮殿内の密室でおこなわれる秘密の司法手続きで裁いた。皇妃メッサリナと宮廷付き解放奴隷たちも、しきりとクラウディウスとともに裁きの場に現れ、そう言った、と他人が証言した発言を理由に起訴された人たちの裁判に臨席していた。妻とその協力者たちは、高位の廷臣たちとうまく示し合わせて、クラウディウスの根拠のない恐怖心をうまく刺激し、有罪判決をくだすよう何度となくせき立てたのだった。

こうした暴虐のせいで、クラウディウス政権は元老院議員たちから広く嫌悪されていた。[13] とはいえ、クラウディウスはネロの正統性の源泉でもあった。ネロを養子とし引き立てたのは、他ならぬクラウディウスなのである。前任皇帝に対しどのような姿勢をとるかが、新皇帝が直面した最初の難題であった。つまり、息子とされ目をかけてもらったことに見合う敬意を示すことと、過去の圧政の総括をすることのあいだで、バランスをとる必要があったのだ。

これら両極のあいだでの舵取りという任務は、セネカにゆだねられる。彼はいまや、ネロの演説原稿の誰もが知る代筆者の立場にあった。けれどもセネカは、この最初の大事な場面でへまをする。

クラウディウスの死から六日目、入念に準備された葬儀がとりおこなわれた。集まったローマの高貴

10代後半のネロ

な人々を前に、ネロが追悼演説をする。皇帝の力を、さらにはクラウディウスとネロとのあいだの密接なつながりを力説しようと、セネカは勇ましい言葉を使って演説を組み立てていた。だが計算が狂ってやりすぎてしまった。ネロの読み上げる演説が、クラウディウスへの鼻につくような賛辞にさしかかると、聴衆のあいだから忍び笑いが聞こえてきたのである。セネカはつい度を過ごし、皮肉の域に足を踏み入れてしまったのだ。

　数十年後にその様子を記したタキトゥスは、葬儀でのこの追悼演説の洗練に言及し、セネカは「魅力的で、当時の耳に合った才能を持っていた」と評価している。しかし、演説には明らかな嘘が含まれていたことを考えると、このほめ言葉は曖昧だ。タキトゥスがセネカの経歴について語った、他の多くのコメントと同じように。「当時の耳」とは、つまり二枚舌で空虚なお世辞を聞くのに慣れた耳のことだ。タキトゥス自身も、文筆家[*1]でありまた廷臣であった[14]。彼はドミティアヌス帝時代の暴政を、ただ念入りに言葉を選ぶことで生き抜いた。タキトゥスはセネカの境遇に同情してはいたが、同時にいくらかの軽蔑も感じていたのである。

ネロ新政権は、最初の演説で多少の後退を余儀なくされたにしろ、すぐに挽回の機会が与えられる。続いて元老院において、ネロが所信表明演説をおこなった。やはりセネカの作成したその演説には、圧政に苦しんできた元老院議員たちの聞きたかったことが、すべて盛り込まれていたのである。密室で裁判をおこなう慣習は廃止する。新帝は、先帝のようにひとりで判事を務めたりしないし、裁判権を取り巻きの解放奴隷にゆだねたりもしない。元老院は古来の権威を、また失った司法権の多くをふたたび手にする。「我が青年時代は、市民同士の争いや家庭内の不和でけがされてはない[15]」。ネロはこう宣言して、自分とこれまでの宮廷育ちの皇帝たちとのあいだに一線を画した。「私には誰かへの憎しみも、誰かからこうむった不正も、また復讐の欲望もない」。

すべてを真っさらな状態からやり直し、支配者と貴族とのあいだの友好関係へと復帰するという約束が、とても若く見たところ誠実そうな青年の口から出てきたことは、元老院議員たちをいたく感動させた。円柱を覆った銀板にこの演説文を刻み、毎年新年度の執政官が就任する日、その文面を元老院議事堂で高らかに朗読させると決議したのだ。その栄誉は、公的な演説にとっては破格の扱いだった。こうして元老院と皇帝とがお互いを尊重するという協定が、あのアウグストゥス帝の時代のように結ばれた。カリグラの悪夢はようやく過ぎ去ったように見えた。カリグラ時代の方針を凝縮した次の一文を、セネカは著作中[16]で三度、それも必ず嫌悪を込めて引用している――「憎ませておいてやろう。奴らが恐れている限りは」。

ネロのために作った協定の文章で、セネカは元老院でのかつての同僚たちに語りかけていた。いまは宮廷のために働いているとはいえ、元老院議員でもあるセネカは、その外交家然とした態度にぴったり合った、彼ならではの役割を担っていた。セネカはクラウディウス帝による不当な処置の犠牲となり、一度は死刑を宣告され、のちにコルシカ島への流刑へと減刑された。権力抑制への思いを代弁するのに、権力の濫用を身をもって知っていたセネカ以上に、信のおける人間はいなかったのである。

ネロの所信演説に込められていた考えは、当時流布していたはずの『怒りについて』という著作の考えと大枠で一致している[17]。この作品でセネカは、大きな権力や強い自尊心を持つ人に対し、怒りに屈することなく過ちに目をつぶるよう説いている。「同等の人と争っても結果が不確かだ。上位の人となら常軌を逸している。下位の人とならみっともない」[*2]。例としてあげているのは、比類なきストア主義者であるカトーだ。カトーは政敵から公衆の面前でつばを吐きかけられた時、ただ顔をぬぐい、愛想良く気のきいた言葉を返したのだという[18]。人間はみな過ちをおかしやすいことを考えれば、たとえ見て見ぬふりができなくとも、許してやることならできる。

セネカは所信演説と『怒りについて』の両方で、不和と復讐心を取り除きたいと望んでいたものの、それには不断の努力が必要とされることをよくわかっていた。『怒りについて』に描かれる自己描写を信じてよいなら、セネカ自身、怒りをおさえようと禅のような修練をおこなっていたという[19]。毎晩、寝床に入る前、妻をかたわらに静かに座り、感情に負けた瞬間はなかっただろうかと考えながら、今日一日の自分を振り返る。セネカは読者にそんなみずからの習慣を明かしている。おそらく討論中に熱くなりすぎたようだ。あるいは目下の者に、耐えられないほどきつくあたってしまったようだ。そんな時、セネカは自分にこう語りかけるのだ——「もう二度とそうしたことをしないよう気をつけよ。いまは君を許す」。

それからセネカは場面設定を広げ、いまローマ人が全員、同様の修練をしているかのような書き方を始める。おそらく、宴席で酔っ払いの冗談に気分を害された人もいることだろう。金持ちの家で自分が偉いつもりの門番に戸口から押しのけられた人もいるかもしれない。さらには宴席で、自分が考えているよりも下座につかされた人もいることだろう。そこでセネカは読者に、そうした取るに足らないことを許し、あまり真に受けないようにと勧めている。「対象から距離を置いて、笑い飛ばせ!」[20]。

日常の細かな出来事にまで目を光らせながら、『怒りについて』は、利己心や自己愛の強いローマの貴族たちを風刺している。見ようによっては、貴族たちのそんな習性が現代の心理学者にもなじみ深そうなやり方で説明されている。富裕で権力をもつ人は自分の子供を甘やかし、屈辱を乗り越える訓練をさせない。そしてセネカはこう述べる。「一度も駄目と言われたことのない子、また涙をいつも母親にいそいそとふいてもらっているような子は、不快な思いを我慢することができない[21]」。笑う力こそが、特権的地位にある人間につきものの怒りっぽさへの対症療法だと、セネカは示唆している。

もっとも、笑いによる治療が誰にでも有効なわけではなかった。セネカが間もなく衝突することになる女性は、史料の証言を見る限り、ユーモアのセンスをもちあわせていた形跡はない。セネカは『アポコロキュントシス』のなか、間接的にではあるがその女性をからかっていた[22]。というのも彼女は自分を神の未亡人かつ祭司であると考えていたからだ。彼女にとって、クラウディウスの神格化は笑い話ではなかったのである。

その女性とは、もちろんあの尊大なアグリッピナのことだ。少し前まではセネカの最大の支援者だったが、いまや最大の懸念となり始めていたのである。

クラウディウスの生前、ネロを帝位につかせるという目標が、アグリッピナ、息子のネロ、そしてネロの家庭教師セネカをがっちり団結させていた。しかし、目標が達成されたいま、この関係の土台が揺らぎ始めたのである。事態はセネカがこの三人体制の変化にどう対処するかにかかっていた。感情をおさえ、理性的な精神をコントロール下に置くやり方について、ストア派の思想はセネカに多くを教えてくれていた。けれども、まだ三十代後半の、支配欲が強く傲慢で精力的な女性からの怒りと、十七歳になる少年の、反抗的で性急な衝動にはさまれて、どうすれば理性的であり続けられただろうか。

ネロも治世の当初は、アグリッピナへの敬意をおおやけにしていた。統治初日の夜のこと、宮廷警護の任についていた部隊の隊長がネロのもとに来て、その晩の安全管理のための合言葉を決めるよう求めた。ネロが決めた言葉は「最高の母《オプテイマ・マテル》」だった(23)。これは叙事詩のなかで使われる表現で、ウェルギリウスの『アエネイス』でも一度使われている。英雄的偉大さをたたえるこの言葉は、アグリッピナへの贈り物だった。もっとも、これはただの気まぐれからしたことではない。ネロは、アグリッピナが何年もかけて皇帝親衛隊の忠誠心を丹念につちかっていたことを、よく知っていたのだ。親衛隊はネロよりもアグリッピナに忠実だった。だから、親衛隊員に孝行息子だと見られることは大いに得になったのである。

また、ネロが母親に依存する様子は彫刻作品で強調された。とりわけ興味深いのが、アフロディシアス（現トルコにあるローマ風の都市）で発見されたある浮き彫りだ(24)。ようやく一九七九年になって発見されたこのレリーフは、かつて皇帝一族の彫像がずらりと展示されていたギャラリーの一部を構成していた。そのレリーフに表現されたアグリッピナは、母親らしい愛情のこもった視線を送りながら、ネロの頭に月桂樹の冠をのせている。一方で兵士のようないでたちのネロは、母のほうを見るのではなく、冷静沈着な視線を前方に向け、これから自分を待ち受ける責務を見据えている。この場面は明らかに、アグリッピナこそが息子の権力の源であると表明している。どうやらこういった表現は、ローマ市に展示されていたオリジナル作品から由来していたようだ。

初めて発行させた貨幣の意匠でも、ネロはアグリッピナに、ほぼ共同統治者とも言える際立った役割を与えている。貨幣はいつでも、皇帝が活用した媒体のうちで、最も広汎な訴えかけが期待できる宣伝媒体だった。クラウディウス帝の時代、アグリッピナは自分の横顔の上にクラウディウスの横顔が重ねられる複像形式で貨幣に登場していた。あるいは貨幣の裏側の面に追いやられていることもあった。それがネロ帝の時代に入ると、ローマでは前代未聞のあらたな体裁が出現する。[25]左右対称に表現されたネロとアグリッピナの横顔が、貨幣の表側の面で見つめ合っているのだ。横顔の大きさに違いはない。この図柄では、二人ともが相手の視線を恐れることなく、親しげに語り合う完璧な協調の瞬間が表現されている。

こうした媒体を通じどんなメッセージが伝えられたのかは明白だ。ネロは世間に、自分とアグリッピナが権力を共有している様子を見せたかったのである。これは十代で皇帝位にのぼった青年のものとしてはわかりやすい行動であるものの、少なからぬ危険をはらんでいた。ローマの人々はアグリッピナの以前にすでに、メッサリナによる非道や、アウグストゥスの妻リウィアによる策謀を目にしてきており、また女性が権力の操縦桿を握る光景を目にしたくはなかったのだ。女性のなかにある権力への意志を、ローマの男性たちは「奔放《インポテンティア》」と呼んで危険視してきたが、その亡霊がふたたび頭をもたげてきた。さらに悪いことに、アグリッピナは自分に利をもたらす男を（噂では）誘惑し、反抗する男は滅ぼすといった行動によって、カリグラやクラウディウスの治世にすでにその亡霊を呼び起こしていたのである。

そしてまもなくアグリッピナは、昔話に出てくるようなお決まりの役柄を、ほとんどそのままに演じ始める。あらたに手に入れた権力を使い、脅威となる可能性のある人間および積年の敵を排除しようと、二人の人物を殺害したのである。タキトゥスによれば、ネロはこの二人への措置に関わりを持って

アグリッピナが息子に加冠しているレリーフ。アフロディシアス（トルコ）で発見。

ネロとアグリッピナが表現された54年発行の貨幣。アグリッピナの名と称号が表面、ネロのものが裏面に記されているのは興味深い。

いなかったという[26]。

当時四十歳のマルクス・ユニウス・シラヌスは、現在のトルコ西部の属州で総督を務めていた。彼は、アグリッピナの結婚式の日を自殺でけがした、あのルキウス・ユニウス・シラヌスの兄弟である。特に誰かの害になるような人物ではなかったが、血筋が危険だったのだ。アウグストゥスの直系子孫として、万一いつかネロがローマ人から見放された時、有力な選択肢となりうる。そこでアグリッピナは二人の人間を送り込み、クラウディウスに使ったのと同じ毒を盛ったのである。その毒殺の様子についてタキトゥスは、「あまりにあからさまだったので、失敗しようがなかった」と記している。自分たちがいま相手にしているのはどんな人間なのか、どうやらアグリッピナは皇帝家系に属する他の男性たちに知らしめたかったようだ。

ついでアグリッピナはナルキッススを片づける。ナルキッススはクラウディウスに最も忠実な解放奴隷で、主人が死んだ日以来監禁されたままだった。アグリッピナは彼に積年の恨みをいだいていたが、ナルキッススのほうでもそれは重々わかっていた。そしてアグリッピナは彼に自殺を命じる。自殺すれば相続人に財産を遺贈できるのだから、これは処刑よりずっと温情ある措置だった。死の直前、ナルキッススは保管していた私的書類を焼却している。アグリッピナにとって非常に有害となりうる文書だった。おそらく、遺贈が認められることと引き替えだったのだろう。

アグリッピナによる粛正はさらに続きそうな勢いだった。だがそこでセネカがおさえに動く。クラウディウス帝時代のこうしたやり方が再開されるのを傍観していられなかったのだ。所信表明としてネロは、あの日元老院でセネカの言葉によって、そうしたやり方はもう終わりと約束していたのだから。タキトゥスは、他の場面ではセネカとアグリッピナの二人が絡むシーンを劇的に盛り上げたがる傾向にあるのに、二人がこの時どんな対決を演じたのかについては語ってくれていない。ただし、アグリッピナをおさえようというセネカの方針が、宮廷での大事な仲間の協力を得たことを伝えている。新しく皇帝親衛隊長についていた、アフラニウス・ブッルスである。

ブッルスとセネカの二人は不思議な組み合わせだった。ひとりは職業的な軍人であり、もうひとりは道徳的な思想家にして著述家、しかも武器をふるったことのない人物。それでも二人のあいだには、この時点までに相互信頼の絆が築き上げられていた。二人は協力して若きネロを導き、母親の強権に対抗しようとしていた。「二人は違ったやり方ではあるが、同じほどの影響力を［ネロに］及ぼしていた」。タキトゥスは感嘆したようにこう論評する。「ブッルスは軍人らしい義務感と性格の謹厳さで、セネカは雄弁術の訓練と誠実な礼儀正しさで」。これは本来ならライバルであってもおかしくない男二人が、協力者となった稀な事例だ。二人を結びつけていたのは共通の目標と、そして徐々に比重を増していった共通の敵の存在だった。

セネカは『怒りについて』という作品のなか、上に立つ者がどういった自制心を持つべきなのか、みずからの考えを披露している。その箇所では、指導者による国家の指揮が、医者による体の治療にたとえられている。[27] セネカはこのたとえをたびたび使う。良い医者が、できる限り荒療治をしないよう心がけるのと同様に、国家の指導者も、できる限りおだやかな処罰方法を採用すべきだ。可能なら、まずは言葉のみを使って叱責し、それでも駄目な場合は一番軽い一撃を与える。死刑は最後の、もうどうしようもない場合のみに頼るべき手段である。なぜなら、道徳的に「病状が悪化」してしまった人にとって、処刑による死は、実質的に安楽死と同じ意味を持っているからだ。

もしアグリッピナにも、セネカによるこの医者の比喩を使って自分の行動を説明する機会が与えられたなら、予防効果について、体にできた腫瘍を、悪性となる前に切除せねばならないことがときおりある、と語っていたかもしれない。あるいはセネカがつい最近自著で引用したこの一節で反撃したかもしれない――「弱い者に死を。優れた者に、主《あるじ》のない王の間で統治させてやれ」。

その後しばらく、アグリッピナによる粛正の動きは止まった。だが彼女はあらたな問題を引き起こす。国家の枢要な会議への参加を要求したのである。

皇帝の演壇の上であれば、かつてアグリッピナは一度、クラウディウス帝の皇妃として軍装で登壇したことがあった。[28] ブリテン島で反乱を起こした叛徒の降伏を受け入れるためだ。ところが今度は、もっとずっと重要な場面にいることを望んでいる。元老院の議事堂からは、部外者は完全に閉め出されていた。そこでアグリッピナは、元老院の会合が宮殿の一室で開催されるよう画策したのである。そして、カーテンの陰に隠れて討議の様子を傍聴したのだ。だが議員たちはみな、アグリッピナがそこにいて、何が語られているか一言も聞き漏らすまいと注意していることを知っていた。

また五五年の初頭、ネロが帝位について数か月後に、またもや宮廷内の主導権争いにおける決定的な瞬間がおとずれる。外政面での危機が表面化したのである。帝国の東には、ローマと長年敵対しているパルティア帝国があった。そのパルティアが、皇帝の度胸だめしをする気になったのだ。その頃、アルメニアで反乱があり、ローマが傀儡《かいらい》として王に据えていた人物がその座を追われるという事件が起こっていた。パルティア王はすかさずその機会をとらえ、自分の兄弟であるティリダテスをアルメニアの支配者としたのである。パルティア王の行動は、ローマとパルティアとの重要な緩衝国家であったアルメニアを、自分のものと宣言するに等しかった。

この挑発的な行動への反撃が急務だったが、では誰に反撃させるのがよいだろう。十七歳になったばかりの、しかも母親と家庭教師たちに牛耳られている若者には、東方での戦争遂行は荷が重すぎるのではないかと心配する人々がいた(29)。一方で、セネカとブッルスは経験豊かな人間であり、若き皇帝を助けてうまく切り抜けさせられると見る向きもあった。誰もが指揮官の人選に注目した。任命されるのは本物の強者だろうか。それとも決してネロをかすませたりしない、取るに足らない人間だろうか。

アグリッピナは、その世紀きっての偉大な戦士であったゲルマニクスの娘として、この危機を切り抜ける手助けをする気でいた。これはネロ政権の男性指導者たちにとっての瀬戸際だった。アマゾン族の女戦士のような女性にひきいられてローマが戦争に向かうことがあってはならない。たとえその女性が、ゲルマニクスの子供の最後の生き残りだとしても。そしてアグリッピナに対抗する舞台として、宮殿でアルメニアからの使節を接見する機会が選ばれた。

皇帝の権力を象徴する、一段高い演台に据えられた椅子にネロが、かたわらにはセネカとブッルスの二人が座る(30)。その時アグリッピナが部屋に入ってくる。演台の三人に加わろうとしているのは明らかだった。周りで見守る人たちの心は恐怖で凍りつく。しかし演台の三人は、あらかじめ対抗策を用意していた。ネロがセネカの合図で台座から降り、床に立ってアグリッピナを迎えたのだ。母に挨拶しようとしているように見せかけて、それ以上の前進をさえぎったのである。その場面は、はた目から見ればただ母と息子との愛情あるやりとりで、ネロが意志を示せるかどうかの決定的な試金石とは見えなかった。それから使節との接見は延期されたか、あるいは席を別の場所に移しておこなわれた。もしネロがふたたび演台に戻っていたら、おそらくアグリッピナとのあいだに一悶着あったはずで、外国からの使節の目に触れれば政権に亀裂があると思われてしまう。

こうしてネロはセネカに励まされながら、ささいなこととはいえ力強い態度で自分の母親に立ち向かったのだ。ついでネロはすぐに、東方での脅威に同じく自信に満ちた姿勢でのぞむ。軍団の戦力が増強され、またユーフラテス川に架橋してパルティア本国に攻め込む作戦が立案される。そしてネロから遠征軍の指揮権を与えられたのはドミティウス・コルブロ、クラウディウス帝の治下にゲルマン諸部族を打ち破ったことのある、鉄のように厳格な人物であった。セネカとブッルスの助言を受けたネロに外敵に立ち向かう力強さがあるしとして、この選択は歓迎されたのである。

パルティアの撤退の動きはすばやかった。アルメニアの王位に据えられていたパルティア王の兄弟はその地位を放棄し、攻撃の意志がないことを証明しようと、コルブロのもとに人質を送ってよこす。感激したローマ人は、ネロにつぎつぎと栄誉を贈った。軍神マルスの神殿に、軍神の像と同規模のネロ像を建てたりもしたのである。

一方のアグリッピナは、この二度目の邪魔立てを受け入れはした。だが傷ついたプライドはうずいていた。セネカに、ましてやブッルスに、第一の摂政としての役割を譲るつもりなどさらさらなかった。ネロへの影響力が大きいのは自分か、彼ら二人か、彼女は明確にしようと心に決めていた。次の機会がおとずれるまで、それほどかからなかった。アグリッピナがその機会に乗じようと動いたことで、宮廷内に残っていた協調の雰囲気は永久に失われることになる。

たいていのローマ人と同じく、セネカも野心的な女性を信用していなかった。とりわけ信用できなかったのが、息子を利用して権力を得ようとする母親だ。セネカは流刑地のコルシカ島から母ヘルウィアに宛てた手紙のなかで、息子二人が元老院にいても政治に関わらなかったことで母親を称賛している。「母上は私たち二人の影響力を、家族の財産であるかのように利用することはありませんでした。……私たちの公職への選出があなたにもたらしたのは、公職就任の喜びと、公職就任ゆえの出費だけでした」[31]。母ヘルウィアのこうした受動的態度と対比されるのが、「自分の息子が持つ権力を、女性的な奔放さにしたがってふるう母親」だ。セネカは「ポテンティア（権力）」と「インポテンティア（奔放、自制心のなさ）」を使った言葉遊びによって、通常は男性の本分とされる政治的統制と、女性が欲望や感情を「制御できない」ことを対比している。

伝存する著作のなかで、セネカは一度としてアグリッピナのことを話題にしていない。というより道徳的論考のなかで、セネカがそもそも女性について扱うこと自体、全体として非常に稀だ。たとえば『怒りについて』という著作では、怒りは「女性的で子供じみた悪徳[32]」と表現されているが、取り上げられる例は、大人の男性ばかりである。また、容赦なくクラウディウスの暴虐をこき下ろす『アポコロキュントシス』でさえ、メッサリナが登場する際に、実際には彼女は数多くの刑執行を引き起こし、セネカ追放の黒幕であったにもかかわらず、犯人ではなく犠牲者の扱いなのだ。

対照的に、セネカの悲劇作品は女性に支配されている。『パエドラ』および『メデア』という二編の傑作では、物語は強烈な女性とその激情を中心に展開される。『パエドラ』では愛、『メデア』では怒りだ。劇中のパエドラは、継子であるヒッポリュトスにどうしようもないほどの熱情をいだいてしまい、拒絶されると彼を滅ぼす。一方メデアは、ギリシア神話の英雄イアソンが異国の地から連れ帰った妻で、自分に不義をはたらいた夫に復讐するため、子供たちを殺害するのである。セネカが『パエドラ』を書いたのはメッサリナの時代で、『メデア』を書いたのはアグリッピナの時代だと、つい考えてみたくなる。この二人の女性の強烈な情念は、悲劇作品でセネカが描き出す女主人公とぴったり呼応するのだ。しかし悲劇の制作年代を決定するための手がかりは、作品中にも他の史料にもまったく存在しない。

こんにち、『怒りについて』と『メデア』を並べて読もうとする人はほとんどいない。けれどもこの二作品は、同時並行で執筆された可能性もあるのだ[33]。現在、セネカの作品は何十種類もの版が存在し、現代の読者向けの作品選集も山ほどある。にもかかわらず、そのうち悲劇作品と散文作品を一巻にまとめたものは一種類しかない[34]。それはそうだろう。ほとんど正反対の倫理観のもとにある二つの世界に同時に生きようと思える読者が、ましてや著者がどこにいるだろうか。というのも、『メデア』という作品では、怒りが制御できなくなり、巨大で恐ろしいものへと成長してゆく。「怒りよ、そなたがどこへ導こうと、私はあとを追います」。ひとりまたひとりと息子たちを刺し殺すメデアは、劇中でそう語る。一方『怒りについて』でのセネカは、怒りはおさえることは可能だし、おさえるべきだと論じている。そうすることで、理性的な精神が勝利をおさめられる。その実例がセネカ自身だ。夜な夜な彼は、妻とともに座り、その日声を荒げてしまった自分をおだやかに叱りつけていたのである。

どうすればひとりの人間に、これら二種の作品の両方を生み出すことができたのだろうか。それを理解しようと、研究者たちはこれまでも苦闘してきたし、またこれからもずっと苦闘することになるのだろう[35]。二種の作品を書くセネカの様子はまるで、超越主義を説いた哲学者のエマソンが、小論の執筆をしばらく休んでいるあいだに、オペラ『ファウスト』を作曲するようなものだ。セネカの悲劇作品は、ときに彼の散文作品の反転であると説明されることがある。[36] つまり反面教師となる事例を提示することで、自分の教えを説こうとしたというのである。けれどもその説明はあまりに都合がよすぎる。悲劇作者としてのセネカは、道徳的論考を書いているセネカには受け入れることすらできそうにない考えを表明するのだ。その例が『メデア』の最後の対句で、子供たちを殺したメデアが大蛇の引く車で飛び去る姿を見送るイアソンが、虚無的な戦慄とともに語る――

高きを進みゆくがいい　天界の　はるか彼方の果てまでも
明らかにするがいい　お前の向かう先　どこにも神々がおられぬことを

悲劇作品にはこのような瞬間が数多くある。そうした作品を読む読者はおそらく、作者は絶望についても、また狂気についてさえも熟知していると思うだろう。他方、散文による道徳的論考には、希望と敬虔さがある。あらゆるところに神々が、あるいは「神」が存在している、と高らかに宣言されている。そして神の存在は、誰しもの心のうちに「理性」の神聖な力が存することによって証明されている、と。

セネカの本当の声を聞けるのはどちらなのだろう。あるいは、彼のいわゆる「二分心」[37]を、これら二種の作品はどちらも真に表現しているのだろうか。それとも、セネカの悲劇作品は彼の心に秘められた叫び声であって、他では表出させられない道徳的な嫌悪感の解消手段だったのだろうか。のちに取り上げる、彼の悲劇作品のうちで最も野心的かつ凄惨な物語である『テュエステス』の場合には、そのとおりなのだろう。この作品はおそらく最後に完成した悲劇で、ネロ帝治世に制作されたと確実に年代決定できる唯一の作品である。

セネカは「奔放《インポテンティア》」を、女性に典型的に見られるやっかいな性質であると考え、『メデア』と『パエドラ』で、その深みを測っていたのだ。「奔放」とは、欲望を飼い馴らせず、嫉妬心をおさえられず、さらには支配権や権力を求める気持ちを封じ込められないこと。セネカや他のローマ人男性が、あらゆる場面、特に政治の領域に入り込むことを恐れていた。抑制の効かない女性の激情が政界を破壊し、世界を破局へと真っ逆さまに突き落とすかもしれない。

五五年の初頭、アグリッピナがいきなり半狂乱となった。その様子を目にしたローマは、そしてセネカは、まさにこの女性的な「奔放」への恐怖に直面する。大騒動のきっかけは国家経営の問題ではなかった。心の問題だったのである。

ネロは帝位継承の時点でオクタウィアと結婚して一年ないし二年たっていたが、二人の関係は冷え切っていた。若き皇帝には、母親が選んでくれたこの気高い皇妃があまり好みではなかったのである。皇帝家の血筋をひとつにより合わせ、皇朝の未来を確かなものにしようというアグリッピナの計画のなかで、オクタウィアは要《かなめ》となる存在だった。二人に息子が生まれれば皇朝の未来は確実、ネロの地位も安泰となる。それなのに、オクタウィアはいまだ懐妊していなかった。彼女の体質のせいだったかもしれないが、妻のことを歯牙にもかけない夫とのあいだに、それほど多くの機会がなかったと考えるのがよさそうだ。

セックスに対してのネロの興味の強さは、そのあたりの若者と違いはなかった。だが上流階級の過保護の男子のご多分にもれず、彼のあこがれは、エキゾチックで一風変わった女性だった[38]。だから宮殿で暮らし始めたネロが、あるアジア系の解放奴隷に目を留め、自分のベッドに招くまでさしたる時間は必要なかった。アクテという名のその女性は、クラウディウス帝が身の回りに集めた外国生まれのスタッフのひとりだった。アクテにはオクタウィアにはないものすべてがあったし、なにより、母親からのお仕着せではなかったのである。

歴代の皇帝たちは、望む女性を自由に自分のものにできると思っていた。自分や相手が結婚していようがいまいがお構いなしだ。だからネロがアクテに情欲をいだいたこと自体はたいした問題ではなかった。実際このネロの行動は、カリグラ時代を経験した多くの人を安心させたくらいだった[39]。かつてカリグラは、元老院議員や執政官の妻たちとの情事にふけり、強姦その他の堕落した行為でローマ上層の人々をあざ笑ったのだ。それに比べれば、アクテとの情事では誰も傷つかない。しかし、アグリッピナは激怒した。ネロの行動を、息子による裏切り、自分の権威への挑戦と理解した。「女中ごときを我が家の嫁とする気なのか！」[40]。アグリッピナは周囲にそう当たり散らし、ネロにアクテとの関係を終わりにするよう求める。「お前を皇帝にしたのは私なのよ」[41]。ネロにそう言い聞かせながら、彼女は自分のしたことすべてをご破算にすることもあり得ると匂わせた。

もうたくさんだ。口やかましくああしろこうしろと命じる母は、以前にもネロをいらだたせたことがあった。あまりのことにネロは、帝位を辞して母の影響の及ばないロドス島に逃げるぞと脅したのだった[42]。そしていま彼は、母と完全にたもとを分かつ危険をおかすつもりでいた。ネロが頼りにしたのは、うってつけの味方であるセネカだ。

アクテとの情事の件では、セネカはすでに早くからネロに助け船を出していた。親友のアンナエウス・セレヌス[43]を使い、その件を秘密にしようとしていたのである。あらたにローマの「消防隊《ウィギレス》」（警察と消防の機能をあわせ持つ部隊）の隊長に任命されていたこの人物は、アクテの愛人をよそおい、彼女へのネロからの贈り物を自分からのふりをして手渡していたのだ。そのうち自然にさめるだろうと見込んだ、こそこそして消極的な支援ではあったが、セネカの気持ちが二人のどちらにあるかを明白に示していた。もし母と息子が対決する日がきたなら、セネカは息子の側に立つ。

もっともその選択はたやすいものではなかった。アグリッピナはセネカの後ろ盾だ。流刑地からセネカを帰還させていまの地位を授けてくれた人なのである。立つ側を間違えれば、セネカは自分の地位を、いやそれどころか命を失うことになる。アグリッピナは敗色が濃厚になれば常軌を逸した行動に出る可能性だってある。セネカにとっては考えたくもない恐ろしい結末だ。ネロが最終的に必ず勝利しなければならないにしても、二人の主人が完全に仲違いしてセネカに得られるものは何もない。それどころか失うものが多すぎる。

母と息子とのあいだのいさかいは、いっときやわらぐかに見えた。無理強いが不可能と見るや、アグリッピナはすぐ息子に甘い顔を見せ始めたのだ。セネカとその親友セレヌスを出し抜こうと、彼女は宮殿内の自分の部屋を、ネロとアクテの密会の場として提供し、娯楽の軍資金に、自分の財産を使わせもした。見えすいたやり口であり、こんなエサに食いつかないようにと友人たちはネロに忠告した。けれども皇帝は後悔の念に苦しんでいたのだ。母の女性的な装飾品の好みをよく知っていたネロは、宮殿内で保管されていた貴重品のなかから衣服や装身具を選んで、仲直りのしるしとして母に贈った。しかし受け取ったアグリッピナは、そっけなくこう言い放つ。自分が息子にやった宝物がけち臭くほんのちょっと戻ってきただけのこと。こうしてネロの和解への努力は、さらに溝を広げる結果に終わってしまった。

そしてネロは、アグリッピナを支える重要人物のひとりから権力を奪う決断をする。解放奴隷のパッラスは、公式には皇帝家の財産管理を担当し、舞台裏ではあらゆる秘密工作に荷担して巨大な影響力を構築していた。そのうえ、いまは亡きライバルのナルキッススを除けば、ローマでは並ぶもののない富をも築き上げていたのである。これまでの七年、彼は自分の力をアグリッピナにささげてきた。だがこの時、ネロは母親の武器を奪おうと考えた。そこでパッラスに取引を持ちかける。いかなる面倒も起こさず宮廷を去るなら、貯め込んだ財を、いっさい事情を問うことなく所持を許すと。こうしてパッラスは、輿の担ぎ手や従者を山ほど引き連れ、盛大に宮廷から去っていった。皇帝家をものともせず、またとにかく当面のあいだは、勝ち取った富を無傷で保持することにも成功する。なんとも非凡な政治の勝負師であった。

一番の味方を失ったアグリッピナは、怒りで卒倒しそうなほどだった。ほんの数週間前には、ネロを帝位につけるにあたって自分がどれほどの役割を果たしたのか、大いに自慢していた。そんな彼女が今度は、自分には帝位を剝奪する力があると公言するようになるのだ。もうまもなく成年に達するブリタンニクスが、実父クラウディウスの遺産を取り戻すのは簡単なこと。アグリッピナはネロにそんな言葉を突きつける。以前とはうって変わり、ネロのことを、ブリタンニクスの権利を不当に侵害する強奪者だというのである。ブリタンニクスがまだ生きているのは神々の思し召し。私はブリタンニクスを連れて皇帝親衛隊の陣営に向かい、彼を兵たちの前に出して、皇帝と宣言してもらいます。兵士は、宮廷内の敵たちではなく私の側に立ってくれることでしょう。

「かたやゲルマニクスの娘であるこの私。かたや不具者ブッルスと流刑者セネカ。あの二人は、めいめい不自由な腕と弁論教師の弁舌で、勝手に全人類への支配権を請求するがいい！」[44]。自分が犠牲にしてきた、処刑されたユニウス・シラヌス家の兄弟や、いまは神であるクラウディウスの霊に呼びかけながら、大きな身ぶりをまじえアグリッピナは絶叫した。

こうして、若者による召使いとのちょっとした火遊びは危機へおちいった。ネロを政治的におびやかすものは何か、心理的におびやかすにはどうすればよいのか、アグリッピナは気味の悪いほど勘がよく、容赦なく攻撃した。皇帝親衛隊は帝位をコントロールするための要であり、間違いなくアグリッピナの側についていた。親衛隊はいつでも、深い畏敬の念とともに記憶していたゲルマニクスの家族に、熱烈な忠誠心をささげてきた。アグリッピナは親衛隊を後ろ盾に、いざとなればセネカを、ブッルスを、そしてネロをまとめて滅ぼすことができる。かつてこの三人とも無から生み出したのと同じくらいたやすいことだ。

アグリッピナ、ネロ、セネカという、クラウディウス政権末期にできた奇妙な三人体制は、ついに崩れ去った。ここから、二人対一人の勝負が始まる。しかもアグリッピナは、このまま負けて終わるまいと死にもの狂いになっている。なんとかネロの心をつなぎ止めようと、どんな手段でも使い、感情を最高潮まで高ぶらせる構えを見せている。一方で「理性」を信奉し、中庸であること、怒りをおさえることを説くセネカにとって、反撃すべきなのか、どうやって反撃するのかはまだ明らかではなかった。

ブリタンニクスの誕生日が間近にせまっていた。十四歳になれば彼は成人服を着用し、中央広場に華々しく登場することになる。そして暗黙のうちに、皇帝の資格も生まれる。これまでネロにあった年長者としてのリードが、まもなく永久に失われようとしていた。

権力の蚊帳の外に置かれてはいたものの、希望を失ってはいないことを、ある時ブリタンニクスは明らかにする。[45] 五四年十二月、ネロが帝位についてから二か月たった頃、皇帝一家がくつろぎながら「王様ゲーム」を楽しんでいた時のことだった。その夜の「王様」役は、ネロにあたっていた。そこで新帝は義弟ブリタンニクスに、立ち上がって皆の前で歌えと高圧的に命じた。ところがネロの横暴に臆することなく、ブリタンニクスは歌い始める。父の遺産を、そして支配権を失ったことを嘆く悲壮な歌を。数年前、彼がネロをドミティウスと呼んだのが、本当にネロの養子縁組を無視してのことであったなら、この時また同じ意気を示したことになる。

実子であるブリタンニクスが成年に達したら帝位を継がせようと、クラウディウス帝は望んでいたのだろうか。彼は遺言書でそう規定していたと信じる者もいたが、遺言書はすでにアグリッピナとネロによって握りつぶされている。いずれにせよ、いまのネロにとって大事なのは、養父のクラウディウスの考えではなく自分の母の意思だ。遺言書でブリタンニクスは帝位継承者とされていなかったとしても、アグリッピナならそう書かれていたと言い張ることができるのだ。それにアグリッピナは夫の死で悲嘆に暮れる妻、ゲルマニクスの娘、そのうえ神格化された夫をまつる祭儀の女祭司だ。誰が彼女に反論できるだろう。

自分の力になりさえすれば、ブリタンニクスをどんな場面であれ利用する姿勢を、すでにアグリッピナはアクテがらみの危機のなかで示していた。さらに彼女の手には、皇帝に対抗する最高の武器があった。すなわち皇帝交替の可能性である。この武器がなくなってようやく、ネロは母を意のままにできる望みが出てくる。ただしそれでも、彼女にはまだ多くの武器が残される。皇帝親衛隊からの支持、ゲルマニクスが残した英雄的な伝説、さらには母性愛をふんだんに注いだり引っ込めたりできる特異な能力だ。

来たるブリタンニクスの誕生日は、当日が近づくにつれますます脅威となっていった。そしてネロは決心する。その日を、文字どおり期限としなければならない。つまり、ブリタンニクスはその日までに死ぬのだ。(46)

ネロは義弟だけでなく母親とも同じように激しく火花を散らしていた。母親に害を加えられるほどの力はまだなかったが、じきに、そうしたいとの思いに取りつかれることになる。だがさしあたってできるのは、彼女の代わりを殺害することだった。

ネロは、アグリッピナが雇ったのと同じ毒薬調合師を使って目的を達しようとした。ロクスタという名のガリア人女性である。ただし母親がクラウディウスを暗殺した時とは違い、ネロは秘密裏に事を運ぶことにこだわりがなかった。ロクスタが最初に調合したのは効き目がゆっくりの毒薬で、ブリタンニクスが毒を吐き出しただけで終わってしまった。ネロは非常に動揺してロクスタを殴りつける。(47) 罪を隠す役に立とうとしただけだと弁解するロクスタにネロは、「なるほど、私がユリウス法を恐れていると言うんだな?」と問う。(48) 自分が現行の法規によって裁かれうるという考えをあざ笑ったのだ。

ロクスタはネロの意に沿ってずっと強い毒薬を調合し、山羊や豚で効き目を確かめた。効き目のはやさ、そして誰の目にも明らかなことが、今回は求められていた。自分には行動する勇気があることを、ネロはアグリッピナに見せつけたかったのである。

ではセネカは、ネロが初めて実行する暗殺の手助けをしたのだろうか。(49) あるいは、少なくともその計画を知らされていたのだろうか。残されている史料に、そのどちらかでも匂わせている記述はない。しかし宮廷の論理を思えば、それら二つの可能性を考慮する必要がある。セネカは最初からアグリッピナに対抗するネロの味方だったし、またネロの一番の助言者であり導き手でもあった。セネカなしに、ネロがこの犯罪を実行し、成功させることができたと考えるのは難しい。

皇帝家の人々は一緒に食事をとる習慣になっていた。(50) ただし年若いメンバーは、他の人たちのように横にならず、自分のテーブルについて座っていた(ローマでは、子供のみそうしていた)。ブリタンニクスも食卓につき、隣には親しい友人のティトゥスが座った。彼は将軍ウェスパシアヌスの息子で、この父子はそれぞれいずれ帝位につくことになる。ネロと妻のオクタウィアの席は離れていたが、二人とも大人として、寝椅子に横たわって食事をとっていた。席次、食事をとる姿勢、メニューの序列が、オクタウィアと弟を隔てていた。いまは亡きクラウディウス帝の実子二人がたどる道は、皇帝家に「接ぎ木されたネロ」があいだに割り込んできたことで、まったく異なるものとなっていたのである。

皇帝家の人々を毒殺から守るため、毒味係があらゆる飲食物をためすことになっていた。だがどんなシステムにも抜け穴があり、ネロが利用したのはそのひとつだった。季節は冬、誰もがワインをお湯で割り、温めて飲んでいた。しかるべく毒味されたワインがブリタンニクスに手渡される。しかし彼の好みよりずっと熱い温度になっている。突き返されたワインに給仕役がいそいそと溶けた雪を加えてワインを冷ます。いまや毒の入ったワインに二度目の毒味はされない。口を付けたブリタンニクスは卒倒してぴくりとも動かなくなる。

そして、食堂全体がしんと静まりかえった。その瞬間に立ち会った人々の心境を、現代のある歴史家はこう表現している。「自分の心を隠しつつも、他の人の心を見きわめる必要があった」[51]。なかには部屋を急いで飛び出す人もあったという。アグリッピナとオクタウィアも同じように驚愕に打たれ、（タキトゥスの記述によれば）表情に出すまいと努めていた。全員の視線がネロに集まる。ブリタンニクスは子供の頃からてんかんをわずらっていたことを、皇帝は居合わせた人たちに思い出させる。きっと、すぐに元気を取り戻すだろうよ。ネロに対し声を上げる人は誰もおらず、無情にも晩餐は再開された。

ローマ皇帝家内の暗殺事件はこれが初めてではない。とはいえ衆人環視のなか、こんなにまで厚かましく実行されたことはなかった。あからさまなこの行動は、特にアグリッピナへの明確なメッセージとなった。彼女にはもう、息子を威圧したりゆすったりすることは許されない。そしてネロは独り立ちする、あるいはそばで、アグリッピナではなくセネカとブッルスが補佐する。

ロクスタの仕事ぶりはすばらしかった。彼女のかつての罪は皇帝によって許され、ローマ郊外の豊かな土地がほうびとして与えられる。スエトニウスによれば、ロクスタはこの地所に、皇帝に奉仕するための一種の毒薬学園を創設したのだという[52]。彼女の調合した薬は、これでクラウディウス家の三人のうち二人の命を奪ったことになる。一人目はゆっくり効く薬で、二人目は恐ろしいはやさの効き目を持つ薬で。数年のうちに、ネロは彼女をもう一度呼びにやることになる。

ところでブリタンニクスに盛られた毒は、どうしたわけか隣で食事していた親友のティトゥスの体内にも入ってしまったらしく、ティトゥスは数週間にわたって寝込んだのだという(53)(とスエトニウスが伝えている)。四半世紀後に皇帝となるティトゥスはこうして、亡くなったブリタンニクスの名誉回復を自分の役割と心得ることになる。七九年から八一年、帝位にあったこの短期間に、ティトゥスはブリタンニクスの姿が刻印された貨幣を発行させ、ブリタンニクスの豪華な彫像を二体作らせている。うち一体は宮廷に置かれた黄金像。もう一体は象牙でおおわれた騎乗姿の像で、こちらは毎年おこなわれる競技祭の開幕にあわせ、神々や英雄たちの像に混じり、ローマ市の大競走場《キルクス・マクシムス》へ運ばれた。

ティトゥスが皇帝となる頃には、クラウディウス家とのつながりは、ときの皇帝の大切な資産に変わっていた。アウグストゥスの娘ユリアへと連なる直系家系の評判は、ネロのせいですっかり台無しになっていたのである。ブリタンニクスは、こうあったかもしれない、という過去の可能性の輝くシンボルとなるのだ。

死んだブリタンニクスの葬儀の手はずは、クラウディウスの葬儀と同様、入念に整えられる必要があった。この若者の死を、自然な出来事と思わせる必要があったからだ。もちろん、それが嘘であることを宮廷内の人々は知っていた。ロクスタの毒でブリタンニクスの皮膚が黒ずんでいるのが発見されると、伝えによればネロは、石灰を塗って白く戻させようとしたのだという(54)。そして暗殺当日ないしは翌日の夜、ブリタンニクスの遺体は大雨にもかかわらず火葬される。雨がブリタンニクスの顔の化粧を洗い流し、まるで神々がみずから真実をあばこうとしていたかのようだと、人々はのちに噂した。

ネロ（左）とブリタンニクス。ネロの帝位継承前に制作されたレリーフ。

遺灰はただちに、こっそりとアウグストゥス霊廟におさめられる。そこは皇帝や皇帝家の成員専用の霊廟であった。だが、死後の安住の場所は栄誉待遇が与えられたとはいえ、きちんとした葬儀式典もなく性急に事が運ばれたことに、市民たちは大きな不満を覚えたのである。結局ネロは、霊廟への埋葬の翌日、市民に向けて布告を発することを余儀なくされた。ローマの良き慣習によれば、若くして亡くなった人の葬儀は簡素に済まされることになっている、夭折者の遺体がそのままにされていると家族に悪運を呼び込んでしまうからだ。セネカの才能をもってしても、ネロ政権がひねり出せたのはこの程度の皮相な言い訳でしかなかった。

一連の出来事について伝える二種の史料の記述によると、この若者の死について、アグリッピナは人目をはばからず嘆いていたという。アグリッピナは彼をごく最近支持するようになっていたのに、結局このような最悪の結果に終わってしまった。おそらく彼女の涙は、ネロへの反感をかき立てるための政治的な芝居だったのだろうが、後悔する理由もあった。宮廷で衰え続きの自分の力を盛り返す、一番の手立てを失ってしまったのだ。この一か八かの勝負で、アグリッピナはブリタンニクスを手駒にしていた。そこへネロが電光石火の一撃を加え、母を打ちのめしたのである。

アグリッピナの運勢は一気に下降線をたどる。皇帝発行の貨幣がそれをはっきり示している。もはや彼女の顔がネロと向き合って表現されることはなくなるのだ。ごく短期間、クラウディウス帝時代と同じように、アグリッピナの顔は、その横顔にネロの横顔を重ねる複像形式で貨幣に現れる。しかしその年のうちに、彼女の姿は帝国政府発行の貨幣から完全に消えてしまう。(55) こうして「最高の母」は、息子のお気に入りの座を追われてしまった。足蹴にされた母は、宮廷で同じように打ち捨てられていた人のところに引き寄せられてゆく。(56) アグリッピナの継娘、クラウディウスおよびメッサリナという両親を失った娘、そしていまはネロから愛されていない十代の妻、オクタウィアのところへ。

ブリタンニクスが亡くなってからのオクタウィアの立場は、本当にみじめなものだった。七年の間に、父が母を殺し、継母が父を殺し、夫が弟を殺すのを見てきたのだ。他人や敵による政権下で、異母姉アントニアとともに、彼女はなんとか生きのびていた。自分を拒んだ夫は元奴隷の腕のなかにいる。ブリタンニクスを失って、彼女はひとりぼっちになった。『オクタウィア』の作者が想像するとおり、恐ろしくて悲しむことさえできずに(57)——

恐怖が　殺された弟を嘆くのを禁じます
弟こそ　私にあった唯一の希望
苦悩のなか　つかの間の慰めだったのです
いまや　愛しい人たちを悼《いた》んで生きるだけ
ここに残るは　ただあの偉大な名前の影のみ

歴史家タキトゥスの記述も、この悲劇作家の描写を裏づけてくれている。「まだ若かったのに、オクタウィアは悲しみを、愛情を、あらゆる感情を隠すすべを身に着けていた」。

宮廷にも、元老院にも、そして市井にも、ブリタンニクスを支持する人たちがいたが、ローマは平穏だった。かつて、ゲルマニクスが不審死したときには、広がりを見せた激しい怒りをティベリウス帝は耐えなければならなかった。だが今回、新政権を困らせるような抗議行動は起こらなかった。ネロはあの運命的な晩餐の数日前、ブリタンニクスを強姦して、彼を暗殺する前にまず母の意気をくじこうとしたという、真偽不明の不穏な噂も飛び交っていたが、それすら市民をあおり立てることにはならなかったのである。[58]

何か非道な行為がなされたと疑う人は大勢いた。しかしタキトゥスによると、兄弟同士の争いは王家では昔からのことであって、皇帝の地位は分け合えないという歴史の論理に、人々は屈したのだという。そのおそらくほんの数週間前、セネカは『アポコロキュントシス』を書いている。そこに彼は次の一文を引用していた。元は、蜂の巣での二匹の「王蜂」の争いをどう終わらせるか、助言として詩人ウェルギリウスが書いた詩句である。「弱い者に死を。優れた者に、主のない王の間で統治させてやれ」。

しかし同じ『アポコロキュントシス』で、セネカが神々の一員として登場させているアウグストゥスは、皇帝家の成員を殺したとクラウディウスをさげすんで怒鳴りつけている。また『怒りについて』でのセネカは良い君主を、死を課すのは治癒不可能な患者への慈愛としてだけだというおだやかな医者になぞらえている。この二作品を書いたセネカに、ブリタンニクスの暗殺は、心おだやかではいられない問いを投げかけていた。

道義的な皇帝支配は、あるいはストア派の信条と矛盾しない統治は、実現可能なのだろうか。優れた支配について考えるセネカがきまって基準としたのは、アウグストゥス政権だった。一方でセネカはいま、甘やかされて危なっかしい十代の若者と、その情緒不安定な母親を上にいただく政権の一員となっている。その政権のいる地点は、輝ける理想からはるか遠く隔たっているように見える。セネカはいま、『怒りについて』やその他の散文作品ではなく、『メデア』や『パエドラ』といった悲劇作品の道徳的世界にずっと近い位置に立っている。

セネカが考慮する必要があったのは、自分の信条についてだけではなかった。ローマ上層での自分の名声についても考える必要があったのである。元老院でネロは、セネカの作文した演説文を、みずからの所信の表明として読み上げた。そこでは権力の濫用を終わらせると約束されていた。この歴史的な名演説は、銀板に刻まれ、誰もが読めるように円柱にかかげられた。だがいまやその銀板は、すっかり輝きを失ってしまった。クラウディウス帝時代の病的な疑り深さやごまかしと完全に縁を切る、と数か月前に約束して始まった新政権は、嘘にまみれてしまったのである。

暗殺へのセネカの関与は、ごく消極的なものにとどまったにしろ――それ以上の役割を果たしたと疑う人もいた――、彼には汚点がついてしまった。「悪行を止められるのに止めないのは、拍車をかけるのと同じこと」[59]。セネカはある悲劇作品にそう書いている。もしこの時ローマ上層の人々がこの台詞を聞いたなら、セネカの顔に唾を吐きかけていたかもしれない。さらに悪いことには、ネロからブリタンニクスの資産を分配された人々のなかに、セネカも含まれていた可能性がかなり高いのだ。この財産分配は、世間から反感を買っていたのである。タキトゥスによると、「この行為に異議を唱える人には事欠かなかった。道徳的な謹厳さをひけらかしていた人たちが、家屋敷や地所を戦利品のように分捕ったのだから」[60]。

そしてブリタンニクス死後の日々、セネカがとりわけ心配したのは自分自身の安全だった。皇帝親衛隊を指揮するブッルスと協力関係にあるから安全だという幻想は、いまや霧消した。宮廷内での人間関係を支配する、どの方面からのどんな脅威を恐れねばならないのかという「恐怖の均衡」を考慮する時、毒という手段は強力な切り札だった。いまやネロのもとに熟練の毒物調合師がいるだけでなく、もっと重要なのは、それを駆使する勇気を、ネロが持ってしまったことだった。これ以後、公式の晩餐の席に連なるセネカの脳裏には、ネロの力がもたらす脅威が常に意識されていたことだろう。

人生の終わり間近になって、セネカは『テュエステス』という悲劇作品を書いている。その物語のクライマックスでは、王が毒入りの食事で弟を滅ぼす。ある面から見ると、この場面はブリタンニクスの殺害を思い起こさせる(61)。犠牲となる弟は、これから兄と共同統治しようとしているのだ。また別の面では、弟はセネカ自身のことだとも言える。というのも犠牲者となる弟は劇中、亡命から帰還したおだやかな賢人として描かれているからだ。あとで見るように、『テュエステス』が書かれる頃までに、ないしはそれからまもなくして、セネカ自身の生命も毒によりおびやかされることになる。この作品を通じて彼は、ブリタンニクスの最後の晩餐を思い起こさせるだけでなく、自分自身をブリタンニクスの席につかせようともしていたようだ。

いまやセネカは、倫理的、政治的、またひどく個人的な矛盾に直面していた。これからネロのかたわらで過ごす十年のあいだに、矛盾はますます複雑で切迫したものとなってゆく。著作中、稀に現れる漠然とした言及から判断するなら、結局セネカはその解消策を見つけられなかった。その十年の終わり近く、彼はある著作のなかで、みずからを治癒不可能な道徳的病人として描写することになる(62)。苦痛をいくらか癒やせても、完治を望むことはできない。おそらくその状態は、彼の選択からの必然的帰結であった。セネカはずっと以前に、政治の世界へと足を踏み入れ、同時にストア派の道徳的遍歴の旅も続けようと決心していた。賢人としての知恵と宮廷内部の人間が持つ権力の両方を彼は手に入れた。だがそれら二つの自我は共存可能だったのだろうか。

それでもセネカは、道義的な皇帝支配の理想についてはあきらめようとしなかった。芸術の域にまで達した雄弁術と、文学的才能という最大の武器の力は、いまだに健在だった。セネカはかつて二度、この才能を使って巧妙な芸当を成し遂げている。『ポリュビウスへの慰め』で、親しい人の死を受け入れるよう説きながら、同時に流刑地からの帰還を嘆願した。『アポコロキュントシス』では、亡くなった皇帝を痛烈に風刺しつつ新皇帝をほめそやした。言葉をあやつるこの力があれば、どんな目的でさえ達成できそうに見えた。その力はもしかすると、急速に離れゆく二つの道さえ、ひとつにまとめ上げることができたかもしれない。

ブリタンニクス暗殺の余波のなか、セネカは彼の著作中最も雄弁で、最も大胆で、そして最も巧妙な散文作品の執筆を開始している。今回の彼は、この作品を腹話術の人形のように使ってネロに語りかけるだけでなく、教え子に講義できるという教師の特権を楯にとって、ネロに説教をする。先だってのあの暗殺はなかったことにして、これから道徳的な足場にしっかり立ち、政権をふたたび初めからやり直そう。追放、処刑、皇帝の寝室で開かれる不正裁判。もしネロがこうしたクラウディウスの道を、あるいはもっと悪く、カリグラの道を進むのであれば、自分はただ漫然とそばにいることはしないし、少なくとも罪の意識を感じずにはいられない、とネロに伝えようとする。

いずれにせよこうした考え方が、その作品が生まれたひとつの説明になる。その著作、『寛容について』は、帝政ローマ時代に執筆された最も刺激的な政治的論考、あるいはおそらく最も巧妙なプロパガンダ作品である。

第4章 母親殺し——五五年〜五九年

全人類のうちで、私だけが神々の好意を受け、この地上で神々の役目を果たすために選ばれたのだろうか。私は、諸族に生や死を命ずる裁定者なのだろうか。

セネカの想像のなかで十八歳のネロは、自分の支配する帝国を見やりながら神妙な調子でこう語る。『寛容について』という作品は、ネロの思考の形をとるセネカの言葉で始まる。これは皇帝の口を通じて語られる自分の言葉を、ふたたびローマの人々に聞かせるためのあらたな工夫である。

『寛容について』で描き出されている皇帝ネロは、全能でありながらも、道徳的に真剣に悩む青年だ。まるで現代の映画に登場する十代のヒーローのように、巨大な力には巨大な責任がついてまわることに気づいている。一挙手一投足が正義の原則、慈悲、自制心に導かれる。相手が外国の敵だろうと、やっかいな同胞市民だろうと、彼は常に、「過酷さはさやにおさめ、慈悲の心は臨戦態勢にある[1]」。道徳面での努力を白兵戦にたとえる、セネカお気に入りの比喩の例だ。「今日もし神々が私に数えよと言うなら、すぐに全人類を数え上げる準備はできている」。セネカ／ネロは独白をこう締めくくる。つまり、全人類を管理する羊飼いであるネロには、群れからただの一個体を減らすことすら許されないということだ。
だが群れは実際に減少していた。それは最近のことで、しかも減ったのは非常に重要な個体であり、もちろん作品の読者も承知していた。ブリタンニクスの死は、『寛容について』という著作の上に長い影を落としている。[2] 続く箇所でセネカが、今度は自分の声で、ネロの経歴には一点の曇りもないと宣言していることで、それがいっそう際立つ。セネカはそこで、冒頭の独白のなかネロに誇らせた「この地上のどこにも、私は人間の血を一滴たりとも流したことはない」という主張を再確認しているのである。この主張は文字どおりの真実なので、そらぞらしさがいっそう増す。というのもブリタンニクスは、剣で刺し殺されたのではなく毒殺されたからだ。わざと過去をもみ消すセネカは、誕生してまだ一年の政権にやり直しを許そうとしているかのようだ。ひとりの命についてネロを大目に見てやれば、もっと多くの命が救われるかもしれないと踏んでいたのだ。

一方でセネカ自身も、宮廷生活の舞台裏で、ある出来事を目撃したことが『寛容について』執筆のきっかけとなっていた。セネカの頼りになる同僚、皇帝親衛隊長のブッルスが、二名の盗人の処刑についての指示書を発給するよう皇帝に求めたことがあった。けれどもネロは、気の進まぬその仕事を延ばし延ばしにする。とうとうブッルスが自分で書類を作り、サインをもらおうとネロに差し出す。するとネロは処刑指示書にサインしながら、「文字など知らなければよかったのに！[3]」とため息交じりに言ったのだという。そして『寛容について』にセネカの思いがほとばしり出る。これは世界中の人々が聞くべき名言であり、誰もが兄弟同然となる黄金の時代のけがれなさを示している。さらにこの言葉は、完璧な寛容の心がすでにネロにあることを示している。こう語るセネカは、表面上のお世辞の裏に、ネロへの教えを巧妙に隠していた。

セネカは『寛容について』を書いた目的について、ネロに何かを教えようというのではなく、この書が鏡となってネロが自分の道徳的な才に気づくことにあるとしている。だがもちろん、本当の目的はもっと複雑だった。

皇帝だけが『寛容について』の読者対象だったわけではない。ローマの政治エリート、すなわち元老院議員たちもセネカの念頭にあった。[4] 彼はこの作品で、彼らの身の安全を左右するネロの性格は心配いらないと、貴族たちを安心させようとしているのだ。ブリタンニクス暗殺により危険信号が発せられはしたが、自分が若き皇帝をコントロールし、あのカリグラの道へと進ませないようにしていると、セネカは周知させようとしていた。修辞的技巧でネロの口を借りて語られるセネカの人道主義的方針が、政権を導いてゆくことになるのだと。

『怒りについて』という作品でも論じられていたその方針を、セネカは『寛容について』でさらに詳しく説明している(この二つの論考はある意味補い合っている。「怒り」は処罰を科すようせまり、「寛容」はそれを許すよう求めるからだ)。人間は誰しも間違いをおかしがちだから、みな慈悲に値する。両方の論考がこの立場をとるが、『寛容について』のほうでより強調されている。「我々は誰もが過ちをおかしたことがある」[5]。そう力説するセネカの言葉は、いまキリスト教の説教として語られても違和感を持たれることはないだろう。「過ちが重大な人もいれば、軽い人もいる。意図的だった人もいれば、偶然そうするはめにおちいった人、あるいは他の人の悪行に乗せられた人もいる。また我々のうちには、強い心を持って賢明な思考を続けることができず、清廉さにすがろうと努めながらも仕方なくそれを失った人もいる」。この最後の例は、そのまま彼自身を言い表しているようにも思える。[6]

人はみな罪をおかしたことがある以上、誰もが慈悲深くあらねばならない。がしかし、とセネカは言う。皇帝、ないし王は、さらにいっそう慈悲深くある必要がある。ここで印象的なのは、忌み嫌われ、埃をかぶった古臭い「王」という言葉を、セネカが恥じることなく「皇帝」の同義語として持ち出していることだ。もう五百年以上、王という存在はローマではさげすみの対象とされてきた。つまり、皇帝は本性を隠さねばならなかったということだ。というのもローマ帝国は理論上、いまだに共和国であり、元老院は「第一の市民」によっておだやかに指導されていることになっていた。

セネカは、『寛容について』でそんな建前をかなぐり捨てている。彼はローマの政体が独裁政となったことを認める。ただしそれは、喜ぶべきことなのである。さもなくば完全な無秩序におちいるほかないからだ。もし万一、大衆がその「くびき」を振り捨てれば、自分たち自身はおろかすべての人を害することになると、セネカは冒頭で主張する。この評価がこれまで約一世紀にわたって歴代の皇帝を支えてきたが、誰もあえて認めはしなかったのである。

こうして、『寛容について』でのセネカは、ネロに絶対的な権力を認めるところから議論を始める。ただし続けて、なぜその権力は抑制される必要があるのかを示す。支配者が親切心を示すことで、臣下の敬慕を勝ちとり、長く安定した統治へとつながってゆく。過酷さは恐怖を生み、恐怖からは陰謀が生み出されてしまう。これまでのよい例として、セネカは他の作品でしたように、神君アウグストゥスを持ち出す。ある時、ネロの高祖父アウグストゥスのもとに情報が入る。ルキウス・キンナという名の信頼厚い部下が、アウグストゥスの命を狙う陰謀をくわだてているというのだ。そしてキンナとの長時間にわたる緊迫した話し合いの末、アウグストゥスはキンナを処罰するどころか、最高の政治的栄誉にあたる執政官職に任命したのだ。「その後、アウグストゥスが陰謀の標的となることは二度となかった」とセネカは結んでいる。(7)

法においては絶対君主でありつつも、道徳的原則には忠実な従僕、と『寛容について』はネロが果たすべき役割を定義している。そんな彼になら、自発的に権力を抑制するという選択ができる。あるいは、セネカはネロ自身の完成形を示しているだけだという作品の着想のもとでは、作中のネロはすでにそれを選択済みとも言える。非常に過ちをおかしやすい人類への親近感が、ネロを動かさないとしたら、その時は利己心が寛容へと導くことだろう。

この親近感を強調するために、セネカは皇帝の役割を説明するあらたな比喩を持ち出している。それまでのローマの著述家たちは自分たちの指導者を、子供を養育する父、あるいは最高に大げさなのだと大地を照らす太陽などとよく描写していた。セネカはそこに、新しい型の比喩を登場させる。ネロを、ローマ市民全体という体の手足をコントロールする精神になぞらえるのである。(8) 実際にはこの比喩は、ストア派にとっての最高善である「理性」を、皇帝という人物として体現させようとするものだった。

『寛容について』の後半は大きく欠損している。セネカはその部分で、論点を理論の問題のほうへと移していた。「寛容」とは何か、どのように生じ、どう働くのだろか。いちおうはまだネロに語りかけられているものの、読者はこうした話題に皇帝がつゆほども興味を持たないことをわかっていた。『寛容について』は、たいていのセネカの著作と同様、幅広い層を読者対象とし、多彩な目的をもっている。名声の源である理論的な倫理哲学はセネカの公的な任務ではなかったが、その研究はまだ進行中であったことがわかる。

徐々に断片化してゆく人生を、なんとかひとつにつなぎ止めようという、非常に野心的な努力が『寛容について』ではおこなわれていた。セネカがこの著作で成し遂げたのはおそらく、四世紀ほど昔、(巷間に流布した伝承によれば) 哲学者アリストテレスがアレクサンドロス大王にこころみたのと同じことだ。すなわち、世界帝国の支配者を啓蒙することである。おそらくストア派の徳目は、最終的には権力と手をたずさえることが可能なのだ。また帝政はおそらく、本当に道徳的な基礎の上に立てるのだ。そしてセネカは、ともかく努力をしたと思ってもらうことはできる。ただし、万一この実験が失敗に終わる時、これは重大な問題となることだろう。

こうした教えをセネカから公然と受けたことについて、ネロがどう感じたのかはわからない。十代後半のネロが、さらに言えばその後も、哲学にさほどの興味を示したとは思われない。たとえ哲学を学ぼうとしていたとしても、セネカは自分の教育に不向きな生徒を前に、困惑を感じていたことだろう。新しく得た力で何ができるのか、ネロは可能性を探ることに忙しかったのである。まずは殺人、さらにはさほど重要でない犯罪、禁断の娯楽、そしてローマ社会への無責任な攻撃。もし哲学の文章がネロの興味をひくことがあったとしても、それはセネカの書く高尚な論考ではない。プラトンの『国家』におさめられた、ギュゲスの指輪についての有名な逸話だ。

『国家』では、この時のネロと同年代のグラウコンという人物と、セネカと同年代のソクラテスが対話を展開する。ある箇所でグラウコンはソクラテスに、ギュゲスという名のリュディア人が魔法の指輪を見つけた話を聞かせる。この指輪は、決まったやり方で回すと、指にはめた人の姿を見えなくする力をもっていた。そのうえでグラウコンは、ソクラテスにこう問いかける。魔法の指輪をはめて市場からものを盗み、女性をレイプし、好き勝手に人を殴ったり殺したりするのをさまたげるものが、何かあるだろうか。その本性が正しいと思われている人でも、姿を人から見られなくなれば、きっとそうしたことをするだろう、とグラウコンは言う。

全一〇巻からなる『国家』という作品の残り九巻を使い、ソクラテスはこの問いへの反証をつぎつぎと繰り出してゆく。そして師の導きのもと、ついにグラウコンは、不正よりも正義のもたらす幸福のほうが大きいことを悟るのである。ネロを後見するセネカは、まさにそれを望んでいたのかもしれない。だがネロはグラウコンではなく、セネカも、じきに明らかになるとおり、ソクラテスではなかった。

ネロは実際に、ギュゲスと同じ道を歩み始めていた。彼にとって皇帝の地位は、姿を見えなくさせる指輪、好きにふるまえる許可証だった。

ネロは気づかれぬよう宮廷から飛び出し、夜の町を貪欲に荒らし始めたのだ[9]。市場の商品に自由に手をつけ、飲み、騒ぎ、通行人を襲う。あふれんばかりの力に舞い上がる彼は、通りではめを外し、女性や少年に性的暴行を加える。ネロの行動はこの先ローマを待ちうける苦難の予兆だった。新帝は結局、道徳的な指針を持たない、手に負えない十代の若者だったのである。

法的な結果などネロは恐れていなかったが、変装中におかした失敗の数々から問題が生じ、ある事件はなんともひどい結末を迎える。元老院身分に属するユリウス・モンタヌスという若者がいた。彼は妻が暴行されたことに怒り、ある男をしたたかに殴る。モンタヌスは気づかなかったが、相手は皇帝だったのだ。殴られたネロは帰宅し、傷が癒えるまで人前に姿を現さなかった。悪意のない間違いを理由に人を罰することに、気乗りがしなかったのである。ところが、どうしたわけかモンタヌスは殴った相手が誰だったかを知り、ネロ宛てに謝罪の手紙を送ってしまったのである。これで風向きが完全に変わった。皇帝を殴ったことがあるという記憶を持つ臣下がいることに、ネロは我慢ならなかったのだ。そして皇帝の不興を聞かされたモンタヌスは、避けがたい運命の先回りをして、みずから命を絶ったのだった。以来ネロは、町をあさりに出かける際には、必ず兵士をともなうよう気をつけた。遠くから見張っていてもらい、緊急時には助けに来させたのである。

まるで『ジキルとハイド』でのハイド氏のようなネロの逸脱行動に、セネカは介入しなかった。協力者のブッルスも同様だった。ネロの若さゆえの荒々しいエネルギーを、制御できないものかと考えていたことだろう。しかし、少なくともカッシウス・ディオによれば、二人はブリタンニクス暗殺で尻込みさせられたのだという[10]。皇帝の放った一撃は、母親からの自立だけでなく、二人の相談役からの自立にも効果があったことになる。

ネロの狂躁的な馬鹿騒ぎにつき合う若き友人たちのなかに、マルクス・オトとクラウディウス・セネキオがいて、父親のような二人に逆らうよう、皇帝をたきつけていた。[11]「あの人たちが恐いのですか？」[12]。そうネロに訊く彼らは、生意気そうな言い方をすれば効果が上がると知っていた。「あなたが皇帝だということをわかっていますか？　あなたが彼らに権力をふるえるのであって、その逆ではないことをわかっていますか？」。こうして、ネロのセネカへの信頼がゆっくりほつれ始める。とはいえ、完全にばらばらになるには十年を要し、あげく両者に破滅をもたらした。

そしてあらたに手に入れた気ままさを、ネロは一般の人々にも適用する。ローマの屋外劇場警備のために配置されていた部隊を、持ち場から移動させたのだ。劇場では、黙劇俳優たちによる、バレエに似た見世物が披露されていた。官能的な踊りの人気から、俳優たちは当時のセックス・シンボルとなっていた。そしていろいろな俳優のファンたちは、ネロから与えられた自由に便乗して、観客席で派閥ごとに乱闘を開始したのである。ネロも変装して劇場へおもむき、けんか騒ぎを見物して楽しんだ。ときにはいちばん過激な連中にまじり、石や壊れた座席の破片を投げるなどして乱闘に参加しさえしたのだ。ついに乱闘は、止めないとまずいとネロすら感じるほどになる。興奮した観客たちに頭を冷やさせようと、ネロは黙劇俳優全員にイタリア外への退去を命じる。そして兵士による劇場のパトロールを復活させたのだった。

もっとも、若きネロを心から魅了したのは黙劇俳優ではなく、ある音楽家だった。竪琴を奏でながら歌う、テルプヌス（歓喜）という名のギリシア人歌手である。皇帝はこの人物を宮廷のおかかえとし、晩餐のあとに歌を披露させた。物憂げに歌われる、情感豊かな歌にうっとりと聞き惚れて、夜更かしすることもしばしばだったという。黙劇での踊りと同様、テルプヌスの芸術もギリシア伝来のもので、ローマ人にとっては魅惑的であり官能的でもあった。上層市民からは不信感をいだかれていたが、大衆には熱愛されていた。ネロもまた魅了されたひとりで、ただちにテルプヌスの芸を自分のものにしようとしたのである。生来の声は歌向きでなかったが、テルプヌスの教えるあらゆる手段を使って美声化に努めた。[13] 下剤、浣腸、特別な食事、鉛の板の下に横たわっておこなう横隔膜のための訓練、等々。こうしてネロは、このあと十年にわたって続く、自分を皇帝から舞台芸人へ変える道の第一歩を踏み出したのだった。

ネロが社会の混乱をためし、歌声を鍛錬しているあいだも、とにかくローマ帝国は統治されねばならなかった。皇帝は国家経営にほとんど興味がなく、またその才能もないことは明白となり始めていた。治世の初期、ネロは思いつきで、関税や通行税などの間接税を全廃しようという重大な提案をしたことがあった。[14] それを聞いた側近たちは困惑し、財政的な崩壊を招くという理由を持ち出してあきらめさせる必要があったという。

ローマ帝国の秩序維持には、セネカとブッルスの貢献がかなりあったように思える。ただしどの程度かについては議論が分かれる。[15] この期間の出来事を伝える史料は、統治の問題についてはほとんど語っておらず、もっぱら人間模様や宮廷内の陰謀について取り上げている。史料を残した作家たちにとっては、こうした出来事こそがネロ帝治世の特質だったのだ。タキトゥスも、ネロがさしたることをせずとも国家は運営されていたことを、暗に伝えるのみである。それでも、おそらくセネカとブッルスが、クラウディウス帝治世から受け継がれたギリシア人解放奴隷スタッフの助けを借り、目いっぱい忙しく働いていたのだろう。

それから、アグリッピナがいた。彼女も、自分にできることは何でもしたいと願っている。けれども彼女の願いは、ローマ人の大半が望んでいるよりずっと過大だったのである。

アグリッピナはブリタンニクスの毒殺で最終兵器を奪われたものの、戦力の再編をはかっていた。影響力を買い、不満分子から支持を取りつけようと金を集めだしたのだ。対するネロはすでに先回りして、豪勢な贈り物で廷臣の多くを買収した。その贈り物には、ブリタンニクス殺害の共犯となったことへの報酬の意味合いもあった。それでもアグリッピナには広大な地所があり、いつの日か買収合戦でネロに勝てる望みもあったのである。

ネロのさらなる気がかりが、アグリッピナと、自分が愛することのなかった妻オクタウィアとが結託したことだった。うち捨てられた状態にある女性二人の協調は、ネロにとって決してよいきざしとはいえなかった。これでアグリッピナは、オクタウィアを帝位をめぐるゲームの切り札として使うことができる。以前ブリタンニクスを使ってしたように、クラウディウス家の御旗のもとに支持を結集させるのだ。アグリッピナは帝位を狙う人物に、正統性の証としてオクタウィアとの結婚という賞品を約束できる。

どうやらネロの威嚇射撃は母の意気をくじかなかったようで、もっと容赦ない措置が必要となった。そこでネロは、アグリッピナから二つのものを奪うよう命令をくだす。ひとつは彼女の地位の高さの指標ともなっていた、ゲルマン人のならず者から構成された護衛隊(16)(同様の護衛隊をしたがえていたのは、他には皇帝だけだった)。もうひとつが、彼女の居室を警護していた皇帝親衛隊だ。そのうえで、ついにネロは、母を宮殿から完全に追い出す。毎日アグリッピナへの挨拶におとずれる大量の庇護民が、国家のための広間を満杯にさせてしまうからという理由だったが、これは明らかな言いがかりだった。

ネロ政権に参与する人々はただちに、アグリッピナを好ましからざる人物として見るようになった。

アグリッピナとのつき合いが我が身にはね返ってくるのを恐れて、友人たちは先を争うように彼女のもとを去る。彼女の新居をおとずれるネロは、武装した護衛兵をこれ見よがしに連れて行った。(17)目にした人に、アグリッピナは危険な女だと暗に知らしめるためだ。

そしてある晩、知らせが届く。ネロが杯を片手に、歌に耳を傾けていた時のことだった。それは、母について最も恐れていたことを裏づけるような知らせだった。

アグリッピナ

紀元五五年の時点で、血統からネロのライバルとなりうる人物は四人生き残っていた。うち二人は、あの不運なシラヌス家に属し、ネロと同様アウグストゥスの血を引く直系の子孫だった（その血はすでに親族の二人に死をもたらしていた）。三人目のルベッリウス・プラウトゥスは第二代皇帝ティベリウスの孫娘の子にあたる。ティベリウスがアウグストゥスの養子となっていたことで、プラウトゥスもまたアウグストゥスの子孫に連なっていた。そして最後の四人目が、ファウストゥス・スッラ。どの皇帝とも直接の血縁関係にないが、アウグストゥスの姉オクタウィアの曾孫として皇帝家系に属していた。

彼らは、アーサー王の騎士たちとは違って、ネロに決闘裁判をいどんで勝ったほうが皇帝となったりはしない。それでも、誰かが彼らをかつぎ上げることはありえた。かつて辺境に駐屯する反乱軍がゲルマニクスを、またわがままな皇帝親衛隊がクラウディウスをかつぎ上げたように。あるいは彼らの主義主張を、ローマ第三のキングメーカー、アグリッピナが利用する可能性もあった。

ネロの目に最大の懸念材料として映っていたのが、ルベッリウス・プラウトゥスだった。プラウトゥスは、その気骨ある精神から高い名声を博していた。彼はストア派の信条にならい、簡素で野心のない人生を送っていたのである。プラウトゥスの妻、アンティスティア・ポッリッタもまた尊敬を集め、その年の執政官の娘として家系の政治的重要性も申し分なかった。一方でファウストゥス・スッラもプラウトゥスと同じ程度にやっかいな存在だった。彼の妻はクラウディウス帝が二番目の妻（つまり、メッサリナのさらに前）とのあいだにもうけた娘、クラウディア・アントニアだったのだ。さらにスッラという名前は、前世紀のあの強大な先祖、ルキウス・コルネリウス・スッラとつながる。軍事の実力者であったこの先祖の記憶は、いまだにひるんだ兵に鞭を入れる効果を持っていたのである。

ほろ酔い加減のその晩、ネロの宮殿の門を叩いて知らせを持ってきたのは、パリスという名の解放奴隷だった。パリスは俳優として、ネロのお気に入りのひとりであり、おそらく（タキトゥスがほのめかすところによれば）ネロのベッドのお供でもあった。パリスがもたらしたのは、ユリア・シラナという女性からの情報だ。ユリアは、失墜したのちのアグリッピナとも話す機会を持ち続けていたのである。ユリアによれば、アグリッピナはルベッリウス・プラウトゥスを権力ある地位につけようと政変をくわだてていた。さらにはプラウトゥスをアンティスティアと離婚させ、自分が妻の座におさまる。そうやってクラウディウス帝時代のように、帝国の共同統治者になろうとしているというのだ。

その知らせの信憑性を疑う理由はいくつもあった。情報源であるユリア・シラナは、アグリッピナに積年の恨みをいだいていたからだ(18)。それでもネロは緊急警戒態勢に入る。自分を滅ぼすことのできる母の力、最近ようやく押さえ込んだその亡霊が、ふたたび恐るべき力強さでよみがえってきた。ネロは母をただちに殺したかった。またタキトゥスが『年代記』を書くためにもちいた資料によれば、ネロは皇帝親衛隊長の首をすげかえようとしたのだという(19)。アグリッピナが任命した隊長ブッルスを信頼できなくなっていたというのだ。ようやくセネカがあいだに入ることで、ネロはブッルスの解任については思いとどまったと、その資料は伝えている。だがアグリッピナの殺害については、どうやら実行に移すつもりだったのである。

ブッルスはネロの部屋に呼びつけられ、アグリッピナ殺害を命じられる。ブッルスはどうにか皇帝を説得し、朝まで判断を保留させることに成功する。ワインによる酔いも消え、事件を詳しく検討できるようになる朝まで待つようにと。そして翌朝、ブッルスは心配顔のセネカをともない、アグリッピナの尋問に向かったのだ。

セネカにしてもブッルスにしても、母と息子の争いがこんな形で決着することを望んでいなかった。ブリタンニクス暗殺からは、まだそれほど月日がたっていない。前回はローマの人々も、あからさまな暗殺を許容してくれた。けれども今回の対象ははるかに有力な人物、ゲルマニクスの娘だ。さすがに納得はすまい。そのうえセネカとブッルスは、自分たちの未来についても考える必要があった。二人へのネロからのひいきは、アグリッピナに立ち向かうことで増してきた。もしここで、反対陣営の大物が除かれてしまえば、それと釣り合ってきた皇帝からの信頼も消え去るかもしれない。それに、信頼はすでに弱まる気配を見せている。というのも、ネロは自分の解放奴隷を何名か送り込んで、アグリッピナ尋問の場に立ち会わせたのだ。まるで結託を恐れているかのようだった。

アグリッピナがみずからを弁護した、屁理屈と見せかけの母性愛にすがった演説を、タキトゥスが記録してくれている。アグリッピナはこう指摘している。自分を告発した人たち誰もに別の思惑がある。また主要な告発者であるユリア・シラナには子供がいない。そんな彼女に母の愛情の温かさがわかるものか。「ふしだらな女が愛人を取り替えるように、親は子供を取り替えたりはできないのです」。そう論じるアグリッピナは、数か月前、いま言ったそのままのことを自分がしたという事実を無視している。自分の息子を差し置いて、ブリタンニクスを盛り立てると脅したことを。ここでアグリッピナは議論の方向を変え、ネロを権力の座につけるために自分が何をしたのか、そのすべてを思い起こさせる。ルベッリウス・プラウトゥスだろうと誰だろうと帝位を獲得することになれば、自分には生き残る希望はないと、彼女は主張する。自分を守れるのは血と肉を分け合う実の息子だけ。そう語るアグリッピナは、ここでもまた明白な事実を無視している。彼女がいま命をかけて戦わなければならないのは、まさしくその実の息子のせいなのである。

しかし、彼女の弁解がどれほど上滑りなのかはたいした問題ではなかった。母と息子とのあいだに和解が実現されなければ、未来は間違いなく不確かなものとなる。セネカとブッルスにはそれがよくわかっていた。そこで二人はネロを説いて、母と一対一で話し合わせる。母と息子だけの密室で何があったのか、タキトゥスは何も伝えてくれていないが、危機はどうにか沈静化したのだった。

だが和解の代償はかなり大きかった。ネロには、アグリッピナを殺害しないとなれば、何らかの和解協定が必要だとわかっていたから、誰の目にも明らかな譲歩を余儀なくされたのである。それにともなって宮廷内の上下関係がふたたび整理され、アグリッピナを告発した人々は追放、一方で支持者たちが昇進した。また地位についてから日の浅い者の任命は撤回せざるをえず、セネカの縁者も例外とはされなかった。義父ポンペイウス・パウリヌスは、この時ローマ市の食糧長官を退任し、その地位をアグリッピナ子飼いのファエニウス・ルフスに譲ったのだ。[20] 先述のとおり、[*1] セネカが『人生の短さについて』という論考でパウリヌスに哲学の道へとしりぞくよう勧めたのは、おそらくこの時のことだろう。

こうしてセネカも、ルベッリウス・プラウトゥス事件ではかなりの陣地を失ったが、ブッルスが失ったものはより大きかった。プラウトゥスについての噂が最初に伝わりパニックとなったあの夜、ブッルスはおそらく、かろうじて皇帝親衛隊長の解任をまぬがれたのだ。続いて彼は、アグリッピナを殺害せよとのネロじきじきの命令を拒否せざるをえなかった。危機はこれだけではなかった。パエトゥスという名の日和見主義者は、国庫への没収資産の売買で暮らすいかがわしい人物だったが、ブッルスをファウストゥス・スッラがらみの別の陰謀と関連づけて、ネロの機嫌を取ろうとしたのである。さらにパエトゥスはかつてのアグリッピナの取り巻き、解放奴隷のパッラスを、ブッルスの共犯者として告発する。告発の信憑性を高め、有罪としたくなるようにするためであった。

宮廷内に生まれたあらたな亀裂の深さがためされていた。そしてネロは、おそらくセネカの勧めにしたがったのだろう、ブッルスに味方したのだ。パエトゥスの告発を軽んじるかのように、ネロはブッルスを、この事件を審理する陪審のひとりに任じたのである。これで全員の無罪が確実となった。嵐は去り、宮廷内での秩序も旧に復した。

ネロの夜間の気晴らしは相変わらず続いている。ローマ市の通りで大騒ぎを起こし、テルプヌスと歌の稽古、それから解放奴隷アクテの温かい抱擁。だがルベッリウス・プラウトゥスとファウストゥス・スッラのせいで、ネロの心は以前よりもひどくかき乱されていた。この二人の陰謀について証拠が発見されたわけではないが、何気ない会話すら二人への不信感へと結びつけられた。帝政のねじれた論理のなかでは、でっち上げの陰謀事件で帝位を狙う役を割り振られた人は、現実に皇帝の敵となる。その論理によれば、いつか人々が皇帝の交替を望むようになる時、人々の視線は、帝位を狙っていると噂された人物のほうを向くだろうからだ。

ルベッリウス・プラウトゥスとの結婚を計画しているという噂によって、アグリッピナにも政権の敵という役回りが割り振られた。彼女への非難は実体のないものだったかもしれないにもかかわらず、そのもっともらしさがネロの心をむしばんでいた。ネロはすでに、アグリッピナがクラウディウスとの結婚後に皇帝家をすっかり作り変えるのを見ていた。同じ芸当をもう一度やったとしても不思議ではない。それに彼女はまだ四十歳になったばかりだ。アウグストゥスの血を引く人物と結婚して子供をもうひとり作ることだってないとは限らない。[21]その子は彼女の愛情を独り占めにし、ネロを帝位から引きずり下ろすかもしれない。

権力をもつ男たちをたぶらかし、あやつることのできる母。自分の意志に屈しないからと、息子を憎悪する母。激高するとブリタンニクスを皇帝にすると脅す母。そんな母になら何でもできそうだ。ネロとアグリッピナには、関係を清算する日がいつかやってくる。しかしそれがどんな形になるのかは誰にもわからなかった。

五五年、ないしは五六年（こちらだった可能性が高い）、セネカはローマ国家における最高位、執政官の地位を手に入れた[22]。すでに「皇帝の友《アミクス・プリンキピス》」という非公式の役目についており、それに比べれば執政官の権力は見劣りがした。とはいえ、やはり執政官就任というのは傑出した業績だ。また兄のガッリオも同じ頃、ギリシアの属州総督としての勤務を終えてローマに帰還したのちに、執政官に就任している。スペインのコルドゥバ出身の二人の少年、騎士身分家系に生まれた二人の属州民、そして自身は元老院に手の届かなかった気難しい修辞学者を父に持つ二人の息子たち。彼らはついにここまで到達したのである。勝者総取りであるローマの政治制度において、皇帝の引きが何を実現してくれるのかを、この結果は明確に示していた。

運勢の好転がセネカにもたらしたものは、高位公職への就任だけではなかった。コルシカ島から帰還して六年ないし七年のあいだに、彼は金持ちにもなったのである。

セネカはコルシカ島への流罪にあたり財産の半分を奪われていたが、アグリッピナに呼び戻された時に取り戻している。それからのネロとの近しい関係からは、失ったものの何倍もを得た。一部は皇帝自身から贈られ、また一部は好意やコネを求める人たちからの贈り物だった。こうして五〇年代末、セネカ所有の領地はエジプト、スペイン、ネアポリス（現ナポリ）市を中心とした肥沃で洒落たカンパニア地方に加え、さまざまな場所に広がり、さらに多額の現金も持っていた[23]。所有する庭園は、その大きさと豪華さで有名だった[24]。六〇年代初頭、そこにあらたな財産が加わる。ローマ市の北、ノメントゥムの地にあった、よりすぐりのブドウ園である[25]。歴史家タキトゥスも風刺詩人ユウェナリスも、セネカのことを「非常な金持ち《プラエディウエス》」と呼んでいる。いまで言う「成金」よりは穏当な言葉だが、そう呼ばれることに、セネカはきっと誇らしさは感じなかっただろう。

これらの地所では、ワインをはじめとする生産物を売ってささやかな収益が得られていた。セネカはワイン醸造の専門家を自任していて、土地一エーカー〔約四〇五〇平方メートル〕につき、一八〇ガロン〔約六八〇リットル〕以上のワインを生産していたと言われている。[26] その一方で、より大きな収益が見込めたのが利子を付けての金貸しだ。セネカはこの種のお金の流れも追求していた。

ローマ帝国にあらたに編入された属州は、交易を促進させ、ローマ市場への参入を開始するための軍資金を、ぜひとも必要としていた。だから高利でも金を借りようとする人が大勢いた。セネカが投資先に選んだのは、最も新しく、そして最も現金に飢えていた属州、ブリタニアだ。[27] これは有効な外交戦略の面があった。ローマからの資金は、ブリテン島の好戦的な首長を扱いやすくするのに役立ったからである。だがそれは、やはりおいしい商売であった。カッシウス・ディオは、セネカのブリテン島への投資を四億セステルティウスと見積もっているが、*2 さすがにこれは誇張であろう。しかし額はさておき、セネカの資産が増大を目標に積極運用されていたことは明らかである。

富裕であり、ますます富裕になってゆく道徳的哲学者。この矛盾に関しては、すでにセネカの同時代人のあいだでも、いまと同様関心の的となっていた。王から報酬を得ていた賢人ならいた。たとえば哲学者のアリストテレスは、マケドニア王フィリッポス二世（アレクサンドロス大王の父）との友人関係から多大な利益を得ていた。それでもセネカほど資産を築くのに熱心だった賢人はいない。実際、その生き方ゆえに非常な尊敬を集めたギリシアの思想家、ソクラテスとディオゲネスの二人は、富を軽視したことで有名だった。ソクラテスは困窮した家に生まれ育ち、商売に頓着することなく貧しいままで暮らした。犬儒《キュニコス》派のディオゲネスのほうは、自分で禁欲主義を選んだ人物だった。出身は富裕市民の家系だが、彼はそれをなげうって故郷の町をあとにし、すり切れた服のまま各地を遍歴した。手持ちの荷物は、堅くなったパンのかけらと泉から水をすくうためのカップを入れる物入れだけだった。しかしある日、手で水をすくって飲む少年の姿を目にする。彼は自分がどれほど贅沢を愛していたか知って嫌になり、カップを叩きつけて割ったという。

セネカはストア主義者であって、ディオゲネスのような犬儒派ではない。ストア派の思想では、富はそれほど大きな問題とされていなかった。富は善でも悪でもない「無記」のひとつとされ、幸福にも不幸にも貢献しないと見なされていた。実際、穏健なストア思想家のなかには、幸福を増大させるとして富の効用を認める人たちもいた。富によって善行が可能になるというのが、特に大きな理由だった。けれどもセネカの初期の著作からは、彼が富をさげすむ犬儒派の思想と紙一重の、より厳しく非妥協的な生活様式にひかれていたことがわかる[28]。

物が潤沢でない生活や、大邸宅や宴会場などにさえぎられない大空のながめを、流刑地コルシカ島からの書簡でセネカは称賛していた。また彼は、クラウディウス帝の宮廷にいたある人物のことをほめたたえてもいる。その人物は「富をできる限り自分から遠ざけていた。そして富を容易に得ることよりも富を所有することへの軽蔑から、より大きな利益を得ようとしていた」のだという[*3]。また『怒りについて』という作品で、セネカは次のように断言してもいた[*4]。全世界の金鉱山の金を一箇所に積み重ねたところで「善き人に顔をしかめさせるだけの価値はないでしょう」。反対に、富を所有していれば、必ず顔をしかめることになる。「貧困を賛美させたら、セネカという億万長者の右に出る者はいない[29]」。セネカの伝記を書いた現代の歴史家ミリアム・グリフィンは、そう評している。

矛盾して見えるセネカの言行は、政敵たちを勢いづかせてしまう。アグリッピナの取り巻きにとどまらず、この時のセネカには多くの政敵がいた。なかでもいちばんの敵となったのが、スイッリウス・ルフスだ。クラウディウス帝と皇妃メッサリナの時代に、「告発人《デラトル》」として財をなし、皇帝の気に入らない人間を、報酬と引き替えに訴追するおべっか使いだった人物である。そんなスイッリウスも、ネロ帝治世に入って商売あがったりだった。元老院の決議により、法廷での奉仕の対価として料金を受け取った場合、罰金その他の刑罰を科されるおそれがあったからだ。土壇場に追い込まれていたスイッリウスは、非難の矛先を別の標的へ向けようとする。元老院は不正な利得を罰したければセネカに目を向ければいいではないか、と主張したのである。

「どんな英知、あるいはどんな哲学的教訓でもって、セネカは宮廷に暮らした四年で三億セステルティウスもの大金を貯め込んだのか？[30]」。スイッリウスは元老院で毒づいた。「相続人のいない人の財産は、まるで引き網でさらったかのように奴の手に入った。奴が法外な高利で金を貸したから、イタリアや属州は枯渇してしまった。私が苦労して築き上げた永年の名誉が、棚ぼたで得られた奴の利益よりも下等だというなら、告発だろうが裁判だろうが耐えるほうがましだ！」。

この攻撃の厚かましさには唖然とさせられる。たとえ無実の人への中傷によるにしても、自分は自力で稼いだが、セネカの利益はひとりでに手に入ったのだとか、ネロ帝時代よりもクラウディウス帝時代の蓄財のほうが尊いなどというスイッリウスの考えは、こじつけの道徳論理だ。また同じ演説のなかでスイッリウスは、自分の「力強く清廉な」法廷弁論術を、セネカが無垢な若者に教え込んでいる「なまくらな」演説技法と対比させているのである。また、かつてセネカ流刑の原因となった、カリグラ帝の妹リウィッラとの姦通の嫌疑をほじくり返すことで、セネカへの憤りを倍加させようともしている。冤罪の可能性があったこの罪状のために、コルシカ島で八年間を費やしたセネカは、いまやスイッリウスから浴びせかけられる非難にも耐えねばならなかった。「真摯な努力に対して訴訟人がすすんで支払う報酬を受け取ることは、皇帝家の女性たちの寝室をけがすこと以上の重大な罪と見なされるべきなのか？」。

結局、スイッリウスからのセネカへの告発は立ち消えとなった。上級顧問の名誉がそこなわれるのを、ネロ政権は見ようとしなかったのだ。反対に、クラウディウス帝治下でのスイッリウスのあくどい行動が掘り起こされ、彼の信用を落とすために利用される。自分は命令にしたがっただけだと抗弁するスイッリウスに対し、ネロは義父クラウディウスの作成した書類を律儀に調べ、そんな命令は見つからないと告げる。こうしてスイッリウスは、財産の半分を奪われ、バレアレス諸島へ流刑となったのである。だが彼がここで風刺的におこなったセネカについての描写、すなわち欲得ずくの成り上がりで、はかりごとによって権力、金、そして皇帝家の女性をつぎつぎに手に入れてゆく男というイメージは、容易にはぬぐい去られなかったのである。

この時期のセネカは、スイッリウス以外からの攻撃にもさらされていた。セネカは教えるふりをしながら青年たちをたらし込んでいると言う人がいた。たらし込まれたのはセネカのほうだと言う人もいた。もちろん、アグリッピナにたらし込まれたとの意味である。さらには、セネカの家には豪華な晩餐会を開くために、柑橘類の木から作った食卓が五〇〇台あるとも言われた。そうした非難のうち、ネロとの緊密な協力関係に由来するものは、否定しようがないだけに致命的だった。「専制政治を糾弾しながらも、暴君の教師《テュランノディダスカロス》となった」[31]。セネカを批判する人々の声を、カッシウス・ディオは、あまり使用例のない強い意味を持つギリシア語の単語を使って伝えている。そして二千年後のいまに至るまで、この非難はセネカに影のようにつきまとっている。

自分には自制心がある、とりわけ怒りをおさえることができると、セネカは自負していた。『怒りについて』で、彼は模範としてカトーを引き合いに出す。カトーは、人前で顔につばを吐きかけられてもなお冷静さを保てる人だった。とはいえ、財産に難癖をつけようとする人々に対してセネカはいらだちを感じていた。そして彼は、『幸福な人生について』という論考の一部を使って反撃している。

ストア派的価値の解説を主たる狙いとした『幸福な人生について』という著作で、幸福の源泉として特に強調されるのが理性と徳だ。ただその二つだけを、ストア派の信条を完璧に極めた「賢者《サピエンス》」は必要としている。一方でまだ完璧とはいえない人、まだ英知への途上にある人は、「運命」からの手助けを利用できることをセネカは認めている。ついでその思考は哲学者と金銭との関係へと向かい、そこから論考はあっと驚く展開を見せる。

セネカはいきなり、自分を攻撃する人たちにじかに反論するのである。まずは容赦なく、自分に向けられている非難が列挙される[32]――「なぜお前は、実際の生き方に比べて威勢よく語るのか？……なぜお前が所有する田舎の地所は、自然な必要性が要求する以上に耕されているのか？　なぜお前の著作が命じるとおりの食事をしないのか？　なぜお前の持つ家具調度品は、ぴかぴかに輝いているのか？　なぜお前の家で飲まれるワインは、お前よりも年をへているのか？　なぜ金製品がそんなところに置かれてあるのか？　なぜ影を落とす以外に何の役にも立たない木々を植えるのか？……なぜお前は、海の向こうに地所を持っているのか？　なぜお前が覚えていられる以上に、多くの土地を持つのか？」。あざけりの言葉を強調しつつ、自分を非難する人々の物真似をしながら、セネカは延々と質問を連ねてゆく[33]。

対するセネカが張った防衛線の頼みの綱は、先述の、ストア派の英知を完璧にそなえた「賢者」と、まだそこへの途上にある他の人々という区分である。「いまの私は賢者ではないし、また――君の悪意の火に油を注ごう！――将来もそうはならないだろう」。自分を非難する人に彼はこう答える。「だから私に何かを求めるにしても、最善の人間と等しくあれではなく、最悪の人間よりましであれと求めてほしい……私はいまだ、健全な状態へは到達していないし、今後も決して到達することはないだろう。この痛風の痛みに、私は治療薬でなく痛み止めを調合するのみだ」。賢者に富は似つかわしくないことをセネカは認める。けれども彼は賢者ではないからそのルールは適用されない。実際のところセネカは、たとえそうした生き方が彼を、最終的な目標に近づけるのだとしても、徳をみずからのものにできるまでは、徳を実行する必要がないと論じていることになる。批判者なら間違いなく反論しただろうが。

自分の品性が入れられたコップを、半分が空というのでなく、半分は満たされていると見てほしい。セネカは批判者たちにそう願うことで、自分の道徳的欠陥を大目に見るよう求めているのだ。さらにセネカは議論を続ける。批判する人たちと比べれば、自分にはお金への関心が薄い。自分の幸福はお金に左右されない。富の毒素におかされていないのだから、どうしてお金を持つべきではないことになるのだろうか、と。そして最後に、ソクラテスが呼び出されて長広舌をふるう。同様の状況に置かれたらこの偉大なる先達は何を語るのか、セネカは想像しながらつづっている。模範的人物のなかでも特に枢要なこの人物を、セネカがみずからと一体化させるのはこれが初めてでも最後でもない。しかし、それが富を論じている時だというのもなんとも妙なことだ[34]。この分野では、セネカとソクラテスとのあいだにほとんど共通点がないというのに。

伝わっている『幸福な人生について』の最後の節には、セネカを非難する人々に対する不穏で暗いメッセージが書かれている。語っているのはセネカ自身なのか、腹話術人形のように使われたソクラテスなのか、それとも二人が同時になのか——「高い場所から見下ろす私には、嵐がどんどん近づき、いまにも黒雲とともに、あなた方のところに押し寄せようとしているのが見える。あるいは、嵐はもっと近く、あなた方のすぐそばにあって、あなた方自身やあなた方の所有物を奪い去ろうとしているのが見える」。セネカは脅しているらしいと解釈せざるをえない。皇帝を裏であやつる力を自分が持つことを、彼は暗に伝えている[35]。

もう一文、拳を震わせながら書いたような文章が続いたあと、『幸福な人生について』はぷっつり途切れる。写本伝承の途中で起きた事故のため、欠落箇所が生まれてしまったのだ。水に濡れたか虫に食われたかして、古い時代の写本の一部が損傷を受けたのだろう。しかし残された文面は、やりすぎた、と著者がだしぬけに我に返ったような印象を与えている。

セネカはそれまで、批判者たちに不愉快なことを好きなだけ言わせていた。だがつまらない人間たちからも攻撃を受けて憤慨した彼は、反論に熱中した。自分の代弁者としてソクラテスを登場させたものの、彼はこの偉大な先達から、争いとは一線を画す態度を学ばなかったらしい。食うか食われるかの政治世界が、また権力の間近にいるという麻薬が、セネカのなかにあるストア派的平静さをそこなっていた。

こうしてセネカが批判者たちと戦いつつ資産をさらに増やしていた頃、ネロは別のことに心を奪われていた。恋に落ちたのだ。

権力の座についてからの四年、皇帝はアクテとベッドをともにし続けていた。[36] オクタウィアとのいつわりの結婚も続いていた。だが最近になって、親友の妻で、八歳年上の女性に心かき乱されたのだ。その女性は当時、最高に美しく、最高に魅力的でセクシーな女性のひとりだった。そのうえ、彼女は子供を産むことができた。これはネロにとって大事な点だ。まだ弱冠二十歳ではあったが、後継者をなすことで得られるものは非常に大きかったのである。彼女の出現は、母と息子の関係に第三の、そして最大の危機を引き起こす。結果として皇帝家は揺らぎ、これまで三年間維持されてきた不安定な調和は崩壊する。彼女の名は、ポッパエア・サビナだ。

「我が家から奪った戦利品で着飾る、高慢な売春婦」[37]。悲劇『オクタウィア』のなか、比類なく貞淑な妻として描かれるオクタウィアが、ポッパエアをそう言い表している。古代の史家たちもまた同じく、ポッパエアを冷酷で策謀に長けた男たらしとして描き出す。アグリッピナに育てられた少年には至極ぴったりな女性ではなかろうか。男性がアグリッピナを色眼鏡で見たのと同じく、女性的な「奔放《インポテンティア》」に対するローマ人の恐れが、ポッパエア像をゆがめ、紋切り型の人物像へと戯画化したのは間違いない。(38) しかしポッパエアとアグリッピナには、共通するところが実際に多くあった。そして予想できるだろうが、二人はただちに深く憎み合うようになるのである。

ポッパエアはすでに結婚と離婚を経験し、ネロが彼女に惚れ込んだ時点ではふたたび結婚していた。子供は、最初の結婚でさずかった男の子がひとりいた。再婚相手はネロの親友オトで、ポッパエアと皇帝を最初に結びつけたのはこのオトだったようだが、どのような状況だったかは定かでない。タキトゥスは異なる二つの話を記録している。(39) ひとつは、オトが二人に関係を持つようそそのかしたとするものだ。彼がポッパエアの美しさをあまりに自慢するので、ネロは自分の目で確かめなければならなくなったのだという。もうひとつは、ネロがずっとポッパエアを望んでいて、カモフラージュのためにオトと結婚させたのだという。どちらが真実だったにせよ、オトは結局ローマから遠くへと追いやられる。(40) ルシタニア〔現ポルトガル〕の属州総督として、現地へ派遣されたのだ。こうしてポッパエアはオトの「元妻」となり、ひとりローマ市に残った。

ネロは最初から、ポッパエアと結婚して彼女を皇妃とするつもりだったようだ。ポッパエアの野心の大きさを伝える記述がそのとおりなら、彼女も同じことを望んでいたのは間違いない。しかし実現するには、ネロが母の明確で強い望みに逆らって、オクタウィアと離婚する必要がある。ネロとアグリッピナとの関係は、いつ発火してもおかしくない状態にあり、すでに数年前、アクテの登場でオクタウィア

ポッパエア・サビナ

との夫婦関係の火種になったことがあった。いまネロが考えているのは、新しい愛人どころか新しい妻を迎えることであって、爆発の起こる見込みが非常に高まっていた。

母親に立ち向かってオクタウィアをしりぞけてください、とポッパエアは、男性としてのプライドを刺激しながらネロをたきつけた。彼女はあざけるように、ネロを「被後見人《プピッルス》さん」とも呼ぶ。法的権限も自由もない、完全に他者に依存した人のことだ。またこうも言ってネロをなじりもした。「あるいはたぶん、あなたは恐れているのでしょう。私を妻とすると、本当はアグリッピナが貪欲で傲慢なやかましい女として人々から軽蔑されていることを、思い知るはめになるのではないかと」。そしてポッパエアは、ネロを捨てて元の夫であるオトのところに戻ると脅す。とりわけ彼女の性的な魅力はネロをとらえており、その力は誰が見てもかなりのものだったのである。

ポッパエアからの脅威の大きさを感じていたアグリッピナは、対抗手段に出る。アクテが原因で生じた危機の日々、同じような困難に直面していたアグリッピナは、息子の機嫌を取り、お金や贈り物、愛情をささげたのだった。どうも彼女は、今回もまた同じ策略をもちいようとしていたらしい。ただし今回はもっと極端で、ネロに彼女自身をささげたのである。古代の史料の大半は、ポッパエアの性的攻撃に対して、アグリッピナが性的攻撃で反撃したことを伝えている。挑発的な服装に身を包んだ彼女は、午餐での酔いが回っているネロに近づき、近親相姦へとさそったのだ。この件を伝えるタキトゥスは、参考にした資料をいくつか引用しているものの、実際に性交がおこなわれたかどうかについては語っていない。実際にあったとしても、誰も目撃などできなかっただろう。だが彼はいまいましそうに「みだらなキスと、罪を予感させる愛撫」が見られたと伝えている。[41]

近親相姦の噂は、ローマでは人への中傷として有効な戦術だった。だがタキトゥスによると、この噂の出所である宮廷の内部関係者、クルウィウス・ルフスには、何か思惑があるわけではなかったようだ。この件の確証は十分であり、異を唱えているのはひとりしかいないとタキトゥスは力説している。そのひとりでさえ、関係をせまったのがアグリッピナでなくネロだとする点が食い違うだけだという。その別バージョンのほうを、二世紀初頭のスエトニウスは支持し、[42] さらに三世紀のカッシウス・ディオが奇怪な第三の逸話を伝えている。[43] ネロはアグリッピナそっくりのなりをした売春婦と交わり、自分は母親と寝たと自慢げに話していたというのである。真実はどうやら手の届かないところにある。[44] この母と息子の奇妙な物語のなかで、分岐点となった他の多くの事件と同じように。それでも、クルウィウス・ルフスの伝えた物語を作り話と片付けることはできない。

クルウィウス・ルフスは、このドラマのなかでセネカが果たした役割についても興味深い主張をしていた。ポッパエアと張り合おうとしていたアグリッピナに対抗して、セネカがネロの前からの情婦アクテを使ったというのである。[45] タイミングを見はからってアクテを皇帝のもとに差し向け、この若者の欲望をもっとふさわしい対象にそらそうとこころみる。そしてネロを誘惑する使命を帯びたアクテは、こんなメッセージを伝えるように言われていたという。ネロの支配権を保障している皇帝親衛隊は、皇帝家内での近親相姦関係を決して黙認しないでしょう、と。

ネロの統治が始まって五年。クルウィウスが描き出すセネカは、宮廷でのお役目を果たす痛々しい姿だ。アウグストゥス帝の時代を目標ならびに指針として定め、政権を船出させたこの高潔なストア主義者は、いまや家族内の陰謀のぬかるみにどっぷり浸かってしまっている。同時にネロへの影響力を必死に手放すまいとしている。何か善をなせるとまだ信じているのだ。それにしても、ここでセネカが頼らざるを得なかった方策は、あまりにもその場しのぎだった。まるでポン引きのように、ネロに解放奴隷の女を差し向けて、母親と寝るのをやめさせようとする。皇帝親衛隊と隊長ブッルスの名をちらつかせて脅す。かばんに倫理的論考を詰め込んで、コルシカ島からローマへと帰還したセネカが思い描いていたのは、まさかこんな役回りではなかっただろう。

セネカとネロが行動をともにするようになってから、もう十年が経過していた。ネロは成長し、一方のセネカは年老いた。皇帝にはあらたな味方も登場していた。そのなかに、幼少時代の家庭教師だったアニケトゥス（「不敗」の意）という名のギリシア人解放奴隷がいた。[46] ネロはこの人物を、ミセヌム艦隊の長官に任命していた。アグリッピナに強い忠誠心をいだく皇帝親衛隊に対し、ネロはこの海上部隊を、自分のための精鋭部隊に仕立て上げていたのだ。また宮廷では、他にも多くの解放奴隷、奴隷、外国人たちが続々と昇進を果たす。完全に自分に依存し従属する人間の存在は、ネロの心に満足感を与えていた。セネカとブッルスへの悪意がこもったささやきが、日増しに数と音量を増し、そうした声にネロは、進んで耳を貸すようになっていた。

五九年の夏、ネロが治世最大の危機に際して頼りにしたのは、セネカやブッルスではなくアニケトゥスだった。ポッパエアに寄せる愛は、その頃までに若き皇帝に恐ろしい決断をうながしていた。そしてついに彼は、ある犯罪の実行を決意する。その犯罪を「後世の人々はほとんど信じられず、もっと未来になってようやく信じられるようになる」ことを、悲劇『オクタウィア』が正しく予言している。[47] ネロは、母の殺害を決意したのだ。

数年前、ネロは同じことを望んだものの、セネカとブッルスに阻止されていた。アニケトゥスにけしかけられたネロは、ようやく行動する勇気を得る。タキトゥスも述べているが、おそらくポッパエアからの突き上げもあったようだ。おおかた彼女は、アグリッピナが生きている限り自分は決してネロの妻になれないと言ってネロに詰め寄ったのだろう。もっとも、犯罪を実行せよと熱弁をふるうマクベス夫人のような存在は、ネロには必要ない。彼にはすでに、みずから率先して義弟を殺害した経験があるのだ。義弟と比べれば、母からの脅威も、彼を苦しめる心理的苦痛もずっと大きかったのである。

それではセネカは、母親殺しの計画に関わったのだろうか。タキトゥスも疑問に思いつつ、わからなかった。[48] 一方カッシウス・ディオは、ネロをそそのかしたのがおもにセネカだったとしているが、ディオがセネカについて述べることの大半がそうであるように、どうやらこれも単なる中傷にすぎないようだ。[49] セネカの協力の問題について、はっきり解決するのは難しい。このような計画が進行していることを、皇帝が高位の相談役から隠しきるのは確かに容易なことではない。だがおそらく宮廷内でのセネカの地位は、もはやそれほど高くはなかった。もしネロが、対アグリッピナの古い盟友であるセネカに相談しようとせず、計画を打ち明けなかったのなら、教師と生徒の関係は確実に下り坂へと向かっていたことになる。一方もしセネカが相談されていたとすると、ネロの行動を止められないがせめて成功するよう手を貸すことはできると見たのだろう。この筋書きにしたがえばセネカは、巧妙に実行し事故に見せかけることができるなら殺害に同意した可能性がある。

巧妙さが切に求められていた。ゲルマニクスの娘たるアグリッピナを攻撃するのに、剣や法的文書を使うことはできなかった。毒殺も問題外だった。アグリッピナはずっとネロの意図を怪しんで用心しており、ひょっとすると解毒剤で守られていたかもしれない。(50) 必要とされていたのは、技術的に抜け目のない手段だった。そしてネロは技術が大好きだった。カッシウス・ディオによると、ある日ネロは劇場で、折りたたみ式の小舟が、レバーを動かすとばらばらになり、まるで沈没したかのようになったのを目にする。このアイデアは、母の殺害に取りつかれたネロの心にしみ込んだ。「ボタンひとつで簡単に」という言い回しのように、手を汚さずに、しかも離れた場所から、母親を船と一緒に粉砕するか溺死させるか、ないしはその両方ができる。はるか沖合で、人目に触れることなしに。ネロがこの任務を託したのは、ミセヌム艦隊長官のアニケトゥスだった。


仕掛けのほどこされた船を秘密裏に建造するのは簡単ではない。きっとミセヌム軍港でのアニケトゥスは、最高の船大工を集め、また宿命的な航海に乗り出すための忠実な乗組員を訓練したことだろう。一方のネロは、母との仲直りに取りかかる。最近になって二人の関係は冷却化していた。あの親密すぎる母子関係に引き続いて、何らかのいさかいが生じていたのである。ネロは関係の修復を急ぐ。アグリッピナの信用を十分に取り戻し、なんとしても船に乗ってもらわねばならない。

そこでネロは冗談めかした口調の手紙をしたためる。自分が短気を起こしたことを認めながら、バイアエで一緒に過ごそうと、上手にアグリッピナを丸め込んだのだ。湖や静かな湾に囲まれた、豪勢な歓楽地であるこの町では、春分の頃「クインクァトリア祭」が開催されていた。ネロは母を、このミネルウァ女神をまつる祭儀に参加しようとさそったのである。

ローマ上流階級のご多分にもれず、ネロもその母も、それぞれがバイアエに別荘を所有していた。贅沢な暮らしとゆるんだ風紀、そして快楽で名高いバイアエは、セネカの目には、まともな人であれば避けたくなるような悪徳の牙城と映っていた。ただし彼も、何度かおとずれたことはあったようだ。軽蔑の念を示しつつも、セネカはこの町を生き生きと描き出している。「海岸をほっつき歩く酔っ払い、船の上で酒盛りする連中、楽隊の歌で騒々しい湖……こんなものを見る必要がどこにありますか？……一体全体あのカトーが、この町に住むと思いますか？　船に乗りながら不届きな行為に及ぶ奴らや、さまざまな色を塗りたくったいろいろな種類の船、湖の水面いたるところにぷかぷか浮かぶバラの花。そんなものを数えて過ごすとでも？」(51)。否、が彼の答えであることはもちろんだ。とはいえ、セネカの語るハイシーズンのバイアエは、図らずもたいそう魅力的である。

バイアエでいちばんすばらしいのが船遊びだ。別荘の大半は、湾曲した海岸線沿いか、小さな湾をはさんで対岸にあるプテオリ（現ポッツォーリ）に建てられていた。パーティー参加者は家から家へと船で移動し、私用の小さな桟橋に船を着けていた。華やかなりし頃のアグリッピナは、この水域を、選び抜かれた船員の漕ぐローマの戦闘船に乗って行き来していた。バウリと呼ばれていた彼女の別荘から海岸線を少し進んだところに、ミセヌムの艦隊基地があり、アグリッピナを運んだ戦闘船やその乗組員は、この基地に配備されていたのである。だが今回、ミセヌムからアグリッピナ用に回されてきたのは、それとは違う船だった。堂々とした装飾のほどこされた豪勢な船で、特別な船員たちが乗り組んでいた。ただしその多くが、アニケトゥスによって訓練された暗殺者だった。

この船をネロは、バイアエの自分の別荘に停泊させる(52)。アグリッピナを歓迎しようと、別荘ではネロが用意させた盛大な晩餐会が開かれる。食事が終わったあと、ネロはこの船を母に贈呈する。それはその晩の彼が示した、数多くの息子らしい言動のひとつにすぎなかった。ネロは、つとめてアグリッピナの不信感を払拭しようとしていた。息子が自分の命を狙うのではとずっと疑っていたアグリッピナは、警戒心を強めていたのである。けれども、すばらしい装飾の船は彼女の虚栄心をくすぐった。乗船する彼女へのネロからキスも、心がこもっているように感じられた。(53)

それは雲ひとつない、おだやかな夜だった。「罪を明るみに出そうと、神々が贈ったかのよう」。タキトゥスはその夜の静けさについて、とりわけ印象深い一節でそう表現している。バイアエからバウリの別荘までの海岸線に沿って、船は浅瀬を滑るように進んでゆく。アグリッピナは、船の後部デッキにしつらえられた特別の寝台に横になっている。友人のアケッロニアが一緒だ。二人は興奮気味に、今晩のもてなしについて、それにネロの温かい心配りについて語り合う。かたわらにはアグリッピナの側近がもうひとり立っている。彼女の所領の管理役《プロクラトル》、クレペレイウス・ガッルスだ。

すると何の前触れもなく、船の屋根の一部が三人の上に崩れ落ちてきた。鉛を入れて重くされていた屋根はガッルスを直撃。押しつぶされたガッルスは即死する。

寝椅子に横たわっていなければアグリッピナも、また彼女の足の上にかがみ込み、とても低い姿勢をとっていたのでなければ友人のアケッロニアも、ガッルスとともに即死していたことだろう。二人の命を守ったのは寝椅子だった。その背もたれとひじ掛けには十分な高さがあり、落ちてくる鉛入りの屋根を受け止めてくれたのだ。鉛の詰まった重い屋根をかろうじて逃れ、這い出た二人を待っていたのは、さらなる狂乱の場面だった。

乗組員のうちアニケトゥスの手の者たちが、任務をまっとうしようと奮闘していた。彼らは船が真っ二つになってアグリッピナが海に放り出されるものと思っていた。だがもくろみどおりにはいかなかった。それから混乱していたのと、どうやら代替案が用意されていなかったことで、彼らは粉々になったデッキの上を右往左往していた。なかには船の片側に体重を集中させ、船体を転覆させようとしている者たちがいた。しかし陰謀に関わっていない船員たちは、仲間のふるまいをおそらくいぶかしく思いながらも、船の反対側に走ってバランスをとろうとする。湾内の静かな水面に怒鳴り声が響きわたる。だがもし岸辺に誰かがいたとしても、その声はほとんど聞き取れなかった。

そのうちに船の傾きが増し、アグリッピナとアケッロニアは海中へ滑り落ちる。アケッロニアは、この災難の裏にある計画には気づいていなかったらしく「私がアグリッピナです」と叫んで助けを求めてしまう。声の聞こえたところに向けて、櫂や他の船具が雨あられと降り注いで彼女を打ちのめす。近くにいた暗殺者たちが、これを任務遂行の絶好の機会と考えたのだ。こうしてアケッロニアは水のなかで撲殺された。一方賢明にも口を閉ざしていたアグリッピナは、肩に一撃を受けただけで済んだ。近くに漁船のランプの明かりを目にすると、気づかれないようにその場を泳いで離れる。そして根気よく泳ぎきり、ネロの仕掛けた死の罠を逃れたのである。

バウリの別荘に無事たどり着くと、アグリッピナはみずからの置かれた状況について考えをめぐらせた。ネロが自分を殺そうとしたのは明らかだが、犯罪を秘密にしようと大変な努力を払っていた。ゲルマニクスの娘としての自分の高い人気と息子の臆病さが、正面切っての攻撃をさまたげていた。するとこの二点は、いまも自分の命を守るのに十分であるかもしれない。そこで彼女は、ネロのもとに使者をやり、すべては偶然の事故だと考えているふりをしながら、この夜の出来事を報告させることにしたのである。息子への信頼をよそおって二回目の攻撃を阻止できれば、そのあとでなんとか支持を集め、自分の立場を強化できるかもしれない。すでに船の遭難についての噂が、バイアエで開催されていた祭儀の参加者にも広がり、アグリッピナを心配する人々が彼女の別荘の外に集まり始めていた。彼女にはまだ勝機が残されている。この夜を生き抜くことさえできれば。

その頃ネロはバイアエにいた。アニケトゥスをかたわらに、もう何時間もじりじりしながら、事の首尾についての報告を待っていた。そこに届いた失敗の知らせはネロを恐慌状態におちいらせる。母はいまや自分の意図を見抜いている。彼にはそれがわかった。傷を負わせたものの殺せなかったことで、アグリッピナはこれまで以上に危険な存在となった。武装した奴隷たちを引き連れて、夜のうちにも自分の別荘に押し寄せてくるかもしれない。あるいはローマに戻り、元老院で自分を弾劾するかもしれない。母は、夜が明ける前に死なねばならない。ネロは決意した。けれどもどうすればよいのか考えが浮かばなかった。進退きわまった彼は、上級顧問を寝室から起こしてくるよう指示を出す。そして、セネカとブッルスがやってきた。

セネカはこれまで、道徳、徳、理性、さらには良き人生について思索を重ねてきた。だがそこにはこんな事態への備えなどなかった。ネロの部屋に入ったセネカの前には、おびえながら激高している二十三歳の若者がいる。彼は、ここ十年来のセネカの生徒であり、愛弟子だった。そのうちの五年は、危険な母に対抗しようとセネカと皇帝は手を組んでいた。セネカがかつて、解放奴隷のアクテとの関係を支援することで、ネロのために切りひらいてやった道はいま、ぶざまに失敗した殺人と政治的な激震に行き着いた。セネカがここで身を引こうと思っても、もう手遅れだ。この道を行き着くところまで進むしかない。

セネカの書いたあらゆる言葉も、セネカが公表したあらゆる論考も、この瞬間、この部屋に、セネカがいたという事実を念頭に読まれなければならない。彼は長い時間、言葉もなく立ち尽くしていた。選択肢をひとつひとつ検討しているかのようだった。しかしよい選択肢は思いつかない。ようやくセネカが口にしたのは、ブッルスに下駄をあずけるような言葉だった。皇帝親衛隊員を送り込み、アグリッピナの命を奪うことはできるだろうか。セネカはブッルスにそう尋ねたのである。

次はブッルスが、皇帝との協力関係の果てにせまられた恐ろしい選択と向き合う番だ。だが彼もまた、状況が、そしてネロへの全面的な忠誠心が求めていることを拒否してしまう。ブッルスは言う。皇帝親衛隊員はアグリッピナに対して、またその父ゲルマニクスの記憶に対して、非常に強い忠誠心をいだいています。アニケトゥスとミセヌム港の海兵たちが、自分で始めたことにけりをつければいい。

ネロを長年守ってきたブッルスは、様子見を決め込んで順番をパスしたのだ(54)。これによって権力はあらたな人物に譲り渡される。セネカとブッルスが投げ出した仕事を、アニケトゥスが喜んで引き受けたのである。このうれしい申し出をどれほど高く評価しているか、ネロはただちに明らかにする。「ようやく今日、私に帝国の支配権が与えられた。そしてこのすばらしい恩恵を贈ってくれたのは、一介の解放奴隷だ」。ネロはそう宣告したのである。このとげのある言葉はセネカに向けられていた。十年にもわたって権力強化のために働いてくれたセネカは、いまのネロには物足りない人間となった。長期低下傾向にあったこの賢人の皇帝への影響力は、ここからさらなる下降へと向かうのである。

アグリッピナが送り出していた使者、アゲリヌスが、この時絶好のタイミングで到着する。自分の女主人が「事故」にあったと報告しにきたのだ。母に対して公然と動く口実が、どれほどささいにせよこうして与えられたことに、ネロは感謝していた。アグリッピナからの伝言を読み上げる使者の足元に剣を放り投げると、ネロは彼を刺客だとして逮捕するよう命じた。そしてネロは、アニケトゥスを母の別荘へと送り出す。

真夜中を大きく過ぎた頃、アニケトゥスひきいる暗殺団がアグリッピナの別荘に到着する。夜ふけにもかかわらず、別荘の周りには陸にも海にも、アグリッピナの無事を願う人々が大勢集まってきていた。彼らに退散するよう命じると、アニケトゥスは門を打ち壊し、別荘内の奴隷を追い払い始める。

アグリッピナは寝室にいた。部屋には他に侍女がひとりいるだけだった。邸内に武装した男たちの物音が響きはじめると、この最後のお付きも姿を消す。アニケトゥスが二人の士官とともに部屋に飛び込むと、そこには皇帝の母ただひとりがいた。彼女は、自分が送り出した使者が帰ってきたのではと期待していた。使者がなかなか戻らないのは、自分がまだ重大な危機を脱していないことを意味していたからだ。

自分に襲いかかってきた者たちを恥じ入らせ、任務を遂行できないようにさせる、あるいは栄光ある自分の家系について思い出させる。もはや彼女にできるのはその程度だった。だが彼女は疲れ切っていた。その晩のひどい出来事に動揺し、傷まで負っていた。タキトゥスの伝えによると、結局アグリッピナにできたのは、ただこう抗議することだけだった。アニケトゥス、あなたは何か大きな勘違いをしているのに違いない。ネロが自分の死を命じたりするはずがない。

アニケトゥスとともにやってきたうちのひとり、ヘルクレイウスという名の艇長が、この抗議への返答として彼女の頭をこん棒で殴りつける。そしてかたわらに立つもうひとりの士官、オバリトゥスが剣をさやから抜く。万策は尽きた。あとはもう、死ぬだけだ。

アグリッピナは、自分がその地位につけてやった人々から裏切られた。一番にはネロ、それからブッルス、アニケトゥス。そしてとりわけセネカは、アグリッピナのおかげでコルシカ島から救い出され、所有するものすべてを彼女に負っているのに、アグリッピナ殺害に反対の声を上げるのをこばんだ。初めは政治のせいで、アグリッピナとセネカの二人は寝食をともにする仲となった。なかには文字どおり「寝」食をともにしたと述べ立てる人たちもいた。だがいま政治のせいで、そして彼女の息子の乱れた心のせいで、生きのびられるのはどちらかひとりとなってしまった。

当代随一の女性。まずは皇帝の妹、ついで皇帝の妻、三番目には皇帝の母、そしてゲルマニクスの遺児の最後のひとり。彼女の目の前にいま、死がせまっていた。友もなく、誰からも見捨てられ、ただひとりで。彼女には、最後に大胆な身ぶりをしてみせる時間だけが残されていた。その身ぶりについて、三種類の史料が伝えている。なかでも『オクタウィア』の作者による描写が最高だ[55]——

死にゆく哀れな女は　刺客に最期の願いごとをする
無情の剣を　子宮に突き立てるようにと
「ここに　ここに剣をうずめねばなりません
あの怪物は　ここから産まれたのですから」
最期のうめき声に交じってこう言うと
ついに彼女はみじめな魂を
残酷な傷口から解き放つのです

第5章　妻殺し——五九年〜六二年

ネロがずっと願っていたことは成し遂げられたが、その心に平穏はおとずれない。バイアエの別荘で、ネロは母の死についての報告を受ける。だが彼は、ときおり恐怖に駆られたかのようにいきなり立ち上がり、暗闇をぼんやり見つめるばかりだった[1]。自分の生み出した空白の大きさが、ここに至ってようやくわかってきた。ここ数年のローマ政界における中心的な力、十年以上にわたって宮廷を支配した女性、偉大なゲルマニクスの九人の子供の最後のひとり。そんな彼女がこの世を去った。不安定で自分勝手な二十三歳のネロは、自分で自分を孤児にしたのだ。

ネロの気分を引き立てようと、ブッルスは皇帝親衛隊員を送り込んでご機嫌うかがいをさせていた。親衛隊はアグリッピナに最も忠実な支持勢力だったから、ネロはもちろん彼らを恐れていた。しかし隊長のブッルスの指示で親衛隊は変節を明らかにし、母の「陰謀」を無事くぐり抜けたと言って、若き皇帝に祝意を伝えたのである。使者の足もとに短剣を落として作り上げた、アグリッピナ殺害のための貧相な口実が、この夜の出来事についての公式な説明とされることになっていた。ネロは加害者ではなく、暴力を向けられた被害者だと宣言されることになっていたのだ。

一方アグリッピナの別荘のあるバウリでは、アニケトゥスがアグリッピナを荼毘に付していた。食事を取るときの寝椅子に遺体を乗せ、そのまま火をつけるという簡素なやり方だった。国葬はおこなわれず、火葬のための薪が積み上げられることもなかった。ネロがバイアエから来て遺体を検分したのかも不明だ。(2) 埋葬の儀がとりおこなわれることもなく、墓が建てられることもなかった。アグリッピナの従者たちが、遺灰の上に小さな塚を築いただけだった(こんにち「アグリッピナの墓」として知られている、南伊カンパニア地方にある巨大な遺構は、実際はずっとのちに建設された劇場の跡である)。

母親を殺害した混乱の余波のなかで、後始末という最も大事な仕事がセネカに降りかかってきた。ローマの元老院議員たちが、議事堂でネロの行動に激しい非難を加えたり、皇帝親衛隊と結託してネロを権力の座から排除したりするのではないかと懸念されていたのだ。元老院議員とネロとをつなぐ大切な役割をまだ果たし続けていたセネカの任務は、議員たちからの黙許を取りつけることだった。(3) 宮廷でのセネカの影響力は低下していたが、言葉を器用にあやつる彼の能力とローマ上層での高い声望は、いまだにネロ政権にとってきわめて大事な武器だった。少なくともこういった仕事は、アニケトゥスのようなやくざな成り上がり者にはこなせない。

こうしてセネカは、人生で最も難しい作文の課題に取り組むことになった。その作文をネロがみずからの名前のもと、ただし自分が書いたと特に偽ることなく、書簡として元老院へ送ることになっていた。その書簡でセネカは、正当化することもできず、本来政治的でもない犯罪を、政策上の行為であったと正当化しなければならない。五年ほど前、元老院議員を前に、家族同士の殺し合いに終止符を打つとの約束がなされた。だがいままた同じ人々を前に、家庭内の殺人について語らねばならないのだ。皇帝の偉大な徳は血の一滴も流させることはないと、かつてセネカは『寛容について』という著作で、自分の名声を賭けてまで宣言していた。そのネロのために赦免を獲得してやらねばならない。

いったいどんな巧妙な言い回しを、どんな込み入った修辞を駆使すればそんなことができるのだろうか。書簡の文章のうち、一文だけがたまたま引用されて残っている。ただし全体の概要と構成についてはタキトゥスが記録してくれている(4)。

書簡の冒頭には、今回の事件の主たる筋書きが記されていた。アグリッピナからの使者アゲリヌスが身につけていた武器の発見。アグリッピナによる政変のたくらみ。そして陰謀が露見すると彼女はみずから命を絶ったと、書簡は主張する。続いて、アグリッピナの生前、ローマがどれほど大きな脅威にさらされていたかがつづられる。アグリッピナは、女性でありながら至高の権力を狙った強奪者だ。彼女は皇帝親衛隊および元老院に圧力をかけ、自分に忠誠を誓わせようとしたと書簡は断言する。そして要求をこばめば親衛隊に賜金も贈り物も与えられないようにした。これは反面、この時ネロが、親衛隊に賜金や贈り物が与えられるよう配慮したことをやんわりと思い出させる表現でもある(5)。さらに書簡は続ける。アグリッピナは元老院の議事堂に入り込もうとくわだて、また外国からの使節との接見の場で、ローマ国家の代表者としてふるまおうとした。十年前にクラウディウス帝と結婚して以来、彼女は帝位を欲していたのだと。

しかしセネカの言葉を語るネロは、怪物からようやく逃れたと主張する一方で、息子として悲しんでいるふりをする。実の母親の死を祝うことは、やはり適切ではなかろう。たとえ死んだのが、書簡に描かれた悪夢のような女性であったとしてもだ。「自分がまだ生きていることを、私は信じもしないし喜びもしない(6)」。セネカの文章に典型的な、対照的な語を続けて並べる表現をもちいて、彼はネロにそう語らせている。

アグリッピナの死に至る一連の奇怪な出来事をどう語るかという点が、書簡の文章が直面した最も厳しい困難だった。仕掛け船がばらばらになるのを多くの人が目撃しており、その後にアグリッピナが殺害されたことを考えれば、これが意図的なのは明らかだった。おそらくその話題については黙して避けるべきだったのだろう。それでもセネカはきっと、見えすいた嘘であっても、説明がないよりはましだと感じていたのに違いない。彼は書簡のなかで、船の崩壊を海難事故として、国家を救うため、神々がみずから介入したことを示す事件として描き出したのだ。そしてネロの兵たちは、ただ「神慮」による計画をやり遂げただけなのだと。

これはやりすぎだった。セネカの政治的経歴のなかでふたたび、皇帝を助けようと思うあまり、適切な表現の境界を踏み越えてしまったのである。「悪評をまねいたのは、その極悪非道ぶりがあらゆる不平を超越していたネロではなく、こういった修辞をこらした弁明を書いたセネカだった」。タキトゥスはそう論評している。

元老院議員のひとりに、トラセア・パエトゥスという気骨あるストア主義者がいた。この書簡が読み上げられると、彼だけが静かに元老院議事堂から退出する。(7) トラセアもセネカと同様、カトーをはじめとする良心に忠実だった英雄たちを信奉しており、同僚議員たちの奴隷根性が許せなかった。セネカが書簡に書いた作りごとや、それを進んで黙認しようとする元老院の態度に、ついに堪忍袋の緒が切れたのである。現在の基準に照らせば、彼の行動はおだやかな抗議、単なる不支持の表明にすぎない。しかしローマの帝政時代においては、こうしたささいな行為の持つ意味はとても大きく、ともなう危険も非常に大きかった。

トラセアの行動にならう元老院議員はひとりもいなかった。多くが内心では間違いなくそうしたいと望んでいたにしろ、議員たちは実際には、書簡の内容を全部そのまま受け入れると宣言したのだ。そして毎年「クインクァトリア祭」の期間に合わせ、皇帝の無事を祝うため競技をおこなうとの決議がなされる。また、この春の祭儀がささげられていたミネルウァ女神の黄金像が、中央広場でネロの像と並んで建てられることになる。こうして母殺しの件がおおやけに検証されることはなくなった。

元老院議員たちはへつらいつつも、ネロ政権があらたに向かう先について黙ってつくづくと思いをめぐらせていた。皇帝の性格が表に現れ、彼らにもだんだんはっきりわかるようになっていた。ネロの母親殺しは、臆病さと残酷さの奇妙な混合物だった。ネロには母親に対し正面切って立ち向かう勇気も、自分が母を殺したと認める勇気すらも欠けていた。代わりに、臆病で依存心の強い姿をさらけ出した。勇気を出してローマ市に戻ろうとする前に、ネロは元老院議員たちの心をつかもうと努力していたのだ。実際彼は、議員たちが自分をたたえる決議をしてからかなり時間がたっても、まだ南伊のカンパニア地方に留まって、首都に戻った自分がどう受け入れられるのか、くよくよ悩んでいたのである。

こうした人間は、ちょうどあのカリグラ帝と同じように危険な存在となる可能性がある。ただし、カリグラとは別の理由で。ネロはおだてられて安心したがるようになり、はやし立てる観衆からの歓声すら、いずれ求めるようになる。芸人になりたいとのネロの野望を感じ取った人は、まだローマにはわずかだったが。また彼の臣民は、忠誠心だけでなくもっと他の何か、おそらく愛情のようなものを示すよう要求されることになる。そして彼は、自分を裁く立場にある人間すべて、すなわちローマで政治に関与する全員を憎むようになる。国家反逆罪の裁判、追放、処刑、自殺の強要。こうした古い亡霊たちに、貴族たちはふたたび苦しめられることになるかもしれない。ただし今回の亡霊を生み出すのは、サディストの気まぐれではなく、駄々をこねる子供の欲求だった。

ダトゥスという名の役者がいた。アテッラ喜劇と呼ばれる道化芝居の花形で、アグリッピナの死後まもなくに上演された芝居のなか、彼はこうしたあらたな危険を浮き彫りにした。「さらば父よ、さらば母よ」という一節のあるおどけた歌を披露した時のことだ。[8] ダトゥスはまず飲み物を口にする仕草を、ついで泳ぐ仕草をしてみせたのだ。クラウディウス帝の死因は、実際には毒入りの食べ物によるものだったし、アグリッピナは実際には水難事故を生きのびてベッドの上で最期を迎えている。それでも、言わんとすることは十分に明らかだった。そして「オルクスがあなた方の歩みを導く」という歌詞の場面で、ダトゥスは目の前の最前列の客席に座る元老院議員のほうを指さした。死者の魂をつかさどる神であるオルクスが、冥界で議員たちを待っている。ダトゥスはそうほのめかしていたのである。

六月、カンパニア地方で三か月近く過ごしたネロと廷臣たちが、ローマ市へと帰ってきた。ローマに戻るのが大幅に遅れたこと、およびその期間に工作をおこなった人たちのおかげで、市民たちへの手回しにぬかりはなかった。ローマの人々はぞろぞろと群れをなして並び、ネロの帰還を歓迎する。道の脇には観覧席すら用意されている。元老院議員たちは祝祭用の衣裳で身を包んでいた。殺人には見て見ぬふりをするつもりだと、ローマの人々は皇帝に伝えようと努めていた。

とはいえ見かけの背後には反感がくすぶっていた。匿名のいたずらや落書きは否応なく、ネロに罪の記憶を思い出させた。たとえば公共の場に立つネロの像に、革袋を引っかけておいたおどけ者がいた。[9] 皇帝も革袋のなかに入るにふさわしいとほのめかしたのだ。ローマ人が時々おこなう処刑に、尊属殺人犯をいろいろな動物と一緒に革袋に入れて縫い閉じ、まるごとテヴェレ川に投げ込んで溺れさせるという方法があったのである。そのうちにまた別の落書きがアグリッピナの彫像に現れた。その彫像は、引き倒すまでひとまず布で覆って隠してあった。覆われているのを慎み深さの表れと見立てたある人がそこに、ネロに宛てたアグリッピナの言葉を記した板を掲げたのだ。「私にはいくらか羞恥心があります。でもあなたにはありません」。

古代の歴史家たちを当惑させたことに、ネロはそれなりの忍耐強さを発揮し、これらすべてを辛抱したのだ。多少の罰を与えたことで安心したのだろうか。あるいは（カッシウス・ディオの推測のとおり）処罰のせいで逆に噂が真実味を持つのを恐れたのだろうか。[10] いずれにせよネロは、自分へのあざけりをすべて無視したのである。出世を狙った情報提供者が、落書きの犯人の名前を報告しに来た時にも、行動に出ることを拒否した。ネロは市民の注意をそらし、うまく丸め込むほうを選び、アグリッピナの死を豪勢な見世物や競技で飾ることに着手する。

まずおとずれた最初の機会が、「大競技祭《ルディ・マクシミ》」だった。[11] 数日間にわたり、いくつもの劇場を舞台として祝祭がおこなわれた。観衆には新奇な見世物がいくつも提供されたが、そのなかには背に人を乗せた象が、斜めに張った綱の上を渡るといったものもあった。ローマの貴族たちも舞台に立つことを強要され、観客の前で踊り、演じただけでなく、剣闘士となって野獣と戦いさえした。長らく貴族のすべきことではないと考えられてきた役割を果たしたのだ。一方で観客席の平民たちには、プレゼントや景品がばらまかれる。ペットとして人気のあった鳥たちが、観客たちの上に何千羽も降りそそぐ。兵士たちの手で、文字の書かれた球が引き換え券として放り投げられ、あとで馬、奴隷、貴金属、さらには建物一棟とまで交換された。ネロは財布がからっぽになるまで徹底的にやった。市民からの愛を勝ち取るために。

「大競技祭」に引き続き、「ユウェナリア祭」が豪勢に開催される。「若者の祝祭」を意味するこの祭典は、ネロが初めてほおひげを剃ったことを記念して開かれた。公式には、皇帝私有地で開かれる私的なパーティーとされていたものの、騎士身分や平民たちも非常に多く参加していた。ネロは、これらの階層の人々の機嫌をとろうと決めていたのである。「大競技祭」の時と同様、貴族たちは社会的なしきたりに反した役割を果たすよう強いられる。アエリア・カテッラという八十代の高貴な女性は、人前で黙劇の踊りを披露した。これは庶民が通うような劇場での、きわめてきわどい種類の踊りだった。他にも有力家系の構成員たちが多数、舞台で歌い、踊るために徴発される。ある人が、素性を隠そうと仮面をかぶって舞台に上がると、ネロはせまって仮面をはずさせた。高位の人、有力な人でさえ、自分と一緒に浮かれ騒いで楽しんでいるのを、ネロはローマ中に見せたかったのだ。

「ユウェナリア祭」の盛り上がりが最高潮に達した頃、ある催しが披露される。ネロの顧問たちはずっとこの時を恐れていたが、協力する以外に選択肢はなかった。皇帝はもう、観客なしに歌の稽古だけを続けたくなかったのだ。ネロはついに、みずから舞台に立つと決めたのである。

　演劇史上、衝撃的な瞬間は数あれど、これに匹敵するものはおそらくないだろう。社会階層ピラミッドの頂点に立つローマ皇帝が、長い着丈の羽織に長靴という、ギリシア風竪琴の奏者のなりをして舞台に現れ、「もったいなくも、お耳をお貸しください、旦那様」と口上を述べたのだ[12]。この台詞はふと口をついて出たものではなく、ネロはこう言いながら登場することを計画し、準備していたのだ。そのために彼は、盲目的な愛の熱烈な物語を描いた『アッティスもしくはバッカスの信女たち』という、音楽付きの歌を書き下ろしていた。ネロはまた、好評を得られるようにと手を打っていた。元執政官で、セネカの兄であるガッリオが皇帝を舞台へ案内し、観衆に紹介する。さらに（カッシウス・ディオの伝えるところによれば）セネカ自身もブッルスとともに、姿が見えやすい場所に配置され、正装であるトガをまとった二人は、腕を高く振り回し称賛を送っていたのである[13]。

　ネロはまた、「アウグストゥス団《アウグスティアニ》」と呼ばれる、あらたに組織された狂暴な応援団を連れてきていた。背が高く、強壮で、皇帝に激しく心酔していた彼らの存在からは、明確なメッセージ、つまり反対者への言外の脅しが発せられていた。最終的に「アウグストゥス団」の人数は五〇〇〇名にものぼり、芸人としての活躍の機会が広がるにつれ、ネロは彼らを公演旅行にも同道させることになる。彼らには拍手で特別なリズムを刻めるよう訓練がなされるが、初登場だった「ユウェナリア祭」の時には、まだ

「ああ、アポロ神よ！」などのフレーズを、熱く叫ぶ程度しかできなかった。

その日の観衆のなかにただひとり、拍手喝采を送ろうとしない姿がひときわ目立つ人物がいた。元老院議員トラセア・パエトゥスがそうした行動をとったのは、その年二回目のことだ。トラセアには皇帝に屈従するつもりはさらさらなく、沈黙を保ち、騒々しく声を合わせる人たちに同調しないことを選んだのである。しかし二回目ともなると、彼の反抗的な姿勢は誰の目にも明らかだった。

セネカには、異を唱えるという選択肢はなかった。どんなに心が乱されようとも、立場上ネロの歌手デビューに支持を表明することを求められていた。どうやらセネカはさらに、ネロの手助けもしなければならなかったようだ。カッシウス・ディオは、この賢人が舞台で、万一歌詞を忘れたら教えられるよう、ネロの脇に控えていたことを伝えている[14]。世間でのセネカのイメージには、傷が付いていたもののまだ輝きがあったから、政権は彼を利用したし、本人もそれはわかっていた。セネカがもしその日トラセア・パエトゥスの姿を見たとしたら、自分と同じストア主義者、著述家であるトラセアのことをうらやんでいたかもしれない。何もしない、という単純な自由を行使できるトラセアのことを。


ネロはもう一段大人になっていた。彼はバイアエでの行動を、自分を教え導いてきた人間の助けを借りることなく実行していた。それはいわば通過儀礼、邪悪な成人式だ。紀元一世紀における最も大それた殺人をおかしたネロは、まんまとその罪から逃げおおせた。自己解放を成し遂げたネロには、何ができて、何ができないのかを、もはや誰も教えてやれなくなった。ましてや四十歳ほど年上の、真面目くさった顔をした男には無理だった。

歌手デビューの成功に勇気づけられたネロは、行動規範をもうひとつ打破しようとこころみる。四頭立て戦車競走に出場しようとしたのだ。セネカとブッルスはかねてから、皇帝という地位への侮辱であるとして競走への出場を禁じていた[15]。もはや二人の持つ影響力では阻止できないが、それでもなんとか、出走場所の変更には成功する。テヴェレ川の向こう岸、市域外のウァティカヌス〔ヴァチカン〕の丘に、カリグラ帝時代に建設の開始された、あまり使われていない競走場があった（現代では「サン・ピエトロ広場」となっていて、エジプトから運ばれて折り返し地点に据えられたオベリスクが当時そのままに立っている）。コースの建設はこの頃までには完了していた。ネロはこのとてもひっそりした場所で、奴隷や貧民だけを観客として戦車競走を披露するよう説得されたのだった。

この勝利はささやかなものだったが、それでもたぶんセネカには励みになったことだろう。これまで皇帝支配体制は、多くの良からぬことを自分に要求してきた。だがその体制のために、まだ自分にも何か良いことができる。『幸福な人生について』で、富をたくわえる理由について論じたように、もし彼が権力にしがみつく理由を論じたとすれば、論旨はきっとこうなっていたはずだ――自分が表舞台からしりぞけば、ネロはさらにひどい皇帝となり、ローマはさらにひどい暴政下に置かれることになろう。

これまで多くの善人たちが、取引をしつつ悪しき政権に手を貸してきたように、セネカも取引をした。つまり、一面では、彼らの存在がそうした政権を強化して存続を助けることになる。その代わり、自分の道徳的な影響力を使って政権のふるまいを良いほうへと導ける可能性があるし、あるいは政権の敵とされた人の命を救えるかもしれない。多くの人にとって、これはする価値のある取引だった。その代わり、たぶんセネカがそうだったように、それは不滅の魂を代償としたのだった。

もちろんセネカには、ネロのそばに居続ける理由が他にもあった。彼は『怒りについて』で、独裁者が権力を使い、廷臣の家族にまで害を与える様子を描写していた。そこで語られていたのが、カリグラ帝の犠牲となったパストルという人物の逸話だ。パストルは自分の息子が殺害された時、微笑まざるを得なかった。なぜならもうひとり息子がいたからだ。セネカは六〇年までに、ネロが何人かこうした人質をそばに置く手助けをしてしまっていた。そのうちのひとりが、セネカ自身の子供と言ってもよいほどの親密な存在、非凡な才能に恵まれていた甥である。

マルクス・ルカヌスは、セネカの弟であるメラの息子で、ネロの廷臣に加わるためローマ市に来ていた。まだ十代後半だったが、すでに非凡な文学的才能を示していた。伯父のセネカが散文で見せる非常な饒舌ぶりを、彼は詩作において凌駕していたのである。家長であった修辞学者、大セネカからアンナエウス氏族に脈々と受け継がれたすばらしい多弁の才は、ここに頂点に達する。彼は詩人ルカヌスとして、現代世界にも広く知られている。

ルカヌスはネロより二歳年下だった[16]。十四歳の時、彼は初めて皇帝の目にとまる。ラテン語とギリシア語の両方でおこなった詩の朗読が、ネロに非常に強い印象を残したのである。その時ネロは帝位についたばかりで、かたわらにはセネカがおり、ルカヌスが権力者とお近づきになるのはたやすいことだった。けれども若きルカヌスはローマを去り、勉学と詩作のための落ち着いた町、アテナイへと向かう。当時彼が伯父と共有していたのは、どうやら文学的才能とストア思想への情熱だけで、政治に魅力を感じてはいなかったようだ。

数年後、おそらくアグリッピナが死去した頃、ルカヌスのもとにローマに帰還してネロに仕えるようにとの命令が届く[17]。皇帝がなぜ彼を呼び戻したのかは定かではない。おおかた、自分の今後に不安を感じたセネカが提案し、ルカヌスをそばに置こうとしたのだろう。愛らしい甥の上にふと目がとまった瞬間、悲しみから解放された思いがしたことを、セネカはもう何年も前の著作につづっている。「誰の胸の内であっても、あの子が抱きしめてくれることで癒やされないような、そんな大きな、そんな新鮮な傷などありはしません[18]」。母ヘルウィアにそう語りかけるセネカは、彼の著作中では珍しく、家族への愛にあふれた言葉を使っている。セネカにはもう実子がいなかった。ネロとの距離も遠くなってきていた。そんなセネカは、喜びと安心を感じながら、ルカヌスのローマ市への帰還を歓迎したに違いない。同時に、いくばくかの不安を感じつつも。

一方のネロは、あらたに宮廷に加わることになったルカヌスに心奪われ、ただちに彼を財務官に任命する。この公職に就任可能な年齢には、まだ数年足りなかったにもかかわらずだ。ルカヌス以前にこうした例外が適用されたのは、皇帝家に属する人たちだけだった。ネロはルカヌスを、政界での出世の高速道路に乗せたのである。[19] ネロはもしかすると、早熟の天才詩人に親近感を感じていたのかもしれない。というのも徐々に、自分も天才詩人だとの空想を強めていたのだ。そして宮廷に、自分の理想像を体現したような人物を集め始めていた。帝国の支配と、音楽や詩といったおだやかな芸術との完璧な調和。「アポロ神の竪琴は、弓矢を引くのと同じ手で弾かれるのです」。同時代人のある詩人は、ネロの理想をこうほめそやして彼を舞い上がらせている。

ルカヌスはこの頃までに、過激なほどに大胆で野心的な叙事詩、『内乱《パルサリア》』の作詩に着手していた。[20] この作品の構想はさまざまな点で独特だったが、なかでも、近い時代のローマの歴史に焦点を当てたことがきわだっていた。それまでの叙事詩がすべて伝説的な過去を扱っていたのに対し、ルカヌスは、アウグストゥスを権力の座につけた内乱を題材としたのだ。そしてこの主題に合わせて、革新的な文体や表現法が数多く取り入れられる。『内乱』という作品は不完全な形でしか伝わっていないものの、そこには作者の大胆さを見て取ることができる。この若者は十代にして、古代世界で最も重んじられた文学様式、すなわち詩人ホメロスやウェルギリウスのもちいた叙事詩という表現手段を、一から作り直そうとしていたのである。

セネカの甥、マルクス・ルカヌスの唯一の胸像。

ローマで内乱が戦われたのは、ルカヌスの時代から百年も前のことだった。とはいえこのテーマはまだ政治的に中立ではありえなかったし、彼にもそれはよくわかっていた。カエサルの暗殺者ブルートゥスとカッシウス、自殺を遂げたストア主義者のカトー、それからユリウス・カエサルその人。彼の詩で大きな存在感を示す登場人物たちは、ネロの時代までに、思想的に大きな意味を持つシンボルとなっていた。ブルートゥスとカッシウスの誕生日は、気骨あるトラセア・パエトゥスによって毎年必ず、元老院の自律を記念する儀式のように祝われていた。またすでに見たとおりカトーも、広く同時代の著述家から重要な存在と見なされていた。彼らに殺害された人物の後裔であるネロに仕えながらこうした人物たちについて書くという、大変危ない橋をルカヌスは渡らねばならなかった。

自分を守ろうとの意識が働いたのかもしれない。ルカヌスは『内乱』という作品を、ほとばしるようなネロへの賛辞から語り起こす。あまりに表現がこりすぎているので、その一節を風刺として読む人もいるほどだ。[21]ルカヌスは主張する。内乱で流されたすべての血を残念に思うことはない。それは賛美されるべきものだ。おかげでネロの治世が実現したのだから。そしてルカヌスは視線を過去から未来へと転じ、いつかネロが天界で、神々のあいだに座を占める日のことを想像する。北と南の極に腰をおかけにならないよう、お気をつけくださいとルカヌスは皇帝に注意する。さもないと、あなたの存在の重みで全宇宙がバランスを崩し傾いてしまいます。だから中央に、太陽の通り道におかけください。そこの空気はずっと澄んで、雲もあまりかかりません。だからあなたの星のようなお姿を、私たちは何にも邪魔されず見ることができるのです。

六〇年八月、皇帝がルカヌスをどれほど気に入っているか、またルカヌス自身、どれほど皇帝の恩顧を得たいと望んでいるかが、鮮明となる出来事があった。その月ネロは、運動と芸術の技を競うギリシア風の競技祭、「ネロ祭」を創設した。詩の朗唱、弁論、さらには音楽、歌や体育種目での競技のために、ネロは賞品として金の冠を約束する。ギリシアの月桂冠のぜいたくなローマ版だ。ルカヌスは詩のコンテストに『ネロ賛歌《ラウデス・ネロニス》』という作品で出場し、優勝を勝ち取ったのである。その様子を満足そうに、皇帝の演壇に座ってながめるネロは、まだ自分でコンテストに参加しようとはしていなかった。そしてルカヌスはその時、ネロに感動的なまでの敬意を示す。金冠を頭からはずすと皇帝にささげたのである。すると修辞技法を競う競技の勝者も、やはり彼の行動にならったのだった。[22]

ルカヌスの行動は、彼と皇帝との関係に内在する緊張を浮き彫りにし、セネカを含む他の作家たちもそれを感じ取っていた。ネロは単なる文芸の後援者ではなく、自身も芸術家だ。彼は芸術家集団の仲間のひとりとして、好んで宮廷の詩人たちの輪に加わっていた。ルカヌスの才能の輝きは、ネロの虚栄心に満足を与えていた。しかしその輝きの裏にはある脅威がひそんでいた。皇帝の敗北が必然であるような、危険なライバル関係が生まれてしまうのだ。その脅威が表面化するまでに、さほど時間はかからないだろう。

甥と皇帝とのあいだに急速に親密なつながりが生じたことは、セネカにとって良いことずくめではなかった。自分が皇帝に仕えるようになり、兄ガッリオが続いたことでおちいったジレンマが悪化してしまったのである。アンナエウス氏族出身の傑出した三人は、いまや自分の運命と皇帝の恩顧とをがっちり結び付けてしまっていた。ローマ政界では家族ぐるみの忠誠に重きが置かれていたおかげで、三人はともに出世してきた。だから転落も三人一緒となりやすいのだ。

セネカが自分で切りひらいて手に入れた役割を、アグリッピナ殺害のあと、そのまま果たし続けるのは大いに困難となっていた。とはいえ、その役割から離れることの代償もまた、莫大なものになっていたのである。

その頃のネロは、他にも詩人を何人か宮廷に住まわせていた。[23] 彼らはネロと同じ卓を囲み、詩をめぐるネロの熱い思いを拝聴していた。ネロが好んだのが、彼らとの詩句の付け合いだった。まずはネロが好きな韻律を選んで詩句を作り、宴席の客に、同じ韻律の付け句を作るようにと挑むのだ。この遊びで、ネロは詩人たちとの連帯感を深めつつ、同時に場を仕切るのが誰かをはっきりさせていた。

けれども文芸同人を維持してゆくのは金のかかることだった。それにネロは、さまざまなことに金を浪費していて、詩はそのうちのひとつにすぎなかったのだ。浪費がネロ治世の特徴となろうとしており、まもなく非常に深刻な不幸を引き起こすことになる。

競技会や祭典にも、ネロは巨額の資金を投入していた。もっとも、アグリッピナを殺害したために娯楽予算を増大させるはめになる以前からすでに、ネロはとっぴで独創的な見世物を提供していた。彼があらたに建設させた木造の円形闘技場は、楕円形のアリーナに海水を張って人工の海を作れるようになっていた[24]。その海で模擬海戦をおこない、しかも演出効果を高めようと、船に交じって海水魚を泳がせたのである。それから水がすべて抜かれて他の野獣が登場したが、ときには滑車やはね上げ戸が使われて地下から登場することもあった（こうした舞台装置は、のちにあの有名なコロッセオで使われる装置へと発展してゆく）。この堂々とした建築物の落成式典には、はるか遠方の地から連れてこられた風変わりな動物が登場し、たとえばヘラジカやカバ、さらにアザラシをどうやらホッキョクグマが追い回すらしい見世物もあった[25]。

とはいえ、ネロの新機軸のなかで最も金がかかったのは、やはり「ネロ祭」だった。この祭典は六〇年に創設され、五年に一度開催されることとされていた[26]。保守的なローマ人がこのギリシア風の行事をさげすむのではと恐れたネロは、多くの人の参加をうながそうと気前の良い賞品を並べる。またあらたな体育場や、運動場隣接の浴場施設も建設し、肌を洗うためにギリシア人が好んで使ったオリーブオイルを自費で提供する[27]。

競技会、見世物、その開催のための劇場、民衆にばらまくほどこし物。それらすべてが国庫をからにしていった。国庫をふたたび満たすのもネロの責任だったから、出費は基本的には彼の個人的支出ということになる。ローマ帝国の国庫は理論上、皇帝の個人財産とは別とされていたが、実際は両者のあいだの線引きは難しかった[28]。皇帝は、いわば究極の在宅ワーカーだ。ローマ全体が彼の仕事場だったから、ネロは公金を私用に使えたし、その逆もありえた。また彼の治世におこなわれた改革により、国庫の会計管理を担当する役人もネロ自身が任命していた[29]。

そのうえネロは、宮廷での豪勢な宴会や夜遅くのパーティーなど、個人的なお祭り騒ぎにもむやみと出費した。六〇年代、ある人物の洗練された通人ぶりと気楽な快楽主義がネロの目を奪い、こうした饗宴を活気づけることになった。彼の名はガイウス・ペトロニウス、日中ずっと寝ていて、夜の時間を享楽追求に費やすことで有名だった。ペトロニウスは「趣味の権威者《アルビテル・エレガンティアエ》」、つまり人間関係のしきたりや娯楽を取り仕切る役目を拝命する。気ままに生き、自由に語り、何ごとも深刻に受け取らないペトロニウスは、若き皇帝に非常に強い印象を与える。ペトロニウスの眼鏡にかなうことだけが、ネロの目にも粋なことと映るようになったと、タキトゥスは伝えている[*1]。

他の廷臣たちは、ペトロニウスがすばやく昇進したことから、ある方向性を見て取っていた。栄達を望むなら、不謹慎な行動をとるようネロに勧めるか、新奇な娯楽や見世物を提供するのが賢いやり方だ。この政治ゲームでペトロニウスと張り合ったのが、ローマ市の治安と消防の監督者だったオフォニウス・ティゲッリヌスである。ただしペトロニウスが退廃的でのんきだったのに対し、ティゲッリヌスは屈強で世知にたけ、決然と行動する人物だった。彼もまたネロからの評価を高め、信頼のあつい腹心となっていた。その事実を、じきにローマ人は悲痛の念とともに思い知ることになる。

ネロの出費のなかでもとりわけ金がかかっていたのが、寵臣やお気に入りへの贈り物で、ネロが十代の頃からすでに、母の目にも危険と映るほど常識はずれなまねをしていた。解放奴隷に一千万セステルティウスを与えようとしていると、ある時知らされたアグリッピナは、その額の貨幣をネロの前に山と積み上げてその法外さをわからせようとした[30]。しかしその行動は、母に対するネロの反抗心に火をつけてしまう。彼は貨幣の山に軽く目をやると、倍額にするよう命じたという。「彼にやったのが、こんなに少なかったとは知りませんでした」。最終的にネロは、こうした贈与に総額二〇億セステルティウスもの金銭を費やすことになる。そしてこの巨額を、後継の皇帝たちはなんとか取り戻そうとこころみている（だがほとんど成功しなかった[31]）。解放奴隷アクテ、竪琴奏者メネクラテス、剣闘士スピクルス、金貸しのパネロスら大勢が、ひと財産をかかえて宮廷をあとにした。

一方、セネカを含む政権内部の人間たちにネロが与えた贈り物には、また別の意味合いがあった。ネロは贈り物を使って恩義を感じさせ、相手との共犯関係をつくり出そうとしていたのである。タキトゥスがその例として、暗殺されたブリタンニクスの資産の分配を伝えている[32]。資産の分配の様子を目撃した多くの人は、世間からの視線にさらされて罪の意識を感じたネロが、許しを買い取ろうとしていると考えたという。もし善人たちが、犯罪行為によって得られた収益の分け前を手にするのを目撃されれば、その犯罪の凶悪さ加減がやわらぐ。

もう何年も、セネカはこうした贈り物をたくさん受け取っていた。おそらくブリタンニクスの資産を含む、庭園、別荘、地所の数々のおかげで、彼は巨万の富の持ち主となった。だが贈り物を受け取ったことで、それらを得るために使われた乱暴な手段の共犯者となってしまってもいた。セネカがこの問題と苦闘していたことが、五〇年代末から六〇年代初頭に公表された論考から明らかになる。『恩恵について』と題されたその作品は、与えることと受け取ることについての長大な思考の記録である。

「恩恵」と訳されている「ベネフィキウム」というラテン語には、「贈り物」「親切」、それから「好意」といった意味内容が含まれている。プリズムのようにこの概念をとおして、セネカは商売、友情、政治など、あらゆる社会関係を吟味しようとしている。セネカが大切と考えているのは、善く与えること、つまり与えるという行為が気前よさ、ないしは愛の精神すらもっておこなわれることだ。この作品でセネカが模範として何度となく引き合いに出すのが、自然や神々からの恵与である。どれほど相手への貸しがあるかなどと勘定しない姿勢を、人類は自然や神々よりの恵与から学ぶことができる。同胞に「恩恵」を与えようとする我々がめざすべきは、神々を真似ることだ。セネカはそう説くのである。

『恩恵について』は長大な作品だ。ひとつの主題を取り扱うセネカの論考のなかでも最も長い。そこに織り込まれるさまざまな問題のうちには、著者であるセネカ自身の状況に、密に関わっているものもある。[33] もっとも、その関連が漠然としているのはいつものことだ。

セネカが取り上げる問題のひとつに、受け取るのをこばめないし、受け取っても十分に返礼のできない、王や独裁者から与えられる贈り物についての問題がある。想起されているのは、ソクラテスがかつてマケドニア王の宮廷に加わるよう招かれたがことわったという事例だ。[*2] もし申し出を受けても、王の気前よさに返報することができない、というのが理由だった。セネカは、自分が「自発的な奴隷状態」と呼んでいる人生を避けたとして、ソクラテスを称賛している。『幸福な人生について』の時と同じく、セネカがソクラテスについて語りながら、自分自身について語っているように感じられる。

その箇所でセネカは、反論を思い浮かべている。「ソクラテスは、望むならそれ［王からの恩恵のこと］をことわれただろう」。だが、とセネカは、まるで自分のことであるかのように答える。王というものは、拒否されるなどという扱いに甘んじることができず、それを軽蔑のあらわれと見なす。「王に物を与えるのをこばもうが、王から受け取るのをこばもうが、たいした違いはない。王はその両方を、等しく自分への拒絶と見なすのだから」。これはセネカにとって大切な点だった。大半をネロに仕えることで得た彼の富は、激しい攻撃の的となっていたからだ。だから、そうした報酬をこばむのは危険な行為であることを、セネカははっきりさせているのだ。

セネカが『恩恵について』で示す定義に照らせば、ネロからの贈与は、気前よさのあらわれとしての「恩恵」ではなく、権力を誇示し、恩を売るための手段である。六〇年代初頭、そうした恩義をセネカはかつてないほどに重く感じるようになり、身軽になる方法を探し始めていた。あとで見るとおり、六二年にセネカは、贈られたものをすべて放棄し、自身の自律性を取り戻そうとこころみる。ネロからの贈与のせいでとらわれの身となったのだから、おそらくそれを返却すれば、自分を解放することができるだろうと。
しかしその段階に至るまでに、セネカや他の宮廷要員は、ここ十年で最悪の対外危機に対処しなければならなかった。その危機はセネカにとっても深刻な事態だった。ローマ人の多くが、正しいかどうかはさておき、その原因がセネカにあると感じていたのである。

霧に閉ざされた、ブリテン島南東部の山あいの峡谷。イケニ族の戦士にして女王ボウディッカはそこに、ローマ支配を終わらせようと決意したブリトン人の強力な軍勢を集結させていた。[34] 彼女によって、まもなく八万人以上ものローマ人やその味方の命が奪われ、ローマ軍もあやうく大敗北を喫しそうになる。もしボウディッカに立ち向かったのが、鉄の意志を持つスエトニウス・パウリヌスでなかったなら、ブリタニアはローマ帝国から失われ、ローマ人が足を踏み入れることは二度となくなっていたかもしれない。前政権時代、クラウディウス帝が成し遂げ、あれほど自慢げにみずから祝った業績が無に帰していたかもしれない。

ボウディッカひきいるブリトン人反乱軍は、ねらいすましたタイミングで攻撃を開始した。[35] それは属州ブリタニア総督のパウリヌスが、モナ島（ウェールズ地方の沖にある、現在のアングルシー島）遠征に出ていた時のことだった。パウリヌスはブリタニアに駐留する四個軍団のうち、二つを連れていっていた。退役兵とその従者が定住していたカムロドゥヌムの町（現コルチェスター）では、問題が起きつつある知らせは得ていたものの、なすすべはなかった。防御壁も要塞も、その町にはなかった。これまで必要性が感じられていなかったのである。住民のうちには、神君クラウディウスの神殿に逃げ込んだ人たちもいて、カムロドゥヌムで最も堅固なこの建物で二日間持ちこたえる。[36] だがクラウディウスは皇帝だった時も、神となったいまも、良い戦士ではないことに変わりはなかった。こうしてカムロドゥヌ

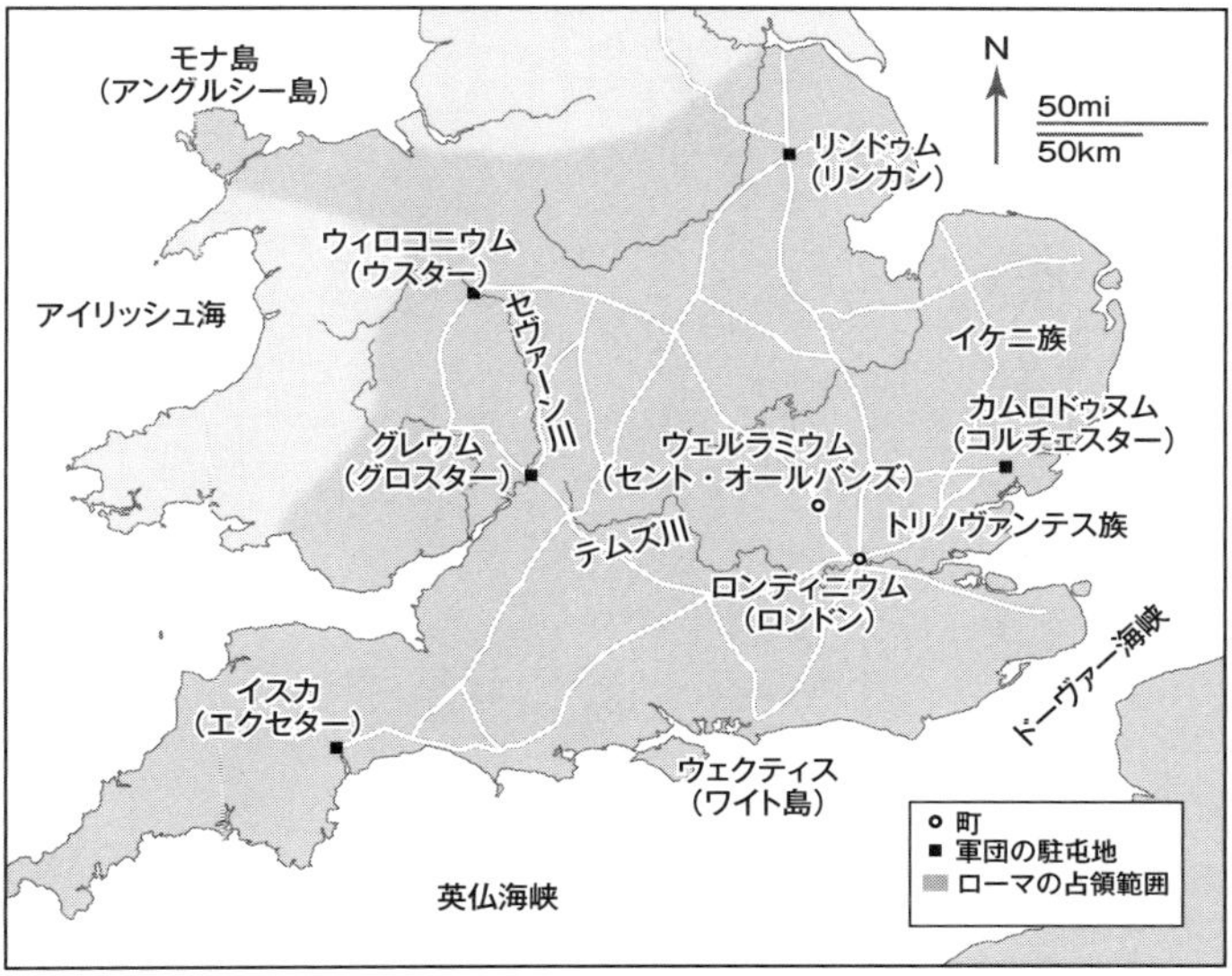

ボウディッカの反乱時の属州ブリタニア

ムはボウディッカの軍に一掃され、住民は剣のえじきとなる。北に二五〇キロメートルのところにあったリンドゥム（現リンカン）から、救援に一個軍団が派遣されたが、それも途中で粉砕されてしまう。

ウェールズ地方にいたパウリヌスのもとに、この災厄についての報告が届く。そこでもしパウリヌスが避難しようと船の建造を始めていたら、兵士たちの多くは喜んだことだろう。事態は深刻で、さらに悪化しようとしていた。というのも、パウリヌスは、属州ブリタニアの西部に駐屯していた第九軍団が援軍に来ることをあてにしていたのだが、その軍団は、ブリタニア南部に戻る自分に合流せよとの命令を拒否したのである。戦場に入り込むのは自殺行為と思われた。反乱軍は、数のうえでローマ軍の数倍にも達し、捕虜にすることなく敵を皆殺しにする姿勢をすでに示していたからだ。

不屈の精神で、パウリヌスは配下の兵を率いて敵に支配された地域を通り抜け、ロンディニウム（現ロンドン）に到着する。無事、ボウディッカの軍と遭遇せずにたどり着くことはできたが、テムズ川沿いに不規則に広がる、防御壁のないこの交易の中心地を、パウリヌスは守れないと判断する。騎乗できる、ないし戦えるローマ人商人は、軍団の隊列に交じって町から出発した一方、他の数万もの人々は捨て置かれることになった。進軍命令を出すパウリヌスに、最後まで彼らは助けを求めていた。まもなくブリトン人が、カムロドゥヌムにいた退役兵が味わった恐怖を、この町の商人たちにももたらした。ブリトン人たちは、捕虜にすることに何の意味も感じていなかった。反乱が成功すれば、欲しいものはすべて自分たちのものであり、失敗すれば、ローマはわざわざ捕虜を解放する交渉などしないだろう。

パウリヌスの軍に肉迫するボウディッカには、失敗はあり得ないとさえ思われた。虐殺につぐ虐殺とローマ軍に戦場で勝利したことが、彼女の名声を高めていた。しかも彼女の軍勢は、どうやら二〇対一もの数的優位に立っていた。カッシウス・ディオが彼女に語らせている長い演説(37)がもし本物であれば、ボウディッカはローマ人のことを、戦いではブリトン人に立ち向かえない退廃的な人々と見なしていた。ディオの描写から推測できるとおり、おそらく彼女は、ネロが最近歌を披露したことを聞き知っていて、敵の気質を示す好例と見ていた。「彼らローマ人は竪琴奏者の、しかも下手くそな奴の奴隷だ」。ボウディッカは兵士たちに向けこう語ったと伝えられる。もっとも、彼女がローマ人への批判のなかに、本当に音楽批評をまじえたとは考えにくい。

しかし自信過剰から、ボウディッカは軽率な行動をとってしまう。パウリヌスが選んだ地点での会戦を受け入れてしまったのである。ローマ軍は、側面と背後が森と高台に守られている地点に布陣していた。一方のボウディッカは、兵士に妻を同行させるのを許可していた。総崩れが予想されるローマ軍の様子を見物させるためだ。しんがり部隊を取り囲むようずらりと配置された荷車に、ボウディッカは兵士の妻たちを待機させる。そしてブリトン人軍の最前列が前進を始める。ローマ軍からは投げ槍が投げ込まれ、突撃が開始された。

ボウディッカもまた二輪の馬車を前進させる。これは当時の戦車にあたるが、馭者は金属製の胸当てをつけていなかったから、弓でよく狙えば容易に倒すことができた。ローマ軍は、常に最高の軍事的特質であった規律をもって、ブリトン人の振りおろす斧の強打をしのいでいた。戦闘はディオの伝えるように一日中続いたのか、あるいはタキトゥスがほのめかすようにごく短時間だったのか、いずれにせよ勝敗は決定的についた。ボウディッカの軍勢はローマ軍に背を向けて逃げようとしたところで、自分たちの荷車と、投げ槍で倒された味方の死体に囲まれてしまったのだ。

血の惨劇が終わるまでに、ボウディッカの軍勢からは実に八万人もの命が失われた。それまでにローマ側がこうむっていた人的損害を、この一回の犠牲者数で相殺してしまったことになる。ただの一撃で反乱軍は壊滅し、ローマによるブリタニア支配は旧に復した。生まれ故郷へと逃げ帰ったボウディッカについて、タキトゥスは毒をあおいで自殺したと、一方カッシウス・ディオは病死したと伝えている。

あらたにローマ軍の兵士が英仏海峡を越えて怒濤のように押し寄せ、反乱の舞台となった地を荒らしていった。もはやブリトン人は、食糧不足ですっかり消耗していた。というのも男たちが兵として進軍してしまい、翌年の収穫のために種をまくことができなかったからだ。それにイケニ族は、もうすでに鋤を打ち直して剣に変えてしまっていた。すぐにローマから糧食を奪い取って食べられると考えていたのである。結局ブリタニアでは一年のうちに何十万人もが命を落とす。ローマ帝国支配下にある地域のこうむった、最悪の災難だった。

戦いのあと、ローマの人々はこの災厄の元凶捜しをする。そうしたなかに、責任がセネカにあると考える人たちもいた。

カッシウス・ディオの伝えるところによると、セネカは反乱が始まる前、ブリテン島の指導者たちに貸し付けていた金を突然、それも厳しい条件で取り立てたのだという。そのため多くのブリトン人が破産した。また他にも、属州ブリタニアに赴任していた財政担当の管理官、デキアヌス・カトゥスの腐敗ぶりによって破滅した人たちもいた。カトゥスとセネカは二人して、反乱を起こしても失うものはない状態までブリトン人を追い詰めたと、ディオは述べている。一方でタキトゥスは、ブリタニアでのセネカによる金貸しについて何も語っていないが、カトゥスについては、その強欲さで憎まれたことを伝えている。タキトゥスが伝える衝突の最初の発火点は、横柄なローマ軍兵士が、ブリタニアの部族民を見くだすようになってボウディッカを鞭打ち、彼女の娘たちをはずかしめた出来事だった。

ディオがセネカに敵意をいだいていたことはよく知られているが、それでも現代の研究者の何人かは、ボウディッカ反乱のきっかけに関するディオの説明に信を置いている。(38) ある研究者はさらに、その説明を、ネロがある時ブリタニアから撤退して帝国を縮小しようと考えたというスエトニウスの伝え*3

と、巧みに関連づけている。[39] それがいつのことかは語られていないが、ネロがそうしたことを思いつくとすれば反乱の開始前以外にはありえない。[40] 反乱の最中や以後だと、ブリタニア放棄でこうむるローマの損害が大きすぎる。五〇年代の末、ブリタニアをローマ領としておくことへの疑念を、ネロが本当に周囲にもらしていたとすれば、それを知りうる立場にあった人はたぶん、急いで投資を回収しようとしたことだろう。この仮説によれば、ブリタニアでの反乱に火をつけたのは、インサイダー取引をした抜け目のない連中だったことになる。

セネカは本当に、高利貸しによる利益を追求しすぎたあまり、ローマの属州で起きた最悪の暴動に火をつけてしまったのだろうか。セネカの一番悪い部分を見ようとするディオか、より微妙な評価をくだすタキトゥスか、答えはどちらの歴史家を信じるかにかかっている。そしてセネカの人生に関わるさまざまな局面で、私たちは同様の選択をせまられる。わかっているのは、セネカが利子をつけて金を貸しており広大な帝国の財政を動かしていたこと、一方で反乱を起こしたブリトン人が借財に苦しんでいたこと。ではこれら二つのあいだに関連はあったのかというと、結局は判定する人次第なのだ。

伝わっている著作のなかで、セネカがブリタニアでの大惨事に触れている箇所はない。それでも、書かれたのがおそらく反乱開始後の『恩恵について』では、セネカは珍しく金貸しという主題に関心を示しているように思える。

利子をつけて金を貸すという行為は、固有の決まりにしたがってとりおこなわれる、特別な種類の「与える／受け取る」関係であることを、セネカは『恩恵について』で明らかにしている。何か所かで彼は、そうした決まりが適正であるべきことを強調し、あるいは貸し手が公正であるべきことを強い語調で語っている。その書きぶりからは、みずからがそうした貸し手のひとりであり、必要があれば債権を回収することに、セネカが満足している様子がうかがえる。だが別の箇所で彼は、あらたに登場するスニオンのデメトリオスという人物の口を借りて、利子をつけて金を貸すという事業そのものを厳しく非難する。

デメトリオスは犬儒派のギリシア人哲学者で、セネカの生きた時代、ローマに来て教師をしていた。その当意即妙の機知や、厳しい禁欲主義がセネカに強い印象を与え、二人は友人となっていた（「我が親愛なるデメトリオス」というのが、彼を指す時よくセネカが使う呼び方だ）。セネカはデメトリオスを、当世のソクラテス、あるいは当世のカトーと見なしていたのだろうか。最善の自分の理想的姿としてあこがれてやまない存在、または、なっていたかもしれない自分を想起させる、悲しい存在として。

『恩恵について』の最終巻で、セネカはデメトリオスに二度、長広舌をふるわせている。かつて『幸福な人生について』でのソクラテスと同様、ここではデメトリオスが、セネカの仮面として使われているのだ。そのうち二度目の演説のなかで、富、それも金貸しによって得られた富の邪悪さに対し激しい攻撃が繰り広げられる。「それらはいったい何であろうか？　負債とは？　台帳とは？　利子とは？　自然の定めた限度を超えて欲しがる、人間の欲望につけられた名前以外の何かだとでも？」。デメトリオスは感情を高ぶらせながら問いかける。「会計簿とは？　勘定とは？　売り出し期間とは？　血も涙もない金利一パーセントとは？　それらは我々がすすんで選んだ悪徳であり……空虚な欲望の夢なのである」[*4]。

セネカが作中の登場人物に自分の意見を代弁させる場面では、いつでも問題が生じる。だがここでの問題はことのほか大きい。富を軽蔑することで広く尊敬を集めるデメトリオスが、富を増やそうとセネカが活用したやり方をこれでもかと攻撃している。しかしデメトリオスを著作に登場させ、語らせているのもやはりセネカなのである。代弁者が選ばれて立てられるのは、自分を罰するためとも思える。それはセネカが以前、自分の富についての弁解を『幸福な人生について』でこころみた時、もうひとりの有名な清貧の人物、ソクラテスが立てられていたのと同じだ。あるいは、政敵たちがセネカに浴びせた非難を拡声器でふれまわるような『幸福な人生について』での記述の延長上に、『恩恵について』はあるようにも思える。

ブリタニアでの反乱、そして高利貸しが反乱勃発に果たした役割は、『恩恵について』という作品の奇妙な最終巻にどれほどの影響を与えているのだろうか。この問題を解こうとすると、政治と心理が交差する十字路に出くわし、どちらに進めばよいかわからなくなる。自分への最大の批判者ソクラテスやデメトリオスがそうであるように、自分も金貸しを軽蔑していると見せかけることで、批判をかわそうとしたのだろうか。あるいは、ブリタニアでの二〇万人もの犠牲者に打ちのめされた自分の良心を救おうと、衆人に公開された鞭打ち刑を自分に科したのだろうか。

ブリタニアでの反乱は終わり、帝国は平和を取り戻す。ただしつかの間のことだった。わずか四年後、今度は帝国の東部で、あらたな反乱の火の手が上がる。立ち上がったのは、ローマ人監督官の暴政に愛想を尽かしたユダヤの人々だ。しかしその頃までには、ネロの高級参謀たちの大半がこの世を去っている。最初の死者は皇帝親衛隊長アフラニウス・ブッルスだ。六二年、彼は病に倒れて衰弱しはじめる。

セネカはこの八年間、ブッルスと緊密に協力しながら職務をこなしてきた。この政治的な盟友は、セネカの判断を尊重し、また価値観を共有していた。セネカの散文作品を読んでいると、ついこの協力関係のことを忘れてしまいそうになる。というのも作品中にブッルスが登場するのは、『寛容について』でのただ一回と、あとはわずかな言及箇所のみであるからだ。[41] それでも間違いなくブッルスは、宮廷でのセネカの親しい協力者だった。ネロとの密議の席で互いに連携し合いながら、セネカとブッルスは皇帝をなんとかコントロールし、彼の欲求のうちの最悪のものを食い止めることに成功してきた。そして何人かの歴史家の評価によれば、ネロの名のもとに帝国を上手に運営してきたのである。

ブッルスの病気は、痛みをともなう喉の腫れだった。[42] おそらく腫瘍ができていて、呼吸障害を起こすおそれがあった。ネロは医者をやり、腫れがひくようにと何かを塗布させる。おそらく薬だったろうが、それが毒だったと述べている古代の著述家も何人かいる。薬を塗られたブッルスは、ただちにそれが毒であることを見抜いたという。ある時ネロが部屋にやって来て具合を尋ねると、ブッルスは顔をそむけ、低い声でこう答えている。「私のことなら大丈夫ですが」。彼は暗に、主君の堕落具合と比べたのだ。

ネロは結局、ブッルスの屋敷の所有権を手に入れている。[43] おおかたこれが毒殺説の根拠だったのだろう。ネロは帝国行政に充当するための金を必要としていたし、自身のぜいたくな暮らしぶりもあったから、財産を自分に遺贈する人々が自然死するまで待ちきれなかったのだ。ディオとスエトニウスの伝えるところでは、三年前にもネロは、富裕な伯母ドミティアに対してまったく同じことをしたという。[44] すでに高齢で、虚弱体質で、さらにはひどい便秘に苦しみつつも、ドミティアは生き長らえていた。そこでネロは、彼女を治療している医者に、致死量の毒薬を盛るよう命じる。ドミティアの資産はまたたく間にネロの手に入っただろうが、一方で出費のほうもうなぎ登りだった。

ネロが原因だったのかはさておき、ブッルスの死はセネカにとって大きな痛手となる。ブッルスひとりがついていた皇帝親衛隊長職は、クラウディウス帝時代のように二人体制に戻され、ファエニウス・ルフスとオフォニウス・ティゲッリヌスがその地位についた。ルフスのほうは、経歴に傷ひとつない尊敬すべき公僕だったが、ティゲッリヌスについては、セネカには懸念すべき理由があったのだ。

ティゲッリヌスは、もとは馬の商いをしていた素性の怪しい人物だった。派手さや自堕落さ、さらには戦車競走への入れ込みがネロと共通していたことから、皇帝のお気に入りにのし上がった。ネロの快楽好きと帝位を奪われることへの恐れの両方に、ティゲッリヌスはつけ込む。彼はセネカや他のストア主義者たちを、危険なまでに尊大な説教屋だと疫病神扱いする。[45] 皇帝の性的衝動と手を組み、皇帝の超自我を体現する人たちに対抗しようとしているティゲッリヌスは、セネカにとって宮廷でのあらたな敵となった。

また親衛隊長の交替によって、セネカの政敵たちはつけ上がり、ここぞとばかりに攻撃を再開した。[46] 四年前、スイッリウス・ルフスという人物が、セネカは不相応なほどの資産を所有しているとの非難を繰り出したものの、失敗に終わっていた。いまその非難がさらに強い力を得たのだ。こうしてセネカの持つ富は、彼の政治的および個人的野心を大げさに描き出すための材料として活用される。セネカが張り合おうとしているのは、実はネロその人に違いない。ネロが詩人になろうと望んだからこそセネカも詩人になったのではなかったか？　ネロが歌うのを制止しようとするかたわらで、彼は自分の技芸を磨いているのではないか？　彼は自分の庭園や地所を飾り立て、ネロをしのごうとしているのではないか？

宮廷でのセネカの立場は、日に日にむしばまれていった。それと歩調を合わせていたのがネロの財政状態だ。皇帝が常に金を必要としていることは、セネカに宮廷という牢獄をぬけ出す道を示していた。

セネカの地所は実際に広大で、彼の慎ましやかな暮らしぶりを考えれば、必要とする広さをはるかに超えていた。いまやそれは、有用というよりは危険なものとなっていた。告発しようとする人たちから見れば格好の獲物だったのである。死ねばどうせ、セネカはそのうち少なくとも半分を失う。通常彼のような地位にある人は、そのくらいを皇帝に遺贈することになっていたからだ。残りまで奪われることなく相続人に渡るようにと願っての行動だった。

セネカは、そうした末路を待つよりはと先手を打つことにした。所有するものすべてを清算できれば、引き替えに宮廷から後腐れなく出て行けるかもしれない。つまり、ネロに財産をすべて譲渡することにしたのである。セネカは五億セステルティウスもの巨額を失うことになるが、政界からの退出路を買い取ることができるかもしれない。

この取引を持ちかけるセネカとネロとの会談の様子を、タキトゥスが物語っている。タキトゥスがどういった資料にもとづいたのか、その資料をどの程度脚色したのかはわからない。タキトゥスによる完全な創作の可能性もある。けれども二人の会談を使って、忘れがたいものをタキトゥスが作り出したのは確かだ。二人の冷淡なよそよそしさ、慎重に言葉を選んだセネカのへつらいと、ネロの示すうわべだけの敬意、一語一語の裏にひそむ不信の念。これらすべてが相まって、政治劇場での秀逸な作品ができあがっている。

タキトゥスによると、セネカは歴史的な先例を引き合いに出すところから話を切り出したという。初代皇帝アウグストゥスは、側近中の側近であるアグリッパとマエケナスの二人に公務からの引退を許した。彼ら二人はアウグストゥスのために偉大な貢献をし、莫大な対価を受け取っていた。「ですが私は、陽のあたらぬ場所で修められた学問以外に、あなたの気前良さにどんなお返しができたでしょうか」。それからセネカは、ネロに仕えるうちに手に入れたすべてのものに思いをめぐらせる。ヒスパニアのコルドゥバに生まれた騎士身分の人間が、一流の権力と富のそなわる地位まで出世した。がしかし、とセネカは言う。自分はもう老いて、財産はわずらわしい重荷となってしまった。庭園や別荘の管理のために費やしてきた時間を、これからは自分の魂の世話のために使いたい。ネロの支配は盤石だし、彼の力強さがあればどんな困難にも立ち向かえる。だからネロはもう、セネカが去ってもうまくやってゆける。

対するネロの返答は、敬意の表明から始まる。こうして雄弁をふるえるのも、自分のかつての師、セネカのおかげだ、と。けれどもネロはセネカの論理を受け入れない。アウグストゥスの宮廷から引退したアグリッパとマエケナスは、アウグストゥスのためにできることはやり終えてしまっていたのに対し、セネカにはまだ貢献できることがたくさんある。それにあの二人は、アウグストゥスから贈られたものを返却したりはしなかった。ネロは、自分にはまだ師の助けが必要だと謙虚に主張する。「すべりやすい年頃の私が道を踏みはずしても、呼び戻してはくれないのですか？」。

それからネロは、もっと重要な点へと話を向ける。「もしあなたが私に財産を返しても、世人が噂するのはあなたの慎み深さではなく、私の強欲についてでしょう。もしあなたが皇帝のもとを去っても、私の残虐さを恐れたのだと言われてしまう。あなたの自制心は大いなる称賛を受けることでしょう。しかし友人に汚名を着せながら、自分には良い評判を得ようとするのは、賢人にふさわしいことではありません」。

ネロが本当にこんなふうに語ったのだとしたら、彼の語ったことは、政権開始当初からの暗黙の了解事項だ。つまり、セネカの名声と人気は、ネロ政権にとって不可欠な強みだった。だからセネカがいまそれを引き上げたりすれば、あるいはそれを金で買い戻したりすれば、必ず政権に大きな傷がつく。自分の道徳的な美徳でできた鎖で、彼はがんじがらめにされている。セネカはこの芝居を最後まで見届けなければならないのだ。

タキトゥスによると、二人の会談は始まった時と同じように終わったという。体面を保つための、偽善的な努力がなされたのだ。わびしい老後へと自分がいま追いやった男を、ネロは抱擁しキスをする。

一方のセネカについて、タキトゥスはこの廷臣の苦境に冷ややかな洞察を加えながら、このように語っている。「セネカは、主君との会話の終わりにいつもしていたとおりの感謝の言葉を述べた」。そして二人は別れる。この会談以前、二人の友情に傷ついていない部分がたとえあったにしても、それはここで終わりを告げたのである。

ティゲッリヌスは、すでにブッルスの後任として皇帝親衛隊長の地位についていた。さらに彼はいま、セネカに取って代わり、「皇帝の友《アミクス・プリンキピス》」という役目にもついた。この非公式の地位は、最高顧問、首席補佐官、それに一番の親友の役割もあわせ持っていた。ただしこの変化から大きな影響を受けるのはセネカだけではなかった。長く忍耐を強いられ、愛されることもなくほとんど捨て置かれた状態の、亡きクラウディウス帝の娘、ネロの妻であるオクタウィアもそうだったのである。

この気高い女性との結婚を、ネロは心底いやがっていた。彼女はいま二十代前半の年齢となっていた。この三年、ネロの愛情が向かう先は、ネロの好みにずっと合っていたポッパエアだった。だが皇帝の上級顧問たちは、かつてアグリッピナが選んだ路線にのっとり、ずっとネロには妻を取り替えるのを禁じていた。オクタウィアとの離婚について、ネロがブッルスに相談したこともあったが、はっきりとした物言いをするこの兵士上がりは、そのたびにこんなふうに木で鼻をくくったような対応をしていた。「かしこまりました。では、忘れずにオクタウィア様の嫁資をご返却ください」(47)。嫁資とはつまり、帝位そのものを意味している。クラウディウス帝の娘であるオクタウィアとの結婚が、ネロの皇帝としての正統性になっているると、ブッルスは理解していたのだ。

オクタウィアは、この頃にはあらたな輝きをもってローマ人たちの目に映っていた。はたで見る人々は、彼女の窮状に哀れの念をもよおし、女性の美徳についての基準にかなっていた彼女の気質も、人々の同情心をかき立てていた。皇帝家の他の花嫁たちとは異なり、オクタウィアは権力も、不倫相手も求めようとはしなかった。まだ実現されていなかったが、後継者をもうけるという自分の役割に専念することに、満足しているように見えたのである。

セネカもやはり、このまま結婚を続けるようネロに説いていた。少なくとも、この若き女性の悲劇的人生を主題とした『オクタウィア』の内容からは、そう推測できる。この悲劇の作者が誰かはわかっていない。けれどもその人物は、六二年に、宮殿の閉ざされた扉の向こうで何が起こったかについて、おそらくは直接見聞きしたことにもとづく、驚くような洞察力を発揮している。作中の緊迫した場面、セネカとネロは二人して舞台に登場し、親密な、思いやりさえ感じられる会話を交わす。[*5]ネロは、オクタウィアをいとわしく思い始めていたが、最初からずっと嫌いだったわけではないことをセネカに告白する。ネロは驚くほど率直に、自分のこの嫌悪感が、彼女にこばまれたことで生まれたと明かす。対するセネカは、ネロがなんとか傷心を乗り越えられるようにと心を砕く。

ネロ　我が妻と心で結ばれたことは　一度としてありませんでした
セネカ　えてして年若き頃は　愛情は十分はっきり現れぬもの
　愛は恥じらいに敗れ　炎は覆い隠されてしまうものです
ネロ　私とてずっと　そう信じていました　でも違ったのです
うちとけぬ彼女の胸のうち　私を見るあの表情　それは
あきらかに告げていたのです　彼女が私を毛嫌いしていることを
そして燃えるような心の傷みが　おのずと復讐を欲したのです

ネロの妻オクタウィア

取り返しのつかない破局の危機を前にしたセネカは、果敢にオクタウィアの立場を弁護しようとこころみる。しかし敵はポッパエアの魅力だ。『オクタウィア』の作者が生殖力や肉欲といった原始的な力と結びつけるその力は、しょせんセネカの議論がかなう相手ではなかった。二人の女性は、有名な哲学的たとえ話に登場する、幸福へ続く二つの道のように対比されている。片方の道はけわしく厳しいものの、先には永遠の報酬が待っている。もう片方は平坦で楽な道だが、先に待つ報酬はつかの間のものだ。そしてネロは、困難なほうの道を選ぶ人間ではなかった。

この場面の終わり、すねた様子の皇帝は、オクタウィアとセネカを一刀両断にはねつける。ネロはもう、束縛されるのはこりごりだったのだ。

私への押しつけはやめてくれ　あなたの厳しさはもうたくさんだ
セネカが駄目と言うことを　したってかまわないはずだ

もちろんこれらの会話は創作にすぎない。それでも含まれる洞察は真実らしく思える。セネカは常に皇帝の「重々しさ《グラウィタス》」の守り手だった。ネロに戦車競走と距離を置かせ、劇場の舞台に立つことを禁じてきた。オクタウィアもまた、落ち着いた立ち居ふるまいと生まれの高貴さで、とりわけポッパエアと対比されながら、同じ「重々しさ」を表現していた。だからセネカは、オクタウィアを支持しないわけにはいかなかったのだが、そのせいで死んだアグリッピナと同類にされてしまった。すでにネロは母を排除し、さらには父代わりだった人の言うことに耳を貸すのもやめた。それは、ネロの追い詰められた妻に危険がせまっていることを意味した。

六二年春、ブッルスが亡くなった頃に、ネロはポッパエアの懐妊を知る。その知らせは皇帝をある行動へとせき立てた[48]。オクタウィアを片づけ、ポッパエアを皇妃とする決意を固めたのである。ローマ市民がポッパエアのことを非常に嫌っているのを、ネロはよく知っていたが、それでもポッパエアから未来の皇帝が生まれさえすれば、市民たちも彼女を受け入れるだろう。それに、自分を見る目も変わってくるはずだ。

だが離婚、再婚に向けた行動に移るためにはまず、ネロは皇朝に関わる仕事を済ませておく必要があった。

命令を実行せよ　人をやり　プラウトゥスとスッラを殺し
切り落とした二人の首を　私のところに持ってこさせるのだ

『オクタウィア』のなか、ネロはこう語りながら舞台へと初めて登場する。(49) 性格描写の大胆さの点で、この登場の仕方はシェイクスピアの『リチャード三世』にも匹敵する。タキトゥスの記述を信じるなら、ネロは決して、この台詞から連想されるような決然とした指導者ではない。それでもネロは六二年の春、ティゲッリヌスの説得の勢いに圧倒されるように、目立っていた従兄弟二人を亡き者にする決断をくだしたのである。市民たちから敬愛を受けるオクタウィアと離婚すれば、ネロは支持を失うおそれがある。そうなれば人々の視線は彼ら二人のほうへと向くだろうと、ネロにはわかっていたのだ。

ルベッリウス・プラウトゥスは、ティベリウス帝、およびアウグストゥスの姉の両方の血を引いており、ネロはずっと彼を脅威と認識していた。すでに見たように、五五年にアグリッピナがプラウトゥスとの結婚を画策しているとの噂で、皇帝がパニックにおちいったことがあった。その五年後、空に彗星が現れる。（ローマ人の信じるところでは）その光景は指導者の交替を予告していた。周囲の視線はプラウトゥスに集まった。ネロはプラウトゥスに書簡を書き、イタリアを離れて小アジアにある所領に向かうよう求める。プラウトゥスは唯々諾々としたがった。こうしてプラウトゥスは、六二年には表舞台から去っていたものの、ネロの心から姿を消したことはなかった。

一方ファウストゥス・スッラもアウグストゥスの姉の子孫であり、さらには軍事の伝説的人物、ルキウス・コルネリウス・スッラの血も引いていた。その人物の名は、死後一世紀以上をへてなお強い力を維持していた。ファウストゥス・スッラもまた、ネロの疑念をずっとかき立てる存在だったから、プラウトゥスと同様、ローマ市からは追い払われていた。この五年、でっち上げの罪で流刑となり、マッシリア（現マルセイユ）に暮らしていたのである。その地でのスッラは、ネロの警戒心を刺激するようなことを何ひとつしなかった。それでも彼の血筋は危険だと、ここでティゲッリヌスがネロに吹き込んだ。ガリアの軍団が、この当世のスッラに鼓舞されて立ち上がらないとも限りません、と。

ネロはかつて、義弟がすぐ間近で死んでゆくのを眺めたことがあった。また自分の母を、殺すつもりで船に乗せたこともあった。それに比べれば、はるか遠くから殺害を命じるなどたやすいこと、そのうえ、ティゲッリヌスがあらたに皇帝親衛隊長となっているのだ。そして暗殺部隊がマッシリアへ派遣される。スッラに先に警告が届いたりしないよう快速船で、兵たちは六〇〇キロメートル以上も離れた町までたったの五日で到着したのである。[50] 彼らが到着した時、宴席のスッラは、危害を加えられるとは想像すらせずに、くつろいだ様子で横になっていた。兵士たちは一撃でスッラを倒すと、切り落とした首とともに海路ローマへと帰還する。

他方、プラウトゥスを取り除くのには少し骨が折れた。小アジアへの道のりは遠かったし、奇襲という要素が失われてしまったからだ。プラウトゥスの義父は、[51] なぜか攻撃部隊がやって来るとの噂を聞きつけ、対応策をとるようプラウトゥスに伝えていたのである。ローマ帝国東部にいる軍は、プラウトゥスのもとに結集するだろうと、義父からの手紙には書かれていた。つまり、ネロ政権を転覆させることで。その筋書きには、わずかながら成功の可能性があった。けれども結局プラウトゥスは、ただ座して死を待つ。自分を殺しに六〇人もの武装集団が到着するまで何もしなかったのだ。そうすれば妻と子供たちを助けることができると考えていたのか、あるいはストア派の教師たちが語ったことに納得していたのだろうか。[52] なかでもエトルリアの賢人、偉大なムソニウス・ルフスは、静かに死を迎えるほうが、望みのない危険な戦いを続けるよりよいとプラウトゥスに説いていた。

プラウトゥスとスッラ二人への攻撃を成功させることで、ネロは劇的に権力を強化する。それから彼は元老院に宛てて、二人が国家にとって危険な存在であるとの報告書を送る。すでにどちらもこの世にいないことにはひと言も触れなかった。元老院議員たちは、報告された以外のことは知らないふりをして、二人を元老院から除名するとの決議をする。ネロにはふたたび、殺人のフリーパスが与えられたのである。

こうして、四年も待った末に、ついに妻を入れ替える準備が整った。しかしネロは、オクタウィアを思う市民の感情の強さを計算に入れていなかった。皇妃オクタウィアは、ネロからはひどく嫌われていたものの、ローマの世間では崇拝の的となっていた。人々の心のなかでオクタウィアは、より純粋で高貴な帝政の象徴となっていた。それは実現されていたかもしれない過去——またそうなる可能性でもあったのである。

離婚を正当化するために、ネロは姦通の疑いを突きつける。彼はポッパエアとティゲッリヌスの助けを借りて、あるエジプト人の笛吹きに強要し、誓って自分は皇妃と寝たと証言させた。それに対し、オクタウィアを支持する市民たちが激高し、公共の広場に集結し始めたのである。

ネロは動揺した。離婚の決心を変えたようにさえ見えたし、実際に離婚を撤回したとの噂が流れもした。感謝した民衆は気勢を上げ、中央広場のポッパエア像を打ち壊し、代わりにオクタウィアの像を据えた。浮かれ騒ぐ連中のうちには宮廷に押しかけて来る者もおり、皇帝親衛隊が追い返さなければならなかった。事態は、政変が間近だとポッパエアに主張させるまでに進展していた[53]。オクタウィアがこのまま生き続ければ、国家にとって危険になると、ポッパエアはネロにそう強くせまったのだ。

どうやらネロは、いつも罪を二度犯して誰の目もごまかせなくなるめぐり合わせにあったらしい。ミセヌム港の艦隊長官アニケトゥスがアグリッピナを襲った時、このギリシア人解放奴隷は、二度目の攻撃でようやく彼女にとどめを刺すことができた。ネロは今回もまた、オクタウィアへの二度目の告発が必要となり、またもや、最も忠実な刺客であるアニケトゥスに頼った。今回ネロが求めたことはただひとつ。自分はオクタウィアとベッドをともにしました、というアニケトゥスの自白だった。結果アニケトゥスは処罰を受けることになるものの、ネロは軽い刑にとどめることを誓う。アニケトゥスはどこか快適な土地へ追放されることになるが、その刑をやわらげるために、秘密裏に巨額の報酬が約束されたのである。(54)

オクタウィアにかけられた不貞の容疑は、アニケトゥスの地位と考え合わせて、権力を狙ったたくらみとされた。ミセヌム港の艦隊を手に入れようとしたというのである。もっともらしさを取りつくろおうともしない軽率さでネロは、オクタウィアを帝位を狙った強奪者、第二のアグリッピナとしたのである。元老院がローマ市からの追放という判決を出すには十分だった。

オクタウィアはパンダテリア島に流される。波に洗われるポンティーネ諸島の、二平方キロメートルにも満たない小島だ。彼女に望めることがあるとすれば、ぜいたくに作られた邸宅に軟禁されながら、せいぜいその地で生き長らえることだけだった。(55) けれども、これまでこのけわしい岩山のような島に上陸した皇帝家の女性は、支持者たちの目や耳の届かないこの地で殺されてきた。島は、不都合な女性たちをひそかに処分する場所となっていたのである。

『オクタウィア』の作者は、ヒロインが追放地に移送されようとしている場面で作品を締めくくっている。それはたいそう感動的な場面だ。古代ギリシアの悲劇作家エウリピデスが、イピゲネイアを死をも恐れない若き女性として描いた、かの有名な場面が手本とされている。オクタウィアを島に運ぶ船が到着すると、彼女はみずからの運命を受け入れる――

どうして私が　ぐずぐずしたりするでしょう
さあ　私を　死へと連れ去りなさい……
帆柱を立て　海原《うなばら》と風にむかって
帆をひろげ　舵をまっすぐ
一路　パンダテリアの岸辺をめざしなさい

船が港を出る時、オクタウィアがののしるのは、ネロでも彼女を逮捕した人たちでもなく、不思議なことに父であるクラウディウスだ。死への入り口に立つオクタウィアはどうやら、クラウディウスとアグリッピナの結婚で歯車は回り始め、自分はここに連れてこられたのだと考えている(56)。

タキトゥスの『年代記』には、この場面の先に待つ、さらに過酷な結末が記録されている。オクタウィアがパンダテリア島に上陸してほんの数日、島に死刑執行人たちが到着する。大勢の兵を目にしたオクタウィアは、必死に最後の抵抗をこころみる。自分はもうネロの妻ではなく、義理の妹にすぎない。縛り上げられた彼女は、そう言って憐れみを乞う。それから、自分がゲルマニクスの一族の血を引くことを訴える。最後に彼女は、亡くなって三年になるアグリッピナの名前にかけて兵たちに懇願する。

しかし、どのような懇願も無駄だった。兵たちはオクタウィアの血管を切り開く。自殺との見せかけを保とうとしてのことだった。けれども血が勢いよく流れ出ない。結局、兵たちは彼女を蒸気の充満した部屋に押し込み、窒息死するのを待つ。

あらたにローマ帝国の皇妃となったポッパエアの望みで、オクタウィアの首は剣で切り落とされた。そしてネロの宮廷に運ばれると、プラウトゥスとスッラの首の横に並べられたのだ。

第6章　全燔祭《ホロコースト》――六二年〜六四年

あの紀元四九年の元日、クラウディウスとアグリッピナとの結婚の場につどった一族のうち、生きている者はもうほとんどいない。クラウディウスはすでに亡く、その息子ブリタンニクスも、さらにいま娘のオクタウィアも死んだ。アグリッピナもまた冥界へと去り、その地で、自分が殺した夫クラウディウスによって永遠に責めさいなまれている（と、『オクタウィア』に登場するアグリッピナの亡霊が語っている）。ネロはみずから直近の肉親すべてを取り除き、さらにプラウトゥスとスッラの二人を殺害したことで、今度は親類へも手を伸ばし始めた。遠縁の二人、デキムス・シラヌス・トルクアトゥスとその甥のルキウスは、かろうじて生きのびていた。ネロを除けばこの二人だけが、アウグストゥスの血を引く最後の直系子孫たちである。

十四年前、クラウディウス帝の宮廷を切り盛りしていた解放奴隷たちも、すでに舞台から去っていた。ナルキッススとパッラスは二人とも殺された。ナルキッススはアグリッピナによって、パッラスは金に飢えたネロに財産を狙われ、毒を盛られて殺害された(1)。皇帝と一緒に下品な性遊戯を楽しみ、特別なお気に入りとなっていたドリュフォルスも、処刑されて死んだ。オクタウィアになれなれしすぎるというのが理由だった(2)。あらたな寵臣たちが現れ、つぎつぎとネロのそばの空席を埋めていった。剣闘士のスピクルス、竪琴奏者のメネクラテス、宦官のペラゴンなどである。

その死の影響が最も大きかったのがブッルスだった。この頑固な皇帝親衛隊長もつい最近に亡くなっていた。ぶっきらぼうなこの古兵《ふるつわもの》は、ネロにさえ異を唱える数少ない人間のひとりだった。ある時、自分の見解を語ったブッルスに対して、考え直すようネロが求めると、彼は言ったものだった。「私はもう意見を申しました。同じことを二回も訊かないでいただきたい」(3)。そのブッルスの後任、ティゲッリヌスは、まさに正反対の方針をとり、ネロの好きなように虚栄心や妄想を発揮させる。ティゲッリヌスは皇帝の快楽のため巨費をつぎ込み、皇帝の権力のため残虐性をふるった。そのうえ、彼はポッパエアを支持していた。ネロが彼女を花嫁とすることにブッルスは抵抗し、市民たちも彼女をひどく嫌っていたが、ポッパエアはネロを幸せにしたし、もうすぐネロの子を産もうとしていたのだ。

ネロ帝による「黄金の時代」開始の露払いを務めた古参の守り人のうち、セネカだけがひとり取り残されていた。孤立し、過去の名残のように、彼は生き長らえていた。もはや政権ではっきりした役割もなく、かといってそこから完全に去る望みもなかった。ずっと以前、アグリッピナは彼に、「舵取り《レクトル》」として若き皇帝を導く仕事を与えていたが、その仕事はもう終わった。続いて引き受けた上級顧問、演説の代筆者、政府の後見役、それからネロの良心の声という役割もすでに終わった。彼はたそがれのなかに生きていた。自分をいまの地位へと導くきっかけとなった道徳的な評判が、セネカを囚人のように宮廷に縛りつけていた。

セネカがよく取り上げる歴史的な人物の前例を並べてみても、セネカのような苦境におちいった人は見られない。古代ギリシアの世界では、支配者の教師となった哲学者たちは、追放されたり、法律による保護を奪われたり、殺されすらした。けれども意志に反して宮廷にかかえられ続けた人はいない。生前のオクタウィアだけがセネカの境遇と似ていた。皇帝から好かれず信頼されてもいないのに、解放してもらえない局外者。オクタウィアにおとずれたひどい最期は、セネカにとっても良いきざしとは言えなかった。それに彼女がいなくなったことで、セネカが宮廷を去るのはいっそう難しくなった。オクタウィアとセネカという、政権で一番目立つ道徳的な信頼性の象徴を、ネロは二つとも失うわけにはいかなかったのである。

逃げるという選択肢は考えるまでもなかった。セネカには隠れる場所などなかったのだ。そのうえ兄のガッリオと、愛する甥、マルクス・ルカヌスのことも考える必要があった。とりわけ前途洋々たる若き詩人、ルカヌスは、危ない立場に立たされていた。彼はその頃までに、叙事詩『内乱』の最初の三巻を発表していたが、この輝かしいデビューが、奇しくもネロのうえに否定的な効果を及ぼしてしまう。(4) 自分も詩人であるとうぬぼれていた皇帝が、庇護している者の光り輝く才能に刺激されたのは、もはや自尊心ではなく、嫉妬と不信だったのである。このあとルカヌスには伯父の助けが必要になる。もしセネカが、まだ手を差し伸べてやれるのなら。

六二年初頭、アンナエウス氏族の三人と、さらに政治的エリート全員に危険が忍び寄っていることが、ついに明らかとなっていた。元老院に対する自制をかなぐり捨てたネロが、ささいな罪を理由に、ローマ帝国の法務官、アンティスティウス・ソシアヌスを処刑する寸前までいったのだ。セネカもルカヌスも注目したはずの罪状は、正しくないたぐいの詩を作ったという、文学と関わる罪だったのである。

その「罪」がおかされたのは、オストリウス・スカプラという人物の催す晩餐会でのことだった。(5) アンティスティウスは、おそらく酒で気が大きくなっていたのだろう、皇帝をからかうような口汚い詩句を朗唱したのだ。もっとも、その時点までのネロのえじきは家族のみだったから、アンティスティウスには懲罰を恐れる理由がなかった。けれども、いまネロの右腕となっているのはティゲッリヌスだ。彼は「憎ませておいてやろう。奴らが恐れている限りは」という原則を地でいく人間だった。そしてこのティゲッリヌスの娘婿、コッスティアヌス・カピトが、くだんの晩餐会のあと、アンティスティウスを「国家反逆罪」で告発したのである。そしてその種の告発の事前審査をおこなう当局者は、事件として審理することを許可してしまった。

それまで、あのクラウディウス帝の古き悪しき時代以来、「国家反逆罪」の告発が取り上げられたことはなかった。「国家反逆罪」との言葉は、この罪状での告発が濫用された前政権時代の記憶を、またその前、それ以上の猛威をふるったカリグラ帝時代の記憶を、まざまざと思い出させた。当時「国家反逆罪」という罪状は、皇帝が敵対者を滅ぼすために何にでも貼れる便利なレッテルだった。それどころか、取り巻きが自分の敵を滅ぼすためにすら使えたのだ。皇帝が聞く気になれば、ほぼあらゆる言動が反逆的と説明可能だからだ。かつてティベリウス帝の治世に、ある元老院議員が告発された際の理由は、皇帝の姿の彫られている指輪をはめた手で、部屋備え付けのしびんを持ち上げたことだった。[6]

その「反逆的な」晩餐会の主催者だったオストリウス・スカプラは、罪に問われたアンティスティウスを救う努力を果敢にも繰り広げる。彼は宣誓したうえで、不適切なことは何ひとつ耳にしなかったと証言したのだ。だがそれも役には立たなかった。結局アンティスティウスには死刑判決がくだされるが、指定された死刑のやり方が、さらにローマ中を震撼させる。それは古式にのっとった残酷な処刑方法で、二股になった木の枝に首を固定し、裸の体を死ぬまで鞭打つというやり方だったのである。

階層的な権力構造をもつローマの皇帝支配体制のもとでは、そもそも皇帝の承認がなければ、こうした判決がくだされることはありえない。タキトゥスの語るところによると、ネロが死刑判決に賛成したのは、判決後に介入して死刑を回避させ、寛容との評判を稼ごうとしていたからだった。確かにありうる話ではあるが、同時に、自分の手の内がばれた時に皇帝が何と言うかをまさに示してもいる(7)。そしてこの大きな意味を持つ一連の出来事のなか、結果的にアンティスティウスの命を救うために介入したのは、皇帝ではなくひとりの元老院議員だった。

その時点までネロの行きすぎを冷淡にながめていたトラセア・パエトゥスが、ついに沈黙を破って語り出す。アンティスティウスへの罰としてふさわしいのは、死刑ではなく追放刑や財産没収である、と彼は議員たちを前に論じた。議員たちはみなその勇気に突き動かされ、なだれを打ってトラセアのあとに続き、死刑を撤回して代わりに追放刑を科すことを決議する。それでも、裁判を主宰していた二人の執政官は、ネロの同意なく判決をくだすのを恐れ、どうすべきかの判断をあおいだのである。自分は介入するつもりがないから元老院の好きなようにすればいい。ネロから元老院に送られた書簡には、不機嫌そうな語調でそうつづられていた。ネロの自尊心は一撃を喰らわされたのだ。寛大さを示す計画を横取りされたことで、というよりおそらく、力を見せびらかす機会を与えられなかったことで。

とはいえ、この逸話が何もかも英雄的だったわけではない。トラセアが元老院でおこなった演説は、入念に皇帝への称賛で飾られていたのだ。それでも、ここで一線が越えられた。これまでのネロの治世、政界はおおむね平穏だったが、所信演説で宣言された、元老院と支配者とのあいだの協約がついに破られた。抑圧の道具として、「国家反逆罪」という伝家の宝刀がふたたび抜かれたのだ。さらに前進しようとする動きはかわされ、ネロの意志はくじかれはした。それでも皇帝と元老院は、徐々に互いを不信の目で見始めていたのである。

この出来事の展開を、セネカは誰に肩入れしながらながめていたのだろう。トラセアとセネカは、ストア思想に傾倒している点で似た精神の持ち主だったが、国政についての考え方では反対の立場をとっていた。セネカは皇帝による専制的な支配を受け入れ、実際ネロを王に等しいとまで宣言していた。一方のトラセアは、骨の髄からの元老院議員だ。彼は「独裁者」カエサルを暗殺したブルートゥスとカッシウスの誕生日を、独立記念日であるかのように毎年祝い続けていた[8]。それでも、セネカにしてもトラセアにしてもカトーを敬愛していた。一世紀ほど前、降伏するよりも自殺を選んだ筋金入りのストア主義者、カトーだ。しかしセネカよりもトラセアのほうが、どうやらカトーを行動の規範とすることに積極的だったようだ。

セネカとトラセア。政治の世界でも哲学においても、この二人の道徳的人物が近しい盟友になっていたとしても不思議はなかった。だが二人は違う道を進み、それぞれ別々に危機へと近づきつつあった。もっとも、二人の道はもうすぐ合流して一本になり、いつの日か、同じ破局が二人を呑み込むことになる。それを知ったら、きっと二人とも驚いたことだろう。

トラセア・パエトゥスの姿が、ネロの前に敵として姿を現し始めていた。六三年初頭、自分がトラセアを敵と見なしていることを、ネロはローマ世界全体に知らしめる。その年の一月、クラウディアと名付けた自分の初子の誕生を祝っていた時のことだ。喜びに満ちあふれたネロは、ローマから南へ三〇キロメートルあまり、ポッパエアが赤ん坊の世話をしていたアンティウム市へと、元老院の全員を移動させる。彼はいつもの浪費癖をそのままに、競技祭を催し、居合わせた全員を出席させての宴席を用意した。ただし、ひとりの元老院議員だけは別だった。トラセア・パエトゥスが祝賀の席から外されたのである。

生まれたのは女の子で、まだ男児は生まれていなかったが、ネロとポッパエアのあいだに子供のできることが証明された。後継者誕生の見込みが高まったことで、ネロの立場は大いに強化され、トラセアに国家反逆罪との告発がなされるのもどうやら時間の問題だった。あらたに皇帝親衛隊長となっていたティゲッリヌスが、そうした動きを助長していたのも間違いない。というのも彼の家族が、トラセアに対し積年の恨みをいだいていたからだ。原因はティゲッリヌスの娘婿、コッスティアヌス・カピトが五年ほど前、ローマ帝国東部属州での失政のかどで、元老院において断罪されたことにあった。トラセアはその時、コッスティアヌスへの訴追を援助していたのである。[9] いまコッスティアヌスは、敵対者に対して訴訟を仕掛ける「告発人」として政権に奉仕している。

　コッスティアヌスはいつか復讐を遂げることになるだろう。しかしまだその時ではなかった。ネロの愛娘クラウディアが、生後四か月を前に息を引き取ったのだ。そしてトラセアの運命は違った方向へ向かう。ネロは悲しみに打ちひしがれ、また大事な手札を失ったことで弱気にもなっていた。元老院との関係を強化する必要を急に感じたネロは、敬意を払うそぶりを見せながら、トラセア・パエトゥスに手を差し伸べたのだ。こうして二人は和解に同意する。当面は。

　この出来事をきっかけとして、ネロとセネカは辛辣《しんらつ》な会話を交わす。タキトゥスは、二人のねじれた関係を示す多くの場面のひとつとして、この会話をスナップショットのように記録している。[10] タキトゥスによると、ネロは自慢げに、セネカの耳に確実に入るようにトラセアとのあらたな盟約について宮殿で語ったのだという。なんとも残酷なあざけり方だ。自分の恩顧は、いまや他の人はおろか、他のストア派の賢人にすら与えられることを、暗に伝えていたのである。だがセネカは、ただ屈辱に甘んじたりはしなかった。ネロに対して、この新しい友情はネロにとって喜ばしいことです、と答えたのだ。トラセアとの盟約によって恩恵をこうむるのは、トラセアではなくネロだと言わんばかりだった。

「こうして二人の卓越した人物には、栄光と、さらには危険もが徐々に大きくなっていた」。タキトゥスはそう述べて、セネカとトラセア・パエトゥスという、似たところのない人生を送ってきた二人にこのあとおとずれる、似た運命のほうを見やっている。

広大な地所を差し出しても、セネカは宮廷を辞することができない。それでも彼は、身に危険が及ばない程度に宮廷からは距離を置いていた。もう、権力ある政治家の日々の務めを続けることはない。[11]毎朝自分の応接間に恩顧を求めて押し寄せる知人たちや、庇護民《クリエンテス》たちの群れの前に姿を見せることもない。彼が人前に現れることは稀になり、たまに顔を見せても、もうたくさんの従者に取り巻かれてはいない。ネロが決めた範囲のなかで、セネカは自分の存在感を薄めようと努めていたのだ。

その一方で、ものを書くペースは上がっていた。いまのセネカには、道徳的な問題について考える時間が前よりたくさんあり、著作を公表する必要性を以前より強く感じていた。ネロが堕落へと急降下するにつれ、セネカの名声はひどく傷ついていたからだ。六二年以降に執筆された作品は、驚くほどの分量にのぼっている。失われた作品もあるが大半は現存している。彼の作品中最も長く、最も野心にあふれた散文作品もこの時期に書かれ、『テュエステス』という、格別痛ましい悲劇作品が書かれたのも、ほぼ間違いなくこの時期のことだ。[12]セネカはいま、文学的活動のピークの時を迎えていた。人生の残り時間が少ない人のように彼は書き続けていた。そして、残された時間は本当に少なかったのだ。

六十代半ばのセネカは老いを感じていた。常に寒気がして、終生悩まされた呼吸器系の疾患のせいで消耗していた。そんな自分のことを彼はこう表現している[13]――「老いさらばえ、人生の終わりをかすめている人間のひとり」。どこを見回しても、自分の人生が最後の段階、老年期《セネクトウス》に入ったことを思い知らせるしるしが見えた。[14]ある時、地所をまわっていると、ふしくれだってしおれているスズカケの木々がセネカの目にとまる。なぜ水をやらないのかと庭番の男をしかりつけると、その男は答える。それらは単に年の取りすぎで、もうどうしようもないのです。その時庭番の男には何も言わなかったものの、セネカはある事実を自著の読者だけに明かしている。木々を植えたのは、実は若い頃のセネカ自身だったのだ。

ローマ市外に旅行に出る機会もセネカには多くあった。地所を点検におもむいたり、皇帝と廷臣たちについてイタリア中をまわったりもしていた[15]。多くの時間を過ごしたのは南伊のカンパニア地方で、ときには豪勢なリゾート都市、バイアエやプテオリをおとずれることもあった。ポンペイにも少なくとも一度足を運び、その時のことを、ポンペイ生まれの旧友ルキリウスに熱っぽい口調で書き送っている。時がたつにつれ、セネカはルキリウスにより親近感をおぼえるようになっていた。おそらく他の友人たちの多くに先立たれたからなのだろう[16]。ルキリウスはセネカよりわずかに年下で、ネロのもとでともに働く同僚だった。シチリア島にある皇帝の地所を管理していたルキリウスは、文学的嗜好と哲学的関心をセネカと共有していた。また、同じような試練を生き抜いた同士でもあった。メッサリナとナルキッススによって、ルキリウスは拷問にかけられたことがあったのだ[17]。そしてセネカにもかつて、この二人に苦しめられた経験があった。

この時期のセネカはどこにいようと、代表作となる作品への取り組みの手を休めることがなかった。それぞれが書簡の形式で書かれた短い道徳的論考の、すばらしい集成である。それらの書簡は、一見ルキリウス宛てだが、実際はより広い読者に向けて書かれている。しかし、親しい友への私信の形をとることで、論考は構成上の自由がきき、さまざまな声色や論調、技巧が駆使されている。倫理的問題の探究と書簡形式との融合は、セネカが文章を書くうえでのひとつの突破口となった。ルキリウスに宛てられた『書簡集』へと結実する作品に、セネカはそれまでのどの作品よりも長く取り組み続け、そのなかでみずからの生涯や思想についてたいそう率直に書きつづっている。というより、少なくとも率直に語っているように見える。

『書簡集』の多くの手紙は、日々の生活のふとした瞬間の話で始まり、続いてそうした瞬間に浮かんだ洞察についての検討が進められてゆく。たとえばある手紙では、友人の休暇用別荘への旅が物語られている。プテオリにある豪勢な家へと向かう旅だ(18)。

出発地点のバイアエからプテオリの友人の家にたどり着くのに、セネカは五キロメートル弱の湾を渡る必要があった。遠くに黒雲が現れ始めていたが、小さな船を雇って出発する。嵐が来る前にプテオリにたどり着きたいセネカは、岸沿いには進まず、直進して時間を節約するようにと舵取りに命じる。だがそのせいで、風が強まり始めた時、岸から遠く離れた洋上にいるという事態におちいる。すでに半ばまで来て引き返しても意味がない場所で、セネカは船を大きく揺らしながら持ち上げる大きなうねりのなかにいた。船酔いは耐えがたく、胃のなかのものを全部もどしても楽になれない。

セネカはあわてふためいて、進路を変え最寄りの岸に向かうよう舵取りにせまるが、海岸線は岩だらけで錨をおろせる場所はなかった。船はあの岩には近づけませんと舵取りは言い返す。だがセネカは船酔いでもだえ苦しんでいた。彼は船の漕ぎ手に無理強いして、できる限り陸地に近いところにまで船を進ませる。そして海へ飛び込んだ。

自分はいつだってうまく泳ぐことができたと言い添えながら、セネカはルキリウスに、どうやって岸までたどり着き、苦労して岩だらけの海岸に体を引っ張り上げたのかを説明している。どうにかして彼は、目的地の邸宅へと向かう細道を発見する。その時わかったのだ、とふと気づいたかのようにセネカはつづる。オデュッセウスは十年にわたって漂流し、各地を遍歴したと『オデュッセイア』は物語るが、その苦しみはきっと、海の怪物以上に船酔いのせいだったに違いない、と。

体をさっぱりさせ、服も着替えたセネカは、邸宅付き奴隷のマッサージで温まったところで、自分が船酔いからどれだけ自暴自棄におちいったかをつくづくと思い返す。「自分自身にだって耐えられないのに、あんなことに耐えたなんて信じられない」。彼らしいするどい表現でセネカはそう記している。それから彼は、自分の思考をいつもの、有徳の生や、道徳的な気づきをともなう生の探究へと自由にさまよわせる。苦痛が身体を圧倒してしまう様子は、ちょうど悪徳や無知が魂を圧倒してしまう様子と似ている、とセネカは考える。苦しんでいる人は、もしかすると自分がいま苦しんでいることに気づいてさえいないのかもしれない。ちょうど、深い眠りについている人が、自分がいま眠っていることを知らないように。哲学だけが、魂をそんな昏睡状態からさますことができる。ルキリウスよ、君が君の全存在をかけて追求すべきなのは、哲学なのだ。哲学以外のあらゆることを放棄したまえ。君は体調が非常に悪くなった時、仕事を全部放っておくだろう。それと同じことだ。

この手紙が読者をいざなう先は、進んでいると見えたのとはまったく別の場所だ。吐き気をもよおして死にもの狂いとなり海へ飛び込んだ男が、いきなり真剣にものを考え始める。近道をするという愚かな選択ときまり悪いほどの肉体的苦痛の、表現の率直さと綿密に観察された細部とが相まって、セネカの描写は読者を引き込んでゆく。こうしてひとりの人間としてのセネカに引っかかると、続いて賢人としてのセネカにたぐり込まれてしまう。

だがセネカは、ひとりの人間であり賢人であるだけではない。同時に政治家でもあった。ネロのかたわらにあったこの十年あまり、彼が発揮したイメージ作りの腕前と、世論操作の努力のせいで、『書簡集』を読み解くのはなんとも複雑な作業となる。心からの道徳的真剣さを持ち、二言目には哲学と言い出す男。書簡を読む私たちの前に現れるこの人物は、本当のセネカの姿なのだろうか。あるいはそれは、言葉の達人が作り出した、理想化された自己の姿《イマゴ》なのだろうか。この十五年のあいだ、すべての言葉を政治的行為として書いてきたセネカに、二つの姿の違いがわかっていたのだろうか。

ある書簡でセネカは、文体が筆者の人格をどれほど反映しているかについて考えている。[19]どうやら彼は、逆に文体が人格を形作る可能性には思い及ばなかったようだ。長い時間ずっと「紡ぎ出す」作業に従事していた著者は、紡ぎ出すのをやめるのが難しいのではないか。『書簡集』には、セネカが哲学者としてのみずからの姿を紡ぎ出す場面が多く描かれる。[20]「哲学は実に神聖で尊いものだから、それに類似のものでさえ、人をあざむいて喜ばせるほどだ」[21]。セネカはルキリウスにそう語るが、彼自身が人をあざむいている場面も、『書簡集』には何度も現れる。[22]もっとも、正確に何か所なのか言うのは難しい。

通常の一日の過ごし方について、セネカは『書簡集』のなかのある書簡で説明している。[23]ただし描写されているのは、一日のうちの一部だ。朝の時間は読書と思索に費やされ、合間にちょっとした運動をする。パリウスという年若い奴隷との徒競走だ。セネカはその手紙を書いた日、なんとか引き分けに持ち込んだという。ついで天日だけで温めたぬるま湯につかる。セネカはずっと冷水浴の習慣を守っていたが、もうかつてのように冷水に耐える強さがなくなっていた。続いては質素な昼食の時間。乾いたパンと簡素な食べ物のみ。卓の用意もいらないし、食後に手を洗う必要もない。それから午睡をとるが、ほんの短時間だ。長い睡眠は必要ないとセネカは言う。

静かで、禁欲的で、落ち着いた隠退生活を送る賢人の理想的な一日。しかし描写されているのは、セネカの一日の中間地点までだ。ここで手紙は別な話題へと移り、午後と晩については空白のまま残される。彼が書いたものの多くがそうであるように、ここでもセネカは二股をもくろんでいる。読者は進んで自分をさらそうとする彼を信頼する。けれども彼は記録に欠落を作り、かんじんな瞬間を隠してしまう。

『書簡集』でのセネカは、自分の政治的経歴についてひと言も触れていない。自分が関わった事件、なんとか乗り切った危機、そばで目撃し、ときには協力すらしたネロによる殺人の犠牲者たち。『書簡集』をセネカの思考の記録と見なせるなら、こうしたことは浮かばなかったようだ。皇帝を怒らせずに触れることはできなかったからかもしれない。沈黙が、自由に公表することと引き替えに支払う代価だったのかもしれない。理由はどうにせよ、とにかく『書簡集』は奇妙な偏りを含む自己探索の記録だ。セネカはあらゆる角度から自分を点検し、ことあるごとに真実を探究する。そしてすすんですべてを打ち明けようとしているかに見える。だが一方、人生で最も重要な部分について、また執筆時に進行中だった出来事については、いっさい口をつぐむのである。

過去への後悔をほのめかしている、あるいは失敗を認めているかに思える曖昧な記述が、『書簡集』には何か所かある。「私は他の人々に正しい道を示している。私自身がその道を見つけたのは、ようやく最近のことで、迷いに迷って、自分をすり減らしたあとになってのことだ」。セネカはそう述べている。彼は自分の道徳的状態を皮膚病患者になぞらえる。その皮膚病は治りはしないが、少なくとも広がりは止まっている。自分はそうした傷に効く軟膏をついに見つけ、その薬について記録して後世に伝えるつもりだ。それがすなわち、『書簡集』なのだとセネカは主張する。

自己の道徳性を、不治の病に苦しむものとしてセネカが描き出すのは、これが初めてのことではない。自分に不足のあることを認めつつ、責任はないと言える便利な方便だ。アグリッピナ殺害の共謀に加わった男の口から出るこの比喩には、暗に特別な弁解もしくは謝罪すら含まれている。しかし『書簡集』を読む誰もが、こころよくそれらを受け入れたわけではない。

あらゆるところに死はある。セネカの文学活動は、そのことを考えるところからスタートしていた。

かつて、息子を失って悲しむマルキアを慰めるために、「我々は日々死んでゆく」と書き送っていたセネカ[24]。文学的経歴の終着点に近づくにつれ、死、とりわけ自殺というテーマが、ますます彼の心を占めるようになっていた。死がいっそう近づいているのを感じ、自身の手でその進行を早めるという考えがしだいに現実味を帯びてきていた。

『書簡集』のなかでセネカは、死を大きな哲学的課題として、人格や考え方をためす究極のテストとして見ている。セネカにとっての道徳的な英雄、ソクラテスとカトーは、この最後の機会を人生最上の瞬間とすることができた。ドクニンジンの毒液を落ち着いて飲みほしたソクラテスは、自分を癒やしてくれたと言って神々に献酒する。一方、腹の傷が縫い合わされるのを望まなかったカトーは、決然と自分のはらわたを引き裂く。セネカが選んだのは、徳の無条件の追求ではなく、宮廷で妥協を続ける道だったが、ここにこれら賢人の仲間入りを果たす最後のチャンスを見ていた。最期におとずれる死が、複雑で不完全な彼の人生の帳尻を合わせてくれるかもしれない。

周囲のいたるところに、セネカは来たるべき最期の危機のきざしを感じ取り、それを先取りして経験していた。呼吸器系疾患による発作によって、セネカは息がつまり、ほとんど窒息した状態が続くことがあった。そうした瞬間を彼は、医者から聞いた用語を使って「死の予行演習《メディタティオ・モルティス》」と表現し、自分がどれほどそうした瞬間を恐れなくなったのかルキリウスに説明している。「窒息状態にあるあいだでさえ、私は楽しく勇敢な思索を続け、平静を保ち続けた[25]」。彼は宣言する。「私からの約束として聞いておいてくれたまえ。最期を迎えても、私は恐れおののかない。すでに、準備はできている」。

セネカの周囲にはまた、数多くの自殺の実例があり、かつて『怒りについて』で呼んだ「自由」への道の入り口が、いつでもひらいていることを思い出させていた。なかでもセネカに強い印象を与えたのが、奴隷として闘技場で戦うことを強いられた剣闘士の二つの例だ[26]。二人は現状を耐えがたいものと感じ、死ぬ覚悟を固めていたが、監視の目が始終つきまとっている。そこで、ひとりはトイレに行けるように画策し、尻をぬぐうために備え付けられていた海綿を喉に突っ込むと、窒息して果てた。もうひとりは車に乗せられ、闘技場へと運ばれている時、眠っているふりをして頭を地面のほうへと下げると、車輪に頭を突っ込んで回転によって首をへし折ったのだった。ほぼ完全に無力の状態であったにもかかわらず、二人はついに解放への道を見いだしたのである。

これらの事例について考えをめぐらせながら、セネカは、必ずやって来る死を自殺によって先取りすべきなのかという憂鬱な問いに取りかかる。[27] 拷問に耐える、あるいは体を消耗させる病気をじっと耐えるのは勇敢な行為だと、彼は結論づける。その一方で、自分の身への暴力によってそうした状況に終止符を打つことも、同じく勇敢な行為である。ではどちらが良いのか、セネカはそれぞれを支持する議論を紹介し、結局彼らしくもなく、決めることができないと結んでいる。

セネカがこうしたテーマにこだわりを見せるのには、わけがあった。ネロとの関係は、一種の捕囚状態、ないしは体力を消耗させる病気のようなものとなっており、おそらくその果てには死が待っている。彼は、日々死に続けていた。他の苦しむ人間たちとまったく同じように確実に、他の人々よりもずっとじわじわと。それでも彼の苦境は最終的な解決を必要とするほどではなかった。少なくとも、いまのところはまだ。実際『書簡集』にも、さらにはセネカの人生末期のもうひとつの作品である『自然研究』にも、彼が生き続けようと最大限努力していたことをうかがわせる記述がある。

『書簡集』のある箇所でのセネカは、どうやらネロに向かい、相互不可侵条約締結を申し出ているようだ。[28] 彼がその箇所でルキリウスと議論しようと選んだのは、哲学者は専制君主にとって敵か否かという問題だった。無論セネカの考えは「否」だ。支配者が平安を保ち、おかげで賢人たちはすばらしい思索ができる。だから賢人は、子供が親を敬うように、生徒が先生を敬うように、支配者を敬わなければならない。その話題の流れのなかセネカは、二行からなるへつらいの詩句を引用する。元は詩人ウェルギリウスが、アウグストゥス帝に対して作った詩句である。

この静穏を　我らに授けてくださったのは　神だ
というのも　あのお方は　私にはいつまでも神なのだから

この引用句には、ネロと折り合おうとする努力が、すでに一度は拒絶されたもののいまでもまだ続いていたことが示されている。干渉せず放っておいてくれさえすれば、それと引き換えにセネカは静かに隠退生活に入り、政権の名誉を傷つけるようなことはしない。もしネロがアウグストゥスのような存在となり、自分に静穏をもたらしてくれるのなら、セネカは詩人ウェルギリウスとなり、ネロのことをほめたたえよう、と。

ローマ人全員の父、人々を教え導く教師、神。六十代半ばのセネカは二十代半ばとなったかつての教え子ネロに、もはやそうした役割を割り振れなくなっていた。『書簡集』で提起される議論はあくまで一般的な問題で、比喩は漠然としている。一方で、同時期に書き上げられたもうひとつの作品、『自然研究』でのセネカは、もっとずっと率直だ(29)。そこにおさめられた、気象や自然科学を扱うある論考において、あえてまたネロのことを話題にしている。そしてセネカがネロの名を著作中に登場させるのは、ほぼ十年ぶりのことなのである。

『自然研究』を手に取るのが、おそらくネロその人を含め、権力を持った人々になることがセネカにはわかっていた。だから彼は、好意を示すことで好感を得られるようにと、何か所かで皇帝について触れるよう心がけていた。タキトゥスは、セネカの詩の才能をネロが脅威に感じていたと伝えている。それでもセネカは『自然研究』のある箇所で、ネロが作った詩をほめ、特に称賛に値するとしてその一節を引用さえしている。[30] またネロの名が挙がる二番目の箇所では、ナイル川上流に向けてネロが送り出した遠征隊（他の史料からは知られていない）について論じられている。ひどく偽善的な文章でセネカは皇帝をこう描写する。「さまざまな徳に、なかでもとりわけ真理に熱心に心を寄せるお方だ」[31]。

また『自然研究』からの第三の箇所でセネカは、歴史のなかでの出来事をたとえとして使いながら、ネロに問いを突きつけている。セネカの読者にはおなじみの話だが、マケドニアのアレクサンドロス大王は哲学者を宮廷に招き、宮廷の道徳的な評判を高めようとしていた。セネカがネロの宮廷に引き込まれたのと同じだ。そのうちのひとり、カッリステネスという名の賢人は長年、せっせと自分の役目を果たしたが、ある日、理由は定かではないものの、恭順の姿勢をかなぐり捨てる。宴席で立ち上がり、一堂に会した高位の人々を前に、神を気取っていると言ってアレクサンドロス大王を非難したのである。それから数か月のうちに、アレクサンドロスの命令でカッリステネスは処刑される。

この悪名高い出来事について、セネカは次のような言葉でまとめている。[32]「こうしてアレクサンドロスには、終生にわたる非難がついてまわることになった。どんな徳も、どんな戦果も、その穴埋めをすることはできない。『アレクサンドロスは何千人ものペルシア人を殺した』と言われるたびごとに、『加えてカッリステネスも』という反応が返ってくる。『当時最大の帝国を支配したペルシア王ダレイオスを、アレクサンドロスは殺した』と言われるたびごとに、『加えてカッリステネスも』との反応が返ってくるのだ」。このようにアレクサンドロスの業績に付いた汚点を思い起こさせながら、セネカは暗に、ネロに警告している。もしネロが哲学者を殺すなら、その名は永遠にけがれることになると。

しかし、この逸話からネロが得られる教訓を強く打ち出すかたわらで、この逸話から自分が得られるかも知れない教訓を、セネカは無視するのである。おそらくアレクサンドロスは永遠の恥辱を負ったが同時にカッリステネスは永遠の栄光を獲得した。その賢人を鼓舞して立ち上がらせ王を非難させたのは、彼の内なる声のようなものだった。その行動の代償は彼の命だった。それでも、あらゆるストア主義者が称賛の念を隠さないソクラテスやカトーと同じ評価を後世で得られたなら、カッリステネスは犠牲の甲斐もあったと感じたに違いない。

　ではセネカは、カッリステネスを真似ようとこころみたことがあっただろうか。あるいはこの時、そうしようと望んでいたのだろうか。その雄弁や知識を総動員すれば、セネカはネロ政権に多大なる損害を与えることができただろう。にもかかわらず、彼がこの武器を使う気になった形跡はまるでない。むしろ彼は書き続けようとしていた。自分が目にした罪には口をつぐみ、生き続けようとしていた。彼はカッリステネスとは違った道を進もうとする。尊敬されすぎてネロがおいそれと殺せない賢人をめざすのだ。

　六二年から六三年にかけて、セネカが『自然研究』を執筆していた折、南伊のカンパニア地方は数日間にわたり強い地震に揺れた(33)。当時のローマ人にはわかろうはずもなかったが、その豪勢なリゾート地方は活断層をまたいで広がり、その活断層はヴェスヴィオ山の（現在も進行中の）火山活動と結びついていた。ナポリ湾に面した富裕な行楽都市であるポンペイとヘルクラネウムは、なかでも地震の被害が大きかった。ポンペイで発見された壁面装飾に、石工がその時の様子を記録してくれている。公共建築物が建ち並ぶ町の一角で、建物にひびが入り、崩壊してゆく様子が浮き彫りで表現されているのだ。

『自然研究』においてセネカは自然災害についてさまざまに考えをめぐらせるが、そのうちには地震を扱う箇所がある。彼の心をとらえたのは、この時の奇妙な光景だった(34)。数百頭の羊が原因不明な状態で死んだこと。青銅の像がまっ二つに割れたこと。ある人が入浴中、風呂の水がタイルのあいだに生じ

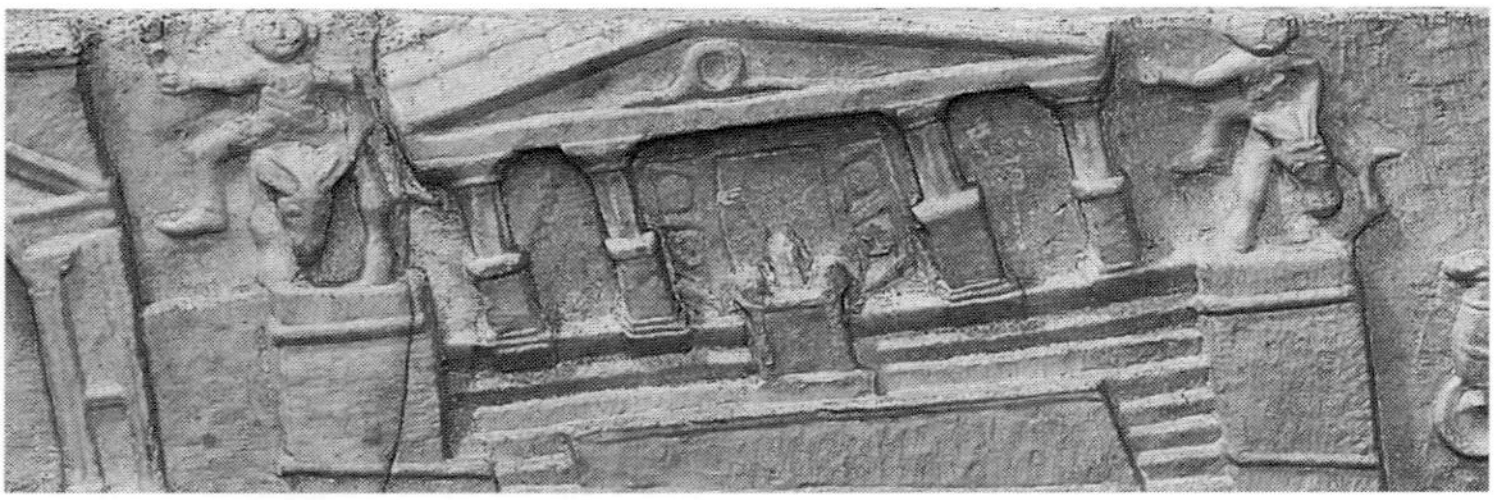

南伊カンパニア地方での地震の被害が描かれた浮き彫り。

た割れ目のなかへ消えてゆき、その後、割れ目が閉じるにつれてふたたびそこからあふれ出してきたこと。住民たちは、ある者は気がふれたようにブツブツつぶやきながら、ある者は茫然自失の状態で、被害の現場からふらふらどこかへ行ってしまったこと。カンパニアを離れ、甚大な被害を受けたこの地方には二度と帰らないと誓った人々が多数いたことを、セネカは書き留めている。

堅固なはずの大地が突然不安定となって破滅が起こったという事実は、セネカに強い印象を残した。地震は彼の哲学的な心に、より大きな不安定さ、すなわち命のはかなさの実例を示した。あらゆるところで死は私たちに忍び寄る。何度となく取り上げた主題を使って、セネカは考えにふける。恐ろしい死を怖がるのがどれほど無意味なことか、ましてそれを逃れようだなんて。天災が起これば我々はあわてふためく。もっとずっとささいなこと、たとえば化膿した切り傷とか大量にたまった痰《たん》でさえ、同じほどたやすく我々に死をもたらしうるというのに。我々は洪水になりそうだと気をもむが、飲んだ水が喉を変なほうへ入ってしまっても、同様に致命的になりうる。

カンパニア地方のたどった運命を嘆こうとしないという姿勢は、不運に対しストア主義者がどう反応するかを示す典型的な例だ。幸福は、その人の置かれた状況から得られるのではなく、「理性」《サピエンス》をつちかうことから得られるとストア派の人々は教えていた。本当の賢者であれば、その身に加えられた苦しみや喪失、さらには生命を失ったところで何もそこなわれはしない。ただしそのようにすべてを受け入れるという姿勢を、言いなりになるという意味と理解するのはとても簡単なことだ。皇帝の命令でしきりと死がもたらされていた独裁体制のもとではなおさらだ。死はあらゆるところにひそみ、それから逃れることはできないとセネカは強く主張することで、どうやらみずから行動を起こすという重荷から逃れていたようだ。というのも、実際セネカはこの時期、自分自身を救うためにも他の人々を救うためにも、ほとんど何もしていないのである。

　このあとの歴史的な流れから、カンパニア地方での地震についてのセネカの議論には、ひとつ皮肉な注釈をつけ足すことができる。セネカは、避難した人々がカンパニアを去ったことをあざ笑ったが、のちの展開が示すとおり、実際はそれが彼らの命を救うことになるのだ。十七年後、ポンペイとヘルクラネウムの町を封じ込めたヴェスヴィオ山の噴火により、この地方は火山灰と熱いガスで包まれる。地震は災難というよりむしろ警告だったのだ。死があらゆるところに存在することに目を釘付けにされていたセネカは、「自然」が逃げ道を与えてくれていることに目が向かなかったのである。

　六四年の八月、再度ローマ人は突然の災禍に見舞われる。今回はガリア地方、その首府であるルグドゥヌム（現リヨン）市でのことだ。火が猛威をふるい、町を一夜にしてほぼ消滅させたのだ。この時もセネカは、ルキリウスに宛てた『書簡集』におさめられた一篇で、落ち着いてそれを受け入れるようにと説いている。その書簡での思考の出発点となっているのは、アエブティウス・リベラリスという名の友人の悲しみだ。この人物はリヨンの生まれで、ほぼ間違いなく、大火ですべてを失っていた[35]。セネカはリベラリスにこんなふうに語りかける。人間にとって災難は共通の運命なのだから、嘆いたところで何にもならない。「不運の予行演習《メディタティオ・マロルム》」をしておくほうがずっとよい。悲運がその身におとずれる前に想像しておき、怖さがなくなるまで、前もってそれを心に迎え入れておけばいい。

「追放、拷問、病気、戦乱、舟の難破。こうしたことを考えておこう」[36]。セネカはこう助言している。「起こりうることのうちでの最悪を、心に受け入れておこうではないか。その最悪なことに圧倒されたりしないように」。というのもそれは、結局いつかは起こることなのだから。町の興隆はそれ自体が没落の予兆なのだ。だから没落を、心を乱すことなく受け入れるべきだ。セネカはそこで話の方向を変え、さまざまな慰めの言葉をかけながらこう述べる。それに、古い建物の灰の下から新しい建物が芽を出すだろう。炎で破壊された町よりも良い町によみがえることだろう。

この最後の部分の考え方は、セネカ最初期の著作から何度となく登場していたテーマ、すなわち破局の問題の基調に触れている。疲れた世界を一新するために用意された、無限に繰り返される破局と再生のサイクルのなかで、全人類はいつかこの地上から一掃されて、ふたたび原始的な状態へと生まれかわるのだと、彼の学んだストア思想は教えていた。ただしセネカの想像するその情景は、彼以前の他のストア主義者よりもずっと真にせまったものだった。そして彼は、最後の日々が近づいていることを誰より確信していた。

「破滅の日までの期間はそれほど長くはない」[37]。『自然研究』のなか彼はこうつづる。「すでにコンコルディア［宇宙の調和したバランス］はためされ、引き裂かれている」。崩壊の日が確実にせまっていることは、セネカに一種の安心のような感覚を与えていたようだ。みなが同じ運命をたどることになる。だから、逃亡をこころみようが、治療法を探そうが、他の人たちを助けようとしようが、すべての行動は等しく無意味となる。

古い時代のストア派の思想家たちの理論では、炎が世界に終わりをもたらすことになっていた。火による宇宙の消滅を、彼らは「エクピュロシス」と呼んでいた。一方『自然研究』でのセネカは、かつての『マルキアへの慰め』でのように、世界を呑み込む洪水を想像している。恐ろしい予兆として、地球上にあまねく水がある様子を、彼は描写している――あらゆる山から流れくだり、あらゆる大地の下にたまる水だ。「自然はあらゆる場所に水分を配置しているから、望めばいつでも、全方向から我々を攻撃できる」。『自然研究』でのセネカはそうつづっている。そしてすべての水源の堰《せき》は切られ、すべての地下水脈は殻を割るように地下から噴き出し、地球全体が液化する。セネカの想像は、まるで特撮映画の一場面のようだ。

「あらゆる区分は消滅する」[38]。セネカは、かつての『マルキアへの慰め』の時と同じ、恍惚とした語調で予言している。「自然がばらばらに分け隔てたものは、すべてひとつに混ざり合う……水は東からも西からも押し寄せてくる。ただの一日で全人類は水没する。運命が寛大だったおかげで長いあいだにつちかわれてきたことも、他の上へと引き上げられたものも、たとえば高貴なものや飾り立てられたもの、また偉大なる民の打ち立てた王国も、等しくすべてが深淵に落ちて滅びるだろう」。

世界のたそがれは、セネカには、みずからの人生のたそがれとともにやって来るものと思われた。じきに、徳も悪徳も関係なくなる。それが彼の見通す未来だ。そんな区別はみな大水に呑み込まれてしまうのだ。専制政治も自由も、消極性も反抗も、行動するもしないもみなそうなる。おそらくセネカは、自分にそう言い聞かせていたのだろう。

ローマ政界のおもだった人物のなかで、政治的な活動から身を引こうとしていたのはセネカひとりではなかった。六三年のある時、突然トラセア・パエトゥスが元老院の会合に出てこなくなったのだ。そしてトラセアの信奉するストア派の信条は、多くの点でセネカの信条によく似ていた。

トラセアの姿が消えたことは驚きと、疑いなく多くの人にとっては残念な出来事だった。これまで奴隷状態にあった元老院のなかで、唯一トラセアだけが、勇気を示す模範であったからだ。宴席で危険な詩を詠んだというだけで罪を着せられた、アンティスティウスへの判決を減刑させるため、元老院を奮起させたのはトラセアだった。また最近にも、彼を先頭に、元老院がふたたびその存在感を示す出来事があった。彼が出した動議は、元老院での称賛演説を禁じるという内容で、トラセアの指摘ではそれは、腐敗した行政官たちの出世にのみ役立っているのだった。(39) 公的な発言において誠実さを求めた彼の主張は、元老院議員たちから好意的に迎えられた。だが議長を務めていた公職者たちは、ネロの不興を恐れ、すぐに採決に移ることを許可しようとはしなかった。

それまでのトラセアによる異議の表明方法は、たいてい不参加という形をとっていた。五九年、ネロによるアグリッピナ殺害を正当化する書簡が、その主張を認める雰囲気のなか読み上げられた時、彼が一言も発することなく元老院の議事堂を去ったことがあった。またそのすぐあと、人前で歌うネロの初舞台に誰もが喝采を送るなか、彼は拍手を控えていた。奴隷のように迎合することこそが、忠誠心の証と見なされていたネロの治世に、不在、そして沈黙は反抗的行動となり得た。トラセアはいま、そうした行動をさらに大がかりにおこなうことにしたのである。

とはいえ、元老院から距離を置くという彼の行為は、勇気ある行動だったのか、それとも臆病さの表れだったのだろうか。また元老院を不在にすることで、彼は自律という目標を前進させることができたのか、それとも指導的な発言者を奪ってしまっただけなのだろうか。トラセアはきっと、他の多くの人々と同様に、そのジレンマに苦しめられていたに違いない。政治に参与することで、有徳な人々は結局、悪しき支配者を助けていた。だとすると争いの場から立ち去ることは、良心的な行動なのだろうか、それともただの自己防衛なのだろうか。

こうした疑問に、トラセアならどう答えただろう。いずれにせよ、しばらくすると彼は、その不在戦術が全面的であることをローマ中に向けて示す。六四年の元日、参集してローマ国家のために神々に祈願する元老院議員たちのなかに、トラセアの姿がなかったのだ。またその二日後、彼は毎年おこなわれていたもうひとつの儀式への参加を見送る。その席では、元老院議員たちが皇帝への忠誠を誓い、皇帝の無事を祈っていたのである。こうした儀礼に参加しなくなったことの意味は、誰の目にも明らかだった。トラセアはもう、二度と戻ってはこない。

セネカと同様に、トラセアもまた少しずつ、著作活動やストア派の教えの研究に心を向けるようになっていた。彼がカトーの伝記を書いたのは、おそらくこの時期のことなのだろう。トラセアとセネカが二人して敬愛する、ストア派的勇敢さの模範的人物、あのカトーの伝記を。けれどもトラセアを感化していたのは、もしかするとセネカの甥、ルカヌスだったかもしれない。この時期、ルカヌスの書いた『内乱』は世間に流通し始めていた。そしてこの叙事詩の主題は、カトーが命を落とした争いだったのだ。セネカ、トラセア、ルカヌスの三人にとってカトーは、専制的支配の時代における高潔さを力強く象徴する存在だった。さらに象徴としてのカトーは、あいだに一世紀という時間をはさんでいたおかげで、まだ高くかかげられたのである。

トラセアはまた、スニオンのデメトリオスについての研究を始めていた。この犬儒派の精神的指導者のもとを、セネカも頻繁におとずれていたし、また『恩恵について』という作品のなかではたいそう持ち上げてもいた。デメトリオスという人物は、いつでも「セミヌード」で歩きまわっていたと伝えられる。すり切れた上着だけをはおって、片方の肩はむき出しだったというのだ。あるいはさらに、社会的な道徳規範への軽蔑と不快さへの無関心の印として全裸で地面の上で寝ていたともいう。同じように、禁欲的な鍛錬の一環としてみずからをさらしていた、あの偉大なカトーの徳が、デメトリオスという人物のなかにふたたび宿ったかのように思われていた。この頑強な犬儒派の人物は、トラセアとセネカにとって精神的な避難所となっていた。そのおかげで、セネカは宮廷のことを気にすることから、トラセアは元老院での心配事から、逃れることができたのである。

一方シチリア島では、六〇年代の初頭、セネカの友人であるルキリウスもまた、「閑暇《オテイウム》」すなわち政治への関与からの引退を求めていた。そのことは、『書簡集』に書かれたセネカの助言からも明らかだ。ただし、その助言の切迫した語調と議論のさまざまな形式から判断するに、思考するストア主義者にとって、公的領域を離れるという決断は複雑なものだったことがわかる。どの程度の引退状態がルキリウスにとって適切なのだろうか。セネカは『書簡集』のあちこちでそのことに思いをはせている。政治やビジネスの上での攻撃からいかにして自分の身を守るべきなのか。引退をどう取りつくろえばよいのか。というのも、引退を明らかにすれば、悪意を招き、さらには現実に危険にさらされることすらあると、セネカは強く確信していたのだ。ある箇所でセネカは、大っぴらにしりぞくより病気をよそおうようにとルキリウスに助言している。「動物のなかには、巣穴のまわりの自分の足あとを散らし、見つけられないようにしているものもいるのです[40]」。そのようにセネカは、比喩をもちいて、閑暇を求める人を獲物となる動物になぞらえる。「君も同じようにすべきだ。君を追い立てる人間には事欠かないのだから」。

セネカは終生、「閑暇」や非関与という問題との格闘を続け、作品ごとに、またときには同じ作品の別の箇所ごとに、表明される見解が異なっている。部分的にしか伝存しない『閑暇について』という論考は、一冊すべてがその問題のためにささげられていた。ではセネカは「閑暇」についてどう考えていたのか、現代のある研究ではたっぷり五〇ページを費して分析しているが、結局それでも確固たる結論には至っていない。「セネカの述べていることに忠実にしたがいながら、首尾一貫するようなセネカの見解を導き出すことは、不可能ではないにせよ困難なことだ[41]」と、その研究書の著者ミリアム・グリフィンは認めている。

皇帝支配という体制が道徳的なストア主義者に突きつけたのは、解決できない問いだった。ストア派の信条では、公共善への奉仕が重視されているから、政権がどうしようもなく邪悪になるか、その思想家の命があやうくならない限りにおいて、政治的生活への関与が求められていた。だが、もし政界に留まるよりも去ることで、その思想家の命がより危険にさらされる時はどうだろう。また、もし立ち去ることで、邪悪な政権をさらに邪悪にしてしまった時はどうだろう。政権から退去する時の条項は、それ自体が危険をもたらすものだったのだ。では、どの時点でその条項を発動すべきなのか、つまり、政権の病弊が手の施しようがなくなるのはどの時点でのことなのか。あるいは、政権内にいるリスクが受け入れられないほどに高くなるのは、どの時点でのことなのか。それは悩ましい難問だった。

セネカの経歴自体がそうしたジレンマの格好の実例だったが、その身を危険にさらすことなく自分の経験にもとづいてそれを書くことはできなかった。引退に関するあらゆる議論を、彼は一般的な、ときには仮定の話として論じる必要にせまられていた。その結果セネカの作品の多くは、本質的に奇妙なほどに現実離れしている。義父のパウリヌスに対して、兄のガッリオに対して、それから友人のルキリウスに対して、政治的な役職など放り出して哲学に専心するようにと彼は説く。しかしこれらの人々に語りかけるセネカ自身は、いまだに政治的な役職にべったり貼りついている。彼はしきりと、あたかもいつか引退するつもりであるかのように、いま引退へと向かっているかのように、あるいはすでに引退したかのように語る。決して、自分が宮廷に縛りつけられているとは認めない。

ネロ帝時代のおもだった人物たちは、政権への参与という問題をはらむ倫理観の茂みのなかを、できる限りのやり方で進んでいた。トラセアは舞台を去る選択をした。一方でルカヌスは、のちに見るとおり、政権と深く関わり続ける道を選んだ。行動の自由がより少なかったセネカは、二人の中間の、最も困難な道を進んだ。落ち着いた哲学的瞑想の世界へ退出させられたのは、彼のうちの一部。かつて政治を選択していた残りの部分は、これまでどおりネロに鎖でつながれたままだ――ネロは、セネカにとって最悪の悪夢となる道を足早に進んでいたというのに。

二十代半ばのネロは太り始めていた。若い頃に製作された彫像が表現していた、あの身体の優雅な線や角度はすでに失われていた。下あごにはでっぷりと肉がつき、まぶたの上は不健康そうにふくれてたるむ。まもなく彼のあごにはひげがたくわえられることになる。皇帝の顔面に初めて現れたそのひげは、もしかすると、首についた肉をごまかすためもあったかもしれない。

ネロが胴回りのサイズを増やす機会には事欠かなかった。どこにおもむこうとご機嫌取りや出世をもくろむ野心家が現れ、せっせとネロの一番の楽しみを提供してくれる。昼夜を問わずに続く宴会、合間にはおそらく、雪で冷やされたプールで気分をさっぱりさせていたことだろう。(42) ネロをそのようにもてなすことで、野望を持った成り上がり者は、元老院議員やその他の高貴な人々より大きな好意をネロから引き出せた。というのもネロは、騎士身分の人々や、さらにはそれより低い階層の人々からの支持を頼りとしていたからだ。そうしてネロの好意を得た人のうちに、ウァティニウスという人物がいる。ベネウェントゥム市の杯製造職人であった彼は、こんな冗談を繰り返して皇帝を興がらせていたという。「ネロよ、私はあなたが大嫌いだ。なぜならあなたは元老院に出席しているからだ」。(43) この軽口にこめられた仲間意識を、二人は楽しんでいた。同じ階層に属する二人が、一緒に目上の人間たちを冷やかすという幻想が、そこには込められていた。

六四年の五月までに、ネロは音楽に夢中になっていた。竪琴を奏でて歌うことに、彼は真剣な努力を

ネロの公的な彫像。20歳代前半。

傾けていたから、もっと多くの観衆の前で披露しようと決意する。これまでは上級顧問たち、なかでもセネカに課された制限にしたがっていたので、舞台に立てたのはたったの一度、それも自分の宮廷の構内の、私的な場でのことだったから、今度は一般に公開したくなったのだ。手はじめとして彼は、カンパニア地方にある、ほとんどギリシア都市と言ってもいいネアポリスを舞台として選ぶ。その町のもつギリシア的な精神は、音楽的才能と帝国支配の融合への感受性が高いのではないかと、ネロは考えたのだ。

ネアポリスにあってさえ、ネロは大勢の観客が集まるように慎重に策を講じる。まず「アウグストゥス団」という応援団が、リズミカルな掛け声で皇帝に歓声を送るためにたっぷり報酬をもらってついてゆく。また低い階層の住民が数千人徴発される。しかしネロの望みは満席状態で、ネアポリス市の場合八千人以上を意味していた。そこで観客席をすべて埋めるために、先遣部隊が周辺の村々から農夫や牧夫を集めてまわる。それでもまだあいている席は、最終的に親衛隊員自身が埋めた。新手の皇帝からの要求で、観客席につくという新手の軍事的奉仕が登場したのである。

ネロは帝位についてからずっと歌声の訓練を続け、さびつかせないようにと常に気を配っていた。ギリシア風竪琴の教師であるテルプヌスの教えどおりに、ネギの大量摂取を重視した食餌療法を厳しく守り、しきりと嘔吐剤や下剤を使ってお腹のなかをきれいにしてもいた(44)。兵たちに訓示する必要があるときには、怒鳴りつけるのは避けてささやくように語っていたから、部下たちはじきに、喉をお大事になさってくださいと言えば叱責されずにすむことに気づく。ネロの治世中、テルプヌスはずっとネロに仕え、か細くしゃがれていたと伝えられるネロの声を、舞台にふさわしいものとすべく指導していた。

数日間にわたってネロは、ネアポリスの観衆たちの前で歌を披露した。この歴史的舞台そのものについては何の証言も残されておらず、地震による揺れで観客席の一部が崩れたことだけが伝えられている。客席の崩落が起こる前に、観客たちは運よくみな家路についていた。近隣のポンペイ市では、「地震でもネロが無事だった(45)」ことに感謝する剣闘試合が催されたらしいことを、あるポンペイの住民が壁に記した文章が伝えている。十五年後、町が火山灰で埋まったおかげで、その文言も後世まで保存されることになった。

ネアポリスの劇場の観客席には、セネカの姿があったかもしれない。『書簡集』の何点かから、セネカがこの時期ネアポリスにいたことがうかがわれる。だがたとえ観客席に座っていたとしても、その事実をおそらく懸命に隠そうとしたことだろう。ネアポリスの劇場は満席なのに、自分の向かった先である哲学者の講堂はがらがらだったと、ある書簡でセネカはルキリウスに不平をもらしている(46)。それにしてもこの発言は、彼の著作中で最もあやうい発言のひとつである。ネロの芸術的野心へのあてこすりと理解されても仕方がないからだ。それでもこの発言はまた、たぶんかなりあからさまに、セネカがその野心にまったく関わっていなかったことを示している。

ネロが大っぴらに歌手としての活動を開始したことは、セネカを深く落胆させていた。皇帝の威厳にはふさわしくないと考え、見世物への出演をずっと止めようと努めてきたが、もう皇帝の意思に手綱をつけることができない。初演の舞台としてローマ市ではなくネアポリス市を選ばせたことに、セネカの働きかけがあったことは考えられる。確かに彼はかつて、戦車競走の出走場所をローマ市の市域外にするようネロを説得したことがあった。けれども、いまネロの相談にあずかっているのは、セネカでなくティゲッリヌスだ。ティゲッリヌスは、どれほど馬鹿げた思いつきだろうと、追求するよう皇帝に勧めていたのである。


古代世界における哲学と詩との戦いで、両者のあいだに一線を引いたのは、何世紀も前のプラトンだ。そしてネロとセネカはついに、対立する陣営に参加することとなった。一方のセネカは、ルキリウス宛ての『書簡集』において道徳的な自己点検に熱中し、もう一方のネロは、そうした探究からはますます離れて、ギリシアの音楽に表現される情熱、空想、エクスタシーへ向かっていく。別々の手段をもちいて別々の聴衆に訴えかけながら、セネカとネロはローマ人たちの心と精神を取り合っていた。一方は理性の力をたたえながら、もう一方は強い感情という経路をたどりながら。

ティゲッリヌスをはじめとする、いまのネロを取り囲んでいる人々は、気性がこうして離れていくのを見ていた。ストア主義者の道徳的な謹厳さは、政権への脅威になるかもしれないと、彼らはネロの耳にささやきかけたのである。そして数か月のうちに、ストア主義者たちの憂鬱そうな表情も、あるいはその禁欲的な生き方も、ネロの派手さへの不服をほのめかしている以上、すべて反逆的であると、大っぴらに言い立てるようになる。「教師然」としていること、つまり偉ぶって批判的になることは、国家への反逆を意味する罪となったのだ。ネロはそうした偏見にしたがってストア主義者たちに敵とのレッテルを貼り、当時の最も優れた人物たちを滅ぼすことになる。

ネアポリスに続いて、ネロはギリシアへ渡って各地をまわる演奏ツアーをしようと考えていた。だがその決意はだんだんに揺らぎ、確信がなくなっていった。結局イタリア南端のベネウェントゥムまでたどり着いたところで、ギリシア渡航の計画を取り消してローマ市にとって返す。ローマ市に戻ったネロは、船でエジプトへ向かう意向を表明するものの、またもや渡航を突然に中止する。自分を慕うローマ市民たちが、それほど長く留守にすることを望まないから、というのが理由だった。

ネロの心変わりを見たティゲッリヌスは、その機会を最大限に活用する。彼は当時、親衛隊長としての自分の権限に、「祝宴局長」の地位も加えようと奮闘中だった。彼が用意したのは、ネロがローマ近郊に留まろうと決めたことを祝う風変わりな夜会だった。[*1]パンテオンそばの、アグリッパの池と呼ばれていた貯水池に巨大ないかだを浮かべ、金や象牙で飾り立てた船に乗る漕ぎ手たちに引かせて漂わせる。池にははるか遠方から輸送された不思議な魚が放され、池を取り囲むのは珍しい動物や鳥たち。いかだの上ではネロとティゲッリヌスに高官たちが、紫染め布で作ったクッションに横になって宴を張っていた。合間に漕ぎ手たちは、彼らを性的快楽へもいざなう。池の土手ごとに、高貴な血筋から卑賤な者まで、さまざまな女性が並んで立ち、手招きしながら、池のほとりに特別に建てられた娼館でのもてなしを楽しんでゆくよう、ネロをさそっていた。

この豪勢な祝宴が終わると、ネロはローマ市を出、南へ三〇キロメートルほどのところにあるアンティウムへと向かう。なぜネロがこのときアンティウムに向かったのか、その意図は明らかではない。という移動の速さを考えると、どうやらネロは心中、動揺していたか不安を感じるかしていたらしい。というのもその年の夏は、何かの前兆のような出来事がいくつも観察されていたからだ。五月の初め頃、夜空に彗星が現れ、週を追うごとに天をゆっくりと移動し続けていた。

彗星が現れたことの意味について、ネロは周囲に助言を求めたが、セネカの意見を求めた形跡がないことは興味深い。『自然研究』のなかで、セネカは彗星について論じていたからだ。彼は「最も幸運あるネロの治世に、六か月にわたって観察された彗星」(紀元六〇年のこと)を例に取りながら、彗星が支配者の没落の前兆ではないと証明しようとしていたのである。[47]代わりにネロが頼ったのは、バルビッルスという、かつてエジプト総督を務めていた人物だった。占星術に熟達していたバルビッルスは、あらたに空に現れた彗星が不吉な意味を持つことを疑うことなく、危機から脱するため、ひとつの術策を提案する。もし誰か高位の貴族を殺して取り除けば、天の意図は成就し、皇帝は無事でありましょう、と。

もしかするとバルビッルスは、ルキウス・ユニウス・シラヌス殺害の口実をネロに提供しようとしていたのかもしれない。この人物はネロを別にすれば、アウグストゥスの血を引く最後の男性だった。けれども七月十七日になり、そうした術策はもう必要なさそうになった。空から彗星が姿を消したのだ。不吉な彗星が二か月以上も空に輝いていたあいだ、何も事件は起こらなかった。ローマは、そしてネロは、ほっと安堵のため息をつくことができた。

だが翌日の夜、大惨事の幕が開く。その恐ろしさは、あたかも彗星が地球にぶつかり、ローマ市の中心点を直撃したかのようだった。

六四年七月の中旬、ネロはアンティウムに滞在していた。娘が生まれた地であり、自分自身の出生地でもあった。するとそこにローマからの使者が到着し、火災の発生を告げたのだ。出火元は大競走場付近で、競走場は石造だったものの、燃えやすい商品のずらりと並ぶ木造店舗に取り囲まれていた(48)。風にあおられた炎は隣接するいくつかの地区へと燃え広がり、数千ものローマ市住民が逃げまどった。ネロはアンティウムに留まることを選択し、事態への対処を、防火と市民の安全をつかさどる消防隊にゆだねる。しかしその後、ネロはみずからの宮殿、「ドムス・トランシトリア」もが焼け落ちたことを知ると、急ぎローマ市への帰路についた。

ネロが到着した頃には、すでに町は煮えたぎる大釜のような状態となっていた。炎は異常な速さで延焼し、ローマ市の七つの丘のうちの四つを襲っているところだった。消防隊のおもな武器は水の入ったバケツだったが、火に対してはまるで歯が立たなかった。もうひとつの頼みの綱が、延焼をふせぐために建物を壊す戦略だったが、これも失敗に終わっていた。建物を倒すための槌《つち》が準備される頃には、すでに炎は猛スピードで防御ラインを突破、もしくは約六〇〇度にも達したと推定される高温が、どんな防壁も簡単に飛び越えてしまったのである。燃える我が家からやけどや傷を負いながらも逃れた避難民は、群れをなしてパニックにおちいっていた。人々は狭い通りを押し合いへし合いしながら逃げまどい、互いに通行を邪魔し合っていた。通りは、彼らが炎に呑まれた家から持ち出したり略奪したりした荷物でふさがれていた。

ネロにはローマ市を救うことはできなかったが、市民のためにできる限りのことをした。火が及ばなかったウァティカヌスの丘にある皇帝家の庭園など、自分の地所を被災者のために開放し、避難所の建設を命じる。それまでまだ火の通り道になっていなかったマルスの野は、避難民を収容するキャンプに変貌する。そして、貯蔵庫のあったオスティア港からは緊急に穀物が輸送され、補助金により安価で売られるよう配慮がなされる。まだ生きられる、あるいは生きたいと望む人々には、そうできるだけの手立てが与えられたのである。

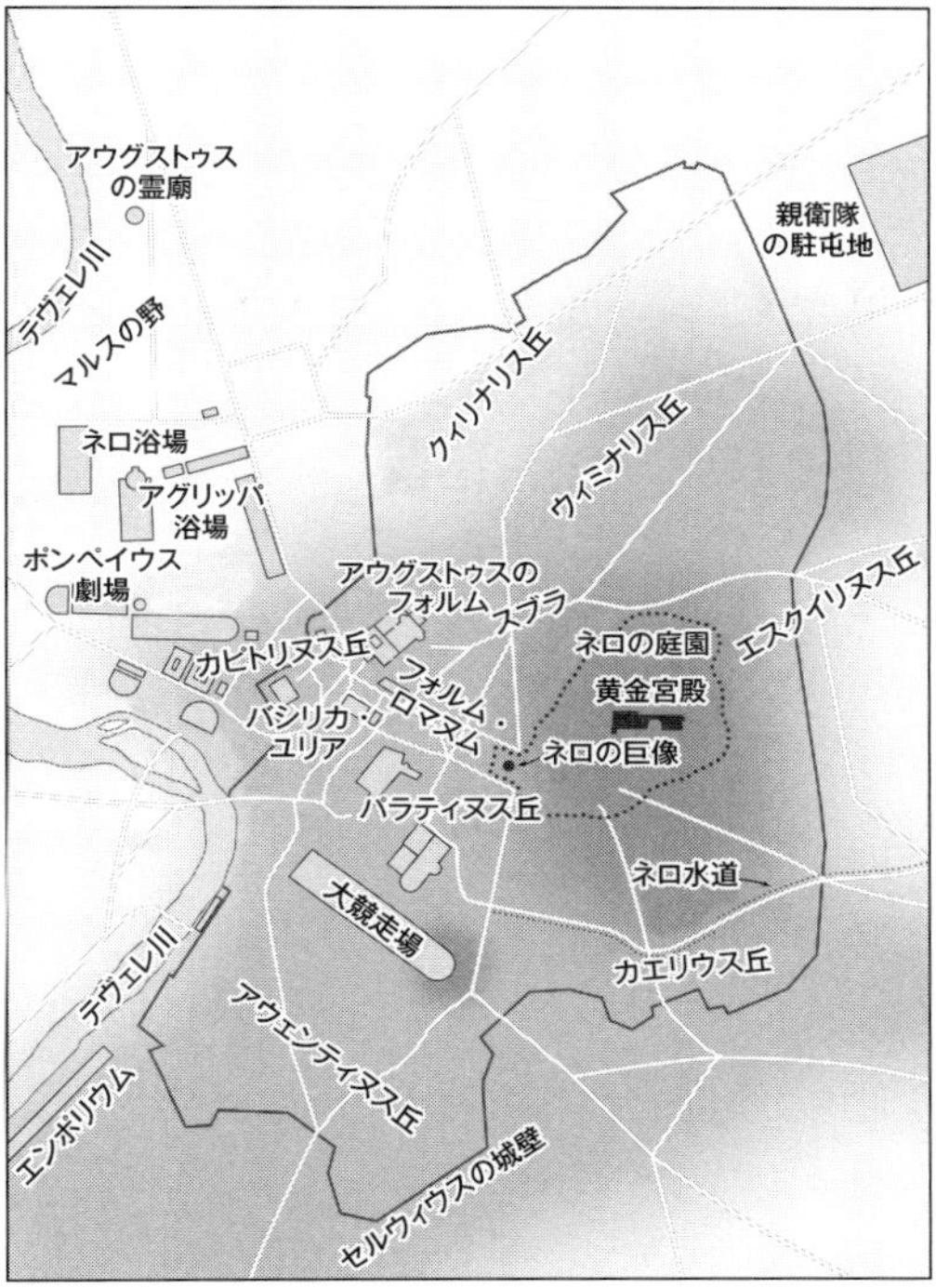

大火の及んだ範囲を示すローマ市の地図

出火から六日、燃え移る火の勢いは、作られた空き地によって押しとどめられたかに思えたが、ふたたび勢いを取り戻し、さらに三日にわたって燃えさかった。そして、ようやく燃えるものがほぼ何もなくなると火は完全に消えた。おそらく市域全体の三分の二もが破壊された。被害をまぬがれたのは、障害物で守られた地域のみだった。ヴァティカヌスの丘はテヴェレ川が、マルスの野やクイリナリスの丘、さらにはエスクイリヌスの丘は「セルウィウスの城壁」と呼ばれる防壁が守った。この城壁は、かつてローマの範囲がずっと小さかった頃、ガリア人の来襲にそなえて築かれた防壁だった。

このとき市内の各所に用意された避難所で、いくつかの噂話が広がり始める。その多くでネロは極悪人に仕立て上げられていた。ある噂話では、たいまつを持った連中が火をつけている姿が目撃され、声をかけると、上のほうの命令でやっていると答えたのだという。また、消防隊が炎に水をかけようとしていたところを妨害されたという噂もあった。なかでも最悪だったのが、ローマ市が炎上しているさなか、皇帝は宮殿の屋上に立って竪琴をかき鳴らしながら、自作の詩「トロイの陥落」を歌っていたというのだ。これはなんとも巧妙な風刺である。火災への怒りとネロの芸術的妄想への嫌悪との、辛辣な混合物だった。こうして作られたイメージは、現代に至るまで、人々がネロについて語るときの定義であり続けている。

ネロの心は本当に、ローマ市にたいまつで火をつけるところにまで至っていたのだろうか(49)。あるいは、ローマ市の壊滅を、歌にちょうどよい機会と考えたのだろうか。だとすると、ネロが火をつけた目的は何だったのだろう。スエトニウスの伝えどおり、自分のイメージに則したあらたなローマ、「ネロの都《ネロノポリス》」建設を計画していたのだろうか。ないしは自分の新しい人格への不服や、そのしかめ面が自分を深く傷つけるストア主義者を、激しく攻撃したかったのだろうか。ローマはネロの良心だ。母アグリッピナの殺害後、彼はしばらく怖くてローマ市に入れず、妻のオクタウィアを拒絶した時には、つかの間ながら、ローマ市はネロに、その行動を恥ずかしく感じさせていた。現代の心理学者たちが言うように、放火がしばしば、心の奥底の怒りや復讐を求める心に起因するなら、ネロには動機が確かにある。タキトゥスでさえ、ネロが本当に火を放ったのかという問題には答えを出すことができなかった。こんにちに至っても、その状況は変わらない。

いずれにせよネロにとって重要だったのは、彼の罪を人々が信じていたことだった。そこでネロは町の復興と、地に落ちた自分の評判の修復に専心する。国庫および私財（両者を区別することは困難だった）から、彼は被災者の救援と建物の再建のために富を惜しみなく投じた。そして、罪を他の人々になすりつける作戦を開始したのだ。

ローマ人が「クリスティアニ」と呼ぶ宗派とその創始者クリストゥスつまりキリストが、ローマの文献史料に初めて登場するのは、タキトゥスによるローマの大火についての記録のなかだ[50]。その有名な一節によると、キリスト教徒たちは虚偽の罪状により、恐ろしい試練を受けるためにネロの宮殿の庭へ引っ立てられた。動物の毛皮をすっぽりかぶせられ野獣に襲われる、油にひたした布をかぶせられ火をつけられる、あるいは、ネロにその意味はわからなかっただろうが、十字架に釘で打たれて息絶えさせられる。もしかするとペトロかパウロ、あるいは二人ともが、この残忍な処刑場で死を迎えたのかもしれない。ただしこの二人の使徒の運命について、ローマ側にもキリスト教徒側にも、証言は奇妙なほどに欠如している。

くすぶる廃墟にこもっていた熱が冷めるとともに、火災への怒りも冷め、そこから生まれた暴力もやんでいった。そしてネロは町の再建を開始する。必ずかつてよりも火に強い町にしようと、ネロは新しいローマ市について考えていた。通りの幅は広げられ、消防隊が仕事をしやすいように玄関ポーチ上の平屋根が導入される。住宅所有者の大半がいなくなってしまったので、建設にかかる費用の多くをネロが負担した。皇帝および国家は、前例のないスケールの事業に資金を投入し、ローマ市を再建するかたわらで、家を失って苦しむおよそ二〇万人のローマ市民を支えていたのである。

こうした危機のなか、分別ある皇帝であれば、自分の要求などはつつしむものだろう。皇帝家の資産の多くは火災の被害をまぬがれ、ネロも快適に暮らすことができているのだから。しかし彼の大切な宮殿、火災前にはまだ完成していなかった「ドムス・トランシトリア」は破壊されてしまった。そこでネロは、それに代わるあらたな建物の建設に取りかかった。ローマ中の想像力も及ばないその建物は、のちにローマを破産させることになる。こうして、四〇ヘクタール以上の敷地に広がる巨大な娯楽場、「黄金宮殿《ドムス・アウレア》」の建設が開始された。おもに遊興のために設計された、建築上の夢とも言える総室数三〇〇ほどの建築物。その入り口に、ネロは「コロッスス・ネロニス(51)(ネロの巨像)」を建てた。これは青銅でできた自身の像で、高さが三〇メートル以上にもなったのである。

建設の原資を見つけてくる必要があった。皇帝が派遣した代理人が帝国中をあさりまわる。徴税請負人は締め上げられ、ギリシアや小アジアの公金庫はくまなく探られる。神々にささげられた神殿でさえ容赦されなかった。神殿の多くには、金や象牙で覆われた貴重な彫像が所蔵されていたからだ。二~三世紀ほど前、東地中海世界へと支配域を拡大していたローマは、ギリシア人から大量の美術品を奪ってローマ市に移送していた。しかしそうした美術品の多くが、今回の大火で失われてしまった。だからギリシアの神殿から代わりが奪い取られたのである。それをまかされたのが、ネロの信頼厚い解放奴隷のアクラトゥスと、カッリナス・セクンドゥスという人物だった(52)。カッリナスはギリシア哲学を学んだことのあるおべっか使いで、帝国東部の人々を甘言でだますことができたのだ。

アレクサンドロス大王の征服からこのかた、これほどの富の移転が起こったことはなかった。ギリシア世界の美しさを称賛していた人々も、またローマ帝国には世界中から富をゆすり取るだけの存在にならないでほしいと考えていた人々も、一様に心を痛めていた。そうした人々のうちに、真剣に努力し、切に願っていたにもかかわらず、ゆすりに関与させられてしまったひとりの男がいた。

セネカは略奪品の山の上に「黄金宮殿」が建つのを見ながら、ただちに政界から足を洗う必要があると感じていた。ネロはすでに、ストア派のあらゆる信条を侵害し、ぜいたくと過剰を体現する存在と化してしまった。神々の像さえも溶かされ、皇帝の食器に変えられてしまった。セネカの住むたそがれの王国は、さらに暗く沈んでしまったのだ。

セネカも大火で資産の一部に被害を受けていたが、依然として非常に豊かだった。二年前、政界から退出する道を買い取ろうとこころみた時、ネロはそれを拒絶していた。だがいま、皇帝の資金はかつてないほどの規模で流出している。セネカはそこにふたたびのチャンスを見いだした。もう一度、財産を皇帝に差し出そうとしたのである。今回はセネカの申し出は受け入れられた。ただし、ネロはそこに条件をつけた[53]。皇帝はセネカの富や土地は手に入れたものの、この賢人が宮廷から退去することは許可しなかったのである。政権は弱体化しすぎて、高位の人間の離脱に耐えられなかったのだ。

どのように「閑暇」を実践すればよいか、かつてシチリアにいる友人、ルキリウスに助言した方法が、セネカの最後の戦略となった。つまり病気をよそおい、自室に引きこもったのである。もしこのあとも生きる気があるのなら、彼は嘘に生き続けなければならない。

セネカはこの時、忠実な解放奴隷であるクレオニクスから、ネロが自分を毒殺しようとしていたことを聞き知っていたと、タキトゥスが伝えている[54]。この情報の真偽を疑う理由はないものの、その情報源が確かでないとタキトゥスは述べている。ロクスタという毒薬調合師のおかげで、ネロはそうした犯罪を実行する手段を握っていたし、機会もたくさんあった。単なる嫌悪感ですら動機としては十分だった。「教師然とした」真面目で深刻そうな人間は害を及ぼそうとたくらんでいるのだと、ティゲッリヌスがネロにたたき込んだ恐れも動機たりえた。

クラウディウスとブリタンニクスがロクスタの毒で殺されるのを、セネカはすでに目にしていた。セネカは簡素な食事を心がけ始め、自分の地所にある木々からもいだ果物をそのまま口にする。水は流れる川からすくって飲んだ。大地そのものが、ネロでさえもけがせない食料でセネカを養う。

死が、あたり一面でますます存在感を増していた。ルキリウスに宛てた『書簡集』のなかでは答えを出せなかった問題が、彼の脳裏を日々よぎるようになっていた。必ずおとずれる運命をただ待つべきなのか、それとも自殺によって運命を進んで引き受けるべきなのか。その問いへの答えを、セネカは行動によって示していた。果物を実らせる木と清流のかたわらで、セネカは精一杯、地上に留まろうとしていたのである。

第7章 自殺（2）——六四年〜六六年

ローマでは、二度目の「ネロ祭」の準備が進められていた。五年に一度開催されるようにネロが創設していたこの祭は、初回だった前回とはまったく違った雰囲気のなかでおこなわれようとしていた。初めての「ネロ祭」が開催された六〇年は、のちのローマ皇帝トラヤヌスが、ローマの歴史での最高水準点として「ネロの五年間《クインクエンニウム・ネロニス》」と呼ぶ期間が、ちょうど終わった年にあたっている。それに対して六五年のローマ市は燃えさしと建設現場で、その上には、入り口に巨大なネロ像をそなえる、化け物じみた娯楽場がそびえていた。ローマ市はこの五年間《クインクエンニウム》のうちに、ネロが望んでいたと伝えられるとおり、名前を除けばすっかり「ネロの都」へと変貌していた。

トラヤヌス帝による評価にならって、歴史家たちはネロの治世を二つ折りの見開きページのように、良き統治の時代の次に悪しき時代がおとずれると見てきた。ではどこがその境目だったのだろう。それについては熱心な議論が交わされてきた。ある人は、五九年のアグリッピナ暗殺を下降のきっかけと考え、なかにはブッルスの死去がそうだったと言う人もいる。またタキトゥスを含め、六二年のセネカによる一度目の、部分的引退こそがそうだと考える人たちもいる。しかしネロのたどった堕落の道のりは、鋭角的にV字を描いたというよりゆるやかに弧を描き、ネロの精神の成熟と並行している。十代の頃、ネロは年長者たちに敬意を払い、したがっていたが、成長するにつれて手綱を自分で握るようになる。戦車競走への情熱におぼれていたネロは、ときには実際に手綱を握ることもあった。最終的に彼の駆るローマという戦車も、彼の人生も、溝へはまり込むことになる。

六五年、セネカが『寛容について』という著作を書いてすでに十年がたっていた。『寛容について』をこの年になって読むローマ人がいたとすれば、誰もが苦笑を禁じえなかったことだろう。「真実によって支えられ、しっかりとした地面から伸びるものは、時がたつにつれてより良く、よりすばらしいものとなるのです[1]」。そう宣言していたセネカは、新帝ネロは生まれつき善良であって、堕落することなどありえないと読者に請け合っていたのだ。確かなことを言うのに、十七歳という年齢は少し早すぎた。きっとセネカも自分の言葉を信じていなかったに違いないが、おそらく、影響を及ぼすことで自分の言葉を真実に変えられると考えていたのだろう。だが時間の経過とともに、その影響力は失われていった。彼がネロに課した制限のうち、なお効力を保っていたのはひとつだけだった。ネロはまだ、ローマ市の市域内にある公共の劇場では歌を披露していなかったのである。

かつてセネカが書き上げてネロが読み、銀板に刻まれ誇らしげに掲示されたあの所信演説は、十年が経過したいま、嘲笑を、あるいは涙を誘うものとなっていたかもしれない。皇帝が当初見せた元老院を尊重する姿勢も、しだいに偏執的な疑念や軽蔑と化し、らせんを描くようにカリグラおよびクラウディウスという二人の前任皇帝の軌跡をなぞった。疑念をいだく皇帝の姿は元老院議員たちに恐怖を呼び起こし、恐怖は反抗をまねく。そして反抗は、残虐さを生み出す温床となったのである。セネカは最初から、こうしたサイクルにおちいるのを防ごうと努力を重ね、確かにそのサイクルが動き出すのを遅らせることには成功した。セネカが影響を及ぼして押しとどめていなければ、「ネロの五年間」は三年、ないしは二年、いや一年だけになっていたかもしれない。

だとしても、こうしてあがなわれた時間は、彼が支払った代償に見合うものだったのだろうか。散文作品のなかでは、セネカは決して、政治的経歴における成功や失敗について思いをめぐらすことがない。『書簡集』の何か所かに残る曖昧なつぶやきは、政治的な失敗が彼に重くのしかかっていたことをうかがわせているが。[2]また『オクタウィア』の作者が作中でセネカに語らせたように、恵み深い広い空のもと、コルシカ島に居続けて、ネロの宮殿など目にしないほうがよかったと、彼自身が語ることもない。いま、宮殿に取り付けられた天井には空が描かれ、奴隷たちがそれをぐるぐると回転させている。自然の驚異が、機械仕掛けで再現されたのだ。少なくとも二度、セネカは宮廷から辞去しようとこころみていた。そこが自分にとっての牢獄となったことが、彼にはわかっていた。だがそもそもはセネカが自分の意思で入っていったのだ。行動の大切なモデルとしていたソクラテスとは違い、彼は野心に魅力を感じていた。『書簡集』につづられた、道徳的状況についての自己診断を信じるなら、セネカは最期の時まで野心に魅力を感じ続けていたのである。[3]

幸福は「自然」および「理性」から得られると考える献身的なストア主義者を、いったい何が、富と支配の追求にも向かわせることができるのだろう。この問題をセネカが自分のこととして考えることはなかったが、韻文で書かれた最上の悲劇作品、『テュエステス』のなかで、彼は神話内の似た状況を借りて思索をめぐらせている。

セネカは『テュエステス』を、ほぼ間違いなく、ネロの宮廷にいるあいだないしは隠退生活に入ってから執筆している。[4]この悲劇は彼の作品中、みずからになぞらえている部分が最も大きいので、生前に公表できなかったのではと疑われているほどだ。この作品でセネカは、王家の兄弟間のいさかいを描いている。兄弟のうちアトレウスは、地獄の悪霊に取りつかれた残虐な独裁者で、テュエステスのほうは、政治から距離をおこうと努めるおだやかな賢人。セネカは二人のいさかいを活用しながら、自分の人生の不思議な道程が提起した問題と対決している。

劇の冒頭、アトレウスはアルゴスの王位にあり、独裁権力をほしいままにしている。ただし彼とその兄弟のテュエステスは、順に王位につく定めとなっていた。テュエステスは亡命の旅に出ていて、セネカはそれを、哲学者としての隠退として、かつて自身がコルシカ島で楽しんだと語った、自然とのあの交感として描き出している。けれども悪霊となった祖父、タンタルスに毒されたアトレウスは、いまや兄弟を脅威と見なし亡き者にしようと決意する。そしてアトレウスは、テュエステスをアルゴスに呼び戻し、邪悪な計画を実行しようと画策する。テュエステスの子供たちを殺し、その肉で彼をもてなそうというのである。

ここに描かれた兄弟間のいさかいは、セネカとネロとの関係が暗号化されたものでも、政治的野心と哲学的な隠遁との対照を語る寓話でもないが、それでもその両方の要素を含んでいる。あれほど遠方にいるテュエステスをどう誘い出すつもりなのか、言うようにと従者からせまられたアトレウスは、こう答えている。[*1]

手に入れようと奴が欲しなかったあいだは　とらえられはしなかった
だがいま　奴は我が王国を欲している

異常犯罪の犯人がすべてを見通す洞察力を発揮するように、どうやらアトレウスは自分の兄弟の、さらにはセネカの胸のうちも、まっすぐ見通している。権力への意志は、どれほど人との交わりを絶った自足する賢人の心のうちにもひそんでいると、アトレウスは語っているのである。

そしてテュエステスが舞台に登場する。私たちは、彼の行く手に罠が待つことを知っている。セネカの描き出すテュエステスは、はるか以前にうんざりして世界を捨てた、有徳のストア主義者だ。[*2]

それがどんなにすばらしいことか
道で誰にも出くわさず　心配ない食べ物を食べ
地面に横たわったりすることが！　罪はあずまやにまで入り込まず
食べ物全部を並べるにも　狭いテーブルで十分
毒を飲むのは金製のカップから　と言うのも、私は自分で見たのだ

まるでコルシカ島で自分の前にあったのと同じ選択肢を、セネカが人生の時計を巻き戻してテュエステスに与えてでもいるようだ。だがそれだけではなく、セネカはテュエステスに、彼を待ちうけるものについての知識も与えたのである。この崖っぷちにテュエステスは、ひどく悩み苦しむ。危険が待つことを感じるので進みたくないが、決心を固めることができない。けれどもテュエステスはついに、運命の一歩を踏み出す。

テュエステスが故郷のアルゴスへと帰還するのはなぜだろう。[5] そこで自分が目にすることになる出来事をひどくいやがっているのに。彼の選択は消極的で、宿命論的ですらある。子供たちから促された時、どうやら彼は観念したようだ。テュエステスは子供たちに向かい、「私はお前たちについてゆく。連れてゆくのではなく」と語りかける。これだけ抵抗すれば良心を満足させるのに十分だった。のちにアトレウスから王権をさし出されると、彼はさらに激しく抵抗する。それでもやはり、テュエステスは

それを手にする。アトレウスがにらんだとおり、そしてセネカが最後に明らかにするとおり、それこそ彼がずっと望んでいたことだったのだ。

有徳の亡命者として過ごすより、たとえけがれていても権力を受け取る。テュエステスの罪は、セネカにとってもなじみのものだった。その背後にひそむ衝動は、テュエステスの本性に、またおそらくあらゆる人間の本性に深く根ざしている。セネカは『寛容について』で「我々は誰もが過ちをおかしたことがある」と述べていた。「我々のうちには、強い心を持って賢明な思考を続けることができず、清廉さにすがろうと努力しながらも、仕方なくそれを失った人もいる」。セネカはテュエステスをそう努力する人間として描き出す。だが、彼の努力は十分ではなかった。

セネカの散文作品で提示されているのは寛大さだ。対照的に、荒涼とした悲劇作品の世界では、罪深い者の脳裏に人間の弱さという罪が何千回と去来する。使いの者の語る身の毛もよだつような報告のなかで、アトレウスがテュエステスの子供たちをどのようにほふり、切り刻み、煮込んだかが語られる。それから私たちは、テュエステスが忌まわしい煮込み料理を、それと知らずに平らげる姿を目にする。『テュエステス』の最終幕、酒に酔ったテュエステスが上機嫌で飲食にふけっている。かつての自分の窮乏生活に悪態をつく彼の姿は、何やら意味ありげだ。一度は放棄した歓楽と権力の世界に、ついに彼は帰還したのである。だがそこに、極めつけの一撃を加えようと兄弟のアトレウスが登場する。彼が見せたのは、切断されたテュエステスの息子たちの首。いまテュエステスが食べたのは息子たちだったのだ。神々がこの凶行を止めようと介入することはなかったし、気にかけすらしなかった。セネカはそれを、悪夢のような締めくくりの台詞でほのめかす――

テュエステス　神々がいらして　我が復讐を果たしてくれよう
　貴様への処罰を　我は神々にゆだねる
アトレウス　俺もお前の処罰をゆだねよう　お前の子供たちにな

テュエステスは、好きなだけ正義を求めて祈り続ければいい。だが、この作品で現実とされているのは、胃の腑に流しこまれた不快な内容物だけだ。

こんな戦慄すべき事件を目撃した宇宙には、もはや崩壊して滅び去るくらいしかできない。『テュエステス』でのセネカは、ふたたび破局の到来を想像する。彼の最初期の著作から何度となく登場するテーマだ[6]。今回はあらたな破局がせまっている。空から太陽が消え、日中、アルゴスに暗闇がおとずれるのだ。劇中の人物の誰にも、この現象は理解できないが、みな、何か恐ろしいことの予兆だとわかっている。

テュエステスの人肉の宴が終わると、太陽のみならず星さえもが消え去る様子を見せる。劇に登場する、アルゴス市民からなる合唱隊は、黄道の十二宮が海へと転げ落ち、あとにはぽっかり暗黒がのぞくさまを夢想する[7]。

これだけ多くの人間たちのなか　私たちのみが
空の崩落にふさわしいのでしょうか
上下はさかさとなり　天の蒼穹は空に押しつぶされています
私たちの生きる時代に　最期の時がおとずれるのでしょうか
ひどいさだめにより　そう生まれついた私たち

あわれな私たちは　太陽を失ったのでしょうか
それとも　私たちが太陽を追い出したのでしょうか

この一節からは、自分の生きる時代について語る、セネカ自身の声が聞こえてくるように思える。『テュエステス』という作品は、セネカがあえて発したうちで最も絶望的な、殺伐とした心の叫びだ。コルシカ島の、あの恵み深い星々はすでに輝くのをやめていた。もはや彼のあの空は光を失い、真っ暗で、何もなくなっていた。

彼が暮らし、いまだにそこで生き続ける世界は病んでいる。そこから抜け出る唯一の道は、死だった。『テュエステス』のなか、世界の破局を歌う合唱隊の最後の言葉からは、人生最期の日々を過ごすセネカの心を占めていたテーマが聞こえてくる。すなわち、自殺だ。

自分もろとも世界が滅びる時になお
死を望まない人こそ　生に貪欲な人

おそらく、セネカは自分を励ましているのだろう。いや、自分を叱りつけているのかもしれない。

セネカが『テュエステス』を書いていた頃、甥のルカヌスは自身の最高傑作、叙事詩『内乱』の詩作を続けていた。ただし、そこにあふれる精神は、伯父であるセネカのものとはまったく異なっていた。ルカヌスにはまだ、絶望におちいる気も、宿命論へと逃げ込む気もなかった。確かに、彼にはまだ死ぬ気などなかったのだ。このアンナエウス氏族の若き獅子は、二十代の半ばにして、並はずれた文学的才能のピークにあった。二度目の「ネロ祭」開催が近づくなか、大半の人は考慮するまでもないと考えていた目的をめざし、彼は詩という強力な武器をもちい始める。彼は、ネロに対抗しようとしたのだ。

五年前、ルカヌスが初めてローマ市へとやって来たときのことだ。第一回の「ネロ祭」で彼は、『ネロ賛歌』を朗唱した。また『内乱』の序文では、星々のあいだに座を占めるときには注意して進むようにと、どうやら皮肉なしにネロに注意をうながしていた。ルカヌスは、宮廷での身の処し方を熱心に採用していた。つまり、詩人の評価は、皇帝を大いに喜ばせた分だけ上昇する。

非凡な才能に恵まれ、セネカからもネロからも称賛されたルカヌス。あの頃の彼は、政治的な栄光でも文学的な栄光でも、あるいは二ついっぺんにでも手にできる運命にあると思われた。しかしながら、ネロの宮廷では、才能は必ずしも天恵だとは言えなかった。皇帝自身の芸術的野心が大きくなるにつれ、庇護している者に対する嫉妬も大きくなってゆく。こうして、ネロとの関係は悪化し、セネカが皇帝の恩顧を失ったことも追いうちをかけていた。ルカヌスは変わらず『内乱』を公表し、その一節を朗読し続けていた。だがネロからの称賛はもう得られない。実際あるとき、皇帝はいきなり元老院議員を召集して朗読会を流会にさせ、詩の聞き手の大半と、さらにルカヌス本人に、すぐに元老院議事堂に来るよう命じたのである(8)。

ルカヌスが皇帝の狭量さに対して感じたいきどおりは、彼の詩に悪い影響を与え始める。『内乱』が扱うのは、ユリウス・カエサルが権力の座につくまでの時代である。その主題には政治的に微妙な問題が含まれるものの、ルカヌスは当初、なんとか挑発しないようにしていた。けれども詩が進むにつれ、皇帝家への見方はどんどん暗くなってゆく。最終的に彼が完成させたのは全一〇巻で、そこに二巻を付け加える計画があった。しかし第七巻に到達する頃には、その詩句は反抗の扇動と紙一重になりつつあった(9)。

原因は怒りかねたみか、いずれにせよネロは、ルカヌスに詩の朗読ないし公表を禁止する。対するルカヌスは『内乱』をさらに議論を呼ぶ内容にしただけだった。彼が完成させることのできた最終巻、第一〇巻では、ユリウス・カエサルの暗殺が、未来の世代にとっての模範《エクセンプルム》として公然と称賛されている。ルカヌスは、私的な集まりでは、皇帝を風刺する手厳しい詩を回覧させるようになっていた。彼はきっと知っていたはずだ。二年前にそれと同じ罪で、アンティスティウスが死を宣告されそうになったことを。

のちに伝説的となる至言をルカヌスが放ったのは、この頃のことだった可能性が最も高い(10)。公衆便所を使用していたときのこと、放屁したルカヌスは、その音が座席下の空洞に響き渡るのを聞く。すると彼の文学的精神は、その場にぴったりな引用句を思いつく。ただしそれは、ネロの作った詩句だった。「雷が、地下で鳴り響いたとお思いかもしれません」。ルカヌスは愉快げに、皇帝がシチリア島のエトナ火山噴火について詠んだ詩句を茶化したのである。だがそれを耳にした人たちは、我先に公衆便所をあとにする。その場にいては自分の身にも危険が及ぶと恐れたのである。

そしてルカヌスが最終的に選んだのは、もっと直接的な表現での攻撃だった。彼は『都の炎上について《デ・インケンディオ・ウルビス》』を発表する。扱われていたのは、あのローマ市の大火という、まだ危険だった主題だ。この作品は完全に失われ、内容についてほとんど何も知られていない。実のところ、それが詩だったのか随筆だったのかさえわからない。けれども、作品内でネロが非難されていたことを示唆する、わずかな言及だけが残されている。いずれにせよ、大火はネロの評判に深い傷を負わせていたから、それについて公然と書くだけでも、必ず皇帝を立腹させる結果となったはずだ。実際セネカは、六四年から六五年にかけて書かれた大量の散文作品で、一言たりともローマ市の大火に触れていない。ルカヌスにせよ他の作家にせよ、こうした行きすぎをおかしたあとも、生きて逃げ切れると思えただろうか。この若き天才は、自分から逮捕を招いていたのだろうか。むしろ、どうやらルカヌスには、現政権はすぐに終わり、次の時代に自分が抵抗の英雄として立ち現れるという期待があったように思える。というのも六四年末から六五年にかけ、ルカヌスはネロ暗殺計画の中心メンバーとなっていたのである。

皇帝の地位にあった期間を通じ、ネロの念頭にはいつも、ユリウス家ないしクラウディウス家の成員のみがローマを支配できるという思い込みがあった。そこで手始めに弟のブリタンニクス、それからアグリッピナ、プラウトゥス、スッラ、オクタウィア、さらにはつい最近のデキムス・シラヌスと、機械的に、アウグストゥスとその妻リウィアの血を引く人々を亡き者にしてきた。いまやネロの潜在的ライバルはただひとり、悲運のシラヌス家の最後の後裔、アウグストゥスその人の血を引くユニウス・シラヌスだ。さしあたっては泳がされていたものの、彼を見るネロの目はいつでも不安げだった。

ネロはこれまで、ローマにひとりも皇帝候補を残さないことで、支配権を守ろうと努めてきた。かつての皇帝家にはたくさんの成員がいたが、今後は、ネロ、そしてネロがポッパエアとのあいだになすはずの息子だけが、皇帝となる資格を持つ人間となる。ただし、この王朝戦略はまだ強靱さをためされてはいなかった。なんといっても、帝政は君主政とは違う。皇帝は必ず一家系から輩出されねばならないのか、明確になってはいなかったのだ。即位時、親衛隊から皇帝としての歓呼を受けることは、新帝が最も強く打ち出せた正統性の根拠だった。しかし他の者が歓呼を受ける可能性もある。

この可能性を、ルカヌスとその陰謀仲間がためそうと決める。そして彼らは、派手好きで人当たりの良い貴族、ガイウス・カルプルニウス・ピソを選び、皇帝暗殺に成功のあかつきにはネロの後釜に据えることにした。ユリウス家に唯一残った男性のユニウス・シラヌスが、このとき候補からはずされたのはなんとも奇妙なことに思える。もしかすると、皇帝になるには若すぎると判断されたのだろうか。[11] これまで若くして帝位についた人物は、まずカリグラ、続いてネロと、自己陶酔や妄想、全能感の錯覚に駆られている。だから同じ轍《てつ》を踏むわけにはいかないと感じられたのだろう。

また、ユリウス＝クラウディウス家が完全に途絶えないように、ピソには王朝的な結婚が用意されていた。まず彼が、帝位にふさわしくない平凡な家系出身の妻を離縁し、ついでクラウディウス帝と二番目の妻とのあいだの娘、アントニアとの結婚が計画されたのだ。当時のアントニアはまだ三十代のなかばで、つい最近、夫のスッラをネロに処刑され、未亡人となっていた。スッラとは子供たちに恵まれていることから、妊娠が可能と証明していたものの、二人のあいだの息子はもう存命ではなかった。

陰謀に参加した人々は、誰も共和政体の回復など夢見てはいなかった。[12] ルカヌスの『内乱』ではそうした政体のあった大昔の世界がたたえられているが、叙事詩で重んじられる価値観が、必ずしもそのまま現実政治に持ち込まれるわけではない。ローマ上層の人々の大半は、セネカが『寛容について』で表明していた見解を受け入れていた。つまり、すでに単独支配体制は勝利をおさめたということだ。それ以外のあり方を想像することは、ふたたび内戦と社会の大混乱を招き寄せることに他ならない。ピソを旗頭に陰謀をたくらむ人々が望んだのはせいぜい、より穏和かつ健全な単独支配者のもと、かつての元老院の威厳を取り戻すことだった。

この陰謀には軍事面からの強力な支援もあった。ファエニウス・ルフスが陰謀に加わっていたのだ。ルフスは、ティゲッリヌスとともに皇帝親衛隊長の地位にあった人物で、彼の転向は親衛隊員にとって大きな意味を持っていた。ティゲッリヌスへのネロの恩顧が増すにつれ、ルフスへのほうは目減りしていた。ルフスはティゲッリヌスとは異なり、ネロの欲望に奉仕したり虚栄心におもねったりするのを良しとしなかったのである。ネロはルフスを不信の目で見るようになっており、憎むべきあのアグリッピナとベッドをともにしたと非難したことすらあった。このままルフスのほうから先制攻撃を仕掛けなければ、失脚、さらには死刑判決さえ現実のものとなりかねない。

ネロが兵士たちの自尊心を踏みにじったことから、他にも陰謀に加わった親衛隊員がいた。兵士たちは、舞台に立つことにあこがれる皇帝の姿に、あるいは戦車競走の騎手として馬を駆る皇帝の姿に、愛想を尽かしていた。また、ネロが火を放ってローマ市を廃墟にしたと疑う兵士たちもいた。さらには、彼があの偉大なゲルマニクスの娘、アグリッピナを殺害したことにいきどおっていたり、自分たちにおしみなく給料を払ってくれるローマ国家を、ひどい破産状態に向かわせていることに、憤慨する兵士たちもいた。

一方、市民たちのあいだでは、陰謀への賛同者は社会的身分の垣根を越えた広がりをみせる。上層は元老院議員たち、そのなかには、ブリテン島征服の英雄の息子で、翌年の執政官就任が予定されていたプラウティウス・ラテラヌスの名前もあった。騎士身分の人で長らくネロの側近のひとりだったクラウディウス・セネキオもまた、陰謀への協力を誓っていた。社会階層の最底辺にあって陰謀に協力したのが、エピカリスという名の女性である。この聡明な遊女はギリシア系の解放奴隷で、どうやらこの時、セネカの弟でルカヌスの父親でもあったアンナエウス・メラの愛人となっていたようだ。社会的地位は低かったものの、エピカリスは最も精力的に陰謀を進めていたひとりだった。まもなく他の人々もその事実を知ることになるが、残念ながらあとの祭りとなる。

陰謀に加わった人々は、セネカも仲間に加えたいと願っていた。[13] カルプルニウス・ピソは三年ほど前、セネカに接近していた時期があったから、もし陰謀が発覚すれば、セネカにも疑いがおよぶ可能性は十分にあった。ピソはここで、この偉大なストア派の賢人に何度か手紙を書き送り、会談を持ちかける。けれどもセネカは、健康不良との口実と、そっとしておいてほしいという望みを伝えてピソを遠ざけていた。それでもピソはついに、仲介役としてアントニウス・ナタリスという人物を差し向け、自分と面会してくれるようセネカを説得させることにしたのだ。

使者が到着したことで、セネカは多くの難題に直面することになる[14]。いま、自身の人生とほぼ二十年にわたり絡み合ってきた男の運命が、危機にさらされている。セネカがネロの成長を手助けし始めたのは、ネロが十三の時のことで、セネカは皇帝にとって父親も同然の存在だった。確かに、自分の倫理的規律をネロに教え込むのに失敗したのは明らかだ。しかし、あのような怪物と化したからといって、ネロの死をセネカは望むだろうか。その殺害を手助けしようと思うだろうか。

それに、この陰謀が成功したとして、そのあとローマ国家はどうなるのだろう。セネカはピソのことをよく知っていたから、彼が決してアウグストゥスたり得ないこともわかっていた。いつかピソが、周囲から見放されることもあるかもしれない。すると嫌悪から権力の濫用へ、濫用がさらに暗殺へとつながるパターンが、ふたたび繰り返されることになるのだ。セネカが『寛容について』に描き出したローマ人は、統制が必要な群衆だ。彼らの「くびき」がはずされれば、自分たち自身にひどく害をなす可能性がある。ネロのもたらす害悪すら、あらたな選択をするよりましかもしれない。

セネカはさらに、王殺しに関する倫理的な問題にも直面していた。『恩恵について』という著作で彼は、完全に正気を失ってしまった支配者を排除することは正しく、その場合の暗殺は、実際には安楽死に相当すると書いた。ただし、とセネカは続ける。そういった状況は、水の底にある洞穴から、不思議にも炎が燃え上がるほどに稀な、自然の気まぐれにすぎないと。また別の箇所でセネカは、カリグラ帝ですらそこまでではなかったと述べている。ましてやネロはそれ以前だ。まだ二十歳代後半、皇帝の精神はもうすでに、死にふさわしい地点にまで来ているというのか。

そのうえでセネカが考えねばならないのが、彼自身の運命、ぎりぎりでしがみついている自分の命についてだ。陰謀に参加するか、あるいはそこから距離を置くかで、生き残る可能性は違うだろうか。タキトゥスの記述を信じるなら、ネロはすでに、自分のかつての家庭教師を毒殺しようとしていた。陰謀団がネロ暗殺に成功すれば、セネカにはもう恐れる必要はなくなる一方、失敗することも十分考えられる。この時点までは、ネロはセネカを逮捕しようとまではしなかったが、もし陰謀が失敗すれば、ネロはどんな証拠でも利用してセネカを逮捕しようとするだろう。引き続いてもたらされる死は、どんな毒より苦痛に満ちたものとなることだろう。

熟練した駆け引き上手のセネカは、これまでの政治的経歴を通じ、両面作戦をとって両極端の中間に進路を取るようにしてきた。今回、人生で最も大事なこの分かれ道で、彼の選んだのはやはり日和見だった。陰謀に参加もせず、反対もしないことにしたのである。ピソに向けてセネカはこう回答する――面会したり、ないしは会談を重ねたりすることは、自分自身にとってもピソにとっても益にはならない。しかしながら、と彼はつけ加える。自分の安寧はピソの身の安全にかかっている。この発言は巧妙な社交辞令だが、賛同のニュアンスを感じ取ることができる。[15] どうやら彼は暗に、陰謀に邪魔立てするつもりはないと伝えようとしていたかに思える。のちに彼は、この一文を後悔することになる。

セネカが陰謀から距離を置いたのは、もしかすると別の思惑からだったのかもしれない。タキトゥスが伝える噂によれば、スブリウス・フラウスという人物をリーダーとする皇帝親衛隊の兵士たちが、ピソを帝位に据え、その後ピソを殺害し、代わりにセネカを皇帝にしようと画策していたというのだ。彼らはセネカを、人々からの尊敬を集められる有徳の人物と見ていた一方、彼らの目に映るピソは道徳的には軽薄な人物だった。ピソは悲劇作品の舞台で役を演じるという、身をおとしめるような行動をしていたのである。だから、彼らはこう問いかけたという。「竪琴奏者が取り除かれ、悲劇役者が後釜になったところで、どうやってローマの恥辱をすすげようか」。タキトゥスはさらに、やはりこちらも噂としてだが、陰謀のそうした続編をセネカが知っていたと伝えている。

セネカの心中を推しはかるための手がかりは、どれもが思わせぶりで曖昧だが、そのうちでもこれほどのものはないはずだ。確かにここで語られているのは、それから数十年後に聞いて記録された、単なる逸話以上の何物でもない[16]。そのうえ記録したタキトゥス本人でさえ、信じてよいのか確信を持てないでいる。それでも、タキトゥスはこの逸話を省こうとは思わなかったし、現代の歴史家たちの多くもこの逸話を見逃していない[17]。この話はある恐ろしい可能性を指摘しているのだ。すなわち、みずから行動することは慎みながらも、セネカは最終的にあらたな皇帝となる望みを持っていた。西洋世界で最初の哲人王になろうとしていたという可能性である。

もちろん、これは単にそう、ひとつの可能性にすぎず、証明も反論もできない。これは、生涯を通じて心をさらけ出そうと努めつつ、多くの部分が不明瞭なままのセネカについて、わかっているのがどれほどわずかなのかをはかる最良の物差しとなっている。確かにセネカは蕩々と、なぜ、どのように、政治生活から身を引くべきなのかを論じている。にもかかわらず私たちは、タキトゥスの伝えるこの件について、事実無根と断言することができない。もしローマがセネカを皇帝と宣していたら、彼は支配権を拒んだのだろうか。それも私たちには知りえないのだ。

ネロに対する陰謀には、著名な人々も数多く加わっていたにもかかわらず、リーダーシップが欠けていた。ピソは確かに愛想が良く魅力的だったから、グループのなかでも特に好意を集めていたものの、いかんせん、グループを行動へと導く力がなかった[18]。陰謀団は、いつどこで実行に移すかを話し合うことに、多くの時間を費やしていた。攻撃があるとネロに疑われる理由がない、と彼らは油断していたのだ。だが計画が露見するおそれは日に日に高まっていた。ついに動いたのは、セネカの弟の家人となっていた、解放奴隷女エピカリスだった。熱意が高じてのその行動のせいで、陰謀からは不意打ちという要素が奪われてしまう。

エピカリスは、話し合いがだらだらと続いて同志の行動が遅れていることにうんざりし、計画を先に進める役割をみずから買って出ることにしたのである。別の用事でカンパニア地方へおもむいた際、彼女はついでにミセヌム港の艦隊基地を訪れた。そこにはネロに忠実に仕え、彼のために母を殺害した水兵たちがいた。暗殺を手伝った人たちのなかに、プロクルスという名の中位の士官がいて、自分がしたことにふさわしい報酬を手にできていないと感じていた。聞かれてもかまわないとばかりに大声でネロへの不満を口にしていたのを、エピカリスが聞きつける。これをチャンスと感じた彼女は、彼を陰謀へと誘う。もしプロクルスが水兵たちを計画に引き入れてくれるなら、ふさわしい以上の報酬を手にすることになるでしょうとささやきかけたのだ。

けれどもエピカリスは、プロクルスの不満を誤解していた。彼はただ不平をぶちまけたいだけで、恨みを晴らそうなどとは考えてもいなかったのだ。エピカリスの言うことに仰天したプロクルスは、会話をそのままネロに伝える。

逮捕され、尋問を受けたエピカリスは、それでも一切を否定した。彼女は、陰謀についての証拠をプロクルスには何も示してはいなかったし、誰の名前も教えてはいなかったから、捜査はそれ以上は進展しなかった。それでもネロは、すでに警戒態勢に入っていた。その後もエピカリスは勾留され続けたのである。

この一件で、あれほどゆっくり進められてきた計画のスピードがいきなり上がる。(19) メンバーが内通を恐れたのだ。そして四月の半ば、ケレス女神に捧げられる恒例の植樹祭が計画の開始日に設定される。普段はあまり外に出なかったネロも、祝祭の最終日、大競走場での催しだけには出席することにしていた。大競走場は、九か月前のあの大火のあと、すでに再建されていた。計画では、翌年の執政官に予定されていたラテラヌスが、そばに近づける立場を利用して皇帝の膝にすがりつく。何か個人的な件で嘆願するふりをして、ネロを足止めするのだ。百年以上昔、同様の作戦がユリウス・カエサルに対して使われた時には、この作戦の効き目は抜群だった[20]。

最初の一撃をネロに加える権利を自分に、とフラウィウス・スカエウィヌスという元老院議員が申し出た。ただし、この選択は当然とはとても言えなかった。というのも、その時点までのスカエウィヌスは、安逸な暮らしを送りながら自足した人生を送ってきていたのである。それでも彼は彼で、自分にとっての重大局面が間近にせまっていると感じていたのだ。彼がネロを刺すために特別に手に入れた聖なる短剣は、近隣の神殿にまつられていた大昔の聖物で、彼はそれをあがめるかのように大事に扱う。そして四月十八日の夜、ケレス女神の祝祭最終日の前日にスカエウィヌスは、短剣を磨き上げ、止血のための包帯などを入手するよう、自分の解放奴隷ミリクスに命じたのである。

この数十年、数多くの場面で、皇帝家の解放奴隷が重要な役割を果たしてきた。しかし一介の元老院議員の解放奴隷が、ましてやその解放奴隷の妻が、そうした役回りを演じたことはなかった。解放奴隷のミリクスには、名前の伝わっていない妻がおり、夫がスカエウィヌスから命じられた準備の様子を見て不安をおぼえる。何かの計画が進行中であること、家中の人間がそれに気づいていることを、彼女は夫のミリクスに言い聞かせる。一番乗りで皇帝の宮廷に通報するのでなければ、多大な報酬をもらいそこねてしまう、そう言って彼女は夫を説き伏せる。実際、短剣を研いだことだけでも、ミリクスは自分の命を危険にさらしていたのである。

四月十九日の早朝、磨き上げられた短剣を証拠としてたずさえ、皇帝の宮殿へと向かったミリクスと妻は、面会を許されて情報をネロの耳に入れた。ただちにスカエウィヌスは逮捕され、申し開きのため引き出される。スカエウィヌスがあまりに熱心に抗弁したため、ミリクスはもう少しで自分のした告発を取り下げそうになる。だが彼の妻は、「運命」が落としてくれた報償を取り逃がすつもりはなかった。彼女は、スカエウィヌスとアントニウス・ナタリスが密談しているところを何度も目撃したという、新しい情報を持ち出したのだ。ナタリスは、あの疑わしいピソの仲間として知られる人物だった。

こうしてナタリスも尋問のため宮廷へと召喚される。彼とスカエウィヌスは別々の部屋に放り込まれ、最近にどんな会話を交わしたのか問い詰められたが、それぞれの語った内容は食い違っていた。二人は手足を鎖につながれ、目の前に拷問の器具が用意される。拷問は、奴隷や非ローマ市民には日常的に加えられていたが、元老院議員に加えられるのは非合法で、危機的状況の場合に限られていた。器具が用意されれば、どんな時代の独裁者にも都合のよい展開が待っている。熱せられた鉄の焼きごてでおどされたり、それを押し当てられたりしたら、もうひとりは自白してしまうに違いないと二人とも恐れて、すぐさま自分から口を割ったのである。

尋問でなにより重視されていたのは、共犯者の名前を聞き出すことだった。それに対して二人は、自分の身の安全を確保するぶんだけ明かそうと、人数をしぼって名前をあげていった。スカエウィヌスがあげたのは、ネロの側近であるルカヌスとセネキオ、ほか数名。一方のナタリスは、陰謀の名目的な指導者、ガイウス・ピソの名前を最初にあげる。ついで彼は、ネロの歓心を買おうとしたのだろう、セネカの名前を出したのである。というのもナタリスには、セネカの名を出せば皇帝がどれほど喜ぶかわかっていたのだ。実際ナタリスは、セネカからピソへ、妙に美辞麗句が散りばめられたメッセージを届けたことがあり、そのメッセージに次の一節があったことを、この時ネロに告げたのである――「自分の安寧はピソの身の安全にかかっている」。

その頃、ピソや陰謀の他の主謀者たちにも、計画がすでに露見したことがもれ伝わっていた。仲間たちはピソに、ただちに皇帝親衛隊の陣営に向かうか、中央広場の演台に立つなどして、自分への支持を訴える演説をするよう強く求めていた。ネロへの憎悪はそこらじゅうに広まっているから、もしかするとピソが反乱に火をつけられる可能性がある。どちらにせよ、もう失うものはないではないか。ピソの命はもう風前のともしびだ。できるのはせいぜい、殉教者として人々の前に立ち、抵抗している姿を見せることくらいだろう。

こうして、ピソはローマ市の通りへとさまよい出たが、そこにあったのは、市民たちの大半にとってのいつもと変わらない一日の始まりだった。静かで無関心な市民たちの姿は、ピソの目に、残酷なまでの冷淡さと映ったに違いない。このおとなしい大衆を立ち上がらせるための労力、そして彼自身に、あるいは愛する妻の身に、拷問が加えられる危険性の大きさは想像を絶していた。ピソは家にとって返すと、兵士の到着を待って血管を切り開いた。約百年にわたる独裁政治によって反抗の意志をくじかれてきた多くの元老院議員と同じく、ピソもまた、あきらめるほうがたやすいと考えたのだ。体内から血液が失われるにつれ、意識は朦朧《もうろう》としてゆき、そして完全な平安がおとずれる。

妻と家族を救おうと、ピソは遺書のなかで、法外なまでの言葉をつらねてネロを称賛していた。

尋問をみずから指揮しながら、容疑者のリストがふくれ上がってゆくのを見るネロは、心の底にいだいていた疑いの正しさを感じていた。ローマの政治エリートたち、高潔な元老院議員や貴族たちは、ネロがいつも感じていたとおり、自分のことを殺したいほど嫌っていたのだ。彼らのお説教にもう何年も押さえつけられてきた。彼らはみな、他人をあげつらおうとする気持ちを共有しているようで、その気持ちをはぐくんだのが、しかめ面をしろ、叱りつけろと人に教えていた、あの厳格なストア派だ——かつての上級顧問、セネカの属する学派である。

全力をあげて反撃する決意をネロは固めた。自分を批判する連中は有罪だろうが無罪だろうが一掃しよう。どのみち、容疑者の範囲が広がるにつれて有罪と無罪との境界線はぼやけていたからだ。膨大な数のローマ上層の人々が、容疑者の友人として知られているか、容疑者と近ごろ会話を交わしたことがあった。じかに接触することを抜かりなく避けていたセネカですら、ピソに宛てて伝言を送っており、少なくともいまのネロには、それさえ共謀の表れに思えたのである。ネロは親衛隊所属の百人隊長、ガウィウス・シルウァヌスを送ってセネカを捜索させ、その伝言を突きつけることにした。

だが、ネロはこの時点では、このガウィウス・シルウァヌスを含む兵士たちの多くもが、陰謀に加わっていることに気づいていなかった。いまだに親衛隊を信じていたし、隊長のひとりであるファエニウス・ルフスすら信用していた。ネロは、本当は陰謀団のひとりであったファエニウスに、重要な尋問を指揮するという任務を与える。ファエニウスは、共謀が発覚せずにすむのではと一縷の望みをいだいて、忠誠をよそおい続けながら、ともに陰謀をたくらんだ仲間たちを残忍に虐待したのである。ファエニウスが任務として拷問している人たちは、彼のことを非難したりはしなかった。ファエニウスが正体を隠し通せれば、自分の釈放を画策できるのではないか、あるいは、暗殺計画をやり遂げてくれるのではないかと願っていたのだ。

二つ目の目標は、あと少しで達成されるところまでゆく。ファエニウスが、やはり隠れた一味のスブリウス・フラウスの補佐で、ある人に拷問を加えていた時のこと、拷問の様子をネロみずからが眺めていたのだ。そのうちにフラウスが、いまそこで起きていることのばかばかしさ、とてつもない無意味さに気づいた。部屋にいる四人のうち三人までがネロの死を望んでいるのに、そのうち二人があとの一人を攻撃している。その様子を、武装もせず数的にも劣勢なネロがそばに立って見ている。いま、ここでネロを殺害しよう、とフラウスはこっそり身ぶりでファエニウスに提案した。そして実際に剣を抜こうとさえした。しかし、陰謀にとって予想外のこの二回目のチャンスを、ファエニウスはふいにしてしまう。フラウスに向かって首を振ると、背を向けて拷問を再開したのだ。この場面でいきなり方向転換するには、ネロによる取り締まりはあまりに激しかったし、ファエニウスの神経は細すぎたのである。

そのあいだにも、親衛隊員たちはローマ市全域に展開し、一般市民を締めあげた。監視兵が古い「セルウィウスの城壁」の上からにらみを利かせ、テヴェレ川沿いの各地点にも配置され、ローマ市に入ろうと、ないしは出て行こうとする船を見張っていた。皇帝親衛隊の荒くれ者に大柄なゲルマン人が加わった部隊が、肩で風切って中央広場を闊歩し、個人宅へと押し入って目当ての人々を尋問のために引きずり出す。かせや鎖は保管庫から出されたそばから、あらゆる容疑者の腕や足にはめられてゆく。縛られた人々の列がネロの宮殿へと押し寄せていた。あまりに多かったために、容疑者たちは入り口近くの屋外に留め置かれていた。拷問を加えるための部屋が足りなかったのだ。

他の共犯者の名をあげれば免責が約束されていたから、この取引が守られるというわずかな希望に多くの人々が飛びつく。詩人のルカヌスもそうしたひとりだった。彼は、最も熱心に陰謀をたくらんだ人のうちに名をつらね、友人たちにはネロの首を約束していたほどだった。[21] だがルカヌスはまだ若く、前途洋々だった。自分の命を救うチャンスは彼を従順な人間に変える。ルカヌスは罪を自白し、共謀者の名前を何人かあげたうえ、母アキリアの名前すら口にしたのである。スエトニウスはその行動について、ネロを喜ばせるためであった、と冷酷に分析している。つまり、母アグリッピナを殺害したネロに、母殺しのおつき合いをしようとしたというのだ。タキトゥスによれば、幸いアキリアのことは混乱のうちに忘れ去られ、結局、彼女はひとり生き残ることになる。*3

勇敢にもひとり、頑として他の人の名をあげようとしない者がいた。

解放奴隷女のエピカリスは、ルカヌスの家の一員であり、またルカヌスと同じく激情家だった。水兵のプロクルスをミセヌム港で陰謀にさそった嫌疑を彼女は否定していたが、勾留はまだ続いていたのである。ここでネロが拷問を命じる。彼女は焼けるような金属板に乗せられ、また拷問台の上で四肢を引っ張られる。女性の意気をくじくなどたやすいとネロは信じていたのである。ところが、エピカリスは拷問初日の大半を無言のまま耐えぬく。そして翌日、彼女の体はもうぼろぼろだったので、座輿に乗せて拷問部屋へ運び込まれた。それでも彼女は、鍵のかかった部屋にひとりきりになった隙に、胸に巻いていた帯をなんとかほどくと、それを輪にして、座輿の覆いを支えていた柱にくくりつけ、なかば裸で首を吊って自殺したのだ。

ルキリウスに宛てられた『書簡集』のなかで、セネカが取り上げた英雄的な自殺の数々に、この逸話が含まれていたとしても不思議ではない。元奴隷の遊女という、一見すると「運命」から最も見放されているかに見える女性が、死を自分で選択するという、究極的な自由と力を見つけ出した。なるほどエピカリスは、ネロ暗殺という目的の達成には完全に失敗したかもしれない。それでも、セネカの道徳的な枠組みにしたがえば、圧政からの退出路は自殺によりひらかれるのであって、この誇り高き女性はローマ国家の総力をしりぞけ、ついに勝利したのである。

しかし、セネカがエピカリスの最期を知ることはなかった。弟の愛人でもあった彼女が拷問台で引き裂かれていた頃、ガウィウス・シルウァヌスひきいる皇帝親衛隊の兵士たちが、ローマ郊外の別荘を取り囲んでいた。そこではセネカが、妻のパウリナとともに食事をとっていたのである。

セネカはこの別荘に、ちょうどその日、早い時間に到着していた。カンパニア地方から戻ってきたところだった。タキトゥスが詳しく伝えてくれているおかげで、珍しくセネカの行動が判明している。ただし、セネカの動機が不可解なのはいつものとおりだ[22]。その日にネロ暗殺計画が実行されるであろうことを、セネカが知っていたのは間違いない。ではローマ市の近くにいようと考えたのは、新政権に仕えるためだったのだろうか。あるいは皇帝としての歓呼を期待してまでいたのだろうか。神話の物語でのみずからの化身、テュエステスのように、自分にとってのアルゴス市へ帰還し、ふたたび毒入りの権力の杯を飲みほそうと考えていたのだろうか。答えのわからなかったタキトゥスは推論を示していない。だから、私たちにできるのも推測することだけだ。

その晩のセネカは、妻のパウリナと簡素な食事をともにしていた。ずっと、毒が盛られかねない食べ物を避けていたのである。だが皮肉なことに、ネロからの毒を避けようと努めていたあいだにも、彼は自分のために毒薬を用意していた。それは、かつてアテナイ市の公法廷で、死刑を宣告された人に与えられていたドクニンジンの毒だった。しょせん毒などすべて同じなのかもしれないが、セネカにとって、死にざま、そして死を取り囲む雰囲気はとてつもなく重要な要素だった。彼は長年にわたり、ルキリウスに宛てた『書簡集』のなかで、自分の人生というあざやかなドラマのラストシーンを思い描き、予想してきた。とうとう、友人や家人たちを観衆に、それを演じる機会がせまっていた。

さらにセネカには幸運が重なる。そこに居合わせていた友人がすばらしい目撃者となって、その報告をもとに、偉大な作家がのちにセネカの最期を不朽のものにしてくれるのである。ずっとセネカに魅せられ、偉大な人物たちが運命に向き合うさまにも魅了されていたタキトゥスは、彼の『年代記』という著作中最も長く、最も詳しく、そして最も強烈な逸話のひとつとして、その場面を物語ってくれる。タキトゥスの記述はなかなかの傑作であるものの、なんとも思わせぶりで、最後の最後まで、セネカについての評価は示されない。彼の最期を、タキトゥスが悲劇として描いたのか、風刺として描いたのか、それとも現代風にそれらの融合として描いたのか、その点については定かではない。

その場面にはまた別の皮肉が隠れていた。セネカに詰め寄るため派遣された部隊の隊長、シルウァヌスが、ファエニウス・ルフスと同様、まだ発覚していない陰謀参加者だったという事実だ。その日の朝、シルウァヌスはセネカを皇帝と宣言するためにこの別荘に来るのを心待ちにしていたのかもしれない。だが彼にはいま、罪が露見しないよう、皇帝ネロを断固として支持する役回りを演じる必要があった。アントニウス・ナタリスとは最近どんな会話を交わしたのかと、彼は命じられたとおりに、セネカを尋問したのである。ナタリスは本当に、セネカとガイウス・ピソを引き合わせようとしていたのか。セネカは本当に、「自分の安寧はピソの身の安全にかかっている」などという、妙にもったいぶった伝言を託し、ナタリスをピソのもとへと送り返したのか。

これらの質問にセネカがどう答えようとも、ほとんど意味はなかった。ネロが好きなようにするには、告発さえあれば足りたのだから。それでも、セネカは果敢にも反論を繰り出す。彼にはまだ、ネロ政権から寛大さを、あるいは少なくとも、一緒に食卓を囲む二人の友人からの尊敬を勝ち取る可能性が残されていた。二人は目撃者として、いつかセネカの最期の行動を世に伝えてくれることだろう。そしてセネカはシルウァヌスに告げる。ピソが面会を望んでいたのは本当だ。けれども自分はその申し出を拒否した。伝言末尾にそえた致命的な締めくくりの言葉については、何の意図もない、なぜなら自分には、誰かの健康をそこまで大事に思う理由などないのだから、と言い、皇帝の健康を除けば、と意味ありげにつけ加えている。また自分には、ピソにおもねる理由などないし、自分が人におもねる性分の人間ではないことは、ネロがよく知っているとおりだ。それからセネカは堂々と言い放つ。事実、皇帝は自分のふるまいのうちに、隷属よりも自由を多く目にしてきたはずだ。

宮殿へと戻ったシルウァヌスは、セネカの言葉を報告する。ネロと一緒の部屋にいたのは、ごく親しい相談相手の二人、ティゲッリヌスとポッパエアだった。セネカは自殺する覚悟を決めていたか。そう尋ねるネロが求めていたのは、もちろん肯定的な答えだった。セネカが陰謀に協力したという証拠は乏しく、このままではもっと証拠が必要となるからだ。しかし、セネカには身の危険を感じているそぶりはありませんでした、というのがシルウァヌスの返答だった。するとネロは、すぐに別荘に戻って皇帝の裁決を申し渡すよう命じる。すなわち、死だ。

シルウァヌスはその命令にしたがえなかった。陰謀計画が破綻したことはわかっていたものの、ネロの治世を引きのばすために求められた行為は忍耐の限度を超えていた。シルウァヌスは、上官であり陰謀仲間でもあった親衛隊長、ファエニウス・ルフスのもとをおとずれ、この任務を遂行すべきか尋ねた。ルフスは遂行するよう命じたが、なおもシルウァヌスは逡巡《しゅんじゅん》していた。セネカを救うためには何もできないが、少なくとも陰謀参加の痕跡をぬぐい去ることならできる。彼は別の兵士をやって、死の命令を伝えさせることにしたのである。

親衛隊長のファエニウス・ルフスは二役を演じていたものの、陰謀参加者の命を救う役には立っていなかった。共謀者たちは徐々に、その事実を隠していることに我慢ならなくなっていた。一番に陰謀について自供していたスカエウィヌスは、ファエニウスから尋問されているうちに、ついに堪忍袋の緒が切れる。ファエニウスの質問に対し、かたわらに立つ証人たちに聞こえるのを承知でこう答えたのだ。

「あなたご自身以上によくご存じの方はいないでしょう。どうしてみずから進み出て、かくもすばらしい皇帝に報恩されないのですか」。驚愕したファエニウスの顔面は蒼白となり、支離滅裂なことをまくし立て始めた。ゲームは終わり、ファエニウスはただちに逮捕される。

これを皮切りに、陰謀に軍が大きく関与していたことがあばかれてゆく。ネロが親衛隊員たちを尋問すると、もはや観念した兵士たちから率直な答えが引き出されたが、そのやりとりは驚くべきものだった。スブリウス・フラウスは、謀反心をいだくようになった理由を皇帝に対してこう説明した。「あなたが我々からの敬愛にふさわしかったときには、兵士のうちで私ほどあなたに忠実だった者はいませんでした。けれども、あなたが母親の殺害者となり、戦車競走の騎手となり、俳優となり、放火犯となったことで、私はあなたを憎み始めたのです」。陰謀事件のさなかネロが耳にしたことのなかで、この簡潔な罪状リストほどネロを傷つけた発言はなかったと、タキトゥスは論評している。

スルピキウス・アスペルという名の百人隊長も、同じくらい単刀直入にネロに対して語っている。彼の抗弁は哲学の言いまわしで表現されていた。どうして陰謀に参加したのか問われたアスペルは、タキトゥスによれば「あなたの非道には、これ以外の治療法はありませんでした」と答えている（あるいは歴史家カッシウス・ディオによると、「あなたを救うのに、これしか方法がありませんでした」）。道徳的な緊急必要措置としての意義を暗殺に求めていたのは、セネカだけではなかったのだ。

ひとりまたひとりと、陰謀に参加していた兵士の名があばかれ、逮捕され、斬首される。彼らは軍の同僚が振りかざす剣に、自分の首をすすんで差し出した。スブリウス・フラウスは、処刑場へ向かう途中、自分が投げ込まれることになる墓穴を平然と見やり、浅すぎることに気づいたのだという。彼は馬鹿にしたような口調で「こんなことも規定どおりにできないのか」と述べたのだ。彼が訓練を重ねてその身をささげようとしていたローマ、アウグストゥスとゲルマニクスのローマは、もはや過去のものとなっていた。いまそこに立つのは、誇大妄想に取りつかれた青二才が支配する「ネロの都」だ。

告発された市民の名を記した名簿もどんどん分厚くなっていった。ネロがそこに、有罪無罪とは関わりなく、積年の敵対者の名も書き加えたのだ。現職の執政官で、皇帝の親しい友人でもあったアッティクス・ウェスティヌスの名前まで、誰も名指ししなかったにもかかわらずリストに加えられる。ネロのことを知りすぎるほどに知り、ネロのことを恐れない様子を見せていた彼の口にする冗談が、ネロを苛立たせるようになっていたのだ。兵の一隊が、尋問へとウェスティヌスを引っ立てるために派遣される。兵たちが到着したとき、ウェスティヌスは友人たちと宴席をともにしている最中で、いささかも恐れているそぶりを見せなかった。それでも召喚命令を聞くや、たちまち虚勢は吹き飛ぶ。ウェスティヌスはすぐさま血管を切り開くと、浴室に運ばせてそこで死を迎えた。宴席に連なっていた友人たちは、数時間にわたってその場から動くのを禁じられ、彼らが恐怖を味わう様子は、ネロのサディスティックさを存分に楽しませたのだという。

兵士たちは斬首のために自分の首をさらし、元老院議員たちはみずから血管を切り開く。全員が無抵抗に、平静を保ちながら、あきらめたように運命を受け入れてゆく。危機を脱したあとでさえ、みずから命を絶った人もいた。セネカに死の裁決を伝えるのを拒絶したガウィウス・シルウァヌスは、ネロから尋問を受けて無罪放免されていたものの、それでも結局自殺したのだ。この恐ろしい粛清のあとに生き残ることへの罪の意識は、それを耐えながら生きるには大きすぎたのかもしれない。あるいは、不幸な運命をたどった者の近親者から、報復されるのを恐れていたのかもしれない。

タキトゥスの『年代記』では、伝存するうちの最後の行へと至る長大な部分で、ネロによる犠牲者が次から次へと列挙されている。そのリストがあまりに長いため、タキトゥスは読者を退屈させ不快にさせるのではと恐れているほどだ。そうした人々のうち、唯一死ぬまで戦ったと伝えられているのがユニウス・シラヌスだ。シラヌスは、ネロを除けば、アウグストゥスの血を引く最後の男性子孫だった。イタリア南端、バリウムの町に幽閉されていた彼のもとに、兵士が到着する。丸腰にもかかわらず、シラヌスは持てる力を尽くして応戦する。お前の任務にフリーパスを渡すつもりはないぞ、と彼は自分を暗殺しに来た兵に軽口を叩いたのだという。浴室で、温かくけだるい湯につかりながら、ゆっくりと意識が遠のいてゆくのとは違い、彼だけは戦い、体の前面に受けた傷がもとで死んだのである。

セネカは、散文での論考やルキリウスに宛てた『書簡集』のなかで、自殺をあらゆる角度から検討し、とりわけ、どういった場合に自殺は必要とされるのかという問題に注目した。徐々に衰弱していく病気なら自殺を正当化してくれるだろうか、残忍な独裁者の圧政はどうだろう、どうあってもまもなく必ず死がおとずれるという状況なら。セネカは、まだ乗り越えたことのない、これら三つの状況それぞれの臨界点に近づきつつあったが、宮殿にいるネロからの伝言を待つあいだ、もしかするとこうした問題を考えていたのかもしれない。このときの彼はまだ、ネロの裁決が死ではなく追放かもしれないと期待していたのかもしれない。哲学者としての名声が守ってくれるかもしれない。のちに、同じくストア派の賢人であるムソニウス・ルフスの命を、哲学者としての名声が保護してくれるように。

セネカはまた、妻のポンペイア・パウリナのことも気にかかっていた。妻を待つのが追放刑という運命なら、追放先での暮らしは、自分がいないとさらに過酷なものとなってしまう。「彼女の生命《スピリトゥス》は、私の生命次第」。セネカは『書簡集』におさめられた一篇で、生命の息吹を意味するラテン語である「スピリトゥス」という言葉を使いながら、そうつづっている。*4「愛する者たちへの敬愛のゆえに、多大な苦痛のなかにあっても、体から逃げ出そうとするスピリトゥスを呼び戻さねばならない。唇の先に引っかけてでも引きとめねばならない。なぜなら善き人は、自分の好きなだけ生きるのではなく、自分にふさわしいだけ生きるのだから」。妻のパウリナとともに食卓につくセネカの脳裏には、こうした言葉が浮かんでいたのかもしれない。パウリナは、ネロの気にさわるようなことを一度もしたことがない。しかしいつものパターンどおりなら、セネカとの連座で彼女も有罪と見なされることだろう。

そして、ローマ市のネロからの伝言をたずさえた百人隊長が到着する。あらゆる希望は霧消した。


遺書を手に取らせてもらえるだろうか。伝言をもたらした兵にセネカはたずねる。財産の大半は、すでにネロにゆだねられているが、それでもセネカは、いま食卓をともに囲み、自分の最期の時を共有していた友人二人に、残る財産の一部を譲渡したいと考えていたようだ。しょせんここでセネカが遺書に何か書き加えたところで、ネロが資産の全没収を望むなら阻止できはしない。にもかかわらず百人隊長は、セネカの願いを拒否する。「君たちに残せるのは、私がいま自由にできる唯一の遺産である、自分の人生の像《イマゴ》だけだ」。このときセネカは、友人たちにそう語ったとタキトゥスは伝えている。

「イマゴ」とは重層的な意味を持つ言葉だ。英語での派生語「イメージ」と同様、単に「姿」や「形」といった意味のことも ある。また他にも「幻想」や「幻影」、「虚像」ないし何か「想像されたもの」を意味することもある。とびきりの皮肉屋で、言葉の芸術家でもあったタキトゥスは、慎重にこの言葉を選択した。タキトゥスにもわかっていたとおり、セネカもやはり見事な皮肉屋だった。セネカはこの時までに、五〇万語にものぼる言葉を費やして自分の姿を描きながら、どの論考、悲劇作品、書簡のなかでも決して、自身の政治人生の真実には取り組まなかった。ものを書き始めたその日から、彼はみずからの「イマゴ」を創り出し続けてきた。最期の数時間においてもなお、自分の「イマゴ」の形を整える作業を続けていた。いまだ完成していない作品に手早く手を入れ、その作品が確実に未来へと伝わるよう手はずを整えていたのだ。

しかしここで真実を語るのも、おそらく遅すぎはしなかった。涙を流して嘆き始めていた友人たちをなんとか安心させようと、セネカは、いまのこの危機は予測できたことだと語りかける。「母を殺し、弟を殺したネロに、家庭教師であり指南役でもあった私を殺す以外の何が残っていようか?」。セネカ自身、この二件の殺人の隠蔽に力を貸し、また少なくともそのうちの一件では、殺害に手を貸していた。タキトゥスの記録した、セネカのこの率直な言葉は、まるでローマ全体に対して語りかけられているかのようだ。その言葉はどうやら、ネロのおかした殺人を白日のもとにさらし、同時にその責任がネロにあったことを、はっきりさせる意図があったように思える。

セネカはこの瞬間のために、ドクニンジンの毒薬を用意していた。それを飲めば、五世紀前のソクラテスにならって命を絶つことができる。だが何か考えがあったのだろうか、彼はそれを使う選択をしなかった。代わりにもっとローマ的な死、すなわち緩慢な失血死を選び、危機を共有していた妻のパウリナが、自分もその最期にお供します、と言うとその願いを許す。セネカとパウリナは、二人して血管を切り開く。ナイフの一閃で一度に血管を切り裂けるように、二本の腕を並べて。ある人の目にはこの光景が、感動すべき夫婦間の協調の瞬間として映る。一方で別の人の目に映るセネカは、まるで妻に死を強いているかのようだ。こうして、この最期にして最高の場面を伝えるタキトゥスとカッシウス・ディオの記述は、かけ離れたものとなっている。

腕の血管から満足に血が流れ出ないのを見ると、セネカは両膝の裏、さらには両足首あたりにもナイフを入れる。彼はいま、ひどい苦痛のなかにいた。お互いの苦しむ姿を見なくても済むようにと、セネカとパウリナは、それぞれ別々の部屋に運び込まれる。奴隷たち、解放奴隷たち、そして二人の親友に見守られながら、セネカはみずからの死を待っていた。

しかし、死はなかなかおとずれない。セネカの血管は年老い、質素な食事のせいで衰えていたので、十分な量の血液が流れ出なかったのだ。生命活動の衰えは実にゆっくりだったので、書記をかたわらに呼び、最後の作品を口述筆記させる時間的余裕すらあった。おそらくそれは、倫理的な問題を扱う随筆だったのだろうが、その場面を伝えるタキトゥスも具体的に述べていない[23]。それからセネカは、友人のスタティウスに、かねてから用意してあったドクニンジンの毒をくれるようにと頼み、それを飲みほす。かつてソクラテスを数分のうちに昏倒させたその毒は、どうしたわけかセネカには何の効果もなかった。

しまいにセネカは、苦しみながら別荘の浴室に向かい、そこで熱い湯につかる。プラトンが伝える、癒しの神アスクレピオスへの奉献を誓いながら死んだソクラテスとのつながりをなお求めて、彼は風呂の湯を少し手にとると床にまき散らす。これは解放者たる神ユピテルへの献酒なのだと。セネカは神に解放を求め、さらに感謝する。失血のため体が弱り、ドクニンジンにも痛めつけられ、ついには浴場の熱気で窒息する。こうして、セネカは息を引き取った。

皇帝ネロの時代、最も複雑な人生を歩んだ男の生涯は、似合いの最高に複雑な死をもって終わった。長時間を要し、三段階をへたセネカの自殺は、決して長年彼が思い描いた計画通りになされたわけではない。それでもこの自殺は、兵士たちからの介入なしに組み立てられた、彼ならではの構築物であった。こうして迷うことなく自律的に人生から退出できることに、セネカはきっと満足感を感じていたに違いない。この退出路こそ、ネロが絶対に手を触れることのできない、セネカ唯一の所有物だったのだ。

彼の遺体は火葬され、遺言にしたがい、遺灰は葬儀なしに埋葬された。

妻のパウリナは、奇跡的に四月十九日の夜を生き抜く。お付きの奴隷たちが腕を縛って出血を止めた

セネカの死。17 世紀初、ルーベンス作。こんにち「偽セネカ」として知られる胸像をもとに、理想的な哲学者の姿として描かれている。

のである。それはネロの命令によったと言う人もいた。セネカの死によってこうむる悪評を、少しでも軽減させせようとしたのだという。一方、それは彼女自身の意志だったと言う人もいた。ネロはパウリナのことを憎んでいないので、未亡人としての暮らしは過酷ではなさそうだとわかったからなのだという。このつらい出来事のために蒼ざめ衰弱した姿で、彼女はそれからの数年間を生きる。

結局、彼女のケースは稀な例となる。セネカにつらなるあらゆる親類、縁者たちは、ネロの怒りという、燃えさかる地獄に次々と呑み込まれてゆく。

セネカの死に引き続いて、甥ルカヌスの死がおとずれた。情報提供と引き換えにこの若者には恩赦が約束されていたのに、自分よりずっと光り輝くこの詩人のことが、ネロには心底しゃくにさわっていたのである。こうして彼にも自殺が命じられる。ルカヌスは血管を切り開き、出血のために絶命する。全身からぬくもりが失われてゆくあいだにあってさえ、彼の文学的才知は健在だった。死に向かうさなかルカヌスの脳裏に、『内乱』の一節として書いた詩句が浮かぶ。そのくだりでは、出血の果てに死をむかえる兵士のことが物語られていた。ことされようとするルカヌスが暗唱したのはこの箇所だったのかもしれない[*5]——

引き裂かれて倒れる彼　切り裂かれた全身の血管から　血がほとばしり出る
これほど広い経路をたどり　生命が逃げ去ったことは　かつてなかった……
体の下部では　大切でない部位が　次々と死に屈しゆく
だが　吸いこんだ空気でふくらむ肺や　まだ熱を持つからだの中央では
長い時間　死の運命は食い止められる

セネカの弟メラは、こうして息子と兄を失ったが、まもなく自分も巻きぞえをくいそうになっていることに気づく。[*6] アンナエウス氏族三兄弟の末っ子である彼は、これまでいつでも政治からは距離を置き、政治的影響力より富を選んで生きてきた。けれどもこの選択が身を滅ぼす元になる。息子ルカヌスの資産を譲り受けたメラは、息子から金を借りていた人々に返済を求めた。ただしそのやり方があまりに苛酷だったのだろう。おそらく債務者のひとりであったロマヌスという男が憤慨し、メラは告発されたのである。ルカヌスの手紙が偽造され、そこにはメラが、息子の計画の共謀者であったことをうかがわせる内容が記されていた。こうしてメラも、ルカヌスと同じように血管を切り開いて自殺する。自殺の前に、大切にため込まれてきた彼の資産の大半は、ネロの恐るべき右腕、ティゲッリヌスに譲与されていた。

アンナエウス三兄弟の長兄、ガッリオは、元老院の空気が急に好転したおかげで、あやういところで生きのびることができた。ガッリオもいったんは、元老院内の政敵、サリエヌス・クレメンスから国家の敵であるとして攻撃を受け、その時点では、またいつもの通りに粛清がおこなわれるかに思われていた。けれども、元老院議事堂に居合わせた議員たちは、もうやりすぎだと感じていた。私怨を晴らすために、公共の安寧が口実としてもちいられたからだ。クレメンスは議員たちからやじり倒された。こうしてガッリオの危機はひとまずは去ったものの、それは執行猶予にすぎず、この時の非難によりもたらされた悪評を、結局ぬぐい去ることはできなかった。最終的にガッリオもまた、ネロによる猛威の犠牲者となったのである。

かつてのローマの大火のように、ネロによる粛清の炎は、いったんは下火となったかに見えたものの激しさを増してふたたび燃え上がる。処刑の第二ラウンドは、第一ラウンドをさらに数か月上回る長きにわたって続き、噂程度の証拠でピソの陰謀事件と関連づけられた人々の身につぎつぎと襲いかかる。その時命を落としたガイウス・ペトロニウスは、タキトゥスによれば、宮廷でのこのライバルをねたんだティゲッリヌスが、奴隷に偽証させただけだったのだという。この通人はみずからの死を、その生と同様に、反哲学者としてのあり方をつらぬいて迎える。切り開かれた血管から血液が流れ出るさなかにあっても、彼は友人と楽しげに語らい、軽妙な詩歌を交わし、冗談を言い合いながら死んでいった。最期の数時間に、ペトロニウスもまた作品を口述筆記させているが、それは倫理的問題についての論考ではなく、ネロが楽しんだ性的奇行の数々を、事情通の視点から解説したものであった。

荒れ狂う粛清の炎は、著述家を、詩人を、元老院議員を、兵士を、道徳家を、陽気な快楽主義者を、つぎつぎと呑み込んだ。ローマは焦土と化し、ネロあるいはティゲッリヌスが脅威と見なす人々は一掃された。その様子はまるで、世界を終わらせる大火を指してストア主義者たちが言った「エクピュロシス」がおとずれたかのようだったが、想像とはずいぶん違っていた。立ち上る炎によって世界から根こそぎにされたのは、人間という堕落した種族ではなく、ローマの文学エリートや軍の士官たちの華、最も優れた人々だけだったのだ。

燃えさかる地獄へと最後に向かった人物たちのうちに、トラセア・パエトゥスがいた(24)。

高貴なトラセアは、尊厳を保って奴隷状態を避けようとする努力のゆえに、非常な尊敬を受けていた。セネカと同様、ネロに対する陰謀からは距離を置いていた。実際、この三年のあいだ、彼は公的生活からも完全に身を引いていたのである。しかしその隠退が攻撃の口実として使われてしまう。口火を切ったのはティゲッリヌスの娘婿、コッスティアヌス・カピトだった。彼は元老院で演説し、尊大に隠退生活を送っていると語ってトラセアを揶揄する。あの男はあらたなカトー、ストア主義を利用して不和をあおる、しかめ面をした分離主義者なのだ。彼はそう主張する。「ネロの都」というこのお祭り騒ぎの世界では、道徳的な重々しさという、セネカをおとしめるのにも使われた資質を、罪として持ち出すのは簡単なことだったのである。

元老院は、ネロにしたがう武装した兵たちに囲まれた状況でトラセア非難の決議をおこなう。トラセアは私邸の一室で、娘婿のヘルウィディウスと、犬儒派の精神的指導者、デメトリオスとともにいた。セネカが『恩恵について』のなかで称賛してもてはやしていた、あのデメトリオスだ。この二人をかたわらに、トラセアは血管を切り開かせる。血が体外へと流れ落ちるのを見るトラセアの脳裏に、この頃にはよく知れ渡っていたセネカ最期の言葉がこだましていた。彼の口からおごそかに発せられたのは、解放者たる神ユピテルへの献酒、という言葉だった。

セネカとトラセアの最期の祈願の言葉を、タキトゥスは完全に同じ表現として伝えている。ひとりは絶対権力と手を結び、もうひとりはそれに対抗した、偉大なストア主義者である二人を、タキトゥスは永遠の友愛の絆で結びつけようとしたのだろうか。それとも、生贄《いけにえ》の血を使ったもっと意味ある犠牲式と、風呂の湯でおこなう簡便な儀式とを対比させているのだろうか。

タキトゥスによると、粛清によりトラセアの命が奪われるのをただひとり止めようとした人物がいた。アルレヌス・ルスティクスという名前の護民官である[25]。この若き熱血漢は、トラセアへの判決をくつがえそうと拒否権の発動を提案したのである。だがトラセアみずからがそれを制し、こう指摘する。拒否権を発動しても無効とされるだろうし、ルスティクス自身の命を代償にしてしまう。「君の出世の道は始まったばかりだ。こんな時代に政界で自分がどのような道をたどるのか、よく考えておくといい」。

たくさんの死を目撃し、いま自分も死の瀬戸際にあって、トラセアが若者に言い聞かせられたのは、抵抗しないということだけだった。ルスティクスのような善い人間たちが、自分の信条とうまく折り合ってゆけるのなら、ローマにとってはそのほうがずっとすばらしい、とトラセアは感じていた。そうした人々が粛清の炎のなかに放り込まれるよりも、政治の世界に生き続け、そこにいくらかでも道徳的な品位を添えてくれるほうがましだと。

二度目の「ネロ祭」の日が迫っていた。四月の悪夢はすでに過去のものとなっていた。いまでは四月は、元老院の決議により「ネロ月《ネロネウス》」という名前で呼ばれることになり、少しずつローマは平静を取り戻していた。政界上層にいたあらゆる敵対者を、ネロは有罪無罪を問わず抹殺することに成功した。だがもうひとつ、ネロにはどうしても手にしたい勝利があった。もっぱらセネカによって遠ざけられていたせいで、もう何年も、彼はその栄冠を取り逃がしていた。

これまでネロは、ネアポリスや他の地方都市の舞台では歌を披露してきた。だが彼は、ローマ市でのみ受けられる歓呼を切望していたのだ。ネロは、「ネロ祭」の期間中にローマで初舞台を踏む計画をたてる。しかしこの計画は、従順でない議員たちはすでに排除されていたにもかかわらず、元老院を恐怖におとしいれた。議員たちは、前もって皇帝に一等の栄冠を授与する決議をおこなうことで、この不始末を未然に防ごうとする。だがネロは、この政治的妥協をしりぞけ、音楽を公平に、真剣勝負で競い合い、他の出場者すべてを打ち負かすと誓ったのである。

こうしてネロは、ローマ市のポンペイウス劇場の舞台に立ち、みずからの作詩になる、トロイ戦争に関する小叙事詩を朗々と歌い上げる(26)。歌を披露し終えて退場しようとする彼に向け、観客のうちの一団が、あらかじめの指示どおりに、「神なる歌声」を聞かせてくれるようにと叫ぶ。ネロは自邸の庭園での私的な上演会を提案するが、ネロへの観客たちからの喝采はやまず、皇帝親衛隊員たちがネロに近づき、観客のためを思ってくれるようにと懇願する。

最後に、アウルス・ウィテッリウスが現れる。この人物はクラウディウス帝時代の特に卑屈だった廷臣の息子で、いまは父の役目を継いでいた。彼はみずから観客を代弁して、芝居じみた動作をまじえながら、竪琴奏者のコンテストへの出場をネロに強く求めたのである。

不承不承をよそおいながら、演奏順を決める壺に自分の札を投げ入れ、ネロは出場する意志を示す。ついにネロの順番が来たとき、観客たちは、これまでネロが見せたうちでも特に奇妙な光景を目の当たりにする。それは、さらさらとした丈の長いローブをまとい、丈のあるブーツをはいた皇帝の姿だった。彼は竪琴を持つ二人の親衛隊長をしたがえ、その背後には、一隊の兵と元老院議員たちがずらりと並んで立っていた。ここで執政官経験者のクルウィウス・ルフスが舞台へ上がり、皇帝の披露する歌曲を紹介する。皇帝は『ニオベ』を歌います。それは数ある神話のなかでもとりわけ悲劇的な、子供たちを失った母親の悲しみを表現した楽曲だった。

歌姫《ディーヴァ》のような集中力と熱情を込めて、ネロは竪琴を奏で歌い始める。歌は何時間も続いたが、ネロはコンテストの規則をすべて守り、咳払いすることも、額の汗をぬぐうのに布を使うことも、着席することもしなかった。午後も遅くになってようやく歌が終わると、ネロはうやうやしく片膝を折り、身ぶりで観客たちへの感謝を示す。人々からは大きな歓声があがった。観客からの拍手喝采は、皇帝が雇ったサクラである「アウグストゥス団」がまず先導し、指揮するリズムに乗せて送られていた。

観客席では、あらたに忠誠心を確かめられた兵士たちがほうぼうを歩き回っていた。そのうちには、あの粛清のさなか、同僚の兵士、さらには上官の処刑を手助けした者たちがまじっていた。全員に二千セステルティウスずつのボーナスが支給され、そのうえに、終身の無償穀物配給さえもが約束されていた。すでに帝国の国庫はからだった。それでも、この政権が続く限り、ネロはどうしても浪費を重ねなければならなかったのだ。

誰か声援を送らない者はいないか、寝ている者はいないか、ネロの歌が披露されているあいだ、皇帝親衛隊の兵士たちは念入りに観客たちを見張っていた。小さい音でしか拍手をしなかったり、調子外れの拍手で「アウグストゥス団」の完成されたリズムを乱す一般の観客には、容赦なく鞭が飛んだ。[27]一方で高位の人々については、後日処罰できるように名前を書き留められた。劇場の入り口には、無理にでも中に入ろうと必死にもがく人々の群れがあった。観客席にいないと罰せられる可能性に、ようやく気づいた人々だった。

熱狂的な歓声に心浮き立ちながら、ネロは視線を観客席のほうへと向け、勝利の果実を味わっていた。ようやく永遠に脱することができたのだ。セネカをはじめとする、古くさい道徳家たちのうんざりするような束縛から。彼は、敵対者、帝位のライバル、さらには母、妻、そして義弟と、多くの人々を片づけてきた。ローマ中に恐怖心を植え付け、人々は彼を賛美するようになった。そしてついに、地上最高の都市の中心にある舞台に立つことができた。ネロのあらたな黄金の時代がここに幕を開けたのだ。

どんな状況でかはわからないが、セネカは一度、ネロにこんなことを言ったという。「何人殺そうとも、後継者を殺すことだけはできない」[1]。しかしこの場合、他の多くの場合と同様、結局ネロは自分の家庭教師の間違いを証明している。事実、六五年の終わりまでに彼は、後継者となる可能性のある人物すべてを排除した。ユリウス家に連なるあらゆる男性が殺されたのである。

この家系以外の人物でさえ、ライバルと思われれば片付けられた。ネロには、ルフリウス・クリスピヌスという名の、ポッパエアが前夫とのあいだにもうけた義理の息子がいた[2]。その子もまた殺された。子供たちで遊んでいた時、考えなしに彼が皇帝の役を演じたことが理由だった。ネロはその子を平舟に乗せて魚釣りに送り出すと、奴隷たちに舟から放り出させ、あとはおぼれるにまかせた。

こうしてネロは、恐れを感じた後継者候補をつぎつぎと片付けた一方で、どうしても欲しかった人間まで死に追いやってしまう。六五年の夏、妻のポッパエアは妊娠しており、おなかにいる息子がネロの支配権を強固なものにしてくれるはずだった。しかし、二度目の「ネロ祭」が終わってまもなく、歌を披露したときの歓声の大波でまだ高揚していたネロは、ついポッパエアに対してかんしゃくを起こしてしまう。スエトニウスによると、その日ポッパエアがネロに、戦車競走からの帰りが遅かったことに文句を言ったのだという。それ自体は、家庭内のほのぼのした一場面だ。何に腹を立てたのか、ネロは愛する妻を思いきり蹴飛ばしてしまい、内出血を起こした母は胎児ともども死んでしまった。

その後のネロは二度と子供に恵まれなかった。まず、クラウディウス帝の娘アントニアと結婚しようとするがこばまれ、その頑固さに怒ったネロは彼女を殺してしまう。それから彼は、スタティリア・メッサリナをめとる。三十歳代前半の高貴な女性で、すでにネロと関係があった。それでも、彼女は懐妊しなかった。おそらくポッパエアの死を悲しむネロは、子をなすことに努力できなかったのだろう。伝えられるところによると、ネロはスポルスという去勢された性の愛玩物をそばにおいていて、その人物にかつて愛した女性の恰好をさせていたのだという。

こうして失った家族愛の代わりに、ネロは人々からの人気を得ようと努める。彼は竪琴奏者として、ギリシア世界を公演して回り、伝統ある音楽コンテストに各地でいどんで毎回優勝を手にする。アルメニア王ティリダテスが、忠誠を誓うためローマ市をおとずれたときには、途方もない式典を開催させている。王からの忠誠が誓われる舞台として、ネロはかつて歌で勝利を得たポンペイウス劇場を選んだ。ステージはそのとき、一面金で覆われていた。

こうした見世物のために、ネロはむやみやたらに出費した。国家は破産へと向かったが、大衆の心をつかむことには成功していた。この大盤ぶるまいを支えるために財産を差し出していた貴族たちは、そうたやすく心を動かされなかった。より頑強で、退廃的ではない精神の守護者であった軍もやはり同様だった。

六八年の春、自分の命を狙った陰謀を鎮圧してから三年にして、ネロは反乱に直面する。この時の反乱は、ローマ市のなかではなく、属州に配置された軍団の陣営で発生した。季節が夏に入る頃には、事態を制御できなくなっていたネロは、師のセネカがかつて考えていたのと同じ問いと向きあうことになった――必ずやって来る死を、辛抱強くじたばたせずに待つべきなのだろうか。それとも、みずから命を絶って死に先手を打つべきなのだろうか。

危機にそなえて、ネロは毒薬を用意していた。(3) 毒薬調合師としてネロに仕えていたロクスタが、特製の品を用意してくれていたのだ。六八年六月初旬、反乱の勢いが増して退位を計画するまでになったネロは、毒薬を黄金の箱に入れていつも持ち歩くようになっていた。ただし、あくまで最後の手段としてだ。退位後について、ネロにはいろいろな計画があった。そのいくつかは互いに矛盾しているが、パニック状態にあったネロは、すべてを一度に実現しようとしていた。皇帝親衛隊員たちに付き添われて、船でローマ市を脱出しよう。それからパルティア帝国へ行って保護を求めよう。エジプトのアレクサンドリア市に行って、そこで音楽家としての活動に専念しよう。ローマ市の中央広場に立って、市民たちを前に演説し、皇帝として二回目のチャンスをくれるようローマ全体に訴えかけよう。ネロが宮殿で、こうしたことをあれやこれやと考えながらふと寝入ってしまった時、ある護衛兵が、毒薬の入った黄金の箱を部屋から運び出して捨ててしまった。

長きにわたってネロを支えてきた皇帝親衛隊も、この時は彼にそむいた。その親衛隊がネロを殺しもしなければ、ロクスタの毒薬を使わせもしなかったことは、奇妙に感じられる。この状況から逃れる手段を皇帝が必死に考えていた時、ひとりの兵士にこう問いかけられたとされている。「それほどまでに死ぬのはつらいか?」。これは、ウェルギリウスの叙事詩『アエネイス』の一節で、偉大な戦士トゥルヌスによって語られている。兵士はネロに、叙事詩の英雄にならい、戦争のおきてにしたがって行動するよううながしていたのだ。毒薬の力でおだやかに意識が遠のいてゆくのではなく、誰の剣でもいいから刃にかかって死ぬようにと。

もしセネカが生きていれば、この皮肉を楽しんだことだろう。道をはずれた弟子は、師のセネカが課したうちで一番難しい学課を最後に学ぶことになったのである。いつ、どのように死ぬべきかというのは、晩年のセネカの心に常にあった問いだった。セネカもやはり毒薬を用意していた。毒は、静かに、そしてきれいに最期を迎える手段だったが、最終的にセネカが選んだのは、短剣の刃と出血だった。ただしそれだけでは死ねず、セネカは息を引き取るまで苦しんだ。だがそこにこそ、彼が大切と考えていた点があったのだ。セネカのなかでの偉大な道徳的英雄、カトーを、通常の人間から区別するのは、まさにそうした死の苦しみだったのである。

ある夜、真夜中に目を覚ましたネロは、宮殿の護衛兵の詰所がもぬけのからなのに気づく。手を貸してもらおうと、彼はお気に入りのひとり、スピクルスという名前の剣闘士を呼ぶ。また熟練《ベルクツソル》した剣使いのことも呼んでみた。ネロはいま、自分の命が終わることを実感していたが、誰か有能な死刑執行人の手で終わらせてほしいと願っていた。だが代わりにネロの呼びかけにこたえたのは、パオンとエパフロディトゥスという名のギリシア人解放奴隷、それからポッパエアに似た恰好をさせられていた、スポルスという若者だった。その他に一人か二人を加え、これがネロの最後の直属部隊、最後の儀仗兵たちとなった。一同は皇帝を変装させ、ローマ市を抜け出す手助けをする。ローマ市はその時点で、反乱を起こした軍団の司令官のひとり、ガルバへの忠誠を誓っていたのだ。

ローマ市郊外の別荘で、薄いわらの敷物の上にうずくまったネロは、元老院が自分を国家の敵と宣言したことを知る。ネロは自分の前にある選択肢について考えていた。手もとには二本の短剣がある。陰謀の時に彼を殺害するため刃の研がれた、あの大昔の聖物ではなく、いまの用向きにちょうどよい短剣だ。お供の者たちが、埋葬のための浅い穴を掘る。それを見ながら、ネロは短剣の切っ先を少し肌に押し当ててみる。その感覚には耐えられそうになかった。短剣をふたたびさやにおさめると、お供の者にこうつぶやく。「最期の時はまだきていない」。

逮捕された場合に受ける激痛は、短剣のひと突きの比ではありません。お付きの者たちは、ネロを待つ避けようのない処罰について話して聞かせる。二股になった木の枝に首を固定して動けなくされ、裸の体を死ぬまで鞭打たれることでしょう。そしてぼろぼろになった遺体はタルペイアの岩から投げ落とされることでしょう。これは、ローマで最悪の罪人だけに科される死刑を模したやり方だった。遺体をばらばらにされることに、ネロは病的な恐れをいだいていたから、詳細な描写はたいへんな苦痛だった。自分を逮捕しにきた人々に遺体を切り刻むのを許さないでくれ。最期の数時間、ネロは自分に忠実にしたがってきた者たちに何度もそう頼んでいた。

そして、馬に乗った兵たちが近づく音が聞こえてきた。ネロは哀れっぽい声で、お供のひとりに頼む。「誰か、先に手本を示して、どうやって死ぬのか見せてくれ」。皇帝家に仕える者たちのうちには、忠誠からか絶望からか、主人の死に殉じて墓に入る人もいた。この時ネロは、誰か先に死ぬよう自分から頼むという例を見ない行動をとった。しかし、願いにこたえる者はなかった。ついに別荘の外にひづめの音が聞こえる。ネロはもう選択を先送りできない。

短剣の一本を手にとるネロの脳裏には、もしかするとセネカの文章が思い出されていたかもしれない。読んだことがあったらの話だが、セネカは断言していたのだ。どんな瞬間にも死ぬ力は残されているし、その力は、あらゆる抑圧を乗り越えるのだと。体内のあらゆる血管が、自由へと続く気高い道を与えてくれる。『怒りについて』という作品にセネカは記している。ローマ社会の最底辺にいて、闘技場で戦うよう強いられたゲルマン人奴隷でさえ、日夜監視の目にさらされながらも、この道を見つけることができた。ひとりで便所にいたとき、その奴隷は尻をぬぐうための海綿を喉に詰め、窒息して果てたのだった。

ネロは短剣をしっかり握りしめ、喉にぐいと突き立てた。これは苦しまぎれの行動だった。こうやって頸動脈を切断して自殺するのは容易ではないからだ。おそらく、急所となる臓器を突くのが恐ろしかったか、衣服や皮下脂肪の下にある臓器にまで短剣を届かせる自信がなかったのだろう。あるいは、「神なる歌声」を罰する必要を感じていたのかもしれない。いまやローマに、また自身の身に破滅をもたらしたのは、ネロの歌手としての活動だったのだから。理由が何だったにせよ、彼は血まみれになり、傷の激痛に苦しみながらも死にきれずにいた。このままでは、兵士がネロを生きたまま連行することになってしまう。

その時、解放奴隷のエパフロディトゥスが進み出て、主人に最後の奉公をする。ネロの首の短剣を握ると、傷をさらに深くして頸動脈を切り開いたのだ。約三十年後、エパフロディトゥスは、この慈悲の行為の代償として自分の命を求められることになる。ネロと同じく敵対者に囲まれていた皇帝ドミティアヌスが、皇帝を殺害することの意味を明確にさせようとしたのである。まだ意識の残っていたネロは、いま自分が安楽死させられていることを認識していた。彼は感謝を感じ、かすれた声を、切り裂かれた喉からしぼり出す――「これこそ忠義か」。


部屋に飛び込んだ百人隊長の目に入ったのは、床に横たわるネロの姿だった。首から血があふれ出ていたものの、まだかすかに息があった。兵は外套のすそで傷をおさえ、懸命に止血しようとこころみる。生きたままのネロをとらえ、ローマ市の中央で、数千人が見守るなか、より大きな苦痛を味わわせながらネロの命を奪えるようにするためだった。だが皇帝には、ついに自分が自由を手にしたことがわかっていた。「遅かった」(4)。勝ち誇ったかのように言うと、ネロは絶命した。

ネロは三十二歳で死んだ。皇帝の地位についたのは、十七歳の誕生日を迎える前だった。六五年および六六年、彼は陰謀の取り締まりに引き続いたあの残酷な粛清で、ルカヌス、トラセア・パエトゥス、セネカとその兄弟たち、その他大勢の命を奪った。しかし、それで稼ぐことのできた皇帝としての時間は三年足らず。さらにそのうちの大半は、ローマ帝国東部地域での歌手としての公演活動に浪費された。さまざまな王朝の歴史のなかで、あれほど法外な代価を払いながら、これほど得たものが少なかったというのも稀なことであろう。

ネロの埋葬には、生前同様に高額な費用がかけられた。埋葬を取り仕切ったのは、初恋の人、解放奴隷のアクテだった。ネロの呆然とするほどの没落のさなかにあっても、彼女は献身的な愛をささげていたのだ。美しい石材でできた棺に入れられた遺灰は、ネロの記憶にはない、実父ドミティウスの墓におさめられた。

こうしてユリウス家の血筋は途絶えた。ネロが皇帝位にあった時間は、後継者となる可能性がある人物を根絶やしにするのに、長さとしては十分だった。そして皇帝位の奪い合いが始まり、帝位を手に入れようと多くの人たちが手を伸ばす。ローマを待っていたのは四段階にわたる内戦だったが、幸運なことにたった一年で終わる。将軍ウェスパシアヌスとその息子ティトゥスひきいるあらたな皇帝家が宮殿に入り、新しい皇朝が始まる。

ローマが平静を取り戻すと、ネロ帝時代と、そしてその時代に大きな存在感を示していた興味深い人物、哲学者セネカへの回顧が始まる。セネカとは誰なのか。彼は称賛されるべき人物なのか、それとも憎まれるべき人物なのか。この長い議論が始まり、それはいまもなお終わらない。

あらたな皇朝が誕生した頃までには、ローマの若者のあいだでセネカの散文作品は大流行していた。

文学批評家のクインティリアヌスは、自分の若い頃（おそらく六〇～七〇年代）には、セネカの作品が「誰の手にもあった」と記している。[5] そうした流行に、クインティリアヌスは懸念を感じていた。というのも彼は、セネカのもちいる警句めいた文体を好まず、それが読者をたぶらかすのではと危惧していたからだ。幸い、『弁論家の教育』（九〇年代に書かれた作品）のなかでクインティリアヌスは、ローマの若者はセネカの作品を読むのは好きだが、セネカのように書く気はないと述べている。また、もっと学識ある読者たちは、セネカのまいたえさには決して引っかからないとも述べている。

セネカの悲劇作品が、生前にどれほど流布していたかはわからないが、死後にはやはり数多くのファンを獲得していた。ポンペイ市に住んでいたある人物は、『アガメムノン』という作品の詩句の数語を、壁になぐり書きしている。「我が目にするは、イダ山の聖なる森」[6]。どうやら、これで何かをほのめかそうとしたのではなく、ただ単に書いた人のお気に入りの箇所だったのか、あるいはどうしても頭から離れなかったのかもしれない。七九年にポンペイ市が火山灰に覆い尽くされると、町の壁に書かれた他の多くの文章とともに、この落書きもそのまま保存される。ポンペイ市には他に、セネカの名前を壁に書き込んだ人物もいた。ただし名前のつづりは少し間違っている。ちょうど現代人が、有名人の名前を壁に書くのと似た感覚だったのだろうか、この文字もやはりまだ残されている。

セネカの悲劇作品のファンには、彼の作品にならって執筆をした人物がいた。その作品『オクタウィア』は、ローマ人からセネカへの最高の賛辞だ。セネカの作品を模すこの悲劇は、作家としてのセネカの名声の高さの証明であり、かつ道徳的政治を支えようとする彼の姿を、感動的なまでに巧みに描き出している。作者が誰であるにせよ、その人物は、実に忠実にセネカの韻文スタイルをなぞっているので、この作品を伝える写本に書かれてあったとおり、長らくセネカ自身の作だと考えられていた。いま

でも一人二人、そう信じている研究者がいるものの、大半はセネカ作ではないと考えるべきとの解釈で一致している。(7)

『オクタウィア』の作者は、劇中のある長い場面のなか、自分にとっての英雄であるセネカに見せ場を作った。ネロによる暴政をただし、少しでも良い道に導こうと懸命に努力するも、結局うまくいかなかった人物として、作者は「セネカ」という登場人物を描き出す。作品ではこの賢人は、コルシカ島を出たことを嘆き、夜の恵み深い空の下に戻ることを夢見ている。彼の台詞は、ネロの宮廷に参加させたものが何だったのか――セネカ自身の野心、あるいは彼にはどうにもならない力のせいだったのか――という問いが、セネカの盛衰を目撃した同時代人にとってきわめて重要だったことを教えてくれる。『オクタウィア』の作者は、あらがえない運命としての「奔放な運命の女神《インポテンス・フォルトゥナ》」こそ、責められるべきと考えていた。

ネロ帝の治世を生きのびた著述家のなかには、他にもセネカの記憶に賛辞を贈っている人たちがいる。ただし彼らの使った表現には、解釈が実に難しいものもいくつかある。そのうちのひとり、ポンペイ市を葬り去ったあの噴火で亡くなった大プリニウスは、セネカを称賛し、「賢明な人のうちの第一人者《プリンケプス・エルディトルム》」という称号をセネカにさずけている。(8)字義どおりに理解するなら、これは単にセネカが他の人々よりも賢明だったという意味だが、「第一人者《プリンケプス》」の一般的な用法では、むしろ「皇帝」という響きを持つ。大プリニウスはもしかすると、皮肉っぽい表現をもちいて宮廷におけるセネカの経歴にいやみを言ったのかもしれない。あるいは、単に意地の悪いお世辞だったのだろうか。それとももしかすると、タキトゥスの伝える噂を暗示していた可能性もある。(c) もしその噂が本当なら、セネカはぎりぎりのところで、自分が皇帝となるチャンスを逃していたのである。

風刺詩人ユウェナリスは、ネロの治世にはまだ子供だったが、自分の子供時代の社会を支配していた、あの奇妙な政治的協力関係を思い起こすことができたようだ。彼の『風刺詩』第八巻、ローマの社会階層内に共有される偏見の愚かしさに向けつぎつぎと罵詈雑言が投げつけられるなかに、この忘れがたい一節がある。「もし自由に投票してよいとの権利が民衆に与えられたなら、ネロよりセネカを選ぶのをためらうほどに、堕落した者がいようか」。そしてタキトゥスがいる。タキトゥスによるセネカについての記事が、幾重もの含みのある曖昧なものであることは、ここまで本書で詳しく探ってきたとおりだ。

一方で、セネカを批判する人々の活動は、彼の死後にも活発だった。批判者たちの名前はほとんど伝わっていないが、カッシウス・ディオの記述から、彼らの考えを読み取ることはできる。批判者たちが繰り返し浴びせかけたのは、最初にスイッリウスという元老院議員が元老院でセネカを攻撃した時の非難で、セネカ自身もそれに対し、『幸福な人生について』で反論を繰り広げている。彼らに言わせれば、ストア派の賢人が莫大な富を手にしていたり、自由を愛する人が皇帝と一心同体になって働いたりするのは、まったくの偽善だった。批判者たちは、大プリニウスの言う「賢明な人のうちの第一人者」ではなく、「暴君の教師」という称号をセネカの墓標にしようとしていた。こんにちの多くの人から見ても、彼らの非難は成功している。

セネカの経歴に関する最も適切な評価はおそらく、クインティリアヌスの『弁論家の教育』の一節にあるかもしれない。その箇所は、表向きにはセネカの文学的スタイルの論評に見える。しかしクインティリアヌスの矛先は、どうやらその先、セネカの道徳性や政治、さらには彼の性格へ及んでいるようだ。そしてその地点こそが、セネカの人生の奇妙なドラマが繰り広げられたところなのである。

「彼のなかには、同感すべき部分も、また称賛すべき部分も多々ある」。クインティリアヌスはそう述べている。ついで彼は、セネカの作品を読む人に、散文作品のうち良いものと悪いものとを区別し、選択的に読むようにとすすめる。「とにかく、何を選択するのか、しっかり考える必要がある」。最後にクインティリアヌスは、こんどはセネカ自身についてこう付け加えている。「彼自身がしっかり考えてくれていたらよかったのだが」。

ローマでのストア学派の運動は、セネカやルカヌス、トラセア・パエトゥスの死、および他の数多くの人が追放刑となったことで深い傷を負ったものの、根絶やしにされることはなかった。何人もの重要な指導者たちが、六五年および六六年の大粛清を無事に生き抜いたのである。たとえばトラセアの義理の息子で庇護者でもあったヘルウィディウス・プリスクス、またかつてトラセアやセネカにとっての精神的指導者だった、犬儒派のデメトリオス。二人は、エトルリア系の著名な賢人だったムソニウス・ルフスとともに、ネロの死後に急ぎローマ市へと帰還する。彼らは、自分たちの運動の継続を固く決意していた。

自分たちに加えられた不正に、いまや彼らはいきどおりを覚えていた。ヘルウィディウス・プリスクスは義父トラセアの死に復讐しようと、画策した人々への告訴をこころみる。[9] だがトラセアの死に協力した元老院議員の数はあまりに多く、結局は、告訴はあらたな粛清を誘発しかねないと感じるに至る。一方でムソニウス・ルフスは、エグナティウス・ケレルを断罪することに成功する。この人物はストア派の裏切り者で、高額の見返りと引き換えに、自分の偉大な師、バレア・ソラヌスを売り渡したのである。新皇帝ウェスパシアヌス治世の初期、ケレルの評判はすっかり悪化していたから、死刑判決が容易にくだされたのである。

義父のトラセアが血管を切り開く姿を、あの時ヘルウィディウスはかたわらに立って黙って見ていた。ネロ帝時代の暴政が、彼を闘士へと変えた。屈服しないことを彼は心に決めていた。新帝ウェスパシアヌスには、皇帝専制支配がすでに勝利していると思わせないと決めていたのだ。こうしてヘルウィディウスは、新帝に皇帝の称号を使って呼びかけることも、国家財政についてウェスパシアヌスに決定の優先権を認めることも拒否する。そしてウェスパシアヌスとの議論のなか、ヘルウィディウスは、義父トラセアがかつてルスティクスという無鉄砲な護民官に与えた助言を無視してしまう。その時々の情勢を見て、自分を曲げるようにとトラセアは言い聞かせていたのに、ヘルウィディウス(10)は、自分の弁舌をおさえたければ追放か死刑にすればよいとウェスパシアヌスに迫ってしまったのである。

ウェスパシアヌス政権が、ネロと同じ道をたどってストア派の哲学者に対処するのは、もはや時間の問題だった。皇帝の好意を得ようとする「告発人」たちが、またもやストア主義者の謹厳さを、反乱をあおっているのと変わらないと評していた。そして七一年、ウェスパシアヌス帝はついに抜本的な行動に出る。ストア派と犬儒派の哲学者全員に、ローマ市からの退去を命じたのだ。さらには、度を過ごした煽動者たちの何人かが、ポンティーネ諸島への流刑に処される。もちろん皇帝は、ヘルウィディウスを処刑させた。帝政ローマの歴史のなかで、ある思想の学派がそっくり丸ごと組織的に弾圧されたのは、これが初めてのことだった。

理由はわからないものの、この追放騒ぎのなかでウェスパシアヌス帝は、ムソニウス・ルフスという賢人には、ローマに留まり講義を続けるのを許可している。ルフスの講義に参加した人たちのなかにひとりの若者がいた。外国生まれの奴隷で、まもなく彼の名はローマ世界中に知れわたることになる。彼の名はエピクテトス、以前ネロのスタッフのひとりとして、ネロを介錯した解放奴隷、エパフロディトゥスの配下にいた。エピクテトスはどうにかして奴隷身分から解放され、自分自身で哲学の講義を開始する。そして、ルフスよりも多くの聴衆を集めるようになる。

ウェスパシアヌス帝に続き、ティトゥス、さらにはドミティアヌスと、二人の息子が皇帝位を継ぐ。

それぞれの治世にもストア派への取り締まりがおこなわれ、あらたにいくつもの首が転がった。ある人物は、ヘルウィディウス・プリスクスを称賛する伝記を書いたことを理由に処刑された。いまだ屈することのなかったルスティクスの場合は、トラセア・パエトゥスを記念したことが原因だった。トラセアの孫にあたる、ヘルウィディウスの息子も処刑されている。その理由は、伝説を題材としている戯曲を、(とにかくドミティアヌス帝の目から見て)政治的な含みを込めながら書いたことだった。新しい皇帝が即位するたびに残虐性を満たす標的を求め、それに応じて新しい世代のストア派の哲学者たちがあらたな迫害を受ける宿命だったかのようだ。

ドミティアヌス帝もまた、父のウェスパシアヌス帝と同様、ローマからストア派哲学者を追放している。その時にはエピクテトスも追放されたが、磁石のように人を引きつける彼の人格は、その頃には驚くべきものに成長していた。ギリシアのニコポリスにおり立った彼は、そこでふたたび信奉者を獲得し始める。エピクテトスが交わした会話や放った警句は、そのうちのひとり、ニコメディア出身の若きアッリアノス(この人物は、のちに著名な歴史家となる)によって書き留められ、『語録』および『提要』として流布しはじめる。ギリシア語でつづられたそれらの書は、じきにふたたびローマ市へと漏れ伝わり、ひとりの若い貴族の目にとまる。その名はマルクス・アウレリウス・アントニヌス。彼はいつの日か皇帝となり、エピクテトスの言葉を自分の書のなかに引用する。そうして、セネカの死後ローマ皇帝の宮廷から追放されていたストア派哲学を、ふたたび宮廷に持ち帰ることになる。

マルクス・アウレリウス帝が実現したのは、百年前にセネカが追い求めた、ストア派的な道徳性とローマの政治的権威との調和だった。皇帝としての役割と演奏家としての役割の融合というネロの不幸と同じほどに、マルクス帝が実現した調和は先駆的なものだった。みずからの思想や思考の記録として、マルクス帝が残した『自省録』という著書は、こんにちにおいてもなお、無数の読者に刺激を与え続けている。『自省録』は、最低でも六種類の版が、本書が執筆されていた一年のうちに新しく刊行されている。もしその人に耳をかたむける意志さえあれば、独裁者に対してさえ、倫理的な教えは啓蒙を及ぼす力を持っていることを、『自省録』は証明している。

セネカが生きたのが百年後のことだったなら、もしかすると彼は、踏み台としてネロに仕えるかわりに、マルクス・アウレリウスの右腕として控えていたかもしれない。だが、最終的に歴史のなかで、セネカが人生の礎《いしずえ》としていた命題はとにかく証明された。すなわち、道徳的な重々しさは、皇帝権力がふるわれる場にもなじむということだ。さまざまな欠点はあったものの、どうやらローマ人の多くは、セネカがその人だったら良かったのに、と考えていたようだ。そしてようやく手に入れたのだ。哲人王を。

謝辞

セネカの人生という道徳的な森を探索するにあたって、力を貸してくれた数多くの人々に感謝している。助言をあおいだ研究者のうちでも、エレイン・ファンサム、ミリアム・グリフィン、ハリー・エヴァンズ、ギャレス・ウィリアムズは、惜しまず時間をさいてくれた。また、シャディ・バーチ、テッド・チャンプリン、ロバート・キャスター、ジェームズ・カーも同様だ。セネカの研究を共に進めていたエミリー・ウィルソンには、同志として大いに力づけられた（本書が先に印刷に回されたため、彼女の研究を参照することはできなかった）。学界の外でも、ダン・エイクスト、ブライアン・ドーリーズ、パム・メンシュ、マシュー・スチュワートは、本書のさまざまな問題を解決する手助けをしてくれたり、問題を解決できないでいる私を元気づけてくれたりした。

本書の大半は、ニューヨーク公共図書館の「作家および研究者のためのドロシー・アンド・ルイス・B・カルマン・センター」において執筆された。センターの素晴らしいスタッフ、特に、ジャン・ストラウス、マリー・ドライニー、およびニューヨーク公共図書館全体に感謝したい。カルマン・センターでの研究員の同僚たち全員が、本書の執筆を励ましてくれた。とりわけ、アネット・ゴードン＝リード、ラリッサ・マクファーカー、アンディ・ストットに感謝している。

エージェントのグレン・ハートリー、地図製作者のケリー・サンディファー、図版担当者のイングリッド・マギリス、書誌編集者のカラ・ワッサーストロム、イラストレーターのマーク・ボイアー、編集アシスタントのシャーロット・クロウおよびオードリー・シルヴァーマン、編集整理のジャネット・ビール、校正のベンジャミン・ハミルトンおよびバート・イェーガー、進行のヴィクトリア・ピアソンにも深く感謝している。

友人であり共にギリシア文化を愛好するジム・オタウェイは、草稿段階から専門家として目を通し、改善のために厳しく修正の筆を入れてくれた。

最後に、ヴィッキー・ウィルソンに感謝したい。本を書くことはいまだ重要なことであり、良く書くこともきわめて重要だとの感覚を鼓舞することのできる編集者だ。

訳者あとがき

本書は James Romm, *Dying Every Day: Seneca at the Court of Nero*（New York: Alfred A. Knopf, 2014）の翻訳である。後一世紀の古代ローマを生きたルキウス・アンナエウス・セネカの複雑な生涯が、彼の経験した、事実は小説より奇なりを地で行くような出来事を織り交ぜながら、余すところなく魅力的に物語られている。ニューヨーク・タイムズ紙の選ぶ「二〇一四年注目の一〇〇冊」の一冊に選ばれるなど、本書は高い評価を受けている。

本書を通じて問われるのが、セネカとは誰なのか、という難問だ。彼には政治家としての顔と、哲学者・思想家・著述家としての顔がある。二つの顔はともに謎に満ちている。そのうえ互いに矛盾しているように見え、どれが本当のセネカなのかが見えにくい。この問いについての論争は、早くもセネカの亡くなった直後から始まっている。本書でこの難問に取り組む、著者ジェイムズ・ロムの立場を明らかにするために、まずはセネカという人物について、政治家としての数奇な生涯を振り返ろう。

その前半生はほとんど知られていないが、生年は前四年ないし後一年頃と考えられる。出身地はローマ帝国の属州だったスペインのコルドゥバ（現コルドバ）で、「騎士身分」（「元老院身分」に次ぐ財産を保有する、ローマ帝国の第二身分）の家に生まれた。幼い時分にローマ市に移住し、哲学や弁論術を修めたらしい。詳しい経緯は不明だが、後三〇年代の半ば過ぎ頃、ローマ政界入りを果たして元老院議員の一員となる。彼の弁論術は評判となり、皇帝カリグラ（位三七‐四一年）にも一目置かれ、その妹たちと親しくなる機会を得たようだ。だが皇帝クラウディウス（位四一‐五四年）の即位直後、前帝の妹との不倫疑惑がかけられる。裁判でいったんは死刑を宣告されたが、減刑されてなんとか死だけは免れ、セネカはイタリアの西に浮かぶコルシカ島に流罪となった。

四九年、カリグラのもうひとりの妹、アグリッピナがクラウディウス帝の妻の座におさまると、彼女の画策によりセネカはローマ市に帰還、アグリッピナの息子ネロに帝王学を教える家庭教師役を仰せつかった。そして五四年、ネロ（位五四‐六八年）が十七歳にして帝位につくと、皇帝親衛隊長ブッルスとともにネロ政権を支え、後世「ネロの五年間」と呼ばれることになる善政の時代をお膳立てする。

しかしネロが五九年に母のアグリッピナを殺害、さらに六二年には僚友のブッルスも亡くなり、皇帝の宮廷におけるセネカの影響力は急速に衰えていったようだ。六四年の大火で大きな被害を受けたローマ市に、ネロは巨費を投じ贅沢な「黄金宮殿」や「ネロの巨像」を建てるなど、放漫な浪費を繰り返す。またみずから舞台に立って、観客を前に演奏と歌を披露するなど、皇帝にあるまじき行動に出る。ついに六五年、ネロ帝暗殺が計画されるが失敗し、多数のローマ上層の人々が共謀者として処刑された。そのなかセネカも陰謀への関与を疑われる（実際、セネカを皇帝位に据える計画があったとする、当時の噂も伝えられている）。そしてネロから届いた命令にしたがって自殺し、その生涯を終えた。これが、ジェットコースターに乗ったかのように起伏に富んだ、政治家セネカの数奇な人生だった。

一方、セネカにはもうひとつ、哲学者・思想家・著述家としての顔がある。政治家としての顔に負けず劣らず、こちらも奇妙さに満ちている。

セネカはギリシア哲学の一学派「ストア派」を信奉し、ローマ時代を代表するストア派の思想家として、倫理・道徳の諸問題を主題とする著作を多数残した。うち一二点ほどが今に伝わっていて、それぞれの執筆年代は不明だが、ある研究者（ミリアム・グリフィン）の推測によって並べるとこうなる。『マルキアへの慰め』『ポリュビウスへの慰め』『ヘルウィアへの慰め』『怒りについて』『人生の短さについて』『賢者の恒心について』『心の平静について』『閑暇について』『寛容について』『幸福な人生について』『恩恵について』『神慮について』（タイトルは、邦訳者ごとに多少の異同がある）。また、友人ルキリウスに宛てられた、倫理・道徳的問題を論じる書簡一二四通が伝わっており、『書簡集』として集成されている。さらに考察対象を自然にまで広げて論じている、『自然研究』も残されている。

これらのどのページを開いても、哲学的思考に裏打ちされた、人間の生についての含蓄ある表現に出会う。十六世紀フランスの思想家モンテーニュも、セネカの著作から数多くの箇所を『エセー』に引用している。ストア哲学では理性が何より重視されていたが、セネカは特に、精神を理性にしたがわせて善く生きることを勧め、その実践方法をわかりやすく説く。千九百年という時が隔てるとは思えない彼の言葉は、私たちの心にもまっすぐそのまま響いてくる。

たとえば、『人生の短さについて』と題された著作には次の一節がある（二〇章）。


「誰であれ、多忙な人たちの状況とは実に惨めなものだ。特に惨めなのは、自分の用事でもないことのために苦労し、他人の睡眠に合わせて眠り、他人の歩調に合わせて歩き、最も自由なことのはずなのに、愛せとか憎めとか命じられる人たちだ。そうした人たちは、自分の人生がいかに短いか知りたいなら、そのうちどれほど小さい部分しか、自身のものでないかを考えるとよい」

友人のルキリウスに宛てた『書簡集』にはこうある（第一書簡一章）。

「死は前方に見えると思うのは誤りだ。死の大部分は、すでに過ぎ去っている。もう過去となった時間はすべて、死の手に帰しているのだ。だから、ルキリウスよ……毎時毎時を大切にするんだ。今日の日をしっかりその手につかめば、その分、明日に頼らずに済む。先延ばしにしているうちに、人生は走り去ってしまうのだから」

しかし、ストア思想の著述家としてのセネカには奇妙な点がある。先に確認した、政治家としての人生に関わる出来事や人物について、彼はきわめて稀にしか語らないのだ。もちろん、すぐそばで見、時には相談に乗りさえした、皇帝ネロの非道の数々が話題とされることなど決してない。言及された事件や人物を手がかりにできないから、セネカの著作の年代を特定するのはきわめて難しい作業となる。著作だけを読むと、それをつづる彼が皇帝のかたわらで巨大な権力をふるう、ローマ帝国で屈指の財産を持つ大政治家であることを、つい忘れそうにもなってしまう。

他にもセネカは、倫理・道徳以外のジャンルの著作も書き、バラエティ豊かな作品を残している。『アポコロキュントシス』という風刺小説が伝わっている（クラウディウス帝を『カボチャ化』する、との意味と解されるが、私たちになじみ深い南米原産のカボチャとは異なる植物のはずなので、『ひょうたん化』と訳す人も多い）。品のない言葉を交えつつ、亡くなったばかりのクラウディウス帝を口汚くののしるこの作品の作者がセネカだとは、にわかには信じられないほどだ。

また別に、セネカ作とされる悲劇作品も伝わっている。すなわち『狂えるヘルクレス』『トロイアの女たち』『フェニキアの女たち』『メデア』『パエドラ』『オエディプス』『アガメムノン』『テュエステス』『オエタ山上のヘルクレス』の九作品。そこに作者不明の『オクタウィア』(おそらく、セネカにとても近い人物によって書かれた)を加えた計一〇作品のみが、実はローマ時代にラテン語で書かれて今に伝わる悲劇作品である。つまりセネカは、作品そのものが今に伝わる、ただひとりのローマ悲劇作家ということにもなる。ただし、彼の作品が生前に世に知られた形跡がまるでない。実際に上演されたかさえも不明である。

ローマ唯一の悲劇作家の作として伝わる作品群は、奇妙にも何を目的に書かれたかがわからない。

そのうえ、悲劇作品の主人公たちは、怒りや愛、憎しみといった激しい感情に支配され、自分や周囲の人々を次々破滅させていく。セネカの説くストア思想は、感情を理性のコントロール下に置いて、心穏やかに善い生を送るよう勧めていたはずなのに。感情に身を委ねるのがいかに危険かを描くことで、逆にストア派の信条を際立たせようとした、いや、彼は本当はストア派を信じていなかった、あるいは鬱憤のはけ口だったなど、さまざまな解釈が試みられてきたものの、意見の一致を見ていない。いずれにせよ、情念に突き動かされる登場人物たちの姿が、妖しいまでに生き生きとしていることは確かである。

こうして、本書を通じて問われるこの難問が突きつけられる。セネカとは誰なのだろうか。セネカという人物を、どう理解し、どう評価すればよいのだろうか。

この問いについての古代から続く論争は、現在にもまだ尾を引いている。しかしその際、ある見方が前提とされながら、セネカが理解される傾向が強いと本書では指摘される。セネカはまずは哲学者・思想家なのであって、政治家としての経歴は、あくまで本人の意には沿わない、言わば事故のようなものだったとする見方である。哲学者としての本来のセネカと、皇帝ネロに仕え、意に反することを強いられた現実のセネカ。だがここで、本書の著書ジェイムズ・ロムは問いかける。単純にそうだと言えるだろうか。本書の最大の特色がここにある。ただし、哲学を隠れ蓑にした強欲な政治家との、生前からセネカに投げつけられた非難を繰り返そうというのではまったくない。セネカの『書簡集』について、著者のロムは本書でこう述べている。

> 道徳的真剣さを持ち、二言目には哲学と言い出す男。書簡を読む私たちの前に現れるこの人物は、本当のセネカの姿なのだろうか。あるいはそれは、言葉の達人が作り出した、理想化された自己の姿《イマゴ》なのだろうか。この十五年のあいだ、すべての言葉を政治的行為として書いてきたセネカに、二つの姿の違いがわかっていたのだろうか（二二四ページ）

自著の中でみずからを、政治家ではなく哲学者として描き出すセネカ。では、描き出されるその姿こそが、そのまま本来のセネカだったと単純に理解すれば事足りるのか。政治家として長年にわたって言葉を紡ぎ続けたセネカには、本来の自分と、理想の中にしかいない自分との区別ができていたのだろうか。そしてそもそも、本来の自分などという存在が、現実の自分とは別にどこかにいるのだろうか。

　こうして著者は、哲学者としてのセネカと、皇帝ネロの廷臣である政治家としてのセネカ、という矛盾する二者をともに視野におさめ、現実に生きるひとりの人間として歴史の流れの中に描き出す。実際の出来事への言及がきわめて稀な彼の著作にも、生きられた現実が必ずどこかに反映されているはずと信じ、活用していく。著者の本書での立場を集約するのが、次の一節であろう。

> 結局のところ、セネカは人間なのだ。人間に付きものの欠点や欠陥をそなえた、人間すぎるほどの人間なのである……〔みずからが〕述べるとおり、彼〔セネカ〕は最善の人間と同等ではないが、悪人

よりは優れていた。セネカの著作を読む多くの人にとっては、それで十分ではなかろうか（一七ページ）

セネカとは誰なのか。皆さんはどうお感じになっただろうか。本書が、セネカの著作を実際に手に取り、答えのないこの問いにさらに挑むきっかけとなることを、切に希望している。

著者のジェイムズ・ロムは、アメリカのプリンストン大学でPh.Dを取り、現在はニューヨーク州のバード大学で古典学の准教授として教鞭をとっている。これまではおもに、古代ギリシアやアレクサンドロス大王について研究を展開してきた。一気にローマ時代へと関心を広げた本作では、学界における研究成果を元にしながら、実に見事な語り手として複雑なテーマを魅力的に取り扱っている。

本書の翻訳にあたり、鎌倉女子大学の長谷川岳男教授にお願いして全体に目を通していただいた。長谷川さんからの公私にわたるお励ましなしには、本書の完成はなかった。心よりの感謝を表したい。二〇一四年度に中央大学で開講したラテン語購読のクラスでは、セネカの『人生の短さについて』をテキストに選んだ。ラテン語を読むことに加え、セネカの思考を読み取るという試練に耐えて最後まで授業に参加してくれた諸君に、心から感謝したい。本書は、白水社編集部の糟谷泰子さんの熱意のたまものでもある。深く御礼申し上げる。最後に、人生の支えである妻と息子に、また父母、義父母にも、愛犬の太郎にも、そして支えてくださるすべての方に、感謝を。

二〇一六年三月

志内《しうち》　一興《かずおき》

訳者略歴

東京大学大学院人文社会系博士課程満期退学　博士（文学）。中央大学他兼任講師。専門は古代ローマ史。

著訳書に『ラテン語碑文で楽しむ古代ローマ』（共著、研究社）、『ローマ帝国と地中海文明を歩く』（共著、講談社）、ゲイジャー『古代世界の呪詛板と呪縛呪文』（京都大学学術出版会）がある。

セネカ　哲学する政治家
ネロ帝宮廷の日々

二〇一六年四月一五日　印刷
二〇一六年五月一〇日　発行

著者　ジェイムズ・ロム
訳者　©志《し》内《うち》一《かず》興《おき》
発行者　及川直志
印刷所　株式会社理想社
発行所　株式会社白水社

東京都千代田区神田小川町三の二四
電話　営業部〇三（三二九一）七八一一
　　　編集部〇三（三二九一）七八二一
振替　〇〇一九〇-五-三三二二八
郵便番号　一〇一-〇〇五二
http://www.hakusuisha.co.jp

乱丁・落丁本は、送料小社負担にてお取り替えいたします。

株式会社 松岳社

ISBN978-4-560-08497-7
Printed in Japan

索引

本書の中心テーマであるセネカとネロは項目としてたてていない。

か行

さ行

た行

な行

は行

ま行

や行

ら行

原注と訳注

原注

序章

1　ディオの典拠について，グリフィンが議論している：M. Griffin, *Seneca: A Philosopher in Politics*（Oxford, 1976）, pp. 428–33．さらなる議論は，T. D. Barnes, "The Composition of Cassius Dio's *Roman History*", *Phoenix* 38（1984）, pp. 240–55，および R. Ferri, ed., *Octavia: A Play Attributed to Seneca*（Cambridge, 2003）, p. 71 を見よ．

2　タキトゥスによるセネカの評価について，1976 年以前の議論に関しては，グリフィンがまとめている：Griffin, *Seneca*, p. 441．グリフィンは，おおむね肯定的な解釈を提示している．この議論についての最近の研究については以下を参照のこと：R. Mellor, *Tacitus' "Annals"*（Oxford, 2011）, pp. 165–70; J. Ker, 'Tacitus on Seneca, in: V. Pagán ed., *A Companion to Tacitus. Blackwell companions to the ancient world*（Oxford 2012）, pp. 305–29; また，多くの誇張の含まれる Ker, *The Deaths of Seneca*（Oxford, 2009）, 特に pp. 41–49．私自身の見解は，W.H. Alexander, "The Tacitean '*non liquet*' on Seneca", *University of California Publications in Classical Philology* 14（1952）, pp. 265–386 とほぼ方向性を同じくしている．

3「この胸像からは……内省的な深い思索によって打ちひしがれている男，といった印象を感じ取ることができない．むしろ，それほど重くないことで頭がいっぱいの男の姿に見える」: H. W. Kampf, "Seneca's Appearance", *Classical Weekly* 29（1935）, p. 50. ペンギン古典叢書シリーズの *Seneca: Letters from a Stoic*（R. Campbell 訳）では，表紙の写真として，以前の版にはベルリン美術館所蔵のこちらの胸像が使われていたが，最近になって偽セネカの胸像と入れ換えられている．

4　Ker, *Deaths of Seneca*, pp. 299–310 で議論されている．

5　常にこの点が，セネカの「偽善性」に対する攻撃の主要舞台となってきた．グリフィンによるセネカの解釈は，おおむね肯定的だ．ただし，セネカの所有した富を合理的に理解しようとどんなに努力しても，「言葉と行動とのあいだの食い違いが残る」とも認めている：Griffin, "*Imago Vitiae Suae*", in: *Oxford Readings in Classical Studies: Seneca*（Oxford, 2008）, p. 55.

6「文学作品中の表現を，著者が置かれている外的な状況によって説明する」という姿勢を，グリフィンは「積極主義」と呼んでいる（*Seneca*, p. 412）．本書での私が，「積極主義」を進めすぎだと感じる人もいるに違いない．しかし，この姿勢を完全に否定する人はほとんどいない．またいったんこの姿勢を採用すると，その適用限界をどこに置けばいいのか，決めるのか難しいように私には思える．アベルは「積極主義」を厳しく批判する：K. Abel, *Bauformen in Senecas Dialogen*（Heidelberg, 1967）．だが彼も『ヘルウィアへの慰め』と『ポリュビウスへの慰め』の解釈にはこの主義を適用している．さらにグリフィンは，彼がその姿勢を『幸福な人生について』に適用しなかったことに驚きを表明している．セネカの論考には「副次的な目的」が入り込み，「奇妙に思える強調点および議論」を生み出す結果となっている（Griffin, *Seneca*, p. 407）．そうした見方を受け入れるや，セネカのどの箇所が「奇妙」と言うに十分なのか，あるいはどの箇所がそうではないのかを判別するのか不可能となる．

7　いつでも挑発的な発言をするヒューズの見解だ：R. Hughes, *Rome: A Cultural, Visual, and*

Personal History（New York, 2011），p. 104.
8　2013年5月，ギャック・フィリパジ（Gac Fillipaj）氏は，コロンビア大学を卒業した．自分を勇気づけてくれたのはセネカだと述べる彼について，数多くの報道機関がニュースとして取り上げた．

第1章　自殺（1）——四九年以前

1　スエトニウス（「ネロ伝」6・1）が伝えるとおり，ネロの誕生日が紀元後37年12月15日であることに，おおかたの意見は一致している．バレットの議論を参照：Barrett, *Agrippina*, p.234．スエトニウスは，ネロがセネカの教えを受け始めたのは11歳のときと述べているがこれは間違いで，実際には12歳だった．Griffin, *Seneca*, p. 420を見よ．
2　タキトゥス『年代記』12・41・8．本書70頁を見よ．
3　セネカの追放先からの帰還に際しアグリッピナが用いた論法を，タキトゥスが『年代記』12・8で語っている．そこでタキトゥスは，セネカからの忠誠は，彼の「恩恵についての記憶 *memoria beneficii*」によって確保されるだろうと述べている．これは，アグリッピナによるずっと以前の恩恵を指すと考えられることも多い．だが帰還それ自体が意味されている可能性もある．G. W. Clarke, "Seneca the Younger Under Caligula", *Latomus* 24（1965），pp. 62–69では，ここでの「恩恵」とは，セネカの命が救われた事件のことを指すという説が提起されている．確かにカッシウス・ディオは，カリグラ帝がセネカの命を奪おうと決めた事件を伝えるものの，その説は単なる推測にすぎない．
4　『オクタウィア』381–90行．フェリの校訂に従っている．この状況の変化をセネカは「運命」のせいにするが，「運命」の力は，普通はストア派の思想家たちからそれほど重きを置かれていなかった．Ferri, ed. *Octavia*, p. 229を参照．
5　ユウェナリス『ローマ風刺詩集』5・109への，プロブスという人物によるとされる注釈にそうある．ただしその証言は，研究者たちから相当な疑いの目で見られている．若い時分のセネカが，まだ自由に移動できたのに，アテナイに向かおうとしなかったことは特筆すべきことだ．
6　のちのセネカが好意的に振り返る教師のうち，アッタロスが最も目立った存在だ．セネカの父もアッタロスを称賛している（Seneca Maior, *Suasoriae*, 2.12）．セネカのアッタロスへの恩義は，『書簡集』9・7および67・15からも明らかになる．また『書簡集』108からも読み取れるが，それは本文で以下に引用する一節の典拠だ．
7　『書簡集』108・17–23.
8　このローマ人哲学者からの影響を，セネカは『書簡集』73・12–15，98・13（セクスティウスによる元老院議員任命拒否について），および59・7（徳の戦いが軍事的な戦闘にたとえられる）で想起している．また『怒りについて』3・36でセネカは，セクスティウスのことを，有名な自己点検の修練の模範としている．この自己点検については，本書第三章107〜108頁で論じられている．
9　プルタルコス『モラリア』77e.
10　『書簡集』108・15で，セネカみずからこう述べている：「これらは食べ物ではなく嗜好品であり，すでに満腹の人に，もっと食べるようにと強いる」．また同箇所では，「私の胃は，ワインと馴染みがない」とも宣言されている．ときにこの一節は，セネカが終生酒を口にしなかったことを意味する，と解釈されることもあるが，宮廷で十六年もの年月を過ごし，またローマ帝国でも指折りの生産性を誇る農園を所有し経営した人物が，一滴も飲んだことがないと考えるのは難しい．
11　これがいつのことだったのかについて，証拠はわずかしかない．セネカの元老院入りは30年代の後半，彼が40歳前後頃だった可能性が最も高い．これはローマ人の政治的経歴として

は遅いスタートだ．グリフィンはこのタイミングについて，政治に対する「単純な嫌気」を示すものと考えている：Griffin, *Seneca*, p. 46．グリフィンの考え方にインウッドも同意している：B. Inwood, "Seneca in his Philosophical Milieu", *Harvard Studies in Classical Philology* 97（1995), pp. 64–66．さらにインウッドは，セネカは気乗りしなかったが政治的経歴を歩むよう強制されたと推測している（ただし，セネカの本当の動機について「我々は決して……知ることはなかろう」とも付け加えられている）．遅いスタートに政治への「嫌気」を読み取ろうとするこの姿勢には，グリフィンやインウッド（および他の人々）がセネカを眺めるときの，ある見方が示されている．それを端的に表すのが，『政界における哲学者 *A Philosopher in Politics*』という，グリフィンの著書の副題だ．あくまでセネカは，まずは道徳的な思想家であり，彼の政治的経歴は何か二次的な，おそらく事故のようなものと定義されるのだ．本書での私の姿勢は，セネカの政治的自我と哲学的／文学的自我を同等の立脚点に，ときには後者を前者の下位に置こうとするものだ．私は，グリフィンの定義を逆にして，セネカを「哲学の世界における政治家」と描き出すことにさえやぶさかではない．

12　タキトゥス『年代記』14・53．父の大セネカも，『仮想法廷弁論集 *Controversiae*』第2巻第3部への序文でそう示唆している．帝政ローマ時代の初期，騎士身分に列するために求められた財産は10万デナリウス以上の地所だった．だが財産だけで十分だったわけではない．

13　『仮想法廷弁論集』第2巻第4部への序文．そこでは大セネカの父親としてのあり方をかいま見ることができる．彼は明らかに末息子を，三人のうちで一番の愛息として扱っている．

14　スエトニウス「ネロ伝」6・1．

15　アグリッピナの美貌については，タキトゥス（『年代記』12・64・4），およびカッシウス・ディオ（60・31・6）が証言している．アグリッピナが43歳で亡くなったとき，遺体を検分したネロはその魅力について語ったという逸話を，両歴史家とも（タキトゥスは懐疑的だ）が物語っている．

16　49年にアグリッピナがセネカのことを呼び戻した以上，タキトゥスの伝える「恩恵についての記憶 *memoria beneficii*」（本章注3参照）を，カリグラ治世の事件と特定はできないにしても，こう想定する必要がある．タキトゥスの『年代記』のうち，カリグラ治世を扱う部分は散逸してしまった．しかし現存部分でのセネカの初登場場面からは，彼がすでにその以前に作中に登場していたことがうかがわれる．

17　スエトニウス「カリグラ伝」53・2．この時期のセネカについて伝えるわずかな史料については，特に Clarke, "Seneca the Younger Under Caligula", pp. 62–69 を見よ．

18　Sir G. O. Trevelyan ed., *The Life and Letters of Lord Macaulay*（London, 1875), p. 1: 339.

19　『ヘルウィアへの慰め』10・4．私たちが普通カリグラというあだ名で呼ぶ皇帝は，現代の翻訳本のいくつかではガイウスと表記されている．セネカは，ガイウスという名でその皇帝を認識していた．セネカが想起する恐ろしいカリグラの姿については，Griffin, *Seneca*, pp. 213–15 および Barrett, *Caligula: The Corruption of Power*（London, 1989), pp. 156–58.

20　セネカの家族とセイヤヌスとの関わりがどの程度だったかについては議論があるが，何らかの関係があったのは明らかだ．グリフィンが Griffin, *Seneca*, pp. 48–50 で指摘したように，スチュワートの議論はおそらく行き過ぎである：Z. Stewart, "Sejanus, Gaetulicus, and Seneca", *American Journal of Philology* 74（1953), pp. 70–85．ただしグリフィンも，セネカの伯父ガレリウス，および家族の親しい友人ルキウス・ユニウス・ガッリオ（のちにセネカの兄ノウァトゥスの義父となる）の二人が，セイヤヌスとしっかり結び付いていたことには同意している．バレットは，セネカの親友であるルキリウスもまた，セイヤヌスの陰謀と強くつながっていたとの説を提起している：Barrett, *Caligula*, pp. 112–13.

21　書かれた年代は明らかではない．ここでの解釈を最初に提起したのはスチュワートだ：Stewart, "Sejanus, Gaetulicus"．それによると，『マルキアへの慰め』の公表は，39年秋のレピドゥス陰謀事件後と想定される．グリフィンは不確かさなどを理由にその解釈を否定する

が，その後の議論の中では「39年以降の時期」と考えるほうに傾いている（*Seneca*, p. 397）．マニングは40年を支持している：C.E. Manning, *On Seneca's Ad Marciam*（Leiden, 1981）．一方でアベルは37年と論じる：Abel, *Bauformen in Senecas Dialogen*, p. 159. 他の史料からの確証を得られないため，スチュワートによる解釈の説得力自体が，39年以後の公表を支持する論拠である．

22　スチュワートは「［セネカの］作品中に何度となく現れる，とても攻撃的な便宜主義の精神」について，鋭い見方で語っている："Sejanus, Gaetulicus", p. 85. ただし彼は，その精神はセネカが年齢を重ねるにつれ弱まっていったと考えている．一方で私は，時を経るにつれセネカが，自分の便宜主義的戦略を哲学的談義に織り交ぜるのが上手になっただけと考えている．

23　前二世紀から前一世紀，特にパナイティオスに代表される，いわゆる中期ストア派の指導的思想家たちは，破壊の循環サイクルの枠組みを放棄していた．宇宙は永遠とのアリストテレスの仮説を支持したのだ．

24　スエトニウス「カリグラ伝」57.

25　これはレヴィックの見解である：Levick, *Claudius*, pp. 32–8.

26　皇帝の廃位・即位に果たす皇帝親衛隊の役割は，時が進むにつれ増す．193年，時の皇帝ペルティナクスを護衛の兵士たちが殺害する．そして彼らは，一番高い賜金を約束した人物に皇帝位を文字どおり売り渡したのだ．

27　『怒りについて』1・20・9. カリグラ帝を打倒した者の動機を，セネカは知らないと明言しながら推論している．『賢者の恒心について』18および『書簡集』4・7では，カリグラ暗殺は教訓的な実例のひとつとされている．いずれの箇所でも，暗殺の状況についてセネカには一般的な知識しかないことが示されている．

28　問題の一節は『恩恵について』7・20・3. たとえばグリフィンなど，カリグラ暗殺がやんわりと肯定されていると理解されることも多い（*Seneca*, p. 214）．しかしこの一節の表現は曖昧だ．そしてグリフィンも，もしかするとセネカは，気のふれた独裁者が〈みずからを〉始末するのを助ける，という立場をとっていたかもしれないとも述べている：Griffin, *Seneca: On Benefits*（University of Chicago, 2011）, p. 208. セネカはまた，こうした最終的治療法が必要となるのは，気のふれた独裁者に回復の見込みがないときだけだと条件をつけている．狂気がただの二年間しか継続していなかったカリグラに，この筋書きは当てはまるだろうか？

29　ソビエト連邦時代のロシアでの抑圧や，表に現れない不和をみずから経験したルディッチの二篇の研究は，ネロ帝時代を理解しようとする私たちに非常に多くのことを教えてくれる：V. Rudich, *Dissidence and Literature Under Nero* および *Political Dissidence Under Nero*.

30　『怒りについて』2・33・3–4. パストルについてセネカの証言以外には何も知られていない．

31　グリフィン（*Seneca*, chap. 11）は「セネカは自殺を称賛したという見解」と，「彼が……受難死を称賛していたという事実」を入念に区別している（p. 386）．それでもグリフィンは，「死への軽蔑を説き聞かせるために，セネカはしきりと自殺という主題を使っていた」ことを認め，この重点の置き方の由来を，セネカの時代に政治的自殺が数多くおこなわれたことと結びつけている．P. Plass, *The Game of Death in Ancient Rome*（Madison, Wisconsin, 1998）は，セネカにとっての自殺をより強迫的なものと見なす傾向がある．またC. Edwards, *Death in Ancient Rome*（New Haven, Connecticut, 2007），特に第4章と第5章を参照．『怒りについて』でのセネカの「自殺賛歌」についてキャスターは，どうやらストア派の信条というより伝統的なローマ的思考に多くを負っている，との興味深い見解を表明している：R. Kaster and M.C. Nussbaum（trans.）, *Anger, Mercy, Revenge*（Chicago, 2010）, p. 123, no. 300.

32　Ker, *Death of Seneca*, p. 200では，この語源的説明の由来について，十四世紀の人文学者であるドメニコ・デ・パッチオリまでさかのぼられている．

33　R.J. Goar, *The Legend of Cato Uticensis from the First Century B.C. to the Fifth Century A.D.*（Brussels, 1987）で，この伝説の全体像が示されている．C. Edwards, *Death in Ancient*

Rome の序章では，その概要を知ることができる．グリフィンは二部構成の論文で，この自殺の哲学的背景について論じている：Griffin, "Philosophy, Cato, and Roman Suicide", *Greece and Rome* 22（1986), pp. 64–77 および pp. 192–202.

34　該当するおもな箇所は以下のとおり．『神慮について』2・10–13,『賢者の恒心について』2，および『書簡集』24・6–8，67・13，95・70–72，104・29–34. P. Pecchiura, *La figura di Catone Uticense nella letteratura latina*（Turin, 1965), pp. 69–71 で提示されている説は，興味深くはあるが証明は不可能だ．その説によれば，カトーの自殺を称揚したのは，セネカが政治権力から外れたときだけであったという．

35　Edwards, *Death in Ancient Rome*, pp. 116–21 ならびに Plass, *Game of Death*, chap. 7 で議論されている．取り決めの内容は，タキトゥス『年代記』6・29・1–2，ティベリウス帝代についての箇所で最も明快に説明されている．自殺者の遺産は相続人の手に渡るという保証についてエドワーズは，その後のある時期に撤回されたと述べているが，ネロ帝の時代にはずっと適用されていたようだ．

36　スエトニウス「カリグラ伝」49.

37　タキトゥス『年代記』6・40. Plass, *Game of Death*, p. 95 を見よ．さらにもっと馬鹿げた事例が，『年代記』16・11 にある．その箇所では，処刑命令が出されるのを阻止しようとネロが介入するのだが，その命令の対象となった犠牲者はすでに亡くなっていたのだった．

38　タキトゥス（『年代記』6・26）によれば，ティベリウス帝はコッケイウス・ネルウァが自殺したとの報に当惑したのだという．ただしそれは，ネルウァが何の罪や疑惑の渦中にもなかったのに自殺したからだ．本当の「政治的」ないし「強いられた」自殺は，Edwards, *Death in Ancient Rome*, pp. 122–23 での考えとは異なり，どうやら抗議の行動と解釈されることはなかった．

39　ヘロドトス『歴史』3・202.

40　Edwards, *The Politics of Immorality in Ancient Rome*（Cambridge, 1993）および Wood, *Imperial Women* を見よ．アグリッピナの喚起した，ローマの「修辞的ステレオタイプ」に関するギンスバーグの分析は大変に示唆的だ：J. Ginsberg, *Representing Agrippina*（Oxford, 2006), chap. 3.

41　Wood, *Imperial Women*（Leiden, 1999), p. 261 でこう述べられている：「とどまるところを知らない野心，血に飢えた残忍さ，強烈な性欲，そのうえで同時に自分の夫の愛情を確保し続ける能力というのが，このステレオタイプに含まれる要素だ……こうした女性に対し攻撃を加えようとする人は，女性らしくない冷酷さと乱交ぶりの両方を非難するのが常だった」.

42　41 年，ブリタンニクスの誕生後，元老院はメッサリナにこの称号の提供を申し出ている（ディオ 60・12・5).

43　セネカの罪状については，純然たる姦通（ディオ 60・8・5）から，曖昧だがとにかくおもに性的な「ふしだらな関係」（ユウェナリス『風刺詩集』5・109 への注釈；Stewart, "Sejanus, Gaetulicus", p. 83, no. 86 を見よ）まで，さまざまに伝えられている．罪状に何か根拠があったかを詮索しても意味はない．

44　『ヘルウィアへの慰め』7・9．ローマの植民市（コロニア）二つのうちのひとつ，マリアナ市では最近の調査で，通りや家々，そして公共浴場の存在が明らかとなった．もう一方がアレリア市で，こちらはギリシア・ローマ都市である．かつて推定 2 万もの人口を誇ったこの町の遺跡にはいまでも訪れることができる．

45　『ヘルウィアへの慰め』執筆の日付としては，その作品に表現される心理から，42 年とされることがしばしばだ．もしそうならば，『ポリュビウスへの慰め』より前の時期ということになる．しかしながら，グリフィン（*Seneca*, pp. 397–98）はこの解釈を受け入れていない．そして彼女の提示している年代表では，『ヘルウィアへの慰め』は『ポリュビウスへの慰め』よりあとに置かれている．

46 『ヘルウィアへの慰め』10・9–10．アピキウスは一世紀初頭の人物．彼の暮らしぶりをタキトゥス，大プリニウス，アイリアノスが伝えているものの，その死について伝えるのはセネカのみだ．ローマの食道楽を扱った料理本は，アピキウス著としていまに伝わるが，書かれたのはもっとずっと後の時代である．アピキウスの名がすばらしい食事と固く結びついたため，ペンネームのようにその名が料理本に付けられたのだ．

47 『オクタウィア』の冒頭に登場するセネカは，コルシカからの出立を「運命」のせいとしている（本書20頁に引用）．フェリがこの箇所の矛盾をこう指摘している（Ferri, *Octavia*, p. 229）：「悲しげに〈運命〉のせいにするのはセネカ自身の信条にそぐわない」．ユウェナリス『風刺詩集』5・109への注釈では，コルシカを出たセネカの望む行先は，ローマではなくアテナイだったと主張されている．グリフィン（*Seneca*, p. 62）は，これがセネカの本当の望みだった可能性を認める姿勢を示す．ただし，おそらくローマ市がセネカにとって牢獄のようなものになってしまったあと，懐古的に表明されたのだろうと考えている．

48 『ポリュビウスへの慰め』の執筆時期は，かなり確実に推定できる．作品中セネカが最近のこととして，クラウディウス帝によるブリテン島征服へのお祝いを述べているからだ．

49 詩人オウィディウスは紀元8年，黒海沿岸のトミスの町に追放された．その出来事は，オウィディウスみずからによる『悲しみの歌』および『黒海からの手紙』という作品によって不朽のものとされた．これらの作品をセネカは知っていたことだろう．『ローマ詞華集 *Anthologia Latina*』（236–37）には，セネカ作とされる二篇の詩が収められている．そこではコルシカ島での暮らしの厳しさが，明らかにオウィディウス風とわかる単語と韻律を使いながら描写されている．だが本当にセネカ作なのかは疑わしい．

50 『ポリュビウスへの慰め』（18・9）と『悲しみの歌』（3・14および5・7・57–58）の末尾の言葉遣いは，偶然と考えるにはあまりに似すぎているように見える．Griffin, *Seneca*, p. 62, n. 3およびJ.J. Gahan, "Seneca, Ovid, and Exile", *Classical World* 78（1985）, pp. 145–47を見よ．冗舌な文体で有名だった二人の作家にとって，ラテン語能力がむしばまれたとのぼやきは，慈悲を求める強力な訴えかけとなった．

51 『ポリュビウスへの慰め』7–8，およびより強く感情のほとばしる12–13．これらの箇所でのへつらいがあまりにグロテスクなため，ある人はそれを皮肉として読むべきと論じているほどだ：W.H. Alexander, "Seneca's *Ad Polybium*: A Reappraisal", *Transactions of the Royal Society of Canada* 37（1943）, pp. 33–55. この見解は，Griffin, *Seneca*, pp. 415–16できっぱり否定されている．

52 ディオ（61・10・2）によるとセネカは，コルシカ島からローマ市へ送られた，クラウディウスとメッサリナ両者へのへつらいが書かれた作品を廃棄，ないしは否認したのだという（Griffin, *Seneca*, p. 415）．『ポリュビウスへの慰め』に読み取れるのは，クラウディウス帝へのへつらいのみだが，大半の研究者が，ディオが言及しているのはこの作品だという見解を受け入れている．

53 メッサリナによる48年の行動の動機については，研究者のあいだにもかなりの混乱がある．私はそれを，感情的なものというより，王朝的な権力闘争を背景とした行動と考えている．古代の史料に登場するメッサリナは，奇怪な性的衝動に駆り立てられた女性として描かれている．そこにもいくらかの真実は含まれるかもしれないが，シリウスとの結婚は，どうやらクーデター計画の一環であり，皇帝親衛隊内の一派と共謀していた可能性がある．少なくともこれがウッド（Wood, *Imperial Women*, pp. 252–55），ならびにレヴィック（Levick, *Claudius*, London, 1990, pp. 65–67）の考え方だ．対照的にボーマンは，タキトゥスの証言を信用し，性的衝動にもとづいて行動する女性としてメッサリナを見る傾向がある：R. Baumann, *Women and Politics in Ancient Rome*（London, 1992）, pp. 176–79.

54 タキトゥスによると，クラウディウス帝が妻を許せないかと二の足を踏んでいたとき，ナルキッススが死の命令を出したのだという．ただしタキトゥスはクラウディウス帝を，妻の尻に

敷かれた受動的な人間として描き出している．アグリッピナと結婚し，彼女の息子を養子としたクラウディウスの行動のすばやさを考えれば，メッサリナを片付ける口実ができたとクラウディウスが喜んだ可能性のほうが高そうだ．

55 M. Corbier, "Male Power and Legitimacy Through Women", in: *Women in Antiquity: New Assessments*（London and New York, 1995）において，こうしたパターンがうまく紹介されて図式化されている．

56 タキトゥス（『年代記』12・6–7）は，ルキウス・ウィテッリウスが先頭に立ってこの法案を可決させようとする様子を，タキトゥスお得意の皮肉めいた筆致で描き出している．ローマ帝国ではこの先四世紀まで，姪をめとるのは合法であり続ける．

57 オクタウィアの生年については混乱がある．タキトゥス（『年代記』14・64）は，62年にオクタウィアが20歳だったと明言している．だがほとんどの研究者は，彼女の生年は42年ではなく41年との見解を受け入れている．すると彼女と弟ブリタンニクスとの歳の差はわずかだったことになる．

58 ディオ 60・31・7．ディオはさらに，シラヌスにさずけられた名誉こそが，のちにクラウディウス政権が彼の死を望んだ理由となったとしている．

59 タキトゥス（『年代記』12・3–4）およびセネカ（『アポコロキュントシス』8）では，シラヌスのおもな罪状は近親相姦とされている．一方のディオ（60・31・8）は，クラウディウスへの謀反について語っている．

60 おそらく50年のこと．タキトゥス『年代記』12・26および本書70–71頁を見よ．

61 シラヌスの死についての証言は割れている．タキトゥスはかなりはっきり自殺と述べ，『オクタウィア』の作者もそれを支持する（148–49行）．しかしディオ（60・31・8）とセネカ（『アポコロキュントシス』8）は二人とも（セネカの方は曖昧な言い方で），シラヌスは処刑されたとしている．私の見解は，D. McAlindon, "Senatorial Opposition to Claudius and Nero", *American Journal of Philology* 77（1956）, p. 116での見解とほぼ同じだ：「［シラヌスは自殺したという展開の］信憑性は，タキトゥスの語る贖罪の儀式を考えれば，ほぼ確実である」．

第2章　王殺し——四九年～五四年

1 地球の循環的破局を，「エクピュロシス（炎による世界の破局）」ではなく洪水によるものとして描き出そうとしたストア主義者は，知られる限りセネカが初めてだ．ただしT. Rosenmeyer, *Senecan Drama and Stoic Cosmology*（Berkeley and Los Angeles, 1989）, p. 149では，セネカとほぼ同世代人のコルヌトゥスという人が，火と洪水の二つの選択肢を示していたと指摘されている．A.A. Long, "The Stoics on World Conflagration and Eternal Recurrence", *Southern Journal of Philosophy* 23（1985）, pp. 13–33では，世界を終わらせる洪水の可能性について言及すらされていない．

2 『自然論集』3・29・4でセネカは，こうした水の遍在についての考えをさらに押しすすめ，堅固な大地そのものが液化するさまを想像している．

3 随所で表明されているなかでも，『自然論集』4b・13，雪のぜいたくな使用への長く激しい非難が最も特徴的だ．

4 この点については，私の "New World and *Novos Orbes*", in: *The Classical Tradition and the Americas*（Berlin, 1993）, pp. I: 78–116を参照のこと．

5 この一節についての私の解釈は，モットの解釈と真っ向から対立している：A.L. Motto, "The Idea of Progress in Senecan Thought", *Classical Journal* 79（1984）, p. 226. 問題なのは，モットは自分の解釈の傍証として，ルネサンス時代の理解を引用していることだ．その時代における理解は，この一節をコロンブスによる新大陸発見の予言と見なそうとの傾向で，ひどくゆがめられているのだ．私の解釈は，おおむねラワルに従っている．彼は，『メデア』に

おける二番目の「文明の勝利を宣言する」歌唱は，その続きを構成している三番目の破局的歌唱を参照することなしには理解できないと考えている：Lawall, "Seneca's *Medea*", in: G.W. Bowersock ed., *Arktouros* (Berlin and New York, 1979).

6　セネカの悲劇作品の執筆年代という問題は，おそらくセネカの人生を跡づける努力をさまたげる最大の難問だ．グリフィンはセネカの作品の年譜で，散文作品については網羅的に取り上げるものの，悲劇作品は取り上げていない（*Seneca*, appendix A）．それどころか，セネカの人生を検討する研究書のなかで，悲劇作品をまったく俎上にのせていない．アベル（Abel, *Bauformen*）の年譜表では，悲劇作品の執筆年代は「50～60年頃」と推測されている．J.G. Fitch, "Sense-pauses and Relative Dating in Seneca, Sophocles and Shakespeare", *American Journal of Philology* 102 (1981), pp. 289–307 では，悲劇作品の韻律および文体的特徴の比較により，研究が大いに進展している．私は彼の結論を大まかな指針として受け入れている．

7　帝国の拡大についてのセネカの否定的な見方は，H. Hine, "Rome, the Cosmos, and the Emperor in Seneca's Natural Questions", *Journal of Roman Studies* 92 (2002), pp. 42–72 で『自然研究』と絡めて論じられている．

8　『パエドラ』の時事性という問題が，コフィーとマイヤーよる校訂本でまったく論じられていないのは奇妙なことだ：M. Coffey and R. Meyer, *Seneca: Phaedra* (Cambridge, 1990)．ただし二人は「ギリシア神話の物語がローマの政治的文脈に当てはめられ，危険な結果をもたらす可能性があることに，セネカも気づいていた」とコメントしている（p. 4）．さらに，クラウディウスとアグリッピナとの近親相姦的結婚は，物語に不愉快なほど近似しているとも述べている（p. 26）．対照的にニズベットは，『パエドラ』の制作年代を試みに49年以前とする．その論拠とされるのが，劇中での継母への非難について「アグリッピナがブリタンニクスを排除し，実子のネロを後継者の位置にすえたちょうどその時期に，廷臣がそうした非難を口にするのは困難である」という事実だ：Nisbet, "The Dating of Seneca's Tragedies, with Special References to Thyestes", in: *Papers of the Leeds International Latin Seminar: Sixth Volume* (Leeds, 1990), p. 353.

9　パエドラとアグリッピナの人物的特徴が密に関連していることについては，これまでも多くの研究者たちが指摘してきた．E. Lefèvre, "Die politische Bedeutung von Senecas *Phaedra*", *Wiener Studien* 103 (1990), pp. 109–22 ではそうした指摘が列挙されている．ルフェーヴル自身は，『パエドラ』がアグリッピナの死後に書かれたと考えている．ただしフィッチの分析にもとづく年代設定の枠組みにしたがえば，もう少し早い時期ということになる：Fitch, "Sense-pause and Relative Dating", pp. 289–307.

10　タキトゥス『年代記』12・5.

11　このことを強く裏付けるのが，のちのネロとの結婚の準備段階として，オクタウィアとシラヌスとの婚約が破棄されたのが，クラウディウスとアグリッピナの結婚前だという事実だ．つまり皇帝と次の皇妃は48年の末にはもう，ユリウス・クラウディウス朝の血統の統合を画策していたことを意味している．たとえアグリッピナに，史料で指摘されるような男をたぶらかす魅力があったにせよ，その時期にすでにクラウディウスを夢中にさせていたとまで想像するのは難しい．レヴィック（Levick, *Claudius*, p. 70）とバレット（Barrett, *Agrippina*, p. 111）の二人は，クラウディウス帝はブリタンニクスよりもネロを優先させようと入念に考え行動していたという見解で一致している．

12　この以前に皇帝家で行なわれた養子縁組では，ティベリウスを養子としたアウグストゥスやゲルマニクスを養子としたティベリウスを含めて，みな実子がなかった：M.H. Prévost, *Les adoptions politiques à Rome* (Paris, 1949).

13　『ラテン語碑文選集 *Inscriptiones Latinae Selectae*』の224番の碑文から日付を確認できる．タキトゥスは，元老院での決議は，クラウディウス帝自身による演説を聞いたのちと明言している（『年代記』12・25）．養子縁組後のネロの正式名については，別の名前も記録されてい

る．彼は碑文上では，ときに「ティベリウス・クラウディウス・ネロ・カエサル」という名で現れている．

14　ブリタンニクスの正確な生年は知られていない．タキトゥスは，ネロがブリタンニクスより3歳年上だったと述べている（『年代記』12・52・2）．

15　アリストテレスはこう述べている（『政治学』1286b25–28）．自分の子供たちよりも他の後継者を優先するよう王に求めるのは，人間の本性に望めることの限度を超えている，と．

16　タキトゥス『年代記』12・2．その場面でナルキッススは，アグリッピナを帝室に迎え入れて皇朝の秩序を変更したりしないよう説いている．

17　『ポリュビウスへの慰め』12・5．続く箇所でセネカは，クラウディウスの健康の悪化を持ち出して，帝位を継承する前にブリタンニクスを，帝位の「同僚」とするようクラウディウス帝にすすめている．

18　この出来事を伝えるスエトニウスは（「ネロ伝」7），ブリタンニクスはいつもの習慣でそう呼びかけただけと述べている．しかしネロの養子縁組はその一年以上前であり，スエトニウスは間違っているように思える．

19　アウグストゥスの妻リウィアが，初めての「アウグスタ」だが，それはアウグストゥス死後のことだった．ついでカリグラ帝の祖母アントニアが「アウグスタ」となり，アグリッピナが三人目である．

20　ブロンドは，「帝国発行の硬貨の上に，時の皇帝の妻が夫とともに刻印されたのは，これが初めてだった」と指摘している：S. Braund, *Seneca's De Clementia*（Oxford, 2009）, p. 432. さらなる議論は，W. Trillmich, *Familienpropaganda der Kaiser Caligula und Claudius*（Berlin, 1978）, pp. 55–63.

21　タキトゥス『年代記』12・37.

22　ウッドは，「ローマの歴史の中で小アグリッピナは，影響力ではなく本物の，そして公式の権力を欲した初めてにして唯一の女性だ」と述べている：Wood, *Imperial Women*, p. 259.

23　タキトゥス（『年代記』12・22）はロッリアについて，処刑ではなく自殺を強制されたと伝え，首の切断について何も触れていない．一方ディオ（60・32・4）によると，アグリッピナの前に持ってこられた首が，おそらく腐敗のせいで確認しづらく，彼女はみずから歯を検分してようやく確信できたのだという．ロッリアを殺害させた動機についてディオは，ネロのために資産をため込むためと明言している．

24　詳細はM.R. Thornton and R.L. Thornton, "The Draining of the Fucine Lake: A Quantitative Analysis", *Ancient World* 12（1985）, pp. 105–20を参照．スエトニウスによると（「クラウディウス伝」20），工事には十一年を要したという．フキヌス湖のうち，古代に干拓されたのはごく一部にすぎず，最終的に湖は十九世紀の排水溝工事によって消滅した．

25　大プリニウス（『博物誌』7・46）およびタキトゥス（『年代記』12・56）．管見の限り，女性がギリシア風外套（*Chlamys*）を身にまとう例は，ウェルギリウスの描く女王ディドのみだ（『アエネイス』4・137）．ディドもやはり，通常は男性が占める政治的地位にあった．

26　ディオ（60.33.5）．それ以外の詳細については，タキトゥス『年代記』12・56–57.

27　タキトゥス『年代記』12・53.

28　後にこの板は，ティブルティナ街道沿いのパッラスの墓に移動され，小プリニウスがそれを目にしている（『プリニウス書簡集』7・29および8・6）．

29　パウロとガッリオが出会った年代について，マーフィ=オコナーは51年の晩夏と推測している：J. Murphy-O'Connor, *Paul: A Critical Life*（Oxford, 1996）, pp. 18–22. パウロはどうやら，前年春からコリントス市に滞在していたようだ．

30　確証はないが，この人物はおそらく，新約聖書「コリントの信徒への手紙一」冒頭で名のあがるソステネスと同一人物であろう．Murphy-O'Connor, *Paul*, p. 264を見よ．

31　「使徒言行録」24：1–27.

32　ヨセフス『ユダヤ戦記』2・254–57.
33　ヨセフス『ユダヤ戦記』2・261–63および『ユダヤ古代誌』20・170–72.
34　「使徒行伝」21：38.
35　「使徒行伝」28：16–30で描かれているのは，自宅軟禁下にあって，生徒や信者を受け入れ，自由に教えをさずけることが許されている男だ．ローマにはまだ，キリスト教の教義への禁令はなかったし，パウロに対してのイデオロギー的な非難も寄せられていなかったのだ．
36　とりわけ，パウロが60年代のいつかにローマ市を去り，スペイン等を旅したのかどうかがはっきりしない．その問題はある程度，いわゆる「牧会書簡」の信憑性の問題とも関わる．
37　この見解の歴史が，A. Momigliano, "Note sulla leggenda del cristianesimo di Seneca", *Rivista storica italiana* 62（1950）, pp. 325–44で概観されている．十五世紀，書簡の真正性に初めて疑問を呈したのが，イタリア・ルネサンスの偉大な人文主義者ロレンツォ・ヴァッラだ．
38　スエトニウス「ネロ伝」52．スエトニウスはまた，セネカが自分の書いた弁論以外の作品をネロが読むのをさまたげたと伝えているものの，あまり信用できない．
39　タキトゥス『年代記』14・55．この対談については，本書202–204頁を参照．
40　タキトゥス『年代記』13・3.
41　スエトニウス（「ネロ伝」22）は，幼少時のネロが競技について話すのを当時の家庭教師がたしなめたと伝えている．
42　『書簡集』49・2.
43　これまたタキトゥス『年代記』14・55が伝えている．
44　『書簡集』108・6–8．モアフォードは『怒りについて』（2・18–21）を参考に，宮殿でのネロへの教育を再構成しようとこころみている：M. Morford, "The Training of Three Roman Emperors", *Phoenix* 22（1968）, pp. 57–72．しかし『怒りについて』（あるいは，少なくともその最初の二章）が書かれたのは，セネカがネロの家庭教師になる以前と一般に想定されている．また実用性が求められた宮廷では，セネカが一般的な指針として構想した教育とは，また違った取り組み方が要求されたことだろう．
45　『書簡集』108・3．特徴的なするどい軍事的比喩だ．
46　社会的な条件付けの力を強く信じたセネカはこう語っている：「香油商の店に足しげく通い，ほんのしばらくでもそこで過ごした人は，その場所の香りを身に着けて持ち帰る」（『書簡集』108・4）．つまり，その教えに興味がなくとも，近くにいるだけでも哲学が身につく．
47　ディオ60・33・2.
48　スエトニウス「ネロ伝」35・1のみで伝えられている．続く箇所でスエトニウスは，ネロが何度かオクタウィアを絞め殺そうとしたという情報も記している．
49　『オクタウィア』537行．さらなる議論は，本書205–207頁を参照．
50　『書簡集』104・2．セネカが妻のパウリナについて書くことはまれで，あってもごく軽く触れる程度だ．他には『書簡集』50・2.
51　パウリナがセネカの最初の妻なのか二人目かという問題についてグリフィン（*Seneca*, pp. 57–58）は，解決不可能との結論に達している．
52　パウリヌスの食糧長官任命は四九年頃であったことを，グリフィンが説得的に論じている：Griffin, "*De Brevitate Vitae*", *Journal of Roman Studies* 52（1962）, pp. 104–13.
53　私には，前注の論文でのグリフィンの解釈のみが，この論考の変則性をうまく説明すると思える．それはちょうど『マルキアへの慰め』についてのスチュワートの解釈と同様だ（第一章注21を参照）．だがグリフィン説は批判にさらされ，その姿勢は非常に慎重なものへと変化した（*Seneca*, 1976）．グリフィンは，『人生の短さについて』が55年に執筆されたと自分はまだ信じているものの，その証明はできないと長々と説明している（pp. 401–7）．ウィリアムズは，グリフィン説について「非常に思弁的」であり（p. 3, n. 7），「興味をひかれるものの決定

的ではない」（p. 20）として，この作品の年代決定を避けている：G. Williams, *Seneca: De Otio, De Brevitate Vitae*（Cambridge, 2003）.

54　グリフィンはセネカの散文作品の何点かに関し，「主要な」（哲学的）および「二次的な」（政治的）目的という観点から言及している（*Seneca*, p. 407）. その立場をウィリアムズは曲解し，「秘められた動機」と言い換えている（*Seneca* の前書き，p. 2）.

55　ナルキッススの地所は，四億セステルティウスの価値を持つと噂されていた（ディオ 60・34・4）. ウィンタースは，ローマ人でも特に富裕な 10 人の元老院議員の平均資産を，その四分の一にすぎなかったと試算している：J. Winters, *Oligarchy*（Cambridge, 2011）, p. 92.

56　アグリッピナがその手について述べている（タキトゥス『年代記』13・14）. ブッルスについては W.C. McDemott, "Sextus Afranius Burrus", *Latomus* 8（1949）, pp. 229–54 にまとめられている.

57　『アポコロキュントシス』3. 本書 98–101 頁を見よ.

58　タキトゥス（『年代記』12・65. タキトゥスが（ありそうにないながらも）ナルキッススに帰す行動のいくつかを，他の史料（スエトニウス「クラウディウス伝」43）はクラウディウスの行動としている.

59　スエトニウス「ティベリウス伝」73. 情報源となった作品はのちに失われた.

60　慎重なグリフィンも，54 年に「クラウディウスは［ブリタンニクスの］昇進を語り始めた」ことに同意している：Griffin, *Nero: The End of a Dynasty*（London, 1984）, p. 32. レヴィックは，クラウディウスの考えはネロとブリタンニクスの二人を同時に後継者にすることだったと信じている：Levick, *Claudius*, p. 76.

61　バレット（Barrett, *Agrippina*, pp. 141–42）も，グリフィン（*Nero*, p. 32）も，クラウディウスが暗殺されたのかに関しいずれかの立場に立とうとしていない. レヴィック（*Claudius*, p. 77）は，「すべてを考慮して」暗殺されたと考えるほうに傾いている. ただし J. Aveline, "The Death of Claudius", *Historia* 53（2000）, pp. 453–75 における反論を参照. R.W. Pack, "Seneca's Evidence in the Death of Claudius and Narcissus", *Classical Weekly* 36（1953）, pp. 150–51 では，クラウディウスの死因はマラリアだった可能性があると指摘されている.

62　T.E.J. Wiedemann, "Tiberius to Nero", in: *Cambridge Ancient History Volume 10*, p. 241 では，同様の推論を根拠に，おそらくクラウディウスは暗殺されたと述べている.

63　スエトニウス（「クラウディウス伝」44）は，彼の時代にも意見の不一致があったことを伝えている. それによると，ある説はタキトゥスと同様，皇帝の死因を家族の晩餐で出たキノコの毒としていた. また第二の説によると，クラウディウスが祭司集団と会食しているとき，宦官のハロトゥスが皇帝に毒を盛ったという. ディオ（60・34）は，クラウディウスがキノコを摂取した時点までタキトゥスと一致しているが，クセノフォンによる二番目の毒薬投与は記録されていない. ヨセフス（『ユダヤ古代誌』20・151）は，アグリッピナがクラウディウスに死をもたらしたとの噂を記す一方，詳細は語らず，その真偽についても述ていない.

64　これが Aveline, "Death of Claudius" における立場だ. アヴェリンはさらに，クラウディウスの症状と，ある特定種のキノコの影響を関連づけるところまで議論を進めている. しかし私にはその議論には矛盾があると感じられる. 伝えられるところによるとネロは（スエトニウス「ネロ伝」33 およびディオ 60・35・4），のちにきのこを冗談の種にして「神々の食べ物」と呼んだという. クラウディウスはキノコのおかげで「神君」となったからだが，この言葉がそのまま毒を盛ったことを意味するわけではない.

65　セネカ『アポコロキュントシス』4 では，喜劇役者たちが宮殿に到着したとき，クラウディウスはまだ存命中であったかのように描かれている. クラウディウスの死についてセネカは，10 月 13 日の正午，ないしその直後と述べ，死が 8～10 時間ほど伏せられたという見解と矛盾する形になっている.

66　ディオ 61・3・1. 同じ箇所でディオは，セネカはその日ネロが元老院でおこなった演説の

草稿を書き，その演説文は後日，銀の板に刻まれたと伝える．しかしどうやらディオは，異なる二つの演説を混同しているようだ．本書105-106頁を見よ．

第3章　兄弟殺し――五四年～五五年

1 『アポコロキュントシス』とのタイトルについて，異論をとなえる研究者も数人いる．ディオ（60・35・3）がタイトルをあげて言及する作品は，これではないのではと感じられているのである．この作品を伝える写本には，「クラウディウスの死についての風刺」ないし「風刺で語られる神君クラウディウスの神格化」といったタイトルが記されているが，どちらも本来のものとは思えない．

2 イーデンがうまくまとめている：P.T. Eden, *Seneca: Apocolocyntosis*（Cambridge, 1984）.

3 ディオ60・35．セネカの作品のタイトルを伝えているのと同じ章だ．

4 ローマ市のカエリウスの丘にある，巨大なクラウディウス神殿の小さな一区画は，いまでも見ることができる．70年代までその神殿は完成しなかった．

5 ディオの証言にもかかわらず，この作品をセネカ作とすることに疑義を呈し続けている研究者が何人かいる．G. Bagnani, *Arbiter of Elegance*（Toronto, 1954）は，著者をペトロニウスと考えようとしている．

6 さまざまな説の概要が，イーデン（Eden）による『アポコロキュントシス』の校訂本，および H.M. Currie, "The Purpose of the Apocolocyntosis", *Acta Classica* 31（1962）, pp. 91-97で紹介されている．

7 2010年に出版されたキャスター（R.A. Kaster）とナスバウム（M.C. Nussbaum）による翻訳本の，『怒り，慈悲，復讐 *Anger, Mercy, Revenge*』という題名は，同書に収録されている『怒りについて』『慈悲について』『アポコロキュントシス』の三作品の要旨を表している．

8 チャンプリンはこの箇所について，それ以外の部分が書かれたのち五年ないし六年以上たってから挿入されたと論じている：E. Champlin, "Nero, Apollo and the Poets", *Phoenix* 57（2003）, pp. 276-83および *Nero*（Cambridge, Mass., 2003）, p. 116．私には，そう論じるのは難しいと思われる．実際，いまのところチャンプリンに追随している研究者はいない．ナスバウムは，Kaster and Nussbaum, *Anger, Mercy, Revenge* におさめられた『アポコロキュントシス』の英訳において，この一節にはなんの疑問も示していない．

9 本書54頁，および注を参照．

10 イーデン（Eden, *Apocolocyntosis*）は序文でこの見解を支持している．

11 U.W. Hiesinger, "The Portraits of Nero", *American Journal of Archaeology* 79（1975）, pp. 113-24.

12 スエトニウス「ネロ伝」7.

13 『アポコロキュントシス』の記述がそれを裏付けている．作中，神々の会合が元老院のドッペルゲンガーとして描かれ，そこでクラウディウスは弾劾され拒絶されるのである．

14 タキトゥスの生涯については，ほとんどわかっていないが，タキトゥス自身，ドミティアヌス帝の共犯のような思いに苦悶していたらしいことを述べている（『アグリコラ』44-45）．「ドミティアヌス帝代，公僕として皇帝に仕えたタキトゥスは，セネカがさいなまれたのと同様の良心の呵責を，きっと何度も感じていたに違いない．そうした思いに対し，どうやら彼はおおむね同じように対面していたようだ」：D. Henry and B. Walker, "Tacitus and Seneca", *Greece and Rome* 10（1963）, p. 108.

15 この所信演説の日付については，史料の伝えに多少の混乱がある．ディオ（61・3・1）はそれを10月13日，つまりネロが帝位を継承した日の出来事のうちに含めて記している．一方タキトゥス（『年代記』13・4）はクラウディウスの葬儀後に置いており，こちらの証言のほうがより信憑性が高い．両歴史家が同じ演説に言及しているのは確実だ．先を見据えておこなわれ

たこの演説が，もしディオの伝えるとおり帝位継承の数時間後のことだとしたら，おそらく無遠慮だと感じられたことだろう．

16 『怒りについて』1・20.・4および『寛容について』1・12・4と2・2・2.

17 『怒りについて』が遅くともいつまでに書かれたかを，この作品がノウァトゥス宛てとなっていることから特定できる．セネカの兄ノウァトゥスは，遅くとも52年にはガッリオという名前で知られるようになるから，この作品は間違いなくそれ以前の作だ．まったく同様に，ガッリオ宛ての『幸福な人生について』は必ず52年以降とわかる．このように，セネカの作品の年代特定には，こうしたわかりにくい手がかりをあてにする必要がある．その事実自体，セネカが作中でいかに同時代の人々や事件に触れるのを避けたかを如実にあらわしている．

18 最後に翻訳不能なだじゃれで終わるその逸話は，『怒りについて』3・38で物語られている．

19 モデルはローマ人哲学者セクスティウスの習慣なのだという．セネカがこの習慣について記す一節（『怒りについて』3・36）については，Ker, "Seneca on Self-examination: Re-reading On Anger 3.36", in: *Seneca and the Self* (Cambridge, 2009) を参照.

20 この箇所，「君」と呼びかけているセネカが，どの時点で自分を指して「君」と呼びかけるのをやめ，かわって想像上のローマ上層の人々を指して「君」と呼ぶようになっているのか，判断が難しい．『怒りについて』3.37の末尾，セネカの語る「君」との語が，単に自分自身を指す以上の意味を持つことは明らかだ．だから私は，その広い「君」の意味が同じ章全体にもあてはまると考えている．

21 『怒りについて』2・21・6．セネカが脳裏に描くのはエリート層の子育てであることを，キャスターが明らかにしている：Kaster, *Anger, Mercy, Revenge*, p. 115.

22 アグリッピナの『アポコロキュントシス』への反応について，これまでもさまざまに推測されてきた．大半の研究者が，肯定的な反応ではあり得なかったと考えている．「彼女の献身により生み出された体制が，滑稽と見えるものとされてしまった．アグリッピナの自尊心への打撃は……巨大であったに違いない」：Barrett, *Agrippina*, p. 165.

23 タキトゥス『年代記』13・2，およびスエトニウス「ネロ伝」9.

24 Rose, *Dynastic Commemoration*, pp. 47–48 および Wood, *Imperial Women*, pp. 301–2.

25 最も近い類例が，この数十年ほど前，ティベリウス帝の実子である小ドルススによって発行された貨幣だ．そこには対面するドルススの二人の息子が表現されている．C.B. Rose, *Dynastic Commemoration and Imperial Portraiture in the Julio-Claudian Period* (Cambridge, 1997), p. 47 および n. 17 を参照.

26 タキトゥス（『年代記』13・1・1）は，ネロはシラヌスの殺害計画すら関知していなかったと明言している．同じ章の末尾でタキトゥスは，ナルキッスス殺害に関して「ネロの意志に反し」と記す．どうやらネロは，実行後初めてその事実を知ったということのようだ．明らかにアグリッピナは，自身の権威のもと，皇帝親衛隊に命令を出す権利を持っていた．

27 『怒りについて』1・6・3．またその内容は，同書1・16・2でも取り上げられる．治療行為としての処罰が，最も軽い段階（自責）から最も思い段階（慈悲としての殺害）へと，順を追って論じられる．

28 本書72頁を見よ．

29 タキトゥス『年代記』13・6.

30 本文以下の記述は，タキトゥス（『年代記』13・5）およびディオ（61・3・3–4）が伝える詳細を組み合わせたものである．ただし，アグリッピナを封じようとの動きは自然な流れではなく，前もって準備されていたという部分は私の見解だ．

31 『ヘルウィアへの慰め』14・3.

32 『怒りについて』1・20.

33 本書60頁の見解が正しいなら，『メデア』が書かれたのは40年代の半ば，クラウディウス帝によるブリテン島侵攻からはさほど離れていない時期のことになる．一方で『怒りについ

て』の執筆は，おおむね41年から49年のことと推測されている．

34　J. Ker, R. Ancona, and L.H. Keenan eds., *A Seneca Reader: Slections from Prose and Tragedy* (Mundelein, Ill., 2011).

35　セネカの悲劇作品とセネカの哲学との関連についての文献は膨大で，主張もさまざまだ．ナスバウムが重要な議論を簡潔にまとめてくれている：Nussbaum, *Therapy of Desire* (Princeton, 1994), pp. 448–49, n. 13. もっと最近ではS. Bartsch and D. Wray eds., *Seneca and the Self* (Cambridge, 2009), 特にpart 3, ならびにK. Volk and G.D. Williams eds., *Seeing Seneca Whole* (Boston, 2006). 中世やルネサンスの時代には，悲劇作品を書いたセネカと，散文作品の著者セネカとは別人だと信じられていた．いまでも，悲劇作品は別の人物によって書かれたとの説は提示される．T.D. Kohn, "Who Wrote Seneca's Plays?", *Classical World* 96 (2003), pp. 271–80を見よ．「セネカ」（小セネカだという必然性はない）を悲劇作品の一作（『メデア』）と結びつける唯一の証言は，クィンティリアヌスの『弁論家の教育』9・2・9だ．

36「こうして混乱し，さらには錯乱さえしている人格を描き出すセネカの目的は何だろうか．蓋然性が最も高い答えはこうだ．悲劇作品で感情を直截に表現することで，セネカが聴衆に感じ取ってほしかったのは，激情によりひどい結末がもたらされることだった．作中で最も強い印象を与える場面によって喚起されるショックや嫌悪感は，道徳的な気づきや成長への誘因となるよう意図されていたのである」．R. Tarrant, *Seneca's Thyestes* (Atlanta, 1985), pp. 24–25ではそう述べられている．だが彼も，悲劇作品の力を説明するためには，こうしたアプローチでは不十分であることをその箇所のすぐあとで認めている．

37　Henry and Walker, "Tacitus and Seneca", p. 108. あまり寛容ではない人々により，セネカは神経症的に混乱し，さらには統合失調症的な人格の持ち主だとすら解釈されてきた．

38　のちにネロの性生活は奇妙な方向へとねじ曲がってゆく．Champlin, *Nero*, pp. 161–70で論じられている．

39　タキトゥス『年代記』13・12.

40　タキトゥス『年代記』13・13.

41　ディオ61・7・3.

42　スエトニウス「ネロ伝」34・1. 脅した時期は明らかでないが，ネロ帝治世の初め頃のようだ．その時点のアグリッピナが，まだ強い影響力をネロに及ぼしているのがわかるからだ．

43　グリフィン（*Nero*, pp. 447–48）はセレヌスの隊長任命をこの時期と考えており，その考えは正しいと思う．彼には『賢者の恒心について』および『心の平静について』の二作品が宛てられており，セレヌスの死をセネカは深く歎いている（『書簡集』63・14）．プリニウス『博物誌』22・96を見よ．

44　タキトゥス『年代記』13・14. バレットは「この一節は信じがたい」と述べている：Barrett, *Agrippina*, p. 240. しかしそれはタキトゥスの著述手法に関する誤解にもとづくように思える．タキトゥスは著作中に演説を引用するが，そうした演説についてときに創作だとみずから認めることもある．その目的は，資料を読んで彼が理解したとおりに，登場人物の心の様子を描き出すことにある．実際メラーは，アグリッピナによるこの演説をこう解説している（R. Mellor, *Tacitus's Annals*, p. 167）：「この暴言には，真実らしい響きがある．彼女は，すべてを息子のために犠牲にしたのに，結局押しのけられただけの母親だ」

45　タキトゥス『年代記』13・15.

46　史料は一致して，ブリタンニクスの死の責任をネロに帰している．タキトゥス『年代記』13・15–17，ディオ61・7・4，スエトニウス「ネロ伝」33・3，ヨセフス『ユダヤ戦記』2・250および『ユダヤ古代誌』20・153. 史料の証言は非常な一致を見せているため，クラウディウスの死に比べると，疑義を呈する歴史家はずっと少ない．しかしながら毒殺の物語はいつでも，疑いの余地を残す．バレットは，ブリタンニクスの死の原因をてんかんの発作とする考えに傾いており，私の考えでは誤って「この問題についての現代の権威たちは，ブリタンニ

クスは毒殺の犠牲となったという考え方に，おおむね懐疑的だ」と述べている：Barrett, *Agrippina*, p. 172. 一方レヴィックは，ブリタンニクスにせよクラウディウスにせよ，いずれも毒殺されたとは証明できないと考えている：Levick, *Claudius*, p. 77. グリフィンは，クラウディウスの毒殺については疑問を表明するものの，ブリタンニクスについてはそれを歴史的事実として受け入れている：Griffin, *Nero*, p. 74 および *Seneca*, pp. 134–35.

47　スエトニウス「ネロ伝」33・3. タキトゥス（『年代記』13・15）によると，ネロはこの作戦を担当した親衛隊副官をおどし，ロクスタを処刑させると誓っている.

48　スエトニウス「ネロ伝」33・3.「ユリウス法」として知られる法律は，ユリウス・カエサルおよびアウグストゥスが，みずからの立法にその名前をつけたため数多く存在している．ここで言われるのがどの「ユリウス法」なのか，明らかではない．ブラッドリーは，スエトニウスないし彼の使った資料が，名前を間違えたと考えている：K.R. Bradley, *Suetonius's Life of Nero: An Historical Commentary*（Brusssels, 1978）, p. 199.

49　事件の「内幕」についてセネカは少なくとも知ってはいたことが，タキトゥス『年代記』16・62 での記述からうかがわれる．死まであと数時間だったセネカは，その箇所でブリタニクス殺害について触れているのだ．またグリフィンは，計画に親衛隊の副官が関わっていたという事実（タキトゥス『年代記』13・15・4–5 にそう述べられている）は，ブッルスの関与を示唆するとしている（Griffin, *Seneca*, p. 135）．ウィードマンは当然と言わんばかりに，ブリタンニクスの死に「セネカとブッルスは個人的に責任があったのだろうか」と問いかけている：Wiedemann, “Tiberius to Nero”, in: *Cambridge Ancient History Volume 10*, p. 245.

50　タキトゥス『年代記』13・16.

51　A. Wallace-Hadrill, “The Imperial Court”, *Cambridge Ancient History Volume 10*, p. 295.

52　スエトニウス「ネロ伝」33・3. ロクスタはガルバ帝の時代まで生き残り，68 年に処刑されている（ディオ 63・3・4）.

53　スエトニウス「ティトゥス伝」2. 毒がタキトゥスの述べるとおりに盛られたのなら，どうしてそれがティトゥスの食事にも入ったのか明らかではない.

54　ディオ 61・7・4. そのためとりわけ強い疑いにさらされている．バレットの次の見解は，おそらく A. Dawson, “Whatever Happened to Lady Agrippina?”, *Classical Journal* 64（1969）, p. 256, n. 2 での無造作なコメントを支持しているのだろう（Barrett, *Agrippina*, p. 172.）：「古代世界で知られた毒薬のうちで，こうした効果を及ぼせるものはなかった．ただし，私は毒についての調査全般に詳しいわけではない」.

55　帝国発行貨幣のうえでのアグリッピナ像の変遷については，バレットが整理してくれている：Barrett, *Agrippina*, pp. 226–27. またローズ（Rose, *Dynastic Commemoration*, p. 47）およびウッド（Wood, *Imperial Women*, pp. 293–95）が議論している.

56　タキトゥス『年代記』13・18.

57　『オクタウィア』66–71 行．この箇所でオクタウィアは，自分を神話におけるヒロイン，エレクトラになぞらえている．エレクトラも，殺人をおかした母の宮廷で恐怖のなか暮らしていたのである.

58　タキトゥス『年代記』13・17.

59　『トロイアの女たち』291 行でそう語るのはアガメムノンだ．セネカは彼を，抑制された独裁的権力を体現する人物として描く．作中のアガメムノンがセネカ自身のいだく政治的理想の代弁者であった可能性を，何人かの研究者が指摘している．E. Fantham, *Seneca's Troades*（Princeton, 1982）, p. 252 を見よ.

60　タキトゥス『年代記』13・18.「道徳的な謹厳さをひけらかしていた人たち」との皮肉な表現は，セネカへの当てこすりであると考えられてきた．たとえば E. Koestermann, *Cornelius Tacitus: Annalen*（Heidelberg, 1967）, p. 3, p. 268.

61　Tarrant, *Seneca's Thyestes*, p. 48, n. 164.

62　本書 157–159 頁の，『幸福な人生について』についての箇所を見よ．その作品中セネカは，みずからを痛風患者にたとえている．また『書簡集』8・3でセネカは，自分は治癒不能の皮膚病患者だと述べている．

第4章　母親殺し——五五年～五九年

1　『寛容について』1・1・4.

2　これまでも『寛容について』執筆の年代を，ブリタンニクスの死以前にあらためようとする研究者がいた．そうすることで，セネカをひどい二枚舌との非難からまぬがれさせるためだ．Braund, *Seneca's De Clementia*, pp. 16–17 および Griffin, *Seneca*, pp. 407–11 を見よ．『寛容について』1・9・1でセネカは，ネロはつい先頃18歳の誕生日を迎えたと述べている．55年12月にあたるその日付から，執筆年代は実際に特定できる．二枚舌問題についてブラウンド自身は，ネロは事実上，皇帝家のなかで殺人をおかす「許可証」を持っていたと主張している（Braund, p. 17）．しかし『アポコロキュントシス』でのアウグストゥスの演説からもわかるとおり，セネカは皇朝内での殺人を非道な行為と考えている．

3　『寛容について』2.1. 2. スエトニウス「ネロ伝」10・2にもほぼ同じ逸話が記録されている．

4　ヴェーヌは「こうしたジャンルの文章を書く際の原則は，アドバイスを，それを受け入れようと思っている人たちのみに伝えることだ」と述べている．するとその集団からは，ネロが除外される：P. Veyne, *Seneca: Life of a Stoic*（New York, 2003), p. 17.

5　『寛容について』1・6・3.

6　「悲しい苦悩とともに……セネカはみずからを責めている」．ヘンリーがこの一節にそうコメントしている：E. Henry, *The Annals of Tacitus*（Manchester, 1968), p. 224. 一方ブラウンドは別の意味に解している：Braund, *Seneca's De Clementia*, p. 237.

7　『寛容について』1・9・11. キンナの陰謀事件，およびアウグストゥスの許しについては，ディオ（55・14–22）も，またそのずっと後世，モンテーニュも『エセー』1・24で取り上げている．

8　『寛容について』1・3・5. この類比のモデルと指摘されることの多い，アリストテレス『政治学』（1254a34–b9）およびキケロ『国家』（3・37）の二作品では，思考が十全に展開されているとはとうてい言えない．独自の思考を展開した人物として，セネカはもっと評価されてしかるべきと思える．

9　タキトゥス『年代記』13・25，スエトニウス「ネロ伝」26，およびディオ 61・8–9は，すべてほぼ完全に一致している．大プリニウス（『博物誌』13・126）は，打ち身や切り傷を治すために，ネロが特別な治療薬を使っていたことを伝えている．

10　ディオ 61・7・5.

11　ネロの親しい友としてタキトゥスがあげている（『年代記』13・12）．オトは執政官を輩出した家系の出身者で，一方のセネキオは卑賤な解放奴隷の息子だという．またオトはネロより五歳ほど年長で，セネキオの年齢についてはわからない．

12　ディオ 61・4・5.

13　スエトニウス「ネロ伝」20・1，および大プリニウス『博物誌』19・108と34・166. ネロの芸術的野望に関するチャンプリンの議論は非常に興味深い：Champlin, *Nero*, pp. 52–83.

14　タキトゥス『年代記』13・50のみ．その箇所でタキトゥスは，ネロの周囲の「年長者たち seniores」（写本にある「元老院議員たち senatores」がそう訂正されている），すなわち年長の顧問たちが，ネロを説得して断念させたと述べている．そこにセネカが含まれていたのは間違いない．

15　グリフィンがすばらしい議論を展開している：Griffin, *Seneca*, pp. 67–128. ネロ治世の初期，実質上セネカとブッルスが国家運営責任者だった，とのディオ（61・4・1–2）の説明を信

用できるかという問題が鍵だ．それに関しグリフィンは，セネカの政府での役割は，ディオが述べるほどには目立たなかったと説得的に主張している．セネカの貢献は「財政改革をめざして元老院で提案したり，計画を示したりすることではなく，皇帝の公的な行動や発言について，個人的な影響力をふるうことだった」(p. 128).

16 タキトゥス『年代記』13・18，スエトニウス「ネロ伝」34・1．アグリッピナのそばにゲルマン人部隊が配置されるようになったのは，つい最近のことだとタキトゥスは言い添えている．おそらく，ネロの帝位継承後のことなのだろう．

17 タキトゥス『年代記』13・18．この時アグリッピナは，祖母アントニアのために建てられていた，郊外の別荘に住んでいた．

18 タキトゥス『年代記』13・19．ユリアとの結婚に興味を示していた求婚者を，アグリッピナは追い払ったのだという．

19 タキトゥス（『年代記』13・20）は，自分の典拠三人の名前をあげ，その内容に相違があったとしている．うち二人は，ネロのブッルスへの不信についてまったく伝えず，三人目のファビウス・ルスティクスのみ，新隊長任命に向けた努力と，それを阻むセネカの決断について事細かに記していたという．タキトゥスは，かつてセネカの庇護を受けたとしてルスティクスを信用せず，グリフィンもそれを正しいと考えている（Griffin, *Seneca*, p. 88)．一方でバレットは真相を不明だとしている（Barrett, *Agrippina*, p. 175)．この逸話自体には，本質的に不整合な部分はない．たとえルスティクスにセネカを有利な立場に置きたいとの動機があったにせよ，彼はセネカしか知り得ない内部情報を多く手に入れられたのである．

20 のちにピソの陰謀事件で，ファエニウス・ルフスは重要な役割を果たす．本書 273–279 頁を参照．

21 アグリッピナとクラウディウスとのあいだにも，二番目の夫クリスピヌス・パッシエヌスとも子供ができなかった．この事実は注目に値する．どうやら彼女自身の皇朝戦略，およびのちにクラウディウスと共有した戦略は，必要とあれば避妊や堕胎をおこない，ネロのライバルを作らないことだったようだ．彼女がネロ出産後に不妊症となったと考える理由はない．

22 セネカと兄ガッリオの執政官就任の年代について，グリフィンが議論している：Griffin, *Seneca*, p. 73, n. 6．両名とも，より権威のある「正規執政官 consules ordinarii」ではなく，任期途中に正規執政官に代わって就任する「補充執政官」であった．

23 グリフィンが，セネカの資産目録を推定して列挙している：Griffin, *Seneca*, pp. 286–94.

24 ユウェナリス『風刺詩集』10・16（同箇所は，本文以下での「非常な金持ち（praedives)」という語の典拠でもある）．

25 大プリニウス『博物誌』14・49．それによるとセネカは，そのブドウ園を巨費を投じて購入し，早く利益を生むようにとすぐに改良を加えたのだという．

26 セネカと同時代のコルメッラが伝えている（『農業論』3・3・3）．

27 セネカが自著でブリテン島への貸し付けに言及している箇所はない．だがグリフィンを含む研究者たちは，金額に誇張はあるにせよ，ディオの証言（62・2・1）に真実の一片が含まれることを疑っていない（本書 196–197 頁および注を参照）．タキトゥス（『年代記』13・42・7）の伝える，スイッリウス・ルフスが 58 年におこなったセネカへの攻撃では，属州での高利貸しへの言及があるが，どの属州かは明言されていない．Levick, "Seneca and Money", in: *Seneca uomo politico e l'èta di Claudio e di Nerone*（Bari, 2003), pp. 223–24 を参照．どうやらディオは，セネカが借り手から否応なく金を取り立てたとも述べているようだ．ただし研究者のうちには，その部分のギリシア語を別の単語に修正している人もいる．

28 Griffin, *Seneca*, pp. 294–314 および "Imago Vitae Suae", pp. 55–58 を見よ．

29 Griffin, *Seneca*, p. 286．セネカが特に心酔する犬儒派の師の言の引用に，そうした矛盾があらわれる：「ふところに入った富すら軽蔑することだろう」（『書簡集』20・10)．この点についてのグリフィンの疑念は，セネカは自分の富を正当化しようと，折に触れて型どおりのストア

派的論理を用いるのに，別の箇所ではいきなり犬儒派のように，富に対してわめき散らすことだ．セネカを道徳的な矛盾から救おうとするヴェーヌのこころみは，合理的解釈をおこなおうとする研究の一例だ：Veyne, *Seneca*, pp. 10–16.

30　タキトゥス『年代記』13・42．タキトゥスはスイッリウスの演説を長々と引用している．セネカの行為とスイッリウスの言との一致について，タキトゥス自身いくらか疑いを感じていたようだ．

31　ディオ 61・10 に，セネカへの非難が羅列されている．その記事は，スイッリウスの演説と結びつけるのにちょうどの箇所に置かれている．非難のうちには，タキトゥスの記す演説と同内容を読み取れるものもあり，なかにはさらに激しいものもある．

32　議論の展開は，『幸福な人生について』17 章冒頭で一転する．セネカは突然，自分への批判者たちを文中に登場させる：「だから，哲学に向けて犬のように吠えかかるうちのひとりが，いつものようなことを言うのなら……」．続く箇所の厳しい語調について多くの研究者は，特定の個人に向けた直接の反論と考えてきたが，その証明はできない．グリフィンは中庸の立場をとっている（*Seneca*, pp. 308–9）：「セネカは，スイッリウスの語ったことを，その名前をあげずただ述べているだけではない．スイッリウスからの非難や，さらには別の機会に浴びせられた非難を核として，一般化をおこなっているのだ」．セネカの作品の年譜でグリフィンは（p. 396 および p. 399），『幸福な人生について』の執筆年代について，スイッリウスの演説の，必ずしも直後である必要はないが，とにかくそのあとの時期に違いないと明記している．

33　これら想像上の問いかけは，セネカ自身の生き方に関する思考ないし生き方そのものをどの程度反映するのだろう．セネカはしきりと，個人的話題からいつの間にか仮定的・一般的話題へと話を移し，また元に戻したりするので，ここでの「お前」との呼びかけが，すべてセネカ自身を指すと推論することはできない．もっともここでの内容のうち，知られているセネカの人生と，明らかに食い違う内容はほとんどない．妻の死に際し涙を流すことについても述べられているが（『幸福な人生について』17・1），それすら彼自身の経験に言及していると考えることが可能だ．セネカが最初の妻と死別した可能性については，本書第二章注 52 を見よ．

34　のちの『恩恵について』でも同様の現象が見られる．そちらでのセネカは，自分の仮面として犬儒派のデメトリオスを呼び出す．だがデメトリオスの口からは，セネカがまさに従事したとして知られる行動への非難が語られるのである（本書 198 頁を参照）．ときにセネカの著作には，現代の心理学者なら「反動形成」とでも呼びそうな行動を見て取れる．自分の人生における懸念の元凶，あるいは自分の行動についての罪の意識が，彼の作り出した登場人物のなかに具現化され，作中にあらわれるのだ．

35　スイッリウスへの告発ならびに追放の手配において，セネカがなんらかの役割を果たしていたことを最初に指摘したのはアレクザンダーだ：W.H. Alexander（1952, p. 322）．グリフィンはその議論にしたがい，セネカの行動をある種の「復讐」と考えている．

36　タキトゥス（『年代記』13・46）．ネロが初めてポッパエアに興味を覚えたとき，アクテとの関係がまだ続いていることをポッパエアは指摘したのだという．

37　『オクタウィア』125–6 行．フェリが，この比喩にこめられた意味を明らかにしている（Ferri, *Octavia*, p. 162）：「この表現でポッパエアは……叙事詩に登場する勝ち誇った戦士として描き出されている」．

38　Franz Holtrattner, *Poppaea Neronis Potens*（Graz, 1995）．

39　タキトゥスがそれぞれ『同時代史』（1・13）と『年代記』（13・45–46）で伝えている．『同時代史』では，ポッパエアとオトとの結婚がネロのたくらんだ偽装結婚だったと述べられており，スエトニウス（「オト伝」3），ディオ（61・11・2），およびプルタルコス（「ガルバ伝」19・106）がそれを支持している．『年代記』による，オトが本来の夫だったがネロにより追い払われたとの説明のほうが，おおむね現代の歴史家たちに好まれている．たとえば Griffin, *Nero*, p. 102 を見よ．

40 スエトニウス（「オト伝」3）は，59年にオトがバイアエに滞在していたと記している．ネロとアグリッピナのために晩餐会をもよおすためだというが，これはどうやら誤りのようだ．タキトゥス（『年代記』13・46）は，69年までオトはルシタニアにいたと明言している．

41 タキトゥス『年代記』14・2．タキトゥスは当該の章で，懸命にこの逸話の真実性を確認しようとしている．その論調は，彼が信じるほうに傾いていたことを示している．

42 スエトニウス（「ネロ伝」28）．同じ章でスエトニウスは，とばりの下ろされたアグリッピナの輿から，ネロが汚れてくしゃくしゃの衣服をまとって出てきたという巷間の噂を伝えている．この件についてウッドは，近親相姦でもなんでも，とにかく移動する輿の中での性行為は困難だ，との面白いコメントをしている：Wood, Imperial Women, p. 264．チャンプリンも別の理由からこの逸話を信用していないが，近親相姦に関する物語全般については判断をくだしていない：Champlin, Nero, p. 88.

43 ディオ 61・11・2．ディオは，近親相姦についての話の真実性についてコメントするのを拒んだのち，この逸話を真実だといって持ち出している．

44 管見の限り，近親相姦の話について確固たる立場をとる研究者はいない．たとえば，Champlin, *Nero*, p. 88 および Barrett, *Agrippina*, p. 183 を見よ．ウッドは懐疑的だが，この関係に参加した二人のみが真実を知り得たと述べている：Wood, *Imperial Women*, p. 264．グリフィンは議論していない．

45 タキトゥス『年代記』14・2.

46 タキトゥス（『年代記』14・3）はアニケトゥスについて，かつてネロの家庭教師だったと明記している．そのため続く逸話で彼がセネカの上位に出世するのが，いっそう当てつけがましく見える．

47 『オクタウィア』359–60 行.

48 タキトゥス『年代記』14・7・3．その箇所でネロはセネカとブッルスを呼びつけている．そして二人についてタキトゥスは「［アグリッピナ殺害計画について］前もって知らされていたかもしれないが，そうでないかもしれない incertum an et ante gnaros」と付記している．

49 ディオ 61・12・1：「［ポッパエアに加え］セネカもまた，信頼すべき多くの人たちが伝えているとおり，ネロをせき立てたのだ．その動機は，自分自身への非難をしずめたかったからか，あるいはネロを邪悪な殺人へと導くことで，できる限り早く，神々や人々によりみずからが滅ぶことを望んだからだった」

50 タキトゥス（『年代記』14・2）およびスエトニウス（「ネロ伝」34・2）．スエトニウスはさらに，アグリッピナ毒殺をネロは三度こころみたが，失敗に終わっていたことも記している．

51 『書簡集』51・12．わざわざバイアエへおもむいている，という矛盾はきちんと解消されている．セネカは同書簡の文章を，到着した翌日には，おそらく憤慨のあまり，その行楽都市から退去したとルキリウスに伝えるところから書き始めているのだ（51・1）．

52 船の動きについてのタキトゥスの記述は混乱している．彼によると，船はまずバウリにあり，疑念をいだいたアグリッピナは乗船をことわる（『年代記』14・4・5–6）．次いで何の説明もなく，船はバイアエにある（『年代記』14・4・7）．スエトニウスの記述（「ネロ伝」34）では，船は最初からずっとバイアエにある．しかしスエトニウス（「オト伝」3）はまた，あり得ないことに，ポッパエアの元夫でルシタニアに追いやられていたオトが，その最後の晩餐会の主催者であったと述べている．こうした不整合は，確かに全体像の明快な再現をはばんでいる．それでも，ドーソンのように，アグリッピナ暗殺の逸話すべての信頼性を疑問視すべきとは思わない：Dawson, “Whatever Happened to Lady Agrippina?”.

53 理由は不明だが，主要な三種の史料は，別れのあいさつとしてネロが母の〈胸〉に口を押し当てた，という印象的な細部を共通して記録している．タキトゥス『年代記』14・4・8，ディオ 61・13・2，スエトニウス「ネロ伝」34・2．息子が母に別れを伝えるのに，これは慣例的でも適切でもないやり方だ．たとえその母親が，息子の近親相姦的愛人であったとしても．

54　ブッルスの行動についてのバレット（*Agrippina*, p. 189）のコメントは，そのままセネカにも当てはまる：「彼には暗殺に反対する勇気も，また暗殺を実行せよとの皇帝の命令に従う勇気も欠けていた」

55　『オクタウィア』367–76 行．タキトゥス（『年代記』14・8・6）もディオ（61・13・5）も同様の内容を伝える．セネカ作の悲劇『オエディプス』での，イオカスタが放つ最期の言葉は，アグリッピナの言葉と奇妙なほどによく似ている．しかしながら，悲劇作品とアグリッピナの死亡についての記事のあいだに，どんな歴史的関係があるのかは明らかではない．

第 5 章　妻殺し――五九年～六二年

1　タキトゥス『年代記』14・10．そしてディオ（61・14・4）もそれにならっている．

2　タキトゥスはこの問題を不明としているものの，話の進め方から見ると否定的であるようだ．ディオ（61・14・2）とスエトニウス（「ネロ伝」34・4）はともに，ネロがやって来たのは確実だとし，さらにディオはネロに，「我が母がこれほど美しいとは知らなかった」と語らせている．

3　元老院への手紙の筆者がセネカであることを，タキトゥス（『年代記』14・11・4）は強く示唆し，クィンティリアヌス（8・5・18）は明言している．ただし次の議論を参照：Alexander, "The Communiqué to the Senate on Agrippina's Death", *Classical Philology* 49（1954）, pp. 94–97．そこでは，手紙を書いたのはセネカではないとの奇妙な結論に至っている．

4　タキトゥス『年代記』14・10・10–14・10・10–11・3．

5　ディオ（61・14・3）が，親衛隊に賜金として銀貨が配られたことを伝えている．

6　クィンティリアヌス『弁論家の教育』8・5・18．

7　退出のタイミングについて，タキトゥス（『年代記』14・12・2）はネロへの栄誉が決議されたあとだったとし，一方ディオ（61・15・2）は書簡の読み上げが終わるとただちに退出したと述べている．

8　ダトゥスについては，スエトニウス（「ネロ伝」39・3）が伝えている．この行動の結果，どうやらダトゥスは追放刑に処せられたようだ．

9　スエトニウス「ネロ伝」39 に，名誉を傷つける落書きのリストがある．

10　ディオ 61・16・3．スエトニウス「ネロ伝」39 でもほぼ同様に伝えられている．

11　ディオ 62・17・2–18・3．ネロがいつ競技祭や見世物をもよおしたかについての議論は，Champlin, *Nero*, pp. 69–75 を参照．

12　チャンプリンが，ネロの芸術的野心について洞察深く議論している：Champlin, *Nero*, chap. 3．それに従えば，このへりくだった口上は皮肉として意図されたものではない．

13　ディオ 61・20・3．タキトゥス（『年代記』14・15・7）は，ブッルスについては「心を痛めながら喝采して」参加していたと記すが，セネカとガッリオについては何も語っていない．このときセネカも，ブッルスと同様に動員されたと考えるのが自然だ．いろいろな箇所でタキトゥスは，セネカを不面目から救い出したいとの希望を示している．するとどうも，ディオの記述が信頼できるように思える．

14　ディオ 61・20・3．

15　タキトゥス『年代記』14・14・1 および 3．その箇所でタキトゥスは，戦車を御すことを長らくネロは切望していて，この時にはもう，セネカもブッルスもそれに抗することができなかったと述べている．

16　ルカヌスの生涯については，二篇の短い伝記から知られる．一篇はスエトニウス，もう一篇はウァッカ（中世の文法学者）によるものだ．また Statius, *Silvae* 2・7 の頌詩からも知ることができる．

17　ルカヌスのローマ市への呼び戻しの時期については正確にはわからないが，60 年の「ネロ

祭」のときには戻っていた．詳細はグリフィンの議論を参照：Griffin, *Nero*, pp. 157–58.

18 『ヘルウィアへの慰め』18・5．この箇所で「マルクス」と呼ばれているのがルカヌスであるのはほぼ確実だ．Griffin, *Seneca*, p. 58を見よ．その少年は当時3歳，ないし4歳だった．

19 Griffin, *Nero*, pp. 157–58．五年の飛び級が適用されたのは，これ以前には帝位継承予定者に対してだけだった．この衝撃的な出来事をあり得ないと考える研究者も何人かいる．F. Ahl, *Lucan: An Introduction*（Ithaca, 1976）, p. 347 n. を見よ．

20 『内乱』執筆の年代については，多少の論争の的となっている．ウァッカの伝記によると，手始めに三巻が出回ったのだという．おそらく第一巻から第三巻であろう．そしてその公表を，大半の研究者が62年，ネロとルカヌスの関係悪化以前のことと考えている．

21 Ahl, *Lucan*, pp. 47–48 および S. Hinds, "Generalizing About Ovid", in: *The Imperial Muse*（Victoria, Australia, 1987）, pp. 27–29を見よ．この一節の誠実さを雄弁に擁護しているのが，M. Dewer, "Laying It On with a Trowel", *Classical Quarterly* 44（1994）, pp. 199–211.

22 スエトニウス（「ネロ伝」12・3）は，「ネロ祭」での詩および修辞技法競技の優勝者たちが，金冠をネロに贈呈したと記している．一方ウァッカの『ルカヌスの生涯』では，ルカヌスがラテン詩競技の優勝者だったと述べられている．この二つの伝えを組み合わせれば，こう推測せざるを得ない．

23 詳細は，タキトゥス『年代記』14・16．詩人ペルシウスの風刺詩第一では，人を喜ばせるために詩を書いている，肥え太った月並みな詩人たちへの毒舌が展開されている．これは一般に，ネロ宮廷おかかえの詩人たちに向けたペルシウスからの批判と考えられている．

24 スエトニウス「ネロ伝」12・1，ディオ61・9・5．議論は以下を参照：K. Coleman, "Launching into History", *Journal of Roman Studies* 83（1993）, pp. 55–57.

25 Calpurnius Siculus, *Eclogue* 7の23行以下で，この壮大な見世物について述べられている．そこでの「クマに追い回されているアザラシ」との描写に関し，それを最初にホッキョクグマを指すと考えたのはジェニスンだ：G. Jennison, "Polar Bears at Rome: Calpurnius Siculus, *Ecl.* 7. 65–66", *Classical Review* 36（1922）, p. 73．ただしその関連性については疑念が示されている．議論は以下を参照：G.B. Townsend, "Calpurnius Siculus and the Munus Neronis", *Journal of Roman Studies* 70（1980）, pp. 169–74.

26 ここには，ネロは「ネロ祭」を，四年に一度開催しようと考えていた（スエトニウス「ネロ伝」12・3，ディオ61・21・1）可能性があるという年代設定の問題が生じている．しかし60年の一回目に続く二回目の開催は，史料にはなんの説明もないが65年のことだった．もしかするとスエトニウスないしはその典拠が，「クィンクェンナリス」という言葉を誤用したのかもしれない．つまり，この語は通常，起点となる数字を数え込むローマ的な数え方のために「四年ごと」を意味するが，それが「五年ごと」を意味するために使われてしまったのだ．この問題については以下を参照：J.D.P. Bolton, "Was the Neronia a Freak Festival?", *Classical Quarterly* 42（1948）, pp. 82–90.

27 公職者が私財を投じる通常の競技祭とは対照的だ．タキトゥス『年代記』14・21・4を見よ．

28 「紀元68年までに至る時期，アエラリウム［国庫］とフィスクス［皇帝の私財］が，現実的に区別不能なのはあり得ないことではない」とサザーランドが述べている：C.H.V. Sutherland, "*Aerarium* and *Fiscus* during the Early Empire", *American Journal of Philology* 66（1945）, p. 166．グリフィン（*Nero*, pp. 199–200）の見解はもう少し微妙だが，同様にこう述べている：「国庫に生じた不足分は，結局皇帝の私財に問題を生じさせがちであった」

29 タキトゥス『年代記』13・29，およびGriffin, *Nero*, pp. 56–57を参照．

30 ディオ61・5・4．

31 スエトニウス「ガルバ伝」15，およびタキトゥス『同時代史』1・20．

32 タキトゥス『年代記』13・18．

33 『恩恵について』の主題が，セネカ自身の人生と強く関連することについて，グリフィンが議論している．2012 年には『恩恵について』をテーマとする研究書も上梓されているが，今回そこでの議論を参照することはできなかった．しかし以下を参照のこと：Griffin, "*De Beneficiis* and Roman Society", *Journal of Roman Studies* 93（2003）, pp. 92–113; "Seneca as a Sociologis: *De Beneficiis*", in: *Seneca uomo politico*, esp. pp. 106–9; またグリフィンがインウッドとの共著で出版した翻訳 *Seneca: On Beneficiis*（Chicago, 2011）の前書きも参照．
34 ボウディカ，ボアディケアなど，彼女の名前についてはさまざまな形が使われている．本書でのボウディッカという形は，タキトゥスの作品を伝える最良の写本に見られる形だ．ボアディケアという異形は，どうも十八世紀イギリスの詩のタイトルから生まれた形のようだ．
35 続く箇所の歴史的流れは，おおむねタキトゥス『年代記』14・31–39 を参考にしている．
36 この神殿の基壇はこんにち，コルチェスターにノルマン人が築いた城塞の下になっている．
37 ディオは 62 巻の 3 章から 6 章にかけて，このブリトン人の女王による痛烈な非難を長々と引用している．一方タキトゥス（『年代記』14・35）は，彼女にごく短くしか語らせていない．
38 ブルストは，ディオの伝えには誇張があるとしながらも「創作でもなさそうだ」と述べている：Ch.M. Bulst, "The Revolt of Queen Boudicca in A.D. 60", *Historia* 10（1961）, p. 501．グリフィンも基本的に同じ立場に立っているようだ（*Seneca*, pp. 232 および 246，また *Nero*, p. 226）．というのもグリフィンは「セネカひとりがパニックの原因」との見解を否定するものの，彼がブリトン人への貸し付けを引き上げたことは認めているのだ．一方で，ディオのセネカへの非難すべてを否認する議論もある：C. Overbeck, "Tacitus and Dio on Seneca's Rebellion", *American Journal of Philology* 90（1969）, pp. 140–41 および Furneaux, *Annals of Tacitus*．J. Wacher, "Britain: 43 B.C. to A.D. 69", in: *Cambridge Ancient History Volume 10*, pp. 508–9 では，反乱軍の目的についての議論のなかにセネカの名前は出てこない．
39 C.E. Stevens, "The Will of Q. Veranius", *Classical Review* 1（1951）, pp. 4–7. Bulst, "Revolt of Queen Boudicca", p. 501 で支持されている．
40 スティーヴンスが，私とは異なる論拠（タキトゥスがまったく言及していないという事実）からそう論じている：Stevens, "Will of Q. Veranius", p. 4．またブラッドリーはこの説明の年代を決定しようとする議論を数多く引用している．彼自身の考えは，ネロの帝位継承後一年あたりの時期だ：K.R. Bradley, *Suetonius's Life of Nero*, pp. 110–13．確かなのは，紀元 61 年ないし反乱開始後という年代は，しりぞけることができることだ．ネロは，反乱鎮圧に相当な規模の戦力を従事させており，失われたローマ人の命を考えれば撤退は問題外であった．
41 本書第 4 章注（3）を見よ．
42 タキトゥス『年代記』14・51 では，典拠の大半が毒殺説をとっていたと述べられるが，彼自身はそれを疑っていることを認めている．この点についてディオ（62・13・3）およびスエトニウス（「ネロ伝」35）は，もっとはっきり毒殺としている．McDermott, "Sextus Afranius Burrus", pp. 252–53 も同様だ．
43 タキトゥス『年代記』14・60・5．その箇所でネロは，ブッルス死去のすぐあと，ブッルスの家屋敷をオクタウィアに与え，それを離婚の慰謝料としている．
44 ディオ 62・17・1–2，スエトニウス「ネロ伝」34・5．一方でタキトゥスはドミティア毒殺の噂について肯定も反論もしていない．ただし，タキトゥスが『年代記』14・65 で，パッラス毒殺を記すなか選んだ「いつまでも生き長らえて，その莫大な財産を［ネロに］ゆずろうとしない」との表現は，死が自然とおとずれるのを，ときにネロが待てなかったことを確認させてくれている．
45 タキトゥス『年代記』14・57・5．これは（タキトゥスの伝えから判断すれば）ストア派が，皇帝の利害に反する政治党派だと烙印を押された最初の機会だ．そしてこうした見方は，ティゲッリヌスが親衛隊長職にあるあいだにますます強くなってゆく．本書 243 頁を見よ．
46 タキトゥス（『年代記』14・52）はそうした政敵たちからの非難を，ずいぶんな長さにわ

たって次々引用している．彼らをタキトゥスは「性悪な者たち *deteriores*」と呼んで酷評するが，それでも（スイッリウス・ルフスの場合と同様に）異例なほどの紙幅をさいて発言の機会を与えている．

47　ディオ 62・13・2．ディオは暗に，ブッルス毒殺の理由について，オクタウィアとの離婚のためもあったとしている．

48　アグリッピナ殺害後，ネロがなぜこれほど離婚再婚を長く待ったのだろうか．また 62 年に起こった出来事の因果関係も，混乱の一因となっている．プラウトゥスとスッラの暗殺後に，ネロは自由にオクタウィアと離婚できると考えるようになったのだろうか．それとも，ネロに行動の自由を与えたのはポッパエアの懐妊であって，二人の暗殺は単なる当座しのぎだったのだろうか．ブッルスの死はどんな役割を果たしたのだろう．いまのところまだこうした出来事の変遷を，十分正確に年代配列することができていない．

49　『オクタウィア』437–38 行．写本に「隊長」とのみ書かれる人に向けられた言葉である．フェリ（*Octavia*, pp. 250–51）は正しく，この「隊長」について，ブッルスまたはその後を継いだファエニウス・ルフスやティゲッリヌスなど，特定の人物と同一視できないと推論している．一方，これをティゲッリヌスとする議論については以下を参照：P. Kragelund, “The Prefect’s Dilemma and the Date of Octavia”, *Classical Quarterly* 38（1988), pp. 492–508.

50　古代における，順風下の船旅の最高スピードとまでは言えないが，すばらしい速さであるのは間違いない．L. Casson, “Speed Under Sail of Ancient Ships”, *Transactions of the American Philological Association* 82（1951), pp. 136–48 を参照．この逸話の詳細は，タキトゥス『年代記』14・57・4.

51　タキトゥス『年代記』14・58–59.

52　タキトゥス（『年代記』14・59）は理由を二つあげている．もしプラウトゥスの念頭にあったのが妻のポッリッタのことだったなら，残念ながら彼の行動は無駄となる．タキトゥスは『年代記』16・10–11 で，この三年後にポッリッタが強いられることになる，残酷な自殺について語っている．

53　タキトゥス『年代記』14・61.

54　タキトゥス『年代記』14・62・6．アニケトゥスはサルディニア島に流され，そこで自然死した．

55　こんにち「ヴィッラ・ジュリア」として知られる遺構は，現在のヴェントテーネ（古代のパンダテリア）島北端にある．

56　これはフェリ（*Octavia*, pp. 401–2）によるこの箇所についての解釈だ．ただし曖昧さが残ることは認められており，またテキスト校訂上の問題が存在する可能性もある．

第 6 章　全燔祭——六二年～六四年

1　タキトゥス『年代記』14・65・1.

2　スエトニウス「ネロ伝」29.

3　ディオ 62・13・2.

4　ネロとルカヌスの関係がいつ悪化したのかについて，古代の史料の証言は曖昧だ．とはいえ，その原因は政治的なものではなく，芸術のうえでの嫉妬であることを，あらゆる史料が一致して伝えている．Griffin, *Nero*, pp. 158–59 を参照のこと．ウァッカによるルカヌスの伝記では，『内乱』の三つの巻が関係悪化以前に公表されていたと明言されている．おそらく，第一巻，第二巻，および第三巻であろう（43–47).

5　タキトゥス『年代記』14・48–49.

6　『恩恵について』（3・26）で伝えられている．犠牲者はパウルスという人物（他の史料からは知られていない）で，気の利く奴隷がとっさの判断で指から指輪を抜き，結局ことなきを得

る.

7　グリフィン（*Nero*, pp. 48–49）は，なぜタキトゥスの推論に同意できるのかを説明している．ただしグリフィンは，それは単に推測にすぎず，史料の証言に基づいてはいないと明確に述べている．

8　ユウェナリス『風刺詩集』5・36–37．トラセアはその儀式を，義理の息子ヘルウィディウス・プリスクスと一緒におこなっていた．

9　タキトゥス『年代記』13・33・3 および 16・21・3．

10　タキトゥス『年代記』15・23・6．

11　タキトゥス『年代記』14・56・6．

12　セネカの悲劇作品制作年代の問題については，本書第二章で論じられている．一般に『テュエステス』は，遅い時期の作品と考えられている．フィッチ（Fitch）による韻律分析をもとにしてもそう考えられるし，またこの作品での政治的主題が，60 年代初頭に特有だと感じられるからでもある．Tarrant, *Seneca's Thyestes*, p. 13 および p. 48 を見よ．加えて，『テュエステス』の個々の詩句のうちには，50 年代末以降の作とおぼしき表現が見られる．以下を参照のこと：Tarrant, p. 182; R.G. Nisbet, "The Dating of Seneca's Tragedies, with Special Reference to *Thyestes*", in; *Oxford Readings: Seneca.*

13　『書簡集』26・1．

14　『書簡集』12・1–2．

15　推測ではあるが，62 年にネロはセネカからの隠退の申し出を拒否している以上，こう考える以外にない．確かにタキトゥス（『年代記』14・56）は，セネカはその時以降，政治的な活動をおさえたと述べている．だが完全にやめたりすれば，必ずネロからの敵意を買うはめにおちいったことだろう．隠居するためには，64 年にさらなる一歩が必要だったという事実は（本書 251 頁を見よ），セネカがその時点まで，部分的に政治と関わり続けていたことを示している．

16　62 年にブッルスが亡くなる前に，アンナエウス・セレヌスが死去している．この人物には『賢者の恒心について』および『心の平静について』の二作品が宛てられている．親友では他にも，『書簡集』30 でアウフィディウス・バッススが瀕死であると語られ，またコルネリウス・セネキオとトゥッリウス・マルケリヌスも，『書簡集』の執筆期間中に亡くなっている（101・1–3，77・5–9）．

17　『自然研究』第四巻序章 15–17 で触れられている．それによると，ルキリウスへの処罰の理由は，カリグラ帝への謀反を計画した将校，ガエトゥリクスとの友情関係にあったようだ．

18　ここに要約するのは『書簡集』53 で，おそらく 63 年に書かれている．訪問先の人物，訪問の理由，それになぜバイアエないしその近郊にいたのかについて，セネカは何も語っていない．ちなみに，『書簡集』51，55，および 57 でも，セネカは同じ地にいる．ファンサムはこれら「カンパニア地方書簡」執筆時の状況について，4 月の「春休み」で宮廷と元老院に随行していたか，あるいは 8 月のビーチ休暇だったのではないかと推測している．E. Fantham ed., *Seneca: Selected Letters*（Oxford, 2010）, p. xxii, n. 22 を見よ．

19　『書簡集』114．

20　セネカの『書簡集』には，哲学者のミシェル・フーコーを始めとして，多数の愛読者がいる．そうした人々は，私が『書簡集』をそっけなく，懐疑的にしか扱わないことに戸惑いを感じるかもしれない．序章に書いたことを急ぎ繰り返すが，本書で私がめざすのは，セネカの哲学的思想についての考察ではない．もし『書簡集』でそれをおこなえば，長大で複雑な研究となってしまう．私の関心は，セネカの文学的経歴と政治的経歴の接触地点にある．そして『書簡集』にそうした接触地点が見いだされることは，否定できないと考えている．理由は以下の 4 点だ．〈1〉『書簡集』は，ローマのエリート層やネロ自身を含む同時代人の多くが読むようにと著述され，公開された．〈2〉『書簡集』執筆時，セネカは「隠退中」ではなかった．しき

りとそう主張されるが，セネカはネロの強い求めで宮廷にとどまっており，自分の政治的な注目度をなんとか下げようと苦闘しているところだった．〈3〉『書簡集』とほぼ並行して書かれた『自然研究』（本書 229–230 頁を見よ）からもわかるとおり，当時のセネカはネロをなだめたり，もしくは警告したりする必要性を感じていた．〈4〉『書簡集』には（本書 230 頁で議論されるように），どうもほぼ間違いなくネロに向けられた暗号文とおぼしき書簡が，少なくとも一通おさめられている．とはいえ，そこにこめられたメッセージについては意見が合わない可能性はある（私が，下記注（28）のポール・ヴェーヌの解釈に同意できないように）．

21 『書簡集』55・4.

22 私には馬鹿げているとさえ思える極端な解釈に従うと，『書簡集』に含まれる，あからさまな自叙伝的記述でさえ，「真実」としてセネカの人生の再構成に活用することが可能なのだという．たとえばエドワーズの議論を参照：Edwards, “Self-Scrutiny and Self-transformation in Seneca’s Letters”, in: *Oxford Readings: Seneca*, p. 85 および n. 4. すると『書簡集』には必然的に，馬鹿げた状況が想像される箇所が存在することになる．セネカは〈本当に〉，ただ自分の集中力をためすためだけのために，浴場の真上にある部屋へと入っていったのだろうか（『書簡集』56）．それとも，それは単に「思考実験」だったのだろうか．（セネカとルキリウスとのあいだには実際に文通がおこなわれていて，『書簡集』にはその片方向のみがおさめられた，との見解が正しいのかについては問わないでおく．研究者たちの大半は，セネカは懸命に説得的な虚構を作り出そうとしているが，その見解は正しくないとの考えで一致している．）

23 『書簡集』83 冒頭．同様に『書簡集』76・1 でも，セネカはそれまでの五日間のほとんどを，哲学的な対話を聞くことに費やしたと記している．

24 ラテン語では cotidie morimur. 『書簡集』24・20 にある．

25 『書簡集』54・3.

26 『書簡集』70・20–23.

27 『書簡集』70・8–13. ファンサムは，この書簡が「セネカ，および他の人々がネロ宮廷で経験していたこと」と関連していると指摘している：Fantham, *Seneca: Selected Letters*, p. 109.

28 『書簡集』73. この書簡についてファンサムは，「これはほぼ，セネカが不実なネロ帝への忠誠を表明しようとしているのと同じことだ」と述べている：Fantham, *Seneca: Selected Letters*, p. 116. ここに自衛的な取引としての側面が含まれることを最初に指摘したのはワルツだ：R. Waltz, *Vie de Sénèque*（Paris, 1909）, p. 418. だがグリフィンはその見解を否定している：Griffin, *Seneca*, p. 360. 最近ではヴェーヌが，『書簡集』73 についての徹底的な議論をおこなっている：Veyne, *Seneca*, pp. 160–63. そこでの彼の「ネロを念頭に置いた公開書簡」との評価は正しい．しかし私の考えでは，書簡の解釈と性格付けが誤っている．ヴェーヌは「当時の雰囲気を想像しやすくするために」，フィロストラトスの著作からある逸話を引用してそれを前段に置いたことで，彼の分析をゆがめてしまっている．というのも，ヴェーヌはこの書簡が執筆された時期を，極端な専制的抑圧の時代と見ているのだ．しかしその逸話は，ピソによる陰謀事件後の出来事であり，その事件を境にローマの雰囲気は，セネカがこの書簡を書いている時期からは劇的に変化したのである．ルキリウスに宛てられた『書簡集』全体をヴェーヌは，暗黒時代においても「真実の灯火をともし続ける」反抗文学として見ようとし，ペレストロイカ以前の東側世界における秘密出版物にたとえている．だが『書簡集』が書かれた当時の，ネロ帝治世のローマに存在した抑圧の程度が，この類比においてもまたひどく誇張されている．「65 年のピソによる陰謀事件までは，以前の時代においては決して和らぐことのなかった恐怖から，大半の元老院議員は自由でいられた」：P.A. Brunt, “Stoicism and the Principate”, *Papers of the British School at Rome* 43（Rome, 1975）, p. 26.

29 『書簡集』ならびに『自然研究』の二作品の執筆を，グリフィンは「62 年のセネカ隠退後」としている：Griffin, *Seneca*, p. 396. 『自然研究』には，64 年の夏以前の執筆でしかあり得ない箇所や，63 年 2 月以降の執筆でしかあり得ない箇所がある．一方で『書簡集』には，63 年

冬のカンパニア地方での地震と，64年秋のリヨンでの火災という事件についての記述から執筆年代のわかる箇所があり，おそらく（少なくともその一部が）公刊されたのは，64年末から65年初頭にかけての時期であろう．

30 『自然研究』1・5・6．虹について議論する途中で，セネカは孔雀の首を表現したネロの詩句を引用する：「ウェヌス女神の鳩の首，絶えず動いて輝けり」．そして「とても見事に述べている」と評価する．

31 『自然研究』6・8・1．ハインがこの一節について論じ，ずいぶん寛大な解釈を示している：H. Hine, "Rome, the Cosmos, and the Emperor in Seneca's *Natural Questions*", *Journal of Roman Studies* 96（2006）, pp. 64–67．ハインはネロについて，「自然界についての知識を向上させようとの気持ちを，たとえわずかであっても幾分かは」純粋に持っていたとしている．だがネロのそうした気持ちは，私の考えでは，見えないほどにわずかだ．

32 『自然研究』6・23・2–3．ネロに関するセネカの状況と，アレクサンドロスに関するカッリステネスの状況が並行していると見るのは，私には避けがたく思われる．しかしハイン（Hine, "Rome, the Cosmos", p. 64）や，またウィリアムズもそうした見方を重視していない：Williams, *The Cosmic Viewpoint: A Study of Seneca's "Natural Questions"*（Oxford, 2012）, p. 254およびn. 151．私の解釈は，ラーナによる解釈と軌を一にしている：I. Lana, *Lucio Anneo Seneca*（Turin, 1955）, p. 55.

33 地震について，セネカは63年と明言している一方，タキトゥス（『年代記』15・22・2）はその前年としており，研究者たちによりそれぞれが支持されている．以下を参照：Wallace-Hadrill, "Seneca and the Pompeian Earthquake", in: *Seneca uomo politico*.

34 『自然研究』6・1・2–3，および6・27–30.

35 ダルマティアで発見された二点の碑文上に，クィントゥス・アエブティウス・リベラリスという中位の軍団将校の名が発見されている．Griffin, *Seneca*, pp. 455–56を参照のこと．もしこの人物こそがセネカの友人もしくはその近親者なら，その家族の苦境は相当なものだったことになる．というのも碑文のクィントゥスは，富裕な騎士身分の人間にはふさわしくないポストについているのだ．

36 『書簡集』91・8.

37 『自然研究』3・30・5.

38 『自然研究』3・29・8–9.

39 タキトゥス『年代記』15・20–22.

40 『書簡集』68・4.

41 Griffin, *Seneca*, p. 334．ブラントも同様に，「政治的経歴の作法についてのセネカの見解には，自己矛盾がある」と述べている：Brunt, "Stoicism and the Principate", p. 19.

42 スエトニウス「ネロ伝」27・2，および22・3と40・4も見よ．

43 ディオ　63・15・1.

44 スエトニウス「ネロ伝」20・1，および大プリニウス『博物誌』34・166.

45 Griffin, *Nero*, p. 102.

46 『書簡集』76・4，およびグリフィンの見解を参照：Griffin, *Seneca*, p. 360．グリフィンは否定するが，セネカはこうした発言への皇帝の怒りをためそうとしていた，との考え方があり得ないとは思わない．

47 『自然研究』7・21・3.

48 本文以下の記述は，タキトゥス『年代記』15・38–45に従っている．スエトニウスやディオの伝えとは，さほど大きな食い違いはない（ただし，ネロが犯人なのかという点については別．次注を見よ）．

49 この問題は，数多くの歴史家を悩ませてきた．タキトゥス（『年代記』15・38・1）はこの点について確かなことは言えないとし，自分の典拠にも一致が見られないと伝えている．ディオ

(62・16・1) とスエトニウス (「ネロ伝」38), および大プリニウス (『博物誌』17・1・1), さらには『オクタウィア』の著者 (831–33 行) はみな, 犯人はネロと信じている. 状況は現代の研究者も同じであり. とりわけ不明なのが動機だ. だから私は, 本書ではどちらかの立場に立つのを避けることにした. それでも私は, すばらしい研究者であるチャンプリンが巧みな議論を展開し, ネロが火を放ったと強く主張していることを付記しておきたいと思う : Champlin, *Nero*, pp. 185–91.

50 『年代記』15・44 は, キリスト教徒以外の著述家によるキリスト, ないしキリスト教徒への初めての言及だ. その信憑性については, ネロの放火問題と同様に, 熱い議論が戦わされてきた. すでに 1907 年, フルノーによる『年代記』の校訂本には, この問題についての長大な補遺が付けられている : H. Furneaux, ed., *The Annals of Tacitus*, pp. 2 および 416–27. またそれ以降にも, 多数の研究がおおやけにされている. 多くの研究者が, この一節は真正であるとの結論に満足している.

51 高さについては, スエトニウス (「ネロ伝」38・1) やディオ (66・15・1), および大プリニウス (『博物誌』34・45) によってさまざまに伝えられている. ネロの死後 (あるいは, もともとネロがそう計画していたとおり), 巨像 (コロッスス) はヘリオス神 (太陽神) へと作り変えられ, フラウィウス円形闘技場の正面に移動される. そこからこの闘技場は「コロッセオ」と呼ばれることになった. 像が中世, いつどのように破壊されたのかはわからず, 像の痕跡も何も残されていない.

52 タキトゥス『年代記』15・45・3.

53 ローマ市での大火後にセネカが資産を差し出そうとしたと伝えるのは, ディオ (62・25・3) だけだ. しかしタキトゥスもまた暗にそう述べているようだ (『年代記』15・64・6). ネロが隠退を認めず, セネカが病気をよそおったことは, 『年代記』15・45・5 に記されている.

54 後段でタキトゥスがこの件に触れる箇所 (『年代記』15・60・3) では, 確実な事実のように扱われている. グリフィンは判断を示していない : Griffin, *Seneca*, p. 276 および "I*mago Vitae Suae*", p. 48.

第 7 章　自殺 (2) ——六四年〜六六年

1 『寛容について』1・1・5. この一節は明らかに, 新帝の若さを危惧するローマ人に向けられている.

2 鍵は『書簡集』8・3 だ. そこでセネカはみずからを, 皮膚病とでも言えるような道徳的疾患に苦しむ患者になぞらえる. そして人生の正しい道, すなわち哲学を見つけたのはようやく最近になって, 迷いに迷ったあとだったと述べている. また『書簡集』56・9 では, 権力のともなう地位からの引退について語られている. しかしセネカは一人称複数で語っているので, 彼自身のことを指しているのか, あるいは仮定的な状況が思い描かれているのか判然としない. Edwards, "Self-scrutiny and Self-transformation", p. 85 を見よ.

3 前注でも取り上げた『書簡集』56・9 では, セネカ (ないし仮定的な私たち) は野心の魅力をいまだに感じていると告白している. それ以外にも, 『書簡集』75・14–17 でセネカは, 「私たち」(今回は明らかに, セネカ自身, ないしセネカとルキリウスの二人) は道徳的向上をめざし努力しているが, 「多くの過ちを克服したものの, すべては克服できていない」とも述べている. 続いてセネカは人称を三人称へ変え, こうした努力を続ける人の典型的状態をこう語る :「そのような人は貪欲からは逃れているものの, まだ怒りを感じている. もはや欲望に悩まされることはないものの, まだ野心には悩まされている」. フェリ (Ferri, *Octavia*, p. 232) はセネカのことを「悪や野心からの影響を受けやすい, ひ弱な賢人」と呼んでいるが, この描写は, 『テュエステス』の主人公の描写としてもぴったりだ.

4 『テュエステス』の制作年代については, 本書第二章注 (6) を見よ.

5　タラント（Tarrant, *Seneca's Thyestes*, pp. 148–49）のこの問いへのコメントはとても鋭い：「劇冒頭からセネカは，テュエステスが自分の語る理想を完全には信じていないことを匂わせる……セネカは，文字どおりには自分の心をわかっていない人間をあざやかに描写している」．またテュエステスが富や権力を罵倒する場面（『テュエステス』446–70行）についてはこう述べている（p. 155）：「富にともなう虚飾を楽しげに数え上げるテュエステスの姿は，どうやら彼が，そうした虚飾を言うほどには不快と感じていないと明らかにしようとしている」

6　120–21行で予言され，776–88行で既成事実として記されたあと，合唱隊による歌唱が連なる．劇中のこの要素について，セネカは比較的知られていない神話伝承から着想を得たようだ．その伝承では，大神ゼウスがアトレウスのために，テュエステスをアルゴスから追い出す手助けをしようと，太陽を逆向きに動かして東に沈ませる．セネカ作の悲劇では，太陽は逆向きに動くのではなく消失し，作品の主題にとってずっと大きな意味を持つようにされている．

7　『テュエステス』875–80行．ここでの異例な一人称複数の使用について，タラント（*Seneca's Thyestes*, p. 215）はこうコメントする：「これらの詩句に，つい劇の文脈外に延びる意味を読み取ってみたくなる」

8　スエトニウス『ルカヌスの生涯』に伝えられている．いつの出来事なのかは不明だが，ネロがきっぱりルカヌスの朗読会禁止を申し渡した以前なのは間違いない．その禁止令について，ディオ（62・29・4）は65年とするものの，グリフィン（Griffin, *Nero*, p. 159）は64年のこととするほうへ傾いている．

9　まぎれもない例としてよくあがるのが，『内乱（パルサリア）』第七巻440–58行，および640–46行だ．グリフィン（*Nero*, p. 158）は，あとの巻に進むにつれ反抗的な表現が増加するのかを議論しているが，増加しているとは述べていない．一方アール（Ahl）は，増加を強調する傾向にある．

10　スエトニウス『ルカヌスの生涯 *Vita Lucani*』に伝えられている．この逸話を含め，ルカヌスの生涯についての出来事はすべて，年代設定が難しいが，ネロとの関係悪化以降なのは明らかであり，おそらく64年であろう．

11　タキトゥス（『年代記』15・52・3）は，ピソがシラヌスを競争者となる可能性ありとして恐れていたことを伝える．そこからは，シラヌスの皇帝就任を支持する人々の存在がうかがえる．では，陰謀はなぜシラヌス中心に計画されなかったのか．タキトゥス（『年代記』16・7・4–16・9・5）はシラヌスの人格に感服していることを明らかにしており，謎はさらに深まる．

12　どうやら，執政官のアッティクス・ウェスティヌスがネロ暗殺の好機をとらえ，共和政を復活させるのではと恐れる向きもあったようだ．タキトゥス『年代記』15・52・4–5を参照．

13　ここでの記述は，ディオ（62・24・1）よりもタキトゥスの伝えに従っている．ディオはセネカを，陰謀の首謀者としている．

14　陰謀にはルカヌスや，また（弟メラの愛人）エピカリスが参加しており，さらにはピソからもしきりと会談を申し込まれていたことを考えると，セネカが計画に気づいていたことは論をまたないと思う．だがこの問題はこれまでもしばしば，彼の共謀という別の問題と混同されてきた．共謀の問題は大きな問題をはらむ．さまざまな見解は，以下に簡潔にまとめられている：Koestermann, *Tacitus: Annalen*, pp. 309–10．グリフィン（"Imago Vitae Suae", pp. 49–50）は，セネカが陰謀には関わっていないことを強く主張する一方，それでも彼は前もって計画について知っていたに違いないとほぼ認めている．これは重要な点だ．もしセネカが計画について知っていたなら，それを防ぐ力を持っていたのにそうしなかったことになる．すると少なくともセネカは，消極的な陰謀支持者だったことになるのだ．

15　会談へと誘うピソの狙いにセネカは気づいていたと認めるなら，会談終了を告げるセネカが用いた言葉に，隠れた意図があったことにはほとんど疑いの余地はない．しかしアレクザンダーはそう考えていない：Alexander, "The *Enquête* on Seneca's Treason", pp. 1–6．ケスタマンはこの言葉を，陰謀が進行中であるのをセネカがよく知っていたことを示す証拠としてい

る：Koestermann, *Tacitus: Annalen*, p. 297. 一方グリフィン（"Imago Vitae Suae", pp. 49–50）はメッセージが隠されていたことには同意しているが，私の考えでは不適切にも，その意味を「リスクをおかさないように」とのピソへの「警告」と解釈している．

16　もしかするとこの話の信憑性は，セネカが高齢で，子供がいなかったという事実によって増すのかもしれない．ここまでの百年，ローマの帝政が王朝的性格を持ったことは由々しき問題となっていた．だからこの三年後，皇帝即位を宣言したガルバは，自分が高齢で子供がないことを，皇帝適格者であることの根拠のひとつにできたのである．必然的に後継者は養子縁組を通じて選ばれることになるからだ．タキトゥス『同時代史』1・16.

17　ただし見解を表明しているのは数人にすぎない．ケスタマンは懐疑的：Koestermann, *Tacitus: Annalen*, pp. 4, 309. ヴェーヌはさらに懐疑的だ：Veyne, *Seneca*, p. 168. グリフィン（"Imago Vitae Suae", p. 50）は非常に曖昧なように見える．だが私信で私に，やはり相当な疑念を持っていることを伝えてくれた．おそらくより示唆的なのは，多数の研究書や論文が，この話そのものをまったく取り扱っていないことのほうだろう．

18　ピソの性格は，『ピソ賛歌 *Laus Pisonis*』と題された，ネロ帝時代の作者不明の詩に描き出されている（おそらく作者はルカヌスだ）．その作品でのピソは，才能あふれる陽気な人物として描かれ，皇帝暗殺計画を指導するようなタイプの人間ではない．実際ピソは，自分の私邸でのネロ襲撃という，おそらく成功したかもしれない計画の実行を拒否している．

19　本文以下の記述は，特に注記のない限り，タキトゥス『年代記』一五巻の最後に記されるピソ陰謀事件の伝えに従っている．

20　プルタルコスおよびスエトニウスの伝えるところによると，ティッリウス・キンベルという名の元老院議員がユリウス・カエサルに近づき，自分の兄弟のローマ復帰について嘆願したという．陰謀の他の参加者たちはその隙に，カエサルの近くに集まったのだ．

21　スエトニウス『ルカヌスの生涯 *Vita Lucani*』に記されている．

22　この時セネカがカンパニアから到着していたことについてタキトゥスは，重大事であるかのように記している．しかしその後段では用心深く，到着のタイミングが単なる偶然なのか，計画をあらかじめ知っていたからなのかはわからないと述べている．ケスタマン（Koestermann, *Tacitus: Annalen*, p. 298）は，あらかじめ知っていたとするのが最も蓋然性の高い説明だと考えるが，私もその見解に同意する．

23　ディオ（62・5・2）によると，セネカは最後の文学的努力を反ネロの作品にささげ，それがネロの手に落ちるのを防ぐ算段を整えたという．おそらくこれは，タキトゥスの伝えるのと同じ作品だ．タキトゥスはその作品について，当時広く知れ渡っており，内容についてわざわざ記すまでもないと述べている．

24　トラセア・パエトゥスの死は，伝存するタキトゥス『年代記』の最後の部分に語られている逸話だ（16・21–35）．あと二年間統治が続くあいだに，他にもネロから死を命じられた人々がいたのはもちろんだが，そのうちでピソの陰謀に関係があった人は，おそらくほとんどいなかっただろう．

25　タキトゥス『年代記』16・26・6–8. ルスティクスについては本書305頁を参照.

26　本文以下の記述は，タキトゥス『年代記』16・4–5，およびスエトニウス「ネロ伝」4と23を参考にしている．

27　これをタキトゥス（『年代記』16・5）は二回目の「ネロ祭」の特徴として記録している．一方スエトニウス（「ネロ伝」23）はどうやら，ネロが66–67年に実施した第一次ギリシア後編旅行の時のこととしている．ディオ（62・15・3）はネロ治世の終盤について，彼の演奏会に参加した観客たちは気絶をよそおい，劇場から安全に出られるようにしていたと述べている．

終章　安楽死——六八年，その後

1　アグリッピナ暗殺直後の出来事の一部として，ディオ（62・18・3）が伝えている．その言葉は実際に，ネロの衝動をおさえる効果を持ったのだという．

2　スエトニウス「ネロ伝」35.

3　本文以下の，ネロの死に至る記述は，スエトニウス「ネロ伝」47–49 の記述に従っている．

4　有名な「私という，なんとすばらしい芸術家がこの世を去ることか qualis artifex pereo」という表現が，しばしばネロ最期の言葉として引用される．だがこの言葉を伝えるスエトニウスは実際には，死の 1〜2 時間前から，ネロは自分の遺体埋葬の準備を見ながら，繰り返しこの言葉をつぶやいていたと述べている．

5　『弁論家の教育』10・1・125–31. そこでクィンティリアヌスは，セネカの文体や影響について考察している．

6　M. Gigante, "Seneca tragico da Pompei all'Egitto', pp. 89–104 を参照のこと．

7　フェリによれば，作者がセネカであることへの疑念はペトラルカにまでさかのぼるという：Ferri, *Octavia*, p. 6. n. 15. 以下の論文では，セネカの作品だと主張されている：B. Marti, "Seneca's *Apocolocyntosis* and *Octavia*: A Diptych". それ以外にも，セネカ作と考えることは可能と認める研究者は数人いる．

8　大プリニウス『博物誌』14・51. 議論については以下を参照：Griffin, *Seneca*, p. 434.

9　タキトゥス『同時代史』4・6.

10　実際の目撃者だった可能性の高いエピクテトスが，『語録』1・2・19–24 で伝えている．フラウィウス朝時代の，ストア主義者と皇帝たちとのあいだの軋轢の展開については，Brunt, "Stoicism and the Principate" pp. 7–35 を参照.

訳注

第 1 章

*1　ローマの皇帝は，みずからをあくまで市民の第一人者（プリンケプス）であると主張していた．プリンケプスという語の訳語としては「元首」のほうが適切だが，本書では混乱を避けるため，すべて「皇帝」で統一している．

*2　スエトニウス「カリグラ伝」29.

*3　『マルキアへの慰め』10・5.

*4　『怒りについて』2・12.

*5　『怒りについて』3・15.

*6　ヘロドトス『歴史』3・34. ヘロドトスはメディアの歴史として伝えるが，セネカはペルシアでの出来事としている．

*7　『ヘルウィアへの慰め』11・5.

*8　ヘンリー・デイヴィッド・ソロー（1817–62）．精神の主権を重んじたアメリカの思想家．みずから信じるところの実践として，マサチューセッツ州のウォールデン湖畔に小屋を建て，そこで二年あまり自給自足の生活を送る．

*9　『ヘルウィアへの慰め』8・6.

第2章

＊1 『メデア』373行以下.
＊2 『オクタウィア』140行.
＊3 『アポコロキュントシス』3. ウェルギリウス『農耕詩』4・90の引用.
＊4 『オクタウィア』249行.
＊5 『怒りについて』3・36.
＊6 スエトニウス「クラウディウス伝」43.

第3章

＊1 在位81–96年.
＊2 『怒りについて』2・34.

第4章

＊1 本書第二章, 86～88頁.
＊2 古代の貨幣単位を, 現代の貨幣価値に換算するのは容易ではない. 参考までに, 新保良明氏は『ローマ帝国愚帝列伝』(講談社, 2000年) 254–55頁で, 主食の価格をもとに1セステルティウスを約300円と見積もっている. それを採用すれば, 4億セステルティウスは約1200億円となる.
＊3 『ポリュビウスへの慰め』2.
＊4 『怒りについて』3・33.

第5章

＊1 タキトゥス『年代記』16・8.
＊2 『恩恵について』5・6.
＊3 スエトニウス「ネロ伝」18.
＊4 『恩恵について』7・10.
＊5 『オクタウィア』536行以下.

第6章

＊1 タキトゥス『年代記』15・37.

第7章

＊1 『テュエステス』288–91行.
＊2 『テュエステス』449–53行.
＊3 タキトゥス『年代記』15・71.
＊4 『書簡集』104.
＊5 ルカヌス『内乱』3・650行以下.
＊6 タキトゥス『年代記』16・17.

参考文献

Abel, Karlhans. *Bauformen in Senecas Dialogen*. Heidelberg, 1967.

Ahl, Fred. *Lucan: An Introduction*. Ithaca, 1976.

Alexander, W. H. "Seneca's Ad Polybium: A Reappraisal." *Transactions of the Royal Society of Canada* 37 (1943): 33–55.

——. "The Enquête on Seneca's Treason." *Classical Philology* 47 (1952): 1–6.

——. "The Tacitean 'non liquet' on Seneca." *University of California Publications in Classical Philology* 14 (1952): 265–386.

——. "The Communiqué to the Senate on Agrippina's Death." *Classical Philology* 49 (1954): 94–97.

Asmis, Elizabeth. "Seneca on Fortune and the Kingdom of God." In *Seneca and the Self*. Edited by Shadi Bartsch and David Wray. Cambridge, 2009.

Aveline, John. "The Death of Claudius," *Historia* 53 (2004): 453–75.

Barnes, T. D. "The Composition of Cassius Dio's Roman History." *Phoenix* 38 (1984): 240–55.

Barrett, Anthony A. *Caligula: The Corruption of Power*. London, 1989.

——. *Agrippina: Sex, Power, and Politics in the Early Empire*. New Haven, Conn., 1996.

Barton, Tamsyn. "The Inventio of Nero: Suetonius." In *Reflections of Nero: Culture, History, and Representation*. Edited by Jas Elsner and Jamie Masters. Chapel Hill, N.C., 1994.

Bartsch, Shadi. *Ideology in Cold Blood: A Reading of Lucan's "Civil War."* Cambridge, Mass., 1997.

——. "Senecan Metaphor and Stoic Self- instruction." In *Seneca and the Self*. Edited by Shadi Bartsch and David Wray. Cambridge, 2009.

Bartsch, Shadi, and David Wray, eds. *Seneca and the Self*. Cambridge, 2009.

Bauman, Richard A. *Women and Politics in Ancient Rome*. London, 1992.

Bellincioni, Maria. *Potere ed etica in Seneca: Clementia e voluntas amica*. Brescia, 1984.

Berry, D. H., and Andrew Erskine, eds. *Form and Function in Roman Oratory*. Cambridge and New York, 2010.

Bishop, John. *Nero: The Man and the Legend*. New York, 1964.

Bolton, J. D. P. "Was the *Neronia* a Freak Festival?," *Classical Quarterly* 42 (1948): 82–90

Bowman, Alan K., Edward Champlin, and Andrew Lintott, eds. *The Cambridge Ancient History*, vol. 10, *The Augustan Empire: 43 B.C. to A.D. 69*. Cambridge, 1996.

Bowersock, Glen W. "Seneca's Greek." In *Seneca uomo politico e l'età di Claudio e di Nerone*. Edited by Arturo De Vivo and Elio Lo Cascio. Bari, 2003.

Boyle, A. J. *Tragic Seneca: An Essay in the Theatrical Tradition*. New York, 1997.

Boyle, A. J., ed. *Seneca's Phaedra: Introduction, Text, Translation and Notes*. Liverpool and Wolfeboro, 1987.

——. *Octavia: Attributed to Seneca*. New York, 2008.

Bradley, K. R. *Suetonius' Life of Nero: An Historical Commentary*. Latomus, 1978.

Branigan, Keith, and P. J. Fowler. *The Roman West Country*. North Pomfret and North Vancouver, 1976.

Braund, Susanna, ed. *Seneca, De Clementia*. Oxford, 2009.

Brunt, P. A. "Stoicism and the Principate," *Papers of the British School at Rome*, vol. 43. Rome, 1975.

Bulst, Christoph M. "Queen Boudicca in A.D. 60: Roman Politics and the Iceni." *Historia: Zeitschrift fur Alte Geschichte* 10, no. 4 (1961): 496–509.

Cairns, Francis, and Elaine Fantham, eds. *Caesar Against Liberty? Perspectives on his Autocracy*. Cambridge, 2003.

Cairns, Francis, and Malcolm Heath, eds. *Papers of the Leeds International Latin Seminar: Sixth Volume*. Leeds, 1990.

Casson, Lionel. "Speed Under Sail of Ancient Ships." *Transactions of the American Philological Association* 82 (1951): 136–48.

Champlin, Edward. *Nero*. Cambridge, Mass., 2003.

——. "Nero, Apollo and the Poets." *Phoenix* 57 (2003): 276–83.

Cizek, Eugen. *Neron*. Paris, 1982.

Clarke, G. W. "Seneca the Younger Under Caligula." *Latomus* 24 (1965): 62–69.

Codoner, Carmen. "La expression del poder en Seneca." In *Seneca uomo politico e l'età di Claudio e di Nerone*. Edited by Arturo De Vivo and Elio Lo Cascio. Bari, 2003.

Coffey, Michael, and Roland Mayer, eds. *Seneca: Phaedra*. Cambridge, 1990.

Coleman, K. "Launching into History: Aquatic Displays in the Early Empire." *Journal of Roman Studies* 83 (1993): 55–57.

Cooper, John M., and J. F. Procopé, eds. *Seneca: Moral and Political Essays*. Cambridge, 1995.

Corbier, Mireille. "Male Power and Legitimacy Through Women: The *Domus Augusta* Under the Julio-Claudians." In *Women in Antiquity: New Assessments*. Edited by Richard Hawley and Barbara Levick. London and New York, 1995.

Costa, C. D. N. *Seneca*. Boston and London, 1974.

——. *Seneca: 17 Letters*. Warminster, 1988.

Currie, H. MacL. "The Purpose of the *Apocolocyntosis*." *Acta Classica* 31 (1962): 91–97.

Dando- Collins, Stephen. *The Great Fire of Rome: The Fall of the Emperor Nero and His City*. Cambridge, 2010.

D'Anna, Giovanni. "Seneca uomo politico nel giudizio do Tacito." In *Seneca uomo politico e l'eta di Claudio e di Nerone*. Edited by Arturo De Vivo and Elio Lo Cascio. Bari, 2003.

Dawson, Alexis. "Whatever Happened to Lady Agrippina?" *Classical Journal* 64 (1969): 253–67.

De Vivo, Arturo. "Premessa." In *Seneca uomo politico e l'età di Claudio e di Nerone*. Edited by Arturo De Vivo and Elio Lo Cascio. Bari, 2003.

De Vivo, Arturo, and Elio Lo Cascio, eds. *Seneca uomo politico e l'età di Claudio e di Nerone*. Bari, 2003.

Dewar, Michael. "Laying It On with a Trowel: The Proem to Lucan and Related Texts." *Classical Quarterly* 44 (1994): 199–211.

Dingel, Joachim. *Senecas Epigramme und andere Gedichte aus der "Anthologia Latina": Ausgabe mit Übersetzung und Kommentar*. Heidelberg, 2007.

D'Ippolito, Ferederico. "Etica e stato in eta giulio- claudia." In *Seneca uomo politico e l'età di Claudio e di Nerone*. Edited by Arturo De Vivo and Elio Lo Cascio. Bari, 2003.

Dominik, William J. "The Style Is the Man: Seneca, Tacitus and Quintilian's Canon." In *Roman Eloquence: Rhetoric in Society and Literature*. Edited by William J. Dominik. New York, 1997.

Dominik, William J., ed. *Roman Eloquence: Rhetoric in Society and Literature*. New York, 1997.

Eden, P.T., ed. *Seneca: Apocolocyntosis*. Cambridge, 1984.
Edwards, Catharine. *Death in Ancient Rome*. New Haven, Conn., 2007.
——. "Self- scrutiny and Self- transformation in Seneca's Letters." In *Oxford Readings in Classical Studies: Seneca*. Edited by John G. Fitch. Oxford, 2008.
——. "Free Yourself! Slavery, Freedom and the Self in Seneca's *Letters*." In *Seneca and the Self*. Edited by Shadi Bartsch and David Wray. Cambridge, 2009.
Elsner, Jas, and Jamie Masters, eds. *Reflections of Nero: Culture, History, and Representation*. Chapel Hill, N.C., 1994.
Fantham. Elaine. *Seneca's Troades: A Literary Introduction*. Princeton, 1982.
——. "Dialogues of Displacement: Seneca's Consolations to Helvia and Polybius." In *Writing Exile: The Discourse of Displacement in Greco- Roman Antiquity and Beyond*.
Edited by Jan Felix Gaertner. Boston, 2007.
Fantham, Elaine, ed. *Lucan: De Bello Civili*. Cambridge, 1992.
——. *Seneca: Selected Letters*. Oxford, 2010.
Ferri, Rollando, ed. *Octavia: A Play Attributed to Seneca*. Cambridge, 2003.
Fitch, John G., "Sense- pauses and Relative Dating in Seneca, Sophocles and Shakespeare," *American Journal of Philology* 102 (1981): 289–307.
Fitch, John G., ed. *Oxford Readings in Classical Studies: Seneca*. Oxford, 2008.
Fuhrmann, Manfred. *Seneca und Kaiser Nero: Eine Biographie*. Berlin, 1997.
Furneaux, Henry, ed. *The Annals of Tacitus*. 2 vols. London, 1896–1907.
Gabba, Emilio. "Conclusioni." In *Seneca uomo politico e l'età di Claudio e di Nerone*. Edited by Arturo De Vivo and Elio Lo Cascio. Bari, 2003.
Gahan, John J. "Seneca, Ovid, and Exile." *Classical World* 78 (1985): 145–47.
Gallivan, Paul A. "Suetonius and Chronology in the 'De Vita Neronis.' " *Historia: Zeitschrift fur Alte Geschichte* 23, no. 3 (1974): 297–318.
Gigante, Marcello. "Seneca tragico da Pompei all'Egitto." *Studi italiani di fi lologia classica* 19 (2001): 89–104.
Ginsburg, Judith. *Representing Agrippina: Constructions of Female Power in the Early Roman Empire*. New York, 2006.
Goar, R. J. *The Legend of Cato Uticensis from the First Century B.C to the Fifth Century A.D.* Brussels, 1987.
Grewe, Klaus. *Licht am Ende des Tunnels: Planung und Trassierung im antiken Tunnelbau*. Mainz am Rhein, 1998.
Griffin, Miriam T. *"De Brevitate Vitae." Journal of Roman Studies* 52 (1962): 104–13.
——. *Seneca: A Philosopher in Politics*. Oxford, 1976.
——. *Nero: The End of a Dynasty*. London, 1984.
——. "Philosophy, Cato, and Roman Suicide." *Greece and Rome* 33 (1986): 64– 77 and 192–202.
——. "Seneca as a Sociologist: *De Benefi ciis*." In *Seneca uomo politico e l'età di Claudio e di Nerone*. Edited by Arturo De Vivo and Elio Lo Cascio. Bari, 2003.
——. "*De Beneficiis* and Roman Society." *Journal of Roman Studies* 93 (2003): 92–113.
——. *"Imago Vitae Suae."* In *Oxford Readings in Classical Studies: Seneca*. Edited by John Fitch. Oxford, 2008.
Griffin, Miriam T., and Brad Inwood, trans. *Lucius Annaeus Seneca: On Benefits*. Chicago, 2011.
Grimal, Pierre. *Sénèque et la prose Latine*. Geneva, 1991.
——. *Sénèque: ou, la conscience de l'empire*. Paris, 1991.
Habinek, Thomas N. "An Aristocracy of Virtue: Seneca on the Beginnings of Wisdom." *Yale*

Classical Studies 29 (1992): 187–203.

Henry, Denis, and B. Walker. "Tacitus and Seneca." *Greece and Rome* 10, no. 2 (1963): 98–110.

Henry, Elisabeth. *The Annals of Tacitus: A Study in the Writing of History*. Manchester, 1968.

Herrmann, Horst. *Nero*. Berlin, 2005.

Hiesinger, Ulrich W. "The Portraits of Nero." *American Journal of Archaeology* 79 (1975): 113–24.

Hill, Timothy. *Ambitiosa Mors: Suicide and Self in Roman Thought and Literature*. New York, 2004.

Hinds, Stephen. "Generalizing About Ovid." In *The Imperial Muse*. Edited by A. J. Boyle. Victoria, Australia, 1987.

Hine, Harry M. "Rome, the Cosmos, and the Emperor in Seneca's *Natural Questions*." *Journal of Roman Studies* 92 (2002): 42–72.

Hine, Harry M., ed. *Seneca: Medea*. Warminster, 2000.

Holland, Richard. *Nero: The Man Behind the Myth*. Gloucestershire, 2000.

Holtrattner, Franz. *Poppaea Neronis potens: die Gestalt der Poppaea Sabina in den Nerobüchern des Tacitus*. Graz, 1995.

Impara, Paolo. *Seneca: Filosofi a e potere*. Rome, 1994.

Inwood, Brad. "Seneca in his Philosophical Milieu." *Harvard Studies in Classical Philology* 97 (1995): 63–76.

——. *Reading Seneca: Stoic Philosophy at Rome*. New York, 2005.

Inwood, Brad, ed. and trans. *Seneca: Selected Philosophical Letters*. New York, 2007.

Jennison, George. "Polar Bears at Rome: Calpurnius Siculus, *Ecl.* 7.65– 66." *Classical Review* 36 (1922): 73.

Jones, Christopher P. "Oratoria di Nerone." In *Seneca uomo politico e l'età di Claudio e di Nerone*. Edited by Arturo De Vivo and Elio Lo Cascio. Bari, 2003.

Kamp, H. W. "Seneca's Appearance." *Classical Weekly* 29 (1935): 49–51.

Kaster, Robert A., and Martha C. Nussbaum, trans. *Lucius Annaeus Seneca: Anger, Mercy, Revenge*. Chicago, 2010.

Ker, James. "Seneca, Man of Many Genres." In *Seeing Seneca Whole: Perspectives on Philosophy, Poetry and Politics*. Edited by Katharina Volk and Gareth D. Williams. Boston, 2006.

——. *The Deaths of Seneca*. New York, 2009.

——. "Seneca on Self- examination: Re- reading *On Anger* 3.36." In *Seneca and the Self*. Edited by Shadi Bartsch and David Wray. Cambridge, 2009.

Ker, James, Ronnie Ancona, and Laurie Haight Keenan, eds. *A Seneca Reader: Selections from Prose and Tragedy*. Mundelein, Ill., 2011.

Koestermann, Erich. *Cornelius Tacitus: Annalen*. Heidelberg, 1968.

Kohn, Thomas D. "Who Wrote Seneca's Plays?" *Classical World* 96 (2003): 271–80.

Kragelund, P. "The Dilemma and the Date of *Octavia*." *Classical Quarterly* 38 (1988): 492–508.

Lana, Italo. *Lucio Anneo Seneca*. Turin, 1955.

Lawall, Gilbert. "Seneca's *Medea*: The Elusive Triumph of Civilization." In *Arktouros: Hellenistic Studies Presented to B.M.W. Knox*. Edited by G. W. Bowersock. New York, 1979.

Lefèvre, Eckard. "Die politische Bedeutung von Senecas *Phaedra*." *Wiener Studien* 103 (1990): 109–22.

Leigh, Matthew. *Lucan: Spectacle and Engagement*. Oxford, 1997.

Leveau, Philip. "Mentalité économique et grands travaux le erainage du lac Fucin: Aux origines d'un modèle." *Annales ESC* 48, no. 1 (1993): 3–16.

Levick, Barbara. *Claudius*. London, 1990.
——. "Seneca and Money." In *Seneca uomo politico e l'età di Claudio e di Nerone*. Edited by Arturo De Vivo and Elio Lo Cascio. Bari, 2003.
L'Hoir, Francesca Santoro. "Tacitus and Women's Usurpation of Power." *Classical World* 88, no.1 (1994): 5–25.
Lissner, Ivar. *The Caesars: Might and Madness*. New York, 1958.
Long, A. A. "The Stoics on World Confl agration and Eternal Recurrence." *Southern Journal of Philosophy* 23 (1985): 13–33.
Löwenstein, Hubertus Prinz zu. *Seneca: Kaiser ohne Purpur, Philosoph, Staatsmann, und Verschwörer*. Munich, 1975.
Luce, T. J., and A. J. Woodman. *Tacitus and the Tacitean Tradition*. Princeton, 1993.
Malaspina, Ermanno. "La teoria politica del *De clementia*: Un inevitabile fallimento." In *Seneca uomo politico e l'età di Claudio e di Nerone*. Edited by Arturo De Vivo and Elio Lo Cascio. Bari, 2003.
Malitz, Jürgen. *Nero*. Translated by Allison Brown. Malden, Mass., 2005.
Manning, C. E. *On Seneca's Ad Marciam*. Leiden, 1981.
Marti, Berthe. "Seneca's *Apocolocyntosis* and *Octavia*: A Diptych." *American Journal of Philology* 73 (1952): 24–36
Masters, Jamie. "Deceiving the Reader: The Political Mission of Lucan's *Bellum Civile*." In *Refl ections of Nero: Culture, History, and Representation*. Edited by Jás Elsner and Jamie Masters. Chapel Hill, N.C., 1994.
Mazzoli, Giancarlo. "Seneca de ira e de clementia: La politica negli specchi della morale." In *Seneca uomo politico e l'etá di Claudio e di Nerone*. Edited by Arturo De Vivo and Elio Lo Cascio. Bari, 2003.
McAlindon, D. "Senatorial Opposition to Claudius and Nero," *American Journal of Philology* 77 (1956): 113–32.
McDermott, W. C. "Sextus Afranius Burrus." *Latomus 8* (1949): 229–54 .
Mellor, Ronald,. *Tacitus' Oxford Approaches to Classical Literature*). New York, 2010.
Millar, Fergus. *The Emperor in the Roman World*. London, 1977.
Momigliano, Arnaldo. "Note sulla leggenda del cristianesimo di Seneca." *Rivista storica italiana* 62 (1950): 325–44.
Mommsen, Theodor. *A History of Rome Under the Emperors*. New York, 1992.
Morford, Mark P. O. *The Poet Lucan: Studies in Rhetorical Epic*. Oxford, 1967.
——. "The Training of Three Roman Emperors," *Phoenix* 22 (1968): 57–72
Motto, Anna Lydia. "The Idea of Progress in Senecan Thought." *Classical Journal* 79, no. 3 (1984): 225–40.
——. *Further Essays on Seneca*. Frankfurt, 2001.
Motto, Anna Lydia, and John R. Clark. *Seneca: A Critical Bibliography, 1900–1980, Scholarship on His Life, Thought, Prose, and Influence*. Amsterdam, 1989.
——. *Essays on Seneca*. Frankfurt, 1993.
Murphy- O'Connor, Jerome. *Paul: A Critical Life*. Oxford, 1996.
Nisbet, R. G. M. "The Dating of Seneca's tragedies, with Special References to *Thyestes*." In *Papers of the Leeds International Latin Seminar: Sixth Volume*. Edited by Francis Cairns and Malcolm Heath. Leeds, 1990.
Nussbaum, Martha. *Therapy of Desire: Theory and Practice in Hellenistic Ethics*. Princeton, 1994.

——. "Stoic Laughter: A Reading of Seneca's *Apocolocyntosis*." In *Seneca and the Self*. Edited by Shadi Bartsch and David Wray. Cambridge, 2009.

Ogden, Daniel, ed. *The Hellenistic World: New Perspectives*. London, 2002.

O'Gorman, Ellen. *Irony and Misreading in the Annals of Tacitus*. Cambridge, 2000.

Osgood, Josiah. *Claudius Caesar: Image and Power in the Early Roman Empire*. Cambridge, 2011.

Overbeck, John C. "Tacitus and Dio on Seneca's Rebellion." *American Journal of Philology* 90 (1969): 129–45.

Pack, R. W. "Seneca's Evidence in the Deaths of Claudius and Narcissus." *Classical Weekly* 36 (1953): 150–51.

Palagi, Laura Bocciolini. *Epistolario apocrifo di Seneca e San Paolo*. Florence, 1985.

Pecchiura, P. *La fi gura di Catone Uticense nella letteratura latina*. Turin, 1965.

Plass, Paul. *The Game of Death in Ancient Rome: Arena Sport and Political Suicide*. Madison, Wis., 1995.

Prévost, M. H. *Les adoptions politiques à Rome*. Paris, 1949.

Radius, Emilio. *La vita di Nerone*. Milan, 1963.

Reynolds, Leighton D., ed. *L. Annaei Senecae: Dialogorum, Libri Duodecim*. Oxford, 1977.

——. *Texts and Transmission: A Survey of the Latin Classics*. Oxford, 1983.

Roller, Matthew B. *Constructing Autocracy: Aristocrats and Emperors in Julio-Claudian Rome*. Princeton, 2001.

Romm, James. "New World and *Novos Orbes*: Seneca in the Renaissance Debate over Ancient Knowledge of the Americas." In *The Classical Tradition and the Americas*. Edited by Wolfgang Haase and Meyer Reinhold. Berlin, 1993.

Rose, Charles Brian. *Dynastic Commemoration and Imperial Portraiture in the Julio-Claudian Period*. Cambridge, 1997.

Rosenmeyer, Thomas. *Senecan Drama and Stoic Cosmology*. Berkeley and Los Angeles, 1989.

Rubiés, Jon-Paul. "Nero in Tacitus and Nero in Tacitism: The Historian's Craft." In *Reflections of Nero: Culture, History, and Representation*. Edited by Jás Elsner and Jamie Masters. Chapel Hill, N.C., 1994.

Rudich, Vasily. *Political Dissidence Under Nero: The Price of Dissimulation*. London and New York, 1993.

——. *Dissidence and Literature Under Nero: The Price of Rhetoricization*. London and New York, 1997.

Schiavone, Aldo. "Anni difficili. Giuristi e principi nella crisi del primo secolo." In *Seneca uomo politico e l'età di Claudio e di Nerone*. Edited by Arturo De Vivo and Elio Lo Cascio. Bari, 2003.

Schiesaro, Alessandro. "Seneca's *Thyestes* and the Morality of Tragic *Furor*." In *Reflections of Nero: Culture, History, and Representation*. Edited by Jás Elsner and Jamie Masters. Chapel Hill, N.C., 1994.

Seidensticker, Bernd, ed. *Seneca "Thyestes."* Frankfurt, 2002.

Shotter, David. *Nero Caesar Augustus: Emperor of Rome*. Harlow, 2008.

Smallwood, E. Mary. *Documents Illustrating the Principates of Gaius Claudius and Nero*. Cambridge, 1967.

Sorenson, Villy. *Seneca: The Humanist at the Court of Nero*. Edinburgh and Chicago, 1984.

Squillante, Marisa. "Il tempo della politica." In *Seneca uomo politico e l'età di Claudio e di Nerone*. Edited by Arturo De Vivo and Elio Lo Cascio. Bari, 2003.

Staley, Gregory A. *Seneca and the Idea of Tragedy*. Oxford and New York, 2010.

Stevens, C. E. "The Will of Q. Veranius." *Classical Review* 1 (1951), 4–7

Stewart, Zeph. "Sejanus, Gaetulicus, and Seneca." *American Journal of Philology* 74 (1953): 70–85.

Strem, George G. *The Life and Teaching of Lucius Annaeus Seneca*. New York, 1981.

Sullivan, J. P. *Literature and Politics in the Age of Nero*. Ithaca and London, 1985.

Sutherland, C. H. V. "*Aerarium* and *Fiscus* During the Early Empire." *American Journal of Philology* 66 (1945): 151–70.

——. *Coinage in Roman Imperial Policy: 31 B.C.- A.D. 68*. London, 1951.

Syme, Ronald. *Tacitus*. Oxford, 1958.

Taoka, Yasuko. "Quintilian, Seneca, *Imitatio*: Re- reading Instutio Oratoria 10.1.125– 31." *Arethusa* 44, no. 1 (2011): 123–37.

Tarrant, Richard J., ed. *Seneca's Thyestes*. Atlanta, 1985.

Too, Yun Lee. "Educating Nero: A Reading of Seneca's *Moral Epistles*." In *Reflections of Nero: Culture, History, and Representation*. Edited by Jás Elsner and Jamie Masters. Chapel Hill, N.C., 1994.

Townsend, G. B. "Calpurnius Siculus and the *Munus Neronis*." *Journal of Roman Studies* 70 (1980): 169–74.

Tresch, Jolanda. *Die Nerobücher in den Annalen des Tacitus: Tradition und Leistung*. Heidelberg, 1965.

Trillitzsch, Winfried. *Seneca im Literarischen Urteil der Antike*. Amsterdam, 1971.

Trillmich, Walter. *Familienpropaganda der Kaiser Caligula und Claudius: Agrippina Minor und Antonia Augusta auf Münzen*. Berlin, 1978.

Vandenberg, Philipp. *Nero: Kaiser und Gott, Künstler und Narr*. Munich, 1981.

Veyne, Paul. *Seneca: The Life of a Stoic*. New York, 2003.

Volk, Katharina, and Gareth D. Williams, eds. *Seeing Seneca Whole: Perspectives on Philosophy, Poetry and Politics*. Boston, 2006.

Vottero, Dionigi. *Lucio Anneo Seneca: I frammenti*. Bologna, 1998.

Wacher, John. "Britain: 43 B.C. to A.D. 69," in *The Cambridge Ancient History*, vol. 10, *The Augustan Empire: A.D. 69*. Edited by Alan K. Bowman, Edward Champlin, and Andrew Lintott. Cambridge, 1996.

Wallace-Hadrill, Andrew. "The Imperial Court." In *The Cambridge Ancient History*, vol. 10, *The Augustan Empire: 43 B.C. to A.D. 69*. Edited by Alan K. Bowman, Edward Champlin, and Andrew Lintott. Cambridge, 1996.

——. "Seneca and the Pompeian Earthquake." In *Seneca uomo politico e l'età di Claudio e di Nerone*. Edited by Arturo De Vivo and Elio Lo Cascio. Bari, 2003.

Waltz, René. *Vie de Seneque*. Paris, 1909.

Warmington, B. H. *Nero: Reality and Legend*. London, 1969.

——. *Suetonius: Nero*. London, 1977.

Wiedemann, T. E. J. "Tiberius to Nero." In *The Cambridge Ancient History*, vol. 10, *The Augustan Empire: 43 B.C. to A.D. 69*. Edited by Alan K. Bowman, Edward Champlin, and Andrew Lintott. Cambridge, 1996.

Williams, Gareth. "Nero, Seneca and Stoicism in the Octavia." In *Refl ections of Nero: Culture, History, and Representation*. Edited by Jás Elsner and Jamie Masters. Chapel Hill, N.C., 1994.

——. *The Cosmic Viewpoint: A Study of Seneca's "Natural Questions."* Oxford, 2012.

Williams, Gareth, ed. *Seneca: De Otio, De Brevitate Vitae*. Cambridge, 2003.

Winters, Jeffrey. *Oligarchy*. Cambridge, 2011.
Wood, Susan. *Imperial Women: A Study in Public Images, 40 B.C.– A.D. 68*. Leiden, 1999.
Woodman, A. J. *Tacitus Reviewed*. Oxford and New York, 1998.
——. "*Aliena facundia*: Seneca in Tacitus." In *Form and Function in Roman Oratory*. Edited by D. H. Berry and Andrew Erskine. Cambridge and New York, 2010.

本文に言及のある古代の文学史料の邦訳

セネカ著
茂手木元蔵訳『怒りについて　他一篇』 岩波文庫　1980 年
茂手木元蔵訳『人生の短さについて　他二篇』 岩波文庫　1980 年
茂手木元蔵訳『セネカ道徳論集〈全〉』 東海大学出版会　1989 年
茂手木元蔵訳『道徳書簡集〈全〉：倫理の手紙集』（ルキリウス宛て『書簡集』） 東海大学出版会　1992 年
兼利琢也・大西英文訳『セネカ哲学全集 1：倫理論集 I』 岩波書店　2005 年
大西英文・小川正廣訳『セネカ哲学全集 2：倫理論集 II』 岩波書店　2006 年
土屋睦廣訳『セネカ哲学全集 3：自然論集 I』 岩波書店　2005 年
兼利琢也他訳『セネカ哲学全集 4：自然論集 II』 岩波書店　2006 年
高橋宏幸訳『セネカ哲学全集 5：倫理書簡集 I』 岩波書店　2005 年
大芝芳弘訳『セネカ哲学全集 6：倫理書簡集 II』 岩波書店　2006 年
小川正廣他訳『セネカ　悲劇集 1』 京都大学学術出版会　1997 年
大西英文他訳『セネカ　悲劇集 2』 京都大学学術出版会　1997 年

ペトロニウス著　国原吉之助訳『サテュリコン』 岩波文庫　1991 年
収録作品：『アポコロキュントシス——神君クラウディウスのひょうたん化』

ウェルギリウス著
小川正広訳『牧歌／農耕詩』 京都大学学術出版会　2004 年
泉井久之助訳『アエネーイス』 岩波文庫　1976 年，他

オウィディウス著　木村健治訳『悲しみの歌・黒海からの手紙』 京都大学学術出版会　1998 年

クインティリアヌス著　森谷宇一他訳『弁論家の教育〈1〉〈2〉〈3〉』 京都大学学術出版会　2005/09/13 年（2016 年 2 月現在、原著第 9 巻以降の邦訳は未公刊）

スエトニウス著　国原吉之助訳『ローマ皇帝伝〈上〉〈下〉』 岩波文庫　1986 年

タキトゥス著
国原吉之助訳『年代記〈上〉〈下〉』 岩波文庫　1981 年
国原吉之助訳『同時代史』 ちくま学芸文庫　2012 年

フラウィウス・ヨセフス著
秦剛平訳『ユダヤ古代誌〈全 6 巻〉』 ちくま学芸文庫　1999/2000 年
秦剛平訳『ユダヤ戦記〈全 3 巻〉』 ちくま学芸文庫　2002 年

プラトン著
藤沢令夫訳『国家〈上〉〈下〉』 岩波文庫　1979 年
藤沢令夫訳『パイドロス』 岩波文庫　1967 年

ヘロドトス著　松平千秋訳『歴史〈上〉〈中〉〈下〉』 岩波文庫　1971/72 年
プリニウス著　中野定雄他訳『プリニウスの博物誌〈全 3 巻〉』 雄山閣出版　1986 年
マルクス・アウレリウス著　神谷恵美子訳『自省録』 岩波文庫　1956/2007 年，他
ユウェナーリス／ペルシウス著　国原吉之助訳『ローマ諷刺詩集』 岩波文庫　2012 年
ルーカーヌス著　大西英文訳『内乱　パルサリア』 岩波文庫　2012 年